崇文館

中华经典全本译注评

庄子

译注评

高竞艳　注译

长江出版传媒｜崇文书局

前　言

庄子，战国中期人，约生于公元前369年，约卒于公元前286年，名周，宋国蒙（今河南商丘东北）人。庄子与齐宣王、魏惠王同时，与惠施为友。他曾做过蒙地漆园小吏，后来厌恶政治，脱离仕途，靠编草鞋糊口，过着隐居生活。他一生的行踪多在楚境。他那汪洋恣肆的风格和奇妙无穷的思辨，与楚国的文化传统有着密切的关联。

庄子及其学派的学术结晶，便是《庄子》一书。是书汉代有五十二篇，言多诡诞，类似《山海经》或占梦书。魏晋流行至今的通行本有三十三篇，其中内篇七，外篇十五，杂篇十一。自宋以来，一些学者就提出了《庄子》内、外、杂篇的区分和真伪问题。一般认为，内篇语言风格接近，思想连贯，自成一体，乃庄子自著，是全书之核心。外篇和杂篇大多出于庄子后学之手。有意思的是，司马迁在《史记》中说庄子著书十万余言，列举的篇目却只是外、杂篇的《胠箧》《渔父》《盗跖》等，近年湖北出土了汉简《盗跖》。苏轼和晚近不少学者怀疑外、杂篇，指其为伪书。今人也有反其道而行者，力证外、杂篇才是庄子自著。

《庄子》以"三言"，即"寓言""重言""卮言"为主要表现形式。其书"寓言十九"，意即绝大部分是寓言。所谓"寓言"，乃言在此而意在彼。作者借助河神、海神、云神、元气，甚至鸱鸦狸狌、山灵水怪，演为故事，让读者体会其中的道理。所谓"重言"，是借重古贤圣哲或当时名人的话，或另造一些古代的"乌有先生"来谈道说法，让他们互相辩论，或褒或贬，没有一定之论。但在每一个场合，却都隐藏着一个俏皮的庄子。卮是酒器，或是漏斗。“卮言”即无心之言，或酒后之言，没有很强的主观性，或是漏斗式的话，隐喻无成见之言。其实，庄子说的话，只是从不同角度替大自然宣泄不同的声音。《庄子》的言语，暗示性无边无涯，涵盖面无穷无尽，给人以广阔的想象空间，可以做出多重的、创造性的解读。以下，我们略为介绍一下庄子的思想。

首先是“道论”。庄子是世界级的哲学家。他的“道论”与老子的“道论”既有联系，又有区别。第一，庄子的“道”是宇宙的本源，又具有超越性。“道”先于物并生成各物，是使万物成为各自个体的那个“物物者”，即“本根”。宇宙无所谓开始，亦无所谓结束，这是因为“道无终始”。但是，这个“道”不是造物主、上帝或绝对精神本体，而是一无始无终的大生命（宇宙生命）。万物的生命，即此宇宙大生命的发用流行。既然道的生命是无限的，那么在一定的意义上我们也不妨说，万物的生命也是无限的。第二，庄子的“道”具有普遍性。万物都具备“道”，“道”内在于一切物之中，没有道，物不成其为物。道无所不在，道甚至存在于低下、不洁等物品，如瓦甓、尿溺之中。第三，庄子的“道”是一个整体，其特性为“通”，通贯万物。“道”是浑然一体的，没有任何的割裂。世间的万事万物，都有其存在的原因、合理性及价值。只要不人为干预，因任自然，因物付物，任万物自用，可各尽其用，各遂其性，都有意义与价值。第四，庄子的“道”是“自本自根”的。“道”是一切的本根。“道”不依赖于任何事物，自己成立，创生万有，天下万物依凭着道而得以变化发展。第五，庄子的“道”不可感知与言说。它不仅是客观流行之体，又是主观精神之境界，其自然无为、宽容于物的特性，也是人的最高意境。道体自然，道本无为，不可用语言来表达与限定。

其次是理想人格论。这是“道论”在人生论上的推展。庄子认为，人们通过修养去体验大道、接近大道，可以超越人们对于生死的执着和外在功名利禄的系缚。但这不需要人为地去做什么。他的修养的原则是“不以心损道，不以人助天”，依此而可以达到“寥天一”的境界。其生命体验、审美体验的方式是直觉主义的“坐忘”。“坐忘”的要点是超脱于认知心，即利害计较、主客对立、分别妄执，因为这妨碍了自由心灵。与“坐忘”相联系的另一种实践功夫是“心斋”。“心斋”就是洗汰掉附着在内心里的经验、成见、认知、情感、欲望与价值判断，自虚其心，恢复灵台明觉的功夫。

庄子的“天地与我并生，而万物与我为一”的思想，强调自然与人是有机的生命统一体，肯定物我之间的同体融合。人应当顺应自然，而不应任意地宰制、占有自然。

庄子主张“齐物”，“齐物”的意思即是“物齐”或“‘物论’齐”，即把形色性质不同之物、不同之论，把不平等、不公正、不自由、不和谐的现实世界种种的差别相（“不齐”），暂时视之为无差别的“齐一”。这种“以不齐为齐一”，即提升自己的精神境界，在接受、面对真实生活的同时，调整身心，超越俗世，解脱烦恼。“以不齐为齐”，亦包含着任万物万事各得其所，存其不齐，即承认并尊重每一事物自身具有的价值标准。庄子希望人们不必执定于有条件、有限制的地籁、人籁之声，而要倾听那自然和谐、无声之声、众声之源的“天籁”，以消解彼此的隔膜、是非和有限的生命与有限的时空、价值、知性、名言、概念、识见乃至生死的系缚，从有限进入无限之域。庄子以道观的视域，反对唯我独尊，不承认有绝对的宇宙中心，反对各是其是，各非其非，主张破除成见，决不抹杀他人他物及各种学说的生存空间，善于站在别人的立场，更换视域去理解别人，而不以己意强加于人。

庄子“逍遥”的境界是“无所待”，即不依赖外在条件与他在的力量，期盼“与道同体”而解脱自在。庄子“各适己性”的自由观的前提是“与物同化”的平等观。庄子自由观的背景是宽容，这种平等的价值观肯定、容忍各种相对的价值系统，体认其意义。庄子修身的特性是：独善其身，超然物外，一任自然，遂性率真；与时尚风俗、社会热潮、政权架构、达官显贵保持距离。与儒家积极入世的现实品格相比较，道家凸显的是超越和放达，以超脱的心态，批评、扬弃、超越、指导现实。我国历朝历代的文人，没有不读《庄子》的。这是因为传统社会文士的人生不免充满坎坷，需要心灵的慰藉、寄托与调节。

在庄子看来，所谓“真人”是天生自然的人，能去心知之执，解情识之结，破死生之惑，守真抱朴，与天为徒，又随俗而行，与人为徒，既不背离天理，又不脱离人事。庄子提出了“逍遥无待之游”——“至人无己，神人无功，圣人无名”的人生理想。庄子之真人、至人、神人、圣人，都是道的化身，因而都具有超越、逍遥、放达、解脱的秉性，实际上是一种精神上的自由、无穷、无限的境界。这深刻地表达了人类崇高的理想追求与向往。这种自然无为、逍遥天放的天人合一之境，看似玄秘莫测，实际上并不是脱离实际生活的。任何现实的人都有理想，都有真、善、美的追求，而道家的理想境界，就是至真、至善、至美的合一之境。

再次是艺术精神。庄子所谓至人、真人、神人，可以说都是能“游”的人，即艺术精神呈现出来的人，艺术化了的人。他们的人生，是艺术的人生。徐复观先生说，庄子所把握到的人的主体，即作为人之本质的德、性、心，乃是艺术的德、性、心。所谓“心斋”“坐忘”，正是美的观照得以成立的精神主体，也是艺术得以成立的精神主体，也是艺术得以成立的最后根据。而要达到“心斋”“坐忘”，只能有两条路子：一是消解由生理而来的欲望，心便从欲望的要挟和利害的痴迷中解放出来；二是消解由知识而来的是非，即与物相接时，心便从对知识无穷地追逐中得到解放。人在世俗是非之中，即呈现出“天地精神”而与之往来。庄子体认出的艺术精神，由人生的修养工夫而得，从人格根源之地所涌现、所转化出来，其艺术作品也是直接从其人格中流出。庄子创造性地展示了道家放达、解脱的智慧与精神上独立自由的境界追求。《庄子》一书是中国艺术精神的源头活水之一。中国艺术的两元，一是来自儒家，主要是孟子的“充实之谓美”，一是来自道家，主要是庄子的“空灵之谓美”。中国美学，是这两者的巧妙结合。

武汉大学哲学学院与国学院教授、博士生导师　郭齐勇

目录

庄子

内篇

逍遥游第一

《逍遥游》是《庄子》的首篇，在思想和艺术上都可作为《庄子》一书的代表。《逍遥游》的主题是追求一种绝对自由的人生观，作者认为只有忘却物我的界限，达到无己、无功、无名的境界，无所依凭而游于无穷，才是真正的"逍遥游"。

一

北冥有鱼[①]，其名为鲲[②]。鲲之大，不知其几千里也。化而为鸟[③]，其名为鹏[④]。鹏之背，不知其几千里也。怒而飞[⑤]，其翼若垂天之云[⑥]。是鸟也，海运则将徙于南冥[⑦]。南冥者，天池也[⑧]。

《齐谐》者[⑨]，志怪者也[⑩]。《谐》之言曰："鹏之徙于南冥也，水击三千里[⑪]，抟扶摇而上者九万里[⑫]，去以六月息者也[⑬]。"野马也[⑭]，尘埃也，生物之以息相吹也[⑮]。天之苍苍[⑯]，其正色邪？其远而无所至极邪？其视下也，亦若是则已矣。

且夫水之积也不厚[⑰]，则其负大舟也无力[⑱]。覆杯水于坳堂之上[⑲]，则芥为之舟[⑳]，置杯焉则胶，水浅而舟大也。风之积也不厚，则其负大翼也无力[㉑]。故九万里则风斯在下矣[㉒]，而后乃今培风[㉓]；背负青天而莫之夭阏者[㉔]，而后乃今将图南。

蜩与学鸠笑之曰[25]："我决起而飞[26]，抢榆枋[27]，时则不至而控于地而已矣，奚以之九万里而南为[28]？"适莽苍者[29]，三餐而反[30]，腹犹果然[31]；适百里者，宿舂粮[32]；适千里者，三月聚粮。之二虫又何知[33]！

小知不及大知[34]，小年不及大年[35]。奚以知其然也？朝菌不知晦朔[36]，蟪蛄不知春秋[37]，此小年也。楚之南有冥灵者[38]，以五百岁为春，五百岁为秋；上古有大椿者[39]，以八千岁为春，八千岁为秋。而彭祖乃今以久特闻[40]，众人匹之[41]，不亦悲乎！

汤之问棘也是已[42]："穷发之北[43]，有冥海者，天池也。有鱼焉，其广数千里，未有知其修者，其名为鲲。有鸟焉，其名为鹏，背若太山[44]，翼若垂天之云，抟扶摇羊角而上者九万里[45]，绝云气[46]，负青天，然后图南，且适南冥也。斥鴳笑之曰[47]：'彼且奚适也？我腾跃而上，不过数仞而下[48]，翱翔蓬蒿之间，此亦飞之至也，而彼且奚适也？'"此小大之辩也[49]。

故夫知效一官[50]，行比一乡[51]，德合一君而征一国者，其自视也[52]，亦若此矣。而宋荣子犹然笑之[53]。且举世而誉之而不加劝[54]，举世而非之而不加沮[55]，定乎内外之分[56]，辩乎荣辱之境[57]，斯已矣。彼其于世，未数数然也[58]。虽然[59]，犹有未树也[60]。

夫列子御风而行[61]，泠然善也[62]，旬有五日而后反[63]。彼于致福者[64]，未数数然也。此虽免乎行，犹有所待者也[65]。若夫乘天地之正[66]，而御六气之辩[67]，以游无穷者[68]，彼且恶乎待哉[69]！故曰：至人无己[70]，神人无功[71]，圣人无名[72]。

【注释】

①冥：亦作"溟"，指大海。

②鲲（kūn）：大鱼。

③化：变化，化成。为：变成，成为。在《庄子》中有许多承认事物发展变化的辩证思想，鲲变鹏就是其中一例。

④鹏：大鸟名。古文“凤”字。

⑤怒：奋力，奋起。

⑥垂天之云：天边的云。垂天，天边。

⑦海运：指海动。海动必伴以大风，大鹏借此大风飞向南海。南冥：亦作“南溟”，指南方大海。

⑧天池：天然的大池。

⑨齐谐（xié）：齐国记载诙谐怪异的书。

⑩志：记载。

⑪水击：拍水，这里指鹏翼拍水而飞。

⑫抟（tuán）：盘旋。

⑬去：离开，这里指飞向南方大海。

⑭野马：游气浮动于天地之间，状如野马奔驰。

⑮生物：指各种有生命的东西。

⑯苍苍：深蓝色。

⑰且夫：表示要进一步论述，提起下文。

⑱负：载。

⑲覆：倒。坳（ào）堂：指厅堂地面上的坑凹处。

⑳芥：小草。

㉑大翼：这里指大鹏。

㉒斯：乃，就。

㉓而后乃今：这之后方才。培：通“凭”，凭借。

㉔夭阏（è）：阻止，阻拦。

㉕蜩（tiáo）：蝉。学鸠：小斑鸠。

㉖决（xuè）：迅疾的样子。

㉗抢（qiāng）：冲，突。

㉘奚以：何以。

㉙适:往,到。莽苍:十里之郊的莽莽草色,这里指郊野。

㉚反:通“返”。

㉛果然:饱的样子。

㉜宿:指一夜。舂粮:在臼内捣谷物,这里指舂好的粮食。

㉝之:这。二虫:指蜩和学鸠。

㉞知(zhì):通“智”,智慧。

㉟小年:短命。大年:长寿。年,寿命。

㊱朝菌:一种朝生暮死的菌类植物。晦朔:农历每月最后一天和第一天,这里指早晚。

㊲蟪蛄(huìgū):寒蝉,春生夏死或夏生秋死。

㊳冥灵:传说中的大龟,一说树名。

㊴大椿:传说中的古树名。

㊵彭祖:传说中的人物,活八百岁。因封于彭,又年寿长,故称“彭祖”。

㊶匹:比。

㊷汤:即商汤。棘:即商汤时贤大夫夏革。是已:是也。

㊸穷发:不生草木的不毛之地。

㊹太山:即泰山,在今山东省。

㊺羊角:即旋风,回旋向上如羊角状。

㊻绝:穿过。

㊼斥鴳(yàn):一种生活在小泽中的小鸟。

㊽仞:古代长度单位。周时为八尺,汉代为七尺。

㊾辩:通“辨”,区别。

㊿效:胜任。

51比:适合。

52其:指上述四种人。自视:自己看自己,自己对待自己。

53宋荣子:战国时期的思想家。犹然:讥笑的样子。

54举世:整个社会。劝:奋勉,努力。

(55)非：责难，批评。沮：沮丧。

(56)内外：指自我和外物。

(57)辩：通“辨”，辨别。境：界限。

(58)数数（shuò）：犹“汲汲”，汲汲追求名誉的样子。

(59)虽然：虽然如此。

(60)树：建立，建树。

(61)列子：即列御寇，郑人，战国时期思想家。御：驾驭。

(62)泠（líng）然：轻盈美好的样子。

(63)旬：十天。有：又。反：通“返”。

(64)致福：求福。

(65)待：凭借，依靠。

(66)乘：遵循，凭借。正：规律。

(67)六气：指阴、阳、雨、风、晦、明。辩：通“变”，变化。

(68)无穷者：无穷尽的境界。

(69)恶（wū）：何，什么。

(70)无己：忘我，无我。

(71)无功：不追求功利。

(72)无名：不追求名誉地位。

【译文】

北海有一条鱼，叫作鲲。鲲的体积巨大，不知道有几千里。鲲变化成鸟，叫作鹏。鹏的脊背，不知道有几千里。奋起而飞，它的翅膀就像天边的云。这只鸟，在海水翻腾时就要乘风迁徙到南海。南海，是个天然的大池。

《齐谐》是记载怪异之事的书。书上说：“鹏向南海迁徙时，拍水而飞，能激起三千里的水花，然后借着旋风飞上九万里高空，乘着六月的大风而去。”如同奔马的游气，飞扬的尘埃，都是借生物呼吸之气的吹动而在空中飘荡。天的深蓝色，是天真正的颜色呢，还是因为它高远没有边际呢？大鹏从天上往下看，也是这样的吧。

再说如果水积得不深，那么就没有力量负载起大船。倒一杯水在堂前洼地上，那么一根小草就可以当船，放上一个杯子就会粘住不动，这是水浅而船大的缘故。如果风的强度不大，那么就没有力量负载起大鹏。所以鹏高飞九万里，积得很强劲的大风就在它下面，然后才开始凭借风力飞行；它背负着青天，不受什么阻碍，然后才图谋南飞。

蝉和斑鸠讥笑大鹏说："我从地上迅疾飞起，遇到榆树和檀树，有时飞不上去，那就落在地上罢了，哪里用得着飞上九万里的高空往南海去呢？"到郊外去，只带三餐的粮食，当天回来，肚子还是饱的；到百里远的地方去，就要准备一宿的粮食；到千里远的地方去，就要准备三个月的粮食。这两只小动物又哪里知道这个道理！

才智小的比不上才智大的，寿命短的比不上寿命长的。怎么知道是这样的呢？朝生暮死的菌类不知道昼夜的更替，生命短暂的蟪蛄不知道一年的时光，这就是"小年"。楚国南边有一只灵龟，以五百年为一个春季，五百年为一个秋季；上古时有一棵大椿树，以八千年为一个春季，八千年为一个秋季。彭祖至今还以长寿著称，众人与他相比，岂不是很可悲！

商汤也是这样问棘的："不毛之地的北方，有无边无际的大海，那是天然形成的大池。里面有一条鱼，有几千里宽，没有人知道它到底多长，名字叫鲲。有一只鸟，名字叫鹏，脊背像泰山，翅膀像天边的云，乘着旋风直上九万里高空，穿过云层，背负青天，然后向南飞翔，将要到南海去。生活在小水洼的小鸟讥笑鹏说：'它将飞到什么地方去呢？我飞腾起来，不过几丈就落下来了，在野草之间飞来飞去，这就是飞翔中的最佳境界了，而它究竟要飞到什么地方去呢？'"这就是小和大的区别。

那些才智可以胜任一官之职，品行可以团结一乡之人，品德可以投合一国之君，能力可以取信于一国之民的人，他们自鸣得意就像斥鴳、蝉和斑鸠一样。宋荣子却讥笑这种人。宋荣子能做到当整个社会都赞美他时，他也不因此更加努力；当整个社会都非难他时，他也不因此更加沮丧。他能认定自我和外物的区别，分清光荣和耻辱的界限，不过如此而已！他并未汲汲追求世俗的声誉。虽然如此，他还有尚未达到的最高境界。

列子能驾风行走，轻盈极了，十五天后方才回来。他对于求福的事，从来不去汲汲追求。这样虽然可以免去步行的劳苦，可还是有所凭借的。如果能依循自然的规律，把握六气的变化，遨游于无边无际的境界，他还有什么依赖呢！所以说，至人无己，神人无功，圣人无名。

二

尧让天下于许由[①]，曰："日月出矣，而爝火不息[②]，其于光也，不亦难乎！时雨降矣[③]，而犹浸灌[④]，其于泽也[⑤]，不亦劳乎[⑥]！夫子立而天下治[⑦]，而我犹尸之[⑧]，吾自视缺然[⑨]。请致天下[⑩]。"

许由曰："子治天下[⑪]，天下既已治也，而我犹代子，吾将为名乎？名者，实之宾也，吾将为宾乎[⑫]？鹪鹩巢于深林[⑬]，不过一枝；偃鼠饮河[⑭]，不过满腹。归休乎君，予无所用天下为！庖人虽不治庖[⑮]，尸祝不越樽俎而代之矣[⑯]。"

【注释】

①尧：上古时期的圣明君主。许由：尧时的隐士。

②爝(jué)火：火把，火炬。

③时雨：按时令节气降的雨，俗称"及时雨"。

④浸灌：灌溉。

⑤泽：滋润。

⑥劳：徒劳。

⑦夫子：指许由。立：立为天子。

⑧尸:主持。

⑨缺然:缺乏能力的样子。

⑩请致天下:请让我把天下让给你。致,让。

⑪子:指尧。

⑫宾:从属,派生的东西。

⑬鹪鹩(jiāoliáo):一种小鸟,善于筑巢,俗称“巧妇鸟”。

⑭偃鼠:即鼹鼠,好饮河水。

⑮庖人:厨师。

⑯尸祝:古代祭祀中主持祭礼的巫师。越:越权。樽:酒器。俎(zǔ):盛肉的器皿。

【译文】

尧打算把天下让给许由,说:“日月都升起来了,而小小的火把还不熄灭,它要和日月比光,不是很难吗!及时雨降落了,还在浇水灌溉,对于滋润土地,不是徒劳吗!先生如能居于天子之位,天下一定会太平,而我还占着这个位子,我觉得自己能力不够。请让我把天下让给你。”

许由说:“您治理天下,天下已经太平了,而我还要替代您,我难道是为了名声吗?名是实的附属品,难道我是为了这附属品吗?鹪鹩在深林中筑巢,不过占一根树枝罢了;鼹鼠到河里饮水,不过喝满肚子罢了。您还是请回吧,我要天下干什么!厨师虽然不下厨,主持祭祀的人也不会越位而代替厨师去烹调。”

三

肩吾问于连叔曰[①]:“吾闻言于接舆[②],大而无当[③],往而不返[④]。吾惊怖其言,犹河汉而无极也;大有径庭[⑤],不近人情焉。”

连叔曰："其言谓何哉？"

"曰：'藐姑射之山[6]，有神人居焉，肌肤若冰雪，淖约若处子[7]，不食五谷，吸风饮露，乘云气，御飞龙，而游乎四海之外。其神凝[8]，使物不疵疠而年谷熟[9]。'吾以是狂而不信也[10]。"

连叔曰："然！瞽者无以与乎文章之观[11]，聋者无以与乎钟鼓之声。岂唯形骸有聋盲哉？夫知亦有之。是其言也，犹时女也。之人也，之德也，将旁礴万物以为一[12]，世蕲乎乱[13]，孰弊弊焉以天下为事[14]！之人也，物莫之伤，大浸稽天而不溺[15]，大旱金石流、土山焦而不热。是其尘垢秕糠[16]，将犹陶铸尧舜者也[17]，孰肯以物为事！"

宋人资章甫而适诸越[18]，越人断发文身[19]，无所用之。

尧治天下之民，平海内之政，往见四子藐姑射之山[20]，汾水之阳[21]，窅然丧其天下焉[22]。

【注释】

①肩吾、连叔：传说是得道的隐士或山神，事迹不可考。

②接舆：姓陆，名通，字接舆，楚国的隐士。

③无当：不着边际，不切实际。

④往而不返：指说话漫无边际。

⑤径庭：比喻差别很大。径，门外的道路。庭，院内堂外之地。

⑥藐姑射(yè)：神山名。

⑦淖(chuò)约：姿态柔美的样子。

⑧凝：指神情专一。

⑨疵疠(cīlì)：灾害，疾病。

⑩狂：通"诳"，诳语。

⑪瞽(gǔ)：盲。文章：指华美的色彩和花纹。

⑫旁礴：混同。

⑬蕲(qí):求。

⑭弊弊:辛苦经营,忙碌。

⑮大浸:大水。稽:至。

⑯秕糠:米糠的瘪谷,比喻细小的糟粕。

⑰陶铸:造就。

⑱资:贩卖。章甫:古代的一种帽子。

⑲断发:剪断头发。文身:在身上刺花纹或图腾。

⑳四子:指王倪、齧缺、被衣、许由四人,均为虚构人物。

㉑阳:指山南水北。

㉒窅(yǎo)然:怅然的样子。

【译文】

肩吾向连叔请教说:"我听接舆说话,大而无当,漫无边际。我惊异于他的言论,就像银河一样无边无际;和一般人的想法差别太大,荒唐得不近情理啊。"

连叔说:"他讲的是什么呢?"

肩吾说:"他说:'在藐姑射山上,住着一位神人,肌肤如冰雪般洁白,姿态如少女般柔美,不吃五谷杂粮,只吸清风,饮甘露,乘云气,驾飞龙,在四海之外遨游。他的精神专一,能使万物不受灾害,谷物年年丰收。'我认为这都是一些谎话,不值得相信。"

连叔说:"是啊!瞎子没办法同别人共赏华丽的文采,聋子没办法同别人共听钟鼓的乐声。难道只在形体上才有聋子和瞎子吗?智力上也有。这些话,就是说你的。那位神人,他的品德将要与万物合而为一,世人期盼他来治理天下,他哪里肯劳碌地把治理天下当回事呢!这样的人,外物伤害不了他,大水滔天也淹不死他,即使金石熔化、土山焦裂的大旱,也不会让他感到灼热。用他身上的尘垢和秕糠,就能造就尧舜,他怎肯把治理天下当回事呢!"

宋国人到越国去卖帽子,越国人有断发文身的习俗,帽子对他们无用。

尧治理天下人民，安定国内政事，他到藐姑射山上、汾水的北面，拜见四位高士，不禁茫茫然地把治理的天下都忘掉了。

四

惠子谓庄子曰[①]："魏王贻我大瓠之种[②]，我树之成而实五石[③]。以盛水浆，其坚不能自举也。剖之以为瓢，则瓠落无所容[④]。非不呺然大也，吾为其无用而掊之[⑤]。"

庄子曰："夫子固拙于用大矣。宋人有善为不龟手之药者[⑥]，世世以洴澼絖为事[⑦]。客闻之，请买其方百金[⑧]。聚族而谋曰：'我世世为洴澼絖，不过数金；今一朝而鬻技百金[⑨]，请与之[⑩]。'客得之，以说吴王[⑪]。越有难[⑫]，吴王使之将[⑬]。冬，与越人水战，大败越人，裂地而封之[⑭]。能不龟手一也，或以封，或不免于洴澼絖，则所用之异也。今子有五石之瓠，何不虑以为大樽而浮乎江湖[⑮]，而忧其瓠落无所容？则夫子犹有蓬之心也夫[⑯]！"

【注释】

①惠子：即惠施，宋国人，曾为梁惠王相，是庄子的好友，为先秦名家学派的代表人物。

②魏王：即梁惠王，战国时期魏国国君。魏都原居安邑，后迁到大梁，故又称梁惠王。贻：赠送。瓠(hù)：葫芦。

③树：种植，培育。实：结成葫芦。石(dàn)：容量单位，十斗为一石。

④瓠落：廓落，很大的样子。

⑤掊(pǒu)：砸破。

⑥龟(jūn)：通"皲"，手足皮肤因受冻而开裂。

⑦洴澼(píngpì):在水中漂洗。絖(kuàng):通"纩",丝絮。

⑧方:药方。

⑨鬻(yù)技:出卖技术,这里指出卖药方。

⑩与之:卖给他。

⑪说(shuì):用话劝说。

⑫难:难事,指军事进攻。

⑬将(jiàng):统帅部队。

⑭裂:割裂。

⑮虑:拴,结。樽:本为酒器,这里指腰舟。

⑯蓬:蓬草,这里比喻惠子心如茅塞。

【译文】

惠施对庄子说:"魏王送我一颗大葫芦的种子,我把它种在地里生长,结出的葫芦有五石的容量。用它盛水,可它脆而不坚承受不了水的压力。把它剖开制成瓢,却没有那么大的水缸来容纳。它不是不大,可我认为它没有什么用处,就把它砸碎了。"

庄子说:"你不善于使用大的东西。宋国有个人,善于炮制不皲手的药,他们家世世代代以漂洗丝絮为业。有位客人听说了这件事,愿意出百金购买他的药方。宋人把全族人集合在一起,商量说:'我家祖祖辈辈漂洗丝絮,所得到的钱很少;现在一旦卖出这个药方就能得到百金,不如就卖给他吧。'客人买到药方,用它去游说吴王。这时越国正好发兵侵略吴国,吴王就派他统率军队。冬天和越军在水上作战,大败越军,吴王便划地封赏他。同是一个不皲手的药方,有的人用来博取封赏,有的人却免不了漂洗丝絮,这是因为使用方法不同。现在你有五石容量的大葫芦,何不拴着它当作腰舟漂浮在江湖之上,反而愁它大得无处容纳呢?可见你的心像被蓬草塞住一般,没有开窍啊!"

五

惠子谓庄子曰："吾有大树，人谓之樗[①]。其大本拥肿而不中绳墨[②]，其小枝卷曲而不中规矩[③]，立之涂[④]，匠者不顾。今子之言，大而无用，众所同去也。"

庄子曰："子独不见狸狌乎[⑤]？卑身而伏，以候敖者[⑥]；东西跳梁[⑦]，不辟高下[⑧]，中于机辟[⑨]，死于罔罟[⑩]。今夫斄牛[⑪]，其大若垂天之云。此能为大矣，而不能执鼠。今子有大树，患其无用，何不树之于无何有之乡[⑫]，广莫之野[⑬]，彷徨乎无为其侧[⑭]，逍遥乎寝卧其下。不夭斤斧[⑮]，物无害者，无所可用，安所困苦哉！"

【注释】

①樗(chū)：一种高大的落叶乔木，木质粗劣。

②本：指树干。拥肿：形容树干弯曲，疙里疙瘩。

③规矩：即圆规和角尺。

④涂：通"途"，道路。

⑤狸：野猫。狌(shēng)：黄鼠狼。

⑥敖：通"遨"，遨游。

⑦跳梁：跳跃。

⑧辟：通"避"，避开。

⑨机辟：捕禽兽的工具。

⑩罟(gǔ)：网的总称。

⑪斄(lí)：牦牛。

⑫无何有：虚无。

⑬广莫：辽阔。

⑭彷徨:放任不拘的样子。

⑮夭:折。斤:斧头。

【译文】

惠施对庄子说:“我有一棵大树,人们叫它樗。它的树干疙里疙瘩,不符合绳墨取直的要求;它的树枝弯弯曲曲,也不符合圆规和角尺取材的需要。虽然生长在道路旁,木匠却连看也不看。现在你的言谈,大而无用,为大家所不取。”

庄子说:“你没看到那野猫和黄鼠狼吗?它们把身子伏在地上,等待那些出来觅食或游玩的小动物;一会儿东,一会儿西,跳来跳去,一会儿高,一会儿低,上下蹿越,往往会踏中机关,死于猎网中。再看那牦牛,庞大的身躯像天边的云彩。这可说是大了,却不能捕鼠。如今你有棵大树,却担忧它没有用处,你为什么不把它栽到那虚无之地、辽阔的旷野,悠然地游于树旁,逍遥地躺在树下。这样它不会被斧头砍伐,也没有东西来伤害它,虽然没有什么用处,可是哪里会有困惑苦恼呢!”

【赏析】

《逍遥游》是集中代表庄子哲学思想的一篇杰作。在构思上采用了形象思维写作手法,运用了大量浅近的寓言、神话和对话。想象像匹骏马,驰骋于宇宙,摄取与中心思想有关的题材,生动、形象地阐释了作者鄙视高官厚禄,否定现实,追求无己、无功、无名的绝对自由的思想。对统治者以功爵笼络贤能的伪善给予深刻的揭露,对后世散文发展有着积极的影响。

全文在构思上,围绕着“逍遥”安排了设喻、阐理、表述三个部分。设喻中极力写鲲鹏体型之大和南迁的行程之远、耗时之长。相比起鲲鹏,蝉、鸠只满足于活动在弹丸之地,讥笑鹏鸟远徙南海之举,小者的愚昧和见识短浅一览无余,反衬出大小境界的巨大差异。接下来,文章顺势转入阐理,从有己与无己的对照入手,有己的人们凭着自己的职位高才,虽然能对国君尽职，却也只能靠权势发挥才能。当进入豁达无所求、无己、无功、无名境界时，才能摆脱世俗的缠绕，这也是无我的最高标准。第三部分为表述，通过庄子与惠子两段对话，用大瓠和大树来阐明作者反对用大炫耀自己位尊的思想，强调要解除外在的优势，达到无己、无功、无名的境界，这就是作者写作的目的。

齐物论第二

本篇是《庄子》内篇中的第二篇，体现了庄子哲学思想关于本体论和认识论的基本观点。“齐物论”包括“齐物”与“齐言”两方面，讲论宇宙万物的齐一和是非相对。“齐物”指世界万物包括人的品性和感情，看起来千差万别，归根结底却又是齐一的。“齐言”指人们的各种看法和观点，看起来也千差万别，但世间万物既是齐一的，言论归根结底也应是齐一的，没有所谓的是非和不同。

一

南郭子綦隐机而坐[①]，仰天而嘘[②]，荅焉似丧其耦[③]。颜成子游立侍乎前[④]，曰："何居乎[⑤]？形固可使如槁木[⑥]，而心固可使如死灰乎[⑦]？今之隐机者，非昔之隐机者也。"

子綦曰："偃，不亦善乎而问之也！今者吾丧我[⑧]，汝知之乎？女闻人籁而未闻地籁[⑨]；女闻地籁而未闻天籁夫！"

子游曰："敢问其方。"

子綦曰："夫大块噫气[⑩]，其名为风。是唯无作[⑪]，作则万窍怒呺[⑫]。而独不闻之翏翏乎[⑬]？山林之畏佳[⑭]，大木百围之窍穴，似鼻，似口，似耳，似枅[⑮]，似圈，似臼，似洼者，似污者；激者，謞者[⑯]，叱者，吸者，叫者，譹者，宎者[⑰]，咬者[⑱]。前者唱于而随者唱喁。泠风则小和⑲，飘风则大和，厉风济则众窍为虚。而独不见之调调之刁刁乎⑳？”

子游曰：“地籁则众窍是已，人籁则比竹是已㉑。敢问天籁。”

子綦曰：“夫吹万不同，而使其自己也，咸其自取，怒者其谁邪㉒？”

【注释】

①南郭子綦（qí）：楚昭王的庶弟，因居于南郭，故以此为称号。隐机：倚靠几案。

②嘘：缓缓地吐气。

③苔（tà）：形体寂然无神的样子。耦：通“偶”，指形体。

④颜成子游：南郭子綦弟子，姓颜成，名偃，字子游。

⑤居（jī）：表疑问，故。

⑥固：本来。

⑦而：你。

⑧吾：指今日得道的我。丧：忘。我：指没有忘掉功名利禄的我。

⑨籁：箫，古代的一种管状乐器，这里泛指从孔穴里发出的声响。“人籁”即出自人为的声响，与“地籁”“天籁”相对应，所谓“地籁”或“天籁”，指出自自然的声响。

⑩大块：指大地。噫（ài）气：吐气出声。

⑪是唯无作：风不刮起则已。是，此，这里指风。

⑫呺（háo）：呼啸，吼叫。

⑬翏翏（liù）：大风声。

⑭畏佳（cuī）：通“嵔崔”，山陵高峻的样子。

⑮枅（jī）：房柱上用以承接栋梁的横木，此指横木上的方孔。

⑯谪（xiào）：飞箭声。

⑰宎(yǎo):深沉的声音。

⑱咬(jiāo):哀切的声音。

⑲泠(líng)风:小风,微风。

⑳调调之刁刁:风吹林木枝叶摇曳的样子。

㉑比竹:用多支竹管并起来制作的乐器。

㉒怒者其谁邪:使它们怒号的是谁?这里在反诘子游,让他自己领会天籁的旨趣。

【译文】

南郭子綦靠几案静坐,仰面向天缓缓吐气,好像精神脱出了身体。颜成子游侍立在跟前,问道:"这是什么缘故呢?人的形体本来可以使它像干枯的树木,而心灵可以使它像熄灭的灰烬吗?您今天靠几而坐的神情,和过去大不相同啊。"

子綦回答说:"偃,你问得很好!今天我丢弃了以前的我,你知道吗?你听过人吹箫管发出的声音,却没听过风吹洞穴发出的声音;你听过风吹洞穴发出的声音,却没听过天地间的自然音吧!"

子游说:"请问其中的道理。"

子綦说:"大地呼出的气,叫风。这风不发作则已,一发作则上万种孔穴都会怒吼起来。你难道没听过长风呼啸的声音吗?山林高低险阻的地方,百围大树上的孔穴,有的像鼻孔,有的像嘴巴,有的像耳朵,有的像梁上的方孔,有的像杯圈,有的像舂臼,有的像深洼,有的像浅塘;长风吹这些孔穴所发出的声音,有的像湍流声,有的像飞箭声,有的像呵叱声,有的像呼吸声,有的像叫喊声,有的像号哭声,有的声音深沉,有的声音哀切。前面的风声唱着,后面的风声应和着。轻风则相和的声音小,大风则相和的声音大,烈风停止后,所有的孔穴就寂然无声了。难道你没看见风吹过后草木摇曳摆动的样子吗?"

子游说:"地籁是风吹众窍发出的声音,人籁是人吹竹箫发出的声音。请问天籁是什么?"

子綦说："天籁是风吹万窍而发出的各不相同的声音，然而使它们发作或停止的都是它们自己，那么使它们怒号的又是谁呢？"

二

大知闲闲[①]，小知间间[②]；大言炎炎[③]，小言詹詹[④]。其寐也魂交[⑤]，其觉也形开[⑥]，与接为构[⑦]，日以心斗[⑧]。缦者[⑨]，窖者[⑩]，密者[⑪]。小恐惴惴[⑫]，大恐缦缦[⑬]。其发若机栝[⑭]，其司是非之谓也[⑮]；其留如诅盟[⑯]，其守胜之谓也[⑰]；其杀若秋冬[⑱]，以言其日消也[⑲]；其溺之所为之[⑳]，不可使复之也[㉑]；其厌也如缄[㉒]，以言其老洫也[㉓]；近死之心，莫使复阳也[㉔]。喜怒哀乐，虑叹变慹[㉕]，姚佚启态[㉖]；乐出虚[㉗]，蒸成菌[㉘]。日夜相代乎前，而莫知其所萌。已乎[㉙]，已乎！旦暮得此，其所由以生乎！

【注释】

①闲闲：广博的样子。

②间间：细加分别，这里有计较的意思。

③炎炎：烈火猛烈，引申为盛气凌人。

④詹詹：喋喋不休的样子，说话啰嗦。

⑤魂交：心神交错。

⑥形开：形体不得安宁。

⑦与接为构：与外界接触，发生交接。

⑧日以心斗：整天钩心斗角。

⑨缦：疏慢，漫不经心。

⑩窖：深沉，用心难测。

⑪密：严密，谨慎。

⑫惴惴（zhuì）：忧惧不安的样子。

⑬缦缦：精神涣散，情绪沮丧的样子。

⑭机：弩的发射器。栝（kuò）：箭尾扣弦的部位。

⑮司：通“伺”，伺机。

⑯留如诅盟：指持言不发，犹如发过盟誓一般。

⑰守胜：以守取胜。

⑱杀（shài）：衰杀，衰退。

⑲消：消弱。

⑳溺：沉溺。

㉑不可使复之也：指不能使之恢复生机。

㉒厌：闭塞。缄：绳索，形容心灵闭塞，犹如用绳束缚一般。

㉓洫（xù）：深。

㉔复阳：恢复生机。

㉕慹（zhí）：恐惧。

㉖姚：轻浮。佚（yì）：奢华放纵。启：狂放。态：故作姿态。

㉗乐出虚：乐声发自于虚空的乐器。

㉘蒸成菌：地气蒸发出菌类。

㉙已乎：叹词，算了吧。

【译文】

大智广博，小智褊狭；大言雄词激烈，小言争论不休。他们睡时心神不安，醒时形体不宁，每日与外界接触，钩心斗角。有的漫不经心，有的用心难测，有的不露声色。遇到小的恐惧提心吊胆，遇到大的恐惧失魂落魄。他们发言好像射出的利箭一样，是非都由此产生；或者持言不发犹如誓约，默默等待时机以取得胜利；他们神情沮丧好似秋冬的万物，这说明他们日渐消弱；他们沉溺在言辩之中，无法恢复生机；他们心灵闭塞如受绳索束缚，这说明他们愈老愈无法自拔；走向死亡的心灵，不可能再恢复生机。他们有喜怒哀乐，忧虑悲叹，轻浮躁动，放纵张狂，装模作样等多种情态；如同乐声从虚空的乐器中发出，又像菌类从地上的蒸气中产生一样。种种的情绪和心态日夜在眼前交替出现，却不明白它们是怎么产生的。算了吧，算了吧！早晚懂得了它们产生的道理，也就懂得了它们之所以发生的根由了！

三

非彼无我[①]，非我无所取[②]。是亦近矣，而不知其所为使。若有真宰[③]，而特不得其眹[④]。可行己信[⑤]，而不见其形，有情而无形[⑥]。

百骸、九窍、六藏[⑦]，赅而存焉[⑧]，吾谁与为亲？汝皆说之乎[⑨]？其有私焉[⑩]？如是皆有为臣妾乎？其臣妾不足以相治乎？其递相为君臣乎？其有真君存焉[⑪]？如求得其情与不得，无益损乎其真。

一受其成形，不亡以待尽[⑫]。与物相刃相靡，其行尽如驰，而莫之能止，不亦悲乎！终身役役而不见其成功[⑬]，苶然疲役而不知其所归[⑭]，可不哀邪！人谓之不死，奚益？其形化，其心与之然，可不谓大哀乎？人之生也，固若是芒乎[⑮]？其我独芒，而人亦有不芒者乎？

【注释】

①彼：指上述的种种情态。

②无所取：指无所取以体现彼。

③真宰：身心的主宰者，真我。

④眹（zhèn）：通“朕”，迹象，征兆。

⑤可行己信：真宰的行为可以被验证。

⑥情：实。

⑦百骸：多个骨节。九窍：指眼、耳、鼻等人体器官的九个孔穴。六

藏：心、肝、脾、肺、肾，称为五脏；肾有左肾和右命门，故称为六脏。藏，通“脏”。

⑧赅：完备。

⑨说(yuè)：通“悦”，喜欢，喜悦。

⑩私：偏爱，偏重。

⑪真君：即“真宰”。

⑫不亡以待尽：形体常驻不变而等待其耗尽。

⑬役役：忙碌的样子。

⑭苶(nié)然：精神不振，疲倦的样子。

⑮芒：通“茫”，愚昧无知。

【译文】

没有种种情态就没有我，没有我，它们也就无从体现。人们认识到这种关系，算是接近事物的真谛了，但还是没有真正明白是被什么主使的。好像有真宰，然而又找不到它的形迹。它的行为是可以被验证的，虽然看不到它的形体，但它是真实存在而无形的。

百骸、九窍、六脏，都完备地存在于我的身体之中，我和哪个最亲近呢？你都同样喜欢它们呢，还是有所偏爱呢？如果同等看待它们，那是都把它们当成奴婢吗？难道是奴婢就不能相互支配吗？还是让它们轮流做君臣呢？难道真有一个真宰存在吗？无论是否求得真宰，都不会对其自然本性有所损益。

人一旦形成形体，形体就一直存在，只能等待形体耗尽为止。和外物相互伤害摩擦，驰骋追逐其中，没有人能制止，不是很可悲吗！终生辛劳而不见成功，疲惫困苦也不知是为了什么，不是很可哀吗！这样的人虽说不死，又有什么意义呢？他的形体逐渐衰老，精神也随之消亡，这不是莫大的悲哀吗？人生在世，本来就如此愚昧吗？还是只有我愚昧，而别人也有不愚昧的呢？

四

夫随其成心而师之[①]，谁独且无师乎？奚必知代而心自取者有之[②]？愚者与有焉。未成乎心而有是非，是今日适越而昔至也。是以无有为有。无有为有，虽有神禹且不能知，吾独且奈何哉！

【注释】

①成心：偏见，主观成见。师：取法。

②知代：懂得事理的更替变化。

【译文】

人如果以自己的成见作为判断是非的标准，那么谁没有一个标准呢？何必一定要通晓事物更替变化之理的智人才有标准呢？即便是愚人也同样有。如果说心中尚无成见已有是非，就好比今天去越国而昨天已经到达一样。这就是把不可能的事当成了实际存在的事。把不可能的事当成实际存在的事，即便是神明的大禹也弄不清楚，我又有什么办法呢！

五

夫言非吹也[①]。言者有言[②]，其所言者特未定也[③]。果有言邪？其未尝有言邪？其以为异于鷇音[④]，亦有辩乎[⑤]，其无辩乎？

道恶乎隐而有真伪[⑥]？言恶乎隐而有是非？道恶乎往而不存？言恶乎存而不可？道隐于小成[⑦]，言隐于荣华[⑧]。故有儒墨之是非，以是其所非而非其所是。欲是其所非而非其所是，则莫若以明[9]。

物无非彼[10]，物无非是[11]。自彼则不见，自知则知之。[12]故曰：彼出于是，是亦因彼[13]。彼是方生之说也[14]。虽然，方生方死，方死方生；[15]方可方不可，方不可方可；[16]因是因非，因非因是。[17]是以圣人不由而照之于天[18]，亦因是也。是亦彼也，彼亦是也。[19]彼亦一是非，此亦一是非，果且有彼是乎哉？果且无彼是乎哉？彼是莫得其偶，谓之道枢[20]。枢始得其环中，以应无穷。是亦一无穷，非亦一无穷也。故曰：莫若以明。

【注释】

①吹：吹气，吹风。

②言者有言：辩论者各有所说。

③特未定：不能作为判断是非的标准。

④彀(kòu)音：雏鸟孵出时的叫声。

⑤辩：通“辨”，区别。

⑥恶(wū)乎：为何。

⑦小成：片面的认识。

⑧荣华：华美的言论，花言巧语。

⑨莫若以明：不如用明净之心观照。

⑩物无非彼：以我观物，事物没有不是彼的。

⑪物无非是：以物自观，事物没有不是此的。

⑫自彼则不见，自知则知之：从彼方就看不见这一面，从本身知道的来看当然是知道了。

⑬因：因依，依托。

⑭彼是方生：彼和此同时产生。

⑮方生方死，方死方生：指诞生的同时就开始走向死亡，走向死亡的同时也会出现生。

⑯方可方不可，方不可方可：指对的同时就出现了错，错的同时也出现了对。

⑰因是因非，因非因是：指对的就任它对，错的也任它错。

⑱照之于天：观照于事物的本然。

⑲是亦彼也，彼亦是也：指此也是彼，彼也是此，彼此没有区别，这是庄子万物齐一的哲学观。

⑳道枢：道的枢纽，道的关键。

【译文】

言论与风吹不同。发言的人都有自己的言辞观点，他们说的话并不能作为评判是非的标准。那么，他们到底是发了言呢，还是未曾发言呢？他们以为自己所言不同于刚出壳小鸟的叫声，那么到底是有分别呢，还是没有分别呢？

大道被什么蒙蔽而有了真伪之分呢？言论被什么蒙蔽而有了是非之别呢？大道因何而不存在呢？言论为何存而不可呢？道被一孔之见所蒙蔽，言论被浮华之辞所蒙蔽。所以有了儒墨各家的是非争辩，他们各自肯定对方所否定的，而否定对方所肯定的。想要肯定对方所否定的而否定对方所肯定的，则不如用明净之心去观照事物的本然。

以我观物，世界上的事物没有不是彼的；以物自观，也没有不是此的。从彼方看来就看不见这一面，而从本身知道的来看当然是知道的。所以说，彼方出自于事物的此方，此方也依赖于彼方。这是彼此同时产生的理论。虽然如此，生命诞生的同时也就开始走向死亡，走向死亡的同时也预示着新生命的诞生；事物被认为对的同时就出现了错，被认为错的同时也出现了对；对的就任它对，错的也任它错，对错都不计较。所以，圣人不走是非对立的路子，而是观照于事物的本然，这也是顺应自然的道理。此就是彼，彼就是此。彼有一个是非，此也有一个是非，果真有彼此之分吗？果真无彼此之分吗？超出彼此是非的对立之上，就叫掌握了大道的枢要。合乎枢要才像进入了圆环的中心，可以顺应无穷的变化。是的变化无穷尽，非的变化也无穷尽。所以说，不如用明净之心去观照事物的本然。

六

以指喻指之非指，不若以非指喻指之非指也；以马喻马之非马，不若以非马喻马之非马也。天地一指也，万物一马也。

可乎可，不可乎不可。道行之而成，物谓之而然。恶乎然[①]？然于然。恶乎不然？不然于不然。物固有所然，物固有所可。无物不然，无物不可。故为是举莛与楹[②]，厉与西施[③]，恢恑憰怪[④]，道通为一[⑤]。

其分也，成也；其成也，毁也。凡物无成与毁，复通为一。唯达者知通为一，为是不用而寓诸庸。庸也者，用也；用也者，通也；通也者，得也。适得而几矣。因是已。已而不知其然，谓之道。劳神明为一，而不知其同也，谓之朝三。何谓朝三？狙公赋芧[⑥]，曰："朝三而暮四。"众狙皆怒。曰："然则朝四而暮三。"众狙皆悦。名实未亏而喜怒为用，亦因是也。是以圣人和之以是非，而休乎天钧[⑦]，是之谓两行。

【注释】

①恶乎然：为什么是这样。

②莛（tíng）：草本植物的茎。楹（yíng）：厅堂前面的柱子。莛、楹在这里分别代表物的小和大。

③厉：通"癞"，病癞，这里指丑女人。

④恢恑（guǐ）憰（jué）怪：指千奇百怪的异状。恢，宏大。恑，诡秘。憰，欺诈。怪，怪异。

⑤道通为一：以道来看都是一样的。

⑥狙(jū)公:养猴的老人。

⑦天钧:自然的均衡之道。钧,通“均”。

【译文】

用手指来说明手指不是手指,不如用非手指的东西来说明手指不是手指;用白马来说明白马不是马,还不如用非白马的东西来说明白马不是马。其实天地之大就是“一指”,万物千差万别不过就是“一马”。

对的就是对的,不对的就是不对的。道路是人走出来的,事物的称谓是人叫出来的。为什么是这样的呢?它原本是这样的,所以人们就认为是这样的。为什么不是这样的呢?它原本不是这样的,所以人们就认为不是这样的。事物本来就有它正确的地方,事物本来有它被认可的地方。由此看来,天下没有什么事物不是,没有什么事物不可。所以就像草茎和房柱,丑陋的女子和美貌的西施,以及一切奇异古怪的东西,从道的观点来看都是一样的。

此物的分解,就是彼物的形成;此物的完成,就是彼物的毁灭。所以一切事物无所谓形成和毁灭,到头来都是浑然一体的。只有通达大道的人才知道万物通而为一的道理,因而他们不固执于自己的成见而只是随从众人的看法罢了。所谓庸,就是以众人的好恶为好恶;以众人的好恶为好恶,就能通达于大道;通达于大道,就能无往而不自得。能达到自得,就接近大道了。这就是顺应自然的道理。顺应自然而不知其所以然,这就叫作“道”。耗费心思以求事物的一致,而不知万物本来就是同一的,这就叫作“朝三”。什么叫“朝三”呢?养猴的老人在分橡子给猴时说:“早晨三升,晚上四升。”猴子都非常愤怒。老人又说:“那么就早晨四升,晚上三升吧。”猴子都非常高兴。其实名和实并没有什么亏损,而猴子的喜怒却不同,这只是顺应猴子的心理罢了。所以,圣人调和是非任其自然均调,这就叫作物我并行发展。

七

古之人,其知有所至矣[①]。恶乎至?有以为未始有物者,至矣,尽矣,不可以加矣。其次以为有物矣,而未始有封也[②]。其次以为有封焉,而未始有是非也。是非之彰也,道之所以亏也。道之所以亏,爱之所以成[③]。果且有成与亏乎哉?果且无成与亏乎哉?有成与亏,故昭氏之鼓琴也[④];无成与亏,故昭氏之不鼓琴也。昭文之鼓琴也,师旷之枝策也[⑤],惠子之据梧也[⑥]:三子之知几乎皆其盛者也[⑦],故载之末年[⑧]。唯其好之也,以异于彼;其好之也,欲以明之[⑨]。彼非所明而明之,故以坚白之昧终[⑩]。而其子又以文之纶终[⑪],终身无成。若是而可谓成乎,虽我亦成也。若是而不可谓成乎,物与我无成也。是故滑疑之耀[⑫],圣人之所图也[⑬]。为是不用而寓诸庸,此之谓以明。

【注释】

①至:指最高境界。

②封:界域,界限。

③爱:私好,偏爱。

④昭氏:姓昭,名文,善于弹琴。

⑤师旷:字子野,晋平公的乐师。

⑥惠子:惠施。据:倚靠。

⑦三子:指昭文、师旷和惠施。

⑧载:从事。末年:晚年。

⑨明之:使动用法,使他人领悟。

⑩坚白:指战国时著名论题“坚白论”。

⑪其子:指昭文的儿子。纶:琴弦,这里代指弹琴。

⑫滑(gǔ):迷乱。

⑬图:革除,摒弃。

【译文】

古人的认识达到了最高境界。怎样才能达到最高境界呢?他们认为宇宙形成之初未曾形成万物,这种认识可谓深刻透彻,是最高境界,尽美尽善,无以复加了。智慧低一等的人,虽然认为有万物存在,但未曾去分界限定。再次一等的人,认识到了事物有界限之别,却不曾去分辨是非。是非之别明显了,道也因此有了亏损。道亏损了,偏爱就产生了。天下果真有所谓成就和亏损吗?果真没有成就和亏损吗?有成就和亏损,犹如昭文弹琴;没有成就和亏损,犹如昭文不弹琴。昭文弹琴,师旷指挥,惠施倚靠梧桐树与人辩论,这三人的认识和才智已经登峰造极了,所以他们都终身从事所爱好的事业。这三个人只是各自有爱好,便想要以此炫耀于别人;并且想以自己的所好去教诲他人。这并非别人必须了解的东西而非要人明白了解,所以终生迷于"坚白论"的偏蔽。昭文的儿子继承昭文的琴技,一辈子也没有什么成就。像这样都可以说有成就的话,那么即使是我,也算是有成就了。如果像这样不算有成就,那么万物与我就都是无所成就了。所以迷乱人心的炫耀,是圣人要摒弃的。圣人夸说是非,只是顺从众人的意见,这就叫作以明净之心去观照事物的本然。

八

今且有言于此,不知其与是类乎?其与是不类乎?类与不类,相与为类,则与彼无以异矣。虽然,请尝言之:有始也者①,有未始有始也者,有未始有夫未始有始也者;有有也者,有无也者,有未始有无也者,有未始有夫未始有无也者。俄而有无矣[2]，而未知有无之果孰有孰无也。今我则已有谓矣，而未知吾所谓之其果有谓乎？其果无谓乎？

天下莫大于秋豪之末，而大山为小；莫寿于殇子[3]，而彭祖为夭。天地与我并生，而万物与我为一[4]。既已为一矣，且得有言乎？既已谓之一矣，且得无言乎？一与言为二，二与一为三。[5]自此以往，巧历不能得[6]，而况其凡乎！故自无适有以至于三，而况自有适有乎！无适焉[7]，因是已。

夫道未始有封[8]，言未始有常[9]，为是而有畛也[10]。请言其畛：有左有右，有伦有义，有分有辩，有竞有争，此之谓八德[11]。六合之外[12]，圣人存而不论；六合之内，圣人论而不议。春秋经世先王之志[13]，圣人议而不辩。故分也者，有不分也。辩也者，有不辩也。曰："何也？""圣人怀之，众人辩之以相示也[14]。故曰：辩也者，有不见也。"

夫大道不称，大辩不言，大仁不仁[15]，大廉不嗛[16]，大勇不忮[17]。道昭而不道，言辩而不及，仁常而不成，廉清而不信，勇忮而不成。五者园而几向方矣。故知止其所不知，至矣。孰知不言之辩，不道之道？若有能知，此之谓天府[18]。注焉而不满，酌焉而不竭，而不知其所由来，此之谓葆光[19]。

【注释】

①有始也者：指宇宙有个开始。

②俄：顷刻。

③殇(shāng)子：夭折的婴儿。

④一：一体。

⑤一与言为二，二与一为三：即同于老子的"道生一，一生二，二生三"的观点。

⑥巧历:善于计算的人。不能得:不能算出结果。

⑦无适焉:不必再推算下去了。

⑧道未始有封:道未曾有界限,道无所不在。

⑨言未始有常:言论未曾有定论。常,定准,定论。

⑩畛:界限。

⑪八德:八种界限。

⑫六合:指天地四方。

⑬春秋:古代编年史。经世:治理天下。先王之志:先王治世的记载。志,记载。

⑭相示:指互相夸耀自胜,相互显示其才智。

⑮大仁不仁:大仁是没有偏爱的。

⑯嗛(qiān):通“谦”,谦逊。

⑰忮(zhì):伤害。

⑱天府:自然的府库,形容心胸广大。

⑲葆光:指隐蔽光明而不外露。

【译文】

现在姑且发表一些言论,不知道这些话与其他人的话是同类呢,还是不同类呢?同类也好,不同类也罢,既然开口发言了,那么和其他人所言就没什么分别了。虽然如此,还是让我试着说说。宇宙万物有它的开始,有它未曾开始的开始,还有它未曾开始的那未曾开始的开始;宇宙万物的最初形态有它的“有”,有它的“无”,有它未曾有的“无”,有它未曾有的那“未曾有”的“无”。一下子产生了“有”和“无”,然而不知道这个“有”“无”果真是不是“有”和“无”。现在我已经说了这些话,但不知道我所说的果真是说了呢,还是没说呢?

天下没有比秋毫末端更大的东西,而泰山却是小的;没有比夭折的婴儿更长寿的,而活了八百岁的彭祖却是短命的。天地与我并生,而万物与我同为一体。既然已经合为一体了,那还有什么可说呢?既然说了合为一体，怎能说没什么可说呢？万物一体加上我所说的就成了“二”，“二”加上“一”就成了“三”。由此推算下去，精于计算的人也不能得出最后的数目，何况凡夫俗子呢！所以，从“无”到“有”，已经推至三，更何况从“有”到“有”！不必再推算下去了，顺应自然就是了。

大道本来不曾有人我、是非、彼此等界限，言论本来是没有是非定说的，为了争一个“是”字而妄加了种种界限。请让我说说这些界限。如有卑下，有尊贵，有伦序，有等级，有分别，有论辩，有竞言，有相争，这就是所谓的八种界限。天地之外的事，圣人是存而不论的；天地以内的事，圣人只论述而不评议。古史是先帝治世的记载，圣人只评议而不争辩是非曲直。所以，天下的事理有能分别的，就有不能分别的。有能辩论的，就有不能辩论的。“这是为什么呢？”“圣人虚怀若谷，不去争辩，众人则争辩不休而竞相夸示。所以说，所谓争辩，是因为没有看到道的广大。”

大道是不可称谓的，大辩是不用言语的，大仁是没有偏爱的，大廉是不讲谦逊的，大勇是不伤害他人的。道一旦昭明了就不是道，言语争论就有了片面性，仁爱固定在一方就不能周全，廉若过了分就不可信，勇有伤害就不能成为勇。这五者犹如求圆却近方了。故一个人能止于他所不知的领域，就是知的极点了。谁知道不用言语的争论，不用称说的道呢？假若有谁能知道，那他就有宽广的心胸。这种心胸，注入多少东西都不会盈满，取出多少东西也不会枯竭，而且不知道它来自何处，这就叫作潜藏不露的光辉。

九

故昔者尧问于舜曰①：“我欲伐宗、脍、胥敖②，南面而不释然③，其故何也？”

舜曰：“夫三子者④，犹存乎蓬艾之间⑤。若不释然，何哉？昔者十日并出⑥，万物皆照，而况德之进乎日者乎⑦？”

【注释】

①故：发语词。

②宗、脍（kuài）、胥敖：上古时期的三个小国，不见于经传。

③南面：古代帝王的座位面向南，故以南面指帝位，这里指临朝听政。不释然：不安的样子。

④三子：指三个国家的国君。

⑤蓬艾：蓬蒿艾草，这里指三国卑小。

⑥十日并出：神话传说。这里比喻光明普照万物。

⑦进：胜过，超过。

【译文】

从前尧问舜说："我想讨伐宗、脍、胥敖这三个小国，可是临朝听政时总感到心里不安，这是什么原因呢？"

舜说："这三个小国的国君，犹如生存在蓬蒿艾草中。您还心绪不安、心神不宁，这是为什么呢？过去有十个太阳一起出来，普照万物，何况您的道德胜过了太阳的光芒呢？"

十

啮缺问乎王倪曰[①]："子知物之所同是乎[②]？"

曰："吾恶乎知之！"

"子知子之所不知邪？"

曰："吾恶乎知之！"

"然则物无知邪？"

曰："吾恶乎知之！虽然，尝试言之。庸讵知吾所谓知之非不知邪[③]？庸讵知吾所谓不知之非知邪？且吾尝试问乎女[④]：民湿寝则腰疾偏死，鳅然乎哉？木处则惴栗恂惧[⑤]，猿猴然乎哉？三者孰知正处？民食刍豢[6]，麋鹿食荐，蝍蛆甘带[7]，鸱鸦耆鼠[8]，四者孰知正味[9]？猿猵狙以为雌[10]，麋与鹿交，鳅与鱼游[11]。毛嫱丽姬，人之所美也；鱼见之深入，鸟见之高飞，麋鹿见之决骤[12]。四者孰知天下之正色哉[13]？自我观之，仁义之端，是非之涂[14]，樊然淆乱[15]，吾恶能知其辩[16]！"

啮缺曰："子不知利害，则至人固不知利害乎？"

王倪曰："至人神矣！大泽焚而不能热，河汉沍而不能寒[17]，疾雷破山，飘风振海而不能惊。若然者，乘云气，骑日月，而游乎四海之外。死生无变于己，而况利害之端乎！"

【注释】

①啮（niè）缺、王倪：皆为虚构人物。

②所同是：所共同认可的标准。

③庸讵：何以，怎么。

④女：通"汝"，你。

⑤木处：在树上住。惴栗：发抖。恂（xún）惧：害怕。

⑥刍豢（chúhuàn）：食草为刍，食谷物为豢，这里指牛羊猪狗等家畜。

⑦蝍蛆（jíjū）：蜈蚣。甘：可口。

⑧鸱（chī）：猫头鹰。耆：通"嗜"，喜好。

⑨正味：真正好吃的味道。

⑩猵（biān）狙：猕猴的一种。以为雌：相配为雌雄。

⑪游：交合。

⑫决骤：疾速奔跑。

⑬正色：真正美丽的面容。

⑭涂：通"途"，途径。

⑮樊然：杂乱的样子。淆：混杂，搅扰。

⑯辩：通"辨"，分别，区别。

⑰河汉：黄河和汉水，这里泛指江河。沍（hù）：结冻，封冻。

【译文】

齧缺问王倪说："你知道万物有共同的标准吗？"

王倪说："我怎么知道呢！"

齧缺又问说："你知道你为何不知道的原因吗？"

王倪说："我怎么知道呢！"

齧缺再问说："那么万物不就无法认识了吗？"

王倪说："我怎么知道呢！即便如此，请让我试着说说。怎么知道我所说的'知道'不是他人所说的'不知道'呢？怎么知道我所说的'不知道'不是他人所说的'知道'呢？且让我问你：人睡在潮湿的地方就会腰痛甚至半身不遂，泥鳅会这样吗？人在树上居住就会惊恐不安，猿猴也会这样吗？人、泥鳅、猿猴这三者，究竟谁最了解居住在什么地方最好呢？人吃家畜肉，麋鹿吃蒿草，蜈蚣以蛇为食，猫头鹰和乌鸦爱吃老鼠，这四者究竟谁知道什么是真正的美味呢？母猿与狗头猿成为配偶，麋和鹿交配，泥鳅和鱼交尾。毛嫱、丽姬是世所公认的美人，但是鱼儿见到她们就潜入水底，鸟儿见到她们就飞向高空，麋鹿见到她们就疾速奔跑。这四者究竟谁知道什么才是天下真正的美色呢？依我看来，仁义的端倪，是非的途径，纷然杂乱，我怎么知道它们的差别呢！"

齧缺说："你不了解利和害，难道至人也不了解利和害？"

王倪说："至人太神妙了！山泽燃烧而不能使他感到热，江河封冻而不能使他感到冷，疾雷劈山、暴风震海而不能使他感到惊吓。像这样的至人，乘着云雾，骑着日月，而遨游于四海之外。连生和死都不能影响到他，何况是利害这种小事呢！"

十一

瞿鹊子问乎长梧子曰[1]："吾闻诸夫子[2]：'圣人不从事于

务，不就利，不违害，不喜求，不缘道[3]。无谓有谓[4]，有谓无谓[5]，而游乎尘垢之外。'夫子以为孟浪之言[6]，而我以为妙道之行也。吾子以为奚若？"

长梧子曰："是黄帝之所听荧也[7]，而丘也何足以知之！且女亦大早计[8]，见卵而求时夜[9]，见弹而求鸮炙[10]。予尝为女妄言之，女以妄听之。奚旁日月[11]，挟宇宙[12]，为其吻合[13]，置其滑涽[14]，以隶相尊[15]？众人役役[16]，圣人愚芚[17]，参万岁而一成纯[18]。万物尽然，而以是相蕴。予恶乎知说生之非惑邪！予恶乎知恶死之非弱丧而不知归者邪[19]！

"丽之姬[20]，艾封人之子也[21]。晋国之始得之也，涕泣沾襟；及其至于王所，与王同筐床，食刍豢，而后悔其泣也。予恶乎知夫死者不悔其始之蕲生乎？梦饮酒者，旦而哭泣；梦哭泣者，旦而田猎。方其梦也，不知其梦也。梦之中又占其梦焉，觉而后知其梦也。且有大觉而后知此其大梦也。而愚者自以为觉，窃窃然知之[22]。君乎，牧乎，固哉！丘也与女，皆梦也；予谓女梦，亦梦也。是其言也，其名为吊诡。万世之后而一遇大圣，知其解者，是旦暮遇之也。

"既使我与若辩矣，若胜我，我不若胜，若果是也，我果非也邪？我胜若，若不吾胜，我果是也，而果非也邪？其或是也，其或非也邪？其俱是也，其俱非也邪？我与若不能相知也，则人固受其黮暗[23]，吾谁使正之？使同乎若者正之？既与若同矣，恶能正之？使同乎我者正之？既同乎我矣，恶能正之？使异乎我与若者正之？既异乎我与若矣，恶能正之？使同乎我与若者正之？既同乎我与若矣，恶能正之？然则我与若与人俱不能相知也，而待彼也邪？"

"何谓和之以天倪？"曰："是不是，然不然。是若果是也，则是之异乎不是也，亦无辩；然若果然也，则然之异乎不然也，亦无辩。化声之相待[24]，若其不相待，和之以天倪，因之以曼衍[25]，所以穷年也。忘年忘义，振于无竟，故寓诸无竟[26]。”

【注释】

①瞿鹊子、长梧子：皆为虚构人物。

②夫子：指孔子，有下文“丘”为证。

③不缘道：不攀缘大道。

④无谓有谓：没有说什么如同说了什么。

⑤有谓无谓：说了什么如同没说什么。

⑥孟浪：不着边际。

⑦听荧：听了感到疑惑。

⑧大早计：求之过急，操之过急。

⑨时夜：亦称“司夜”，指五更报晓的鸡。

⑩鸮(xiāo)：似斑鸠的一种鸟。

⑪旁：通“傍”，依傍。

⑫挟：怀抱。

⑬为其吻合：与宇宙万物合为一体。

⑭置：任凭。滑涽(hūn)：昏乱。

⑮以隶相尊：把奴仆当作尊贵的人，指贵贱齐一的道理。

⑯役役：劳苦不休的样子。

⑰愚芚(chūn)：愚昧无知的样子。

⑱参万岁而一成纯：糅合古今事物为一体却精纯不杂。参，糅合。万岁，古今事物。

⑲弱丧：少年在外流浪不回家的人。

⑳丽之姬：丽戎国的美女，晋献公的夫人。

㉑艾封人：指在艾地戍守边疆的人。

㉒窃窃然：明察的样子。

㉓黮暗（tàn’àn）：不明的样子。

㉔化声之相待：是非之辩互相对立。待，对立。

㉕曼衍：自在变化，不拘常规。

㉖寓诸无竟：寄托于无穷的境地。

【译文】

瞿鹊子问长梧子说："我听孔夫子说过：'圣人不去做尘世间的俗事，不谋利益，不避危害，不追求欲望，不攀缘大道。无言如同有言，有言如同无言，而遨游于尘世之外。'孔夫子认为这些是轻率不当的言论，而我却认为这是大道的表现。您认为怎样呢？"

长梧子说："这些话，黄帝听了也会感到疑惑不解，孔丘怎么会理解呢！而且你也太求之过急了，见到鸡蛋便想得到报晓的鸡，见到弹丸就想吃到烤鸮鸟肉。我姑且给你随便说说，你也姑且听听吧。何不依傍日月，怀抱宇宙，与天地万物浑然一体，任其昏乱而不管，把尊贵卑贱看作是一样的呢？众生忙忙碌碌，圣人则大智若愚，糅合古今事物为一体而精纯不杂。万物都是如此，互相蕴含着归于精纯浑朴之中。我怎么知道贪生不是迷惑呢！我怎么知道怕死不像幼孩流浪在外而不知归家那样呢！

"丽姬是艾地戍守边界人的女儿。晋国迎娶她时，她哭得泪湿衣襟；当她到了晋国王宫，和国君同睡一床，同吃珍馐美味，这才后悔当初不该哭泣。我怎能知道死去的人不后悔当初的贪生呢？梦中饮酒作乐的人，早上起来或许会遇到不如意的事情而哭泣；梦中哭泣的人，醒来又可能会去狩猎取乐。当人在梦中，不知道自己在做梦。有时候在梦中又做着梦，醒后才知道是做梦。只有彻底觉醒的人才知道人生如同一场梦。而愚昧的人自以为清醒，好像很明察的样子，似乎什么都知道。什么国君啊，臣仆啊，真是固执浅陋极了！孔丘和你，都在做梦；我说你在做梦，我也是在梦中。我这些言论，可以称作是奇谈怪论。万世之后也许会遇到一位大圣人，能了悟这些道理，如同早晚遇到一样。

“即使我与你辩论，你胜了我，我没有胜你，你就果然对吗，我就果然错吗？我胜了你，你没有胜我，我果然对吗，你就果然错吗？是有一人对，有一人错呢？还是我们两人都对，或者都错呢？我和你都不知道，而他人本来就不明白，我们让谁来评判是非呢？请与你观点相同的人来评判？既然他和你的观点相同，怎么评判呢？请与我观点相同的人来评判？既然他和我的观点相同，又怎么评判呢？让与我和你的观点不同的人来评判吗？既然观点不同于我和你，又怎么能评判呢？让观点与我和你相同的人来评判吗？既然他的观点与我和你的相同，又怎么能评判呢？既然我和你及他人都不能评判谁是谁非，还等谁来评判呢？”

“什么叫用自然之道来调和？”答案是：“‘是’就等于‘不是’，‘然’就等于‘不然’。如果‘是’真的是‘是’，那么，‘是’不同于‘不是’，就不须争辩了；如果‘然’真的是‘然’，那么，‘然’不同于‘不然’，也就不须争辩了。是非之辩互相对立，若要使它们不对立，就要用自然之道来调和，任其变化发展，以尽享天年。忘掉生死岁月，忘掉是非仁义，就能畅游于无穷的境界，这样也就能终身寄寓在无穷的境域了。”

十二

罔两问景曰①：“曩子行②，今子止；曩子坐，今子起。何其无特操与③？”

景曰：“吾有待而然者邪④？吾所待又有待而然者邪？吾待蛇蚹蜩翼邪⑤？恶识所以然？恶识所以不然？”

【注释】

①罔两：影子的影子。景：古“影”字。

②曩（nǎng）：从前。

③无特操：没有独立的操守。

④有待:有所依赖。

⑤蛇蚹(fù):蛇腹下的鳞皮。

【译文】

影子的影子问影子说:“刚才你行走,现在你停下;刚才你坐着,现在你站着。你怎么这样没有独立的操守呢?”

影子说:“我是有依赖条件才这样的吧?我所依赖的东西又有所依赖才这样的吧?我的依赖就像蛇凭借腹下的鳞皮而行,蝉凭借翅膀而飞吧?我怎能知道为什么会是这样的?又怎能知道为什么不会是这样呢?”

十三

昔者庄周梦为胡蝶,栩栩然胡蝶也①。自喻适志与②,不知周也。俄然觉,则蘧蘧然周也③。不知周之梦为胡蝶与,胡蝶之梦为周与?周与胡蝶,则必有分矣。此之谓物化④。

【注释】

①栩栩(xǔ)然:轻快飞舞的样子。

②喻:觉得。适志:合乎心意。

③蘧蘧(jù)然:惊醒的样子。

④物化:万物融合为一。

【译文】

从前庄周梦见自己变为蝴蝶,翩翩飞舞。感到畅快极了,竟然忘了自己是庄周。忽然醒来,惊觉自己原来是庄周。不知道是庄周做梦化为蝴蝶,还是蝴蝶梦中化为庄周呢?庄周和蝴蝶,必定是有分别的。这种物我的转化就叫“物化”。

【赏析】

本篇表现的是庄子对世俗的否定，和对无差别的自由境界的向往。全篇由几个相对独立的故事连接而成，虽然故事和故事之间没有关联词，但在内容上有统一的主题贯通，思想深度也在逐步提升。

一开篇，庄子从南郭子綦进入无我境界入手，通过南郭子綦之口，生动地描述了大自然中的不同声响即人籁、地籁、天籁，为下文不同人情作铺垫。

后面几段内容，庄子通过几个寓言故事告诉世人争辩是没有意义的。争，似乎是人的天性，或者是言语，或者是利益，不争个输赢，很少有人能够罢休。可在庄子看来，这是很幼稚的行为。庄子认为，真理本来是存在的，不会因为人们的争论而改变其本质。所谓的“道”，就是能够认识这个真理，并遵循这个真理，而不是千方百计、费尽口舌地跟人争论心中自以为是的真理。

养生主第三

本篇是《庄子》内篇中的第三篇，所谓“养生主”就是养生之道。庄子所说的养生之道就是“缘督以为经”，意思是不要为善去求名，不要为恶去受刑，顺应自然之道，就可以“保身”“全生”“养亲”“尽年”。

一

吾生也有涯[①]，而知也无涯[②]。以有涯随无涯[③]，殆已[④]！已而为知者，殆而已矣！为善无近名，为恶无近刑。缘督以为经[⑤]，可以保身，可以全生[⑥]，可以养亲[⑦]，可以尽年。

【注释】

①涯：极限，边际。

②知：知识。

③随：追随，追求。

④殆：危险。

⑤缘督以为经：顺应自然之道以为常法。

⑥全生：指保全自己的天性，免受思虑之苦。

⑦养亲：赡养父母。

【译文】

人的生命是有限的，而知识是无限的。用有限的生命去追求无限的知识，那是十分危险的！已经如此了，还要汲汲追求知识，那就更加危险了！做善事不能有求名之心，做恶事不至于遭受刑罚。把顺应自然作为养生的常法，就可以保全身躯，保全天性，奉养双亲，尽享天年了。

二

庖丁为文惠君解牛[1]，手之所触，肩之所倚，足之所履，膝之所踦[2]，砉然响然[3]，奏刀騞然[4]，莫不中音[5]，合于《桑林》之舞[6]，乃中《经首》之会[7]。

文惠君曰："嘻[8]，善哉！技盖至此乎[9]？"

庖丁释刀对曰[10]："臣之所好者道也，进乎技矣。始臣之解牛之时，所见无非全牛者；三年之后，未尝见全牛也；方今之时，臣以神遇而不以目视，官知止而神欲行。依乎天理[11]，批大郤[12]，导大窾[13]，因其固然[14]，技经肯綮之未尝[15]，而况大軱乎[16]！良庖岁更刀，割也；族庖月更刀[17]，折也；今臣之刀十九年矣，所解数千牛矣，而刀刃若新发于硎。彼节者有间，而刀刃者无厚，以无厚入有间，恢恢乎其于游刃必有余地矣[18]。是以十九年而刀刃若新发于硎。虽然，每至于族，吾见其难为，怵然为戒[19]，视为止[20]，行为迟。动刀甚微，謋然已解[21]，如土委地。提刀而立，为之四顾，为之踌躇满志[22]，善刀而藏之[23]。"

文惠君曰："善哉！吾闻庖丁之言，得养生焉。"

【注释】

①庖（páo）丁：厨师，名丁。文惠君：即梁惠王。

②踦(yǐ):通“倚”,用力抵住。

③砉(xū):皮骨相离的声音。

④騞(huō):刀割物裂的声音。

⑤中(zhòng)音:与乐音相合。

⑥桑林:商汤时的乐曲名。

⑦经首:尧时的乐曲名。会:韵律,节奏。

⑧嘻:惊叹声。

⑨盖:通“盍”,何,什么。

⑩释:放。

⑪天理:自然的纹理。

⑫郤(xì):通“隙”,间隙,指牛筋骨的间隙。

⑬窾(kuǎn):空处,指牛骨节之间的空隙。

⑭因:循,顺着。固然:指牛体结构本来的样子。

⑮技:犹“枝”。经:经脉。肯:附在骨头上的肉。綮(qìng):指筋骨盘结处。

⑯軱(gū):大骨头。

⑰族庖:一般的厨工。

⑱恢恢:宽裕,宽绰。

⑲怵(chù)然:小心谨慎的样子

⑳视为止:目光专注。止,专注。

㉑谍(huò):分离,解散。

㉒踌躇满志:从容自得而心满意足。

㉓善:通“缮”。这里是擦拭的意思。

【译文】

庖丁给文惠君宰牛,手触到的地方,肩倚着的地方,脚踩着的地方,膝抵着的地方,都发出哗哗的或轻或重的声音,还有进刀时发出的进刀之声,没有不合于音律的,既合于《桑林》的舞曲节拍,又合于《经首》的乐曲韵律。

文惠君赞道："啊，妙呀！你的技巧怎么达到这种高超程度的？"

庖丁放下刀回答说："我所喜好的是事物的规律，已经超过了技巧。最初我宰牛的时候，所看到的无非是一整头牛；三年之后，就未曾看到过整头牛了；现在，我只用心神行事而不用眼睛去看，耳目等官能停止了但心神还在运行。顺着牛体的自然纹理，劈开筋骨间的空隙，引刀入骨节之间的空隙，顺着牛的自然结构动刀，那些经脉相连、筋骨聚结的地方都从不碰，更何况大骨头呢！好的厨师每年换一把刀，因为他们用刀割筋肉；一般的厨师每月换一把刀，因为他们用刀砍骨头；我这把刀已经用十九年了，所宰的牛有几千头，可是刀刃还像新磨过的一样锋利。因为牛的骨节间有空隙，而刀刃薄得几乎没有厚度，以没有什么厚度的刀刃切入有间隙的骨节，当然会游刃有余了。所以这把刀用了十九年，刀刃还像新磨的一样。即便如此，每遇到筋骨聚结的地方，我知道不容易下手，便会小心谨慎，视线专注，动作缓慢。轻轻动刀，牛就哗啦啦分解开了，就像土块一样溃散在地。这时，我提刀站立，环视四周，心满意足，然后将刀擦净收好。"

文惠君说："好啊！我听了庖丁一番话，从中学到了养生之道。"

三

公文轩见右师而惊曰①："是何人也？恶乎介也②？天与，其人与？"

曰："天也，非人也。天之生是使独也，人之貌有与也。以是知其天也，非人也。"

【注释】

①公文轩：姓公文，名轩，宋人。右师：官名，这里指任右师的人。

②介：一只脚。

【译文】

公文轩看到右师惊讶地说："这是什么人？怎么只有一只脚呢？这是天生的，还是人为造成的呢？"

右师说："这是天生的，不是人为的。上天让我只有一只脚，人的形貌是天赋与的。所以知道这是天生的，不是人为的。"

四

泽雉十步一啄[①]，百步一饮，不蕲畜乎樊中[②]。神虽王[③]，不善也。

【注释】

①泽雉：草泽中的野鸡。

②蕲：求。樊：笼子。

③王（wàng）：通"旺"，旺盛。

【译文】

草泽里的野鸡走十步一啄食，走百步一饮水，但它并不希望被养在笼子里。在笼中虽然精神旺盛，行动却不自由。

五

老聃死[①]，秦失吊之[②]，三号而出[③]。

弟子曰[④]："非夫子之友邪？"

曰："然。"

“然则吊焉若此可乎?”

曰:“然。始也吾以为其人也,而今非也。向吾入而吊焉,有老者哭之,如哭其子;少者哭之,如哭其母。彼其所以会之,必有不蕲言而言,不蕲哭而哭者。是遁天倍情⑤,忘其所受,古者谓之遁天之刑。适来,夫子时也;适去,夫子顺也。安时而处顺,哀乐不能入也,古者谓是帝之县解⑥。”

【注释】

①老聃(dān):即老子,道家的创始人。

②秦失(yì):姓秦,名失,老子的朋友。

③三号(háo):号哭三声。

④弟子:指秦失的弟子。

⑤遁:失。倍:通“背”,违背。

⑥帝:天帝。县(xuán)解:解脱束缚。县,通“悬”,束缚。

【译文】

老聃死了,秦失去吊唁他,哭了三声就出来了。

秦失的弟子说:“他不是老师的朋友吗?”

秦失说:“是的。”

弟子说:“那么这样吊唁,可以吗?”

秦失说:“可以。开始我以为他是世俗之人,但现在觉得并非如此。刚才我进去吊唁时,看见有老人哭他,如同哭自己的孩子;有年轻人哭他,如同哭自己的母亲。这些人聚在这里,必定有不要求他们吊唁而来吊唁的,不要求他们哭丧而哭丧的。这是失去天理,违背真情,忘记人之生死寿夭皆出自然,古时候称此为逃避自然的刑罚。该来的时候,老聃应时而生;该去的时候,老聃顺时而死。老聃应时而生而又顺乎自然而死,那么哀乐便不能侵入身心,古时候把这种解脱称为天帝解除人的束缚之苦。”

六

指穷于为薪，火传也，不知其尽也。

【译文】

油脂作为烛薪终有烧尽时，但火种却传续下去，无穷无尽永不会熄灭。

【赏析】

文中，作者首先提出顺乎自然的养生之道。人要顺乎自然，不因追名逐利殚思竭虑伤身害体，也不因恣意妄为触犯法律遭受刑罚。

接下来，庄子以庖丁解牛的故事喻处世之道，以解牛之法写处世之道。在作者这里，万物皆出于道，社会与牛相通，解牛与处世相通。解牛需了解牛的肌理，处世需了解世情规律。因此，为了保全性命，人应该“依乎天理”“因其固然”。这就像解牛一样，只要刀刃沿着筋、骨的缝隙间游动，不要碰着筋腱和骨头，就会保持锋利，不会受损变钝。

随后，又讲述了三个寓言故事，并以薪尽火传喻生死之变化，总结全文，进一步说明顺应自然之道即为养生之要这一中心。

人间世第四

“人间世”，即人间社会。本篇讲的是人生处世哲学，既表述了庄子所主张的处人与自处的人生态度，又阐释了庄子远害全生的处世哲学。

一

颜回见仲尼[①]，请行。曰：“奚之？”

曰：“将之卫。”

曰：“奚为焉？”

曰：“回闻卫君，其年壮，其行独[②]。轻用其国，而不见其过。轻用民死，死者以国量乎泽若蕉[③]。民其无如矣[④]！回尝闻之夫子曰：‘治国去之，乱国就之，医门多疾。’愿以所闻思其则，庶几其国有瘳乎[⑤]！”

仲尼曰：“嘻！若殆往而刑耳[⑥]！夫道不欲杂，杂则多，多则扰，扰则忧，忧而不救。古之至人，先存诸己而后存诸人。所存于己者未定，何暇至于暴人之所行！且若亦知夫德之所荡而知之所为出乎哉？德荡乎名，知出乎争。名也者，相轧也；知也者，争之器也。二者凶器，非所以尽行也。

“且德厚信矼[⑦]，未达人气；名闻不争，未达人心。而强以仁义绳墨之言术暴人之前者，是以人恶有其美也，命之曰菑人[⑧]。

菑人者，人必反菑之。若殆为人菑夫。且苟为悦贤而恶不肖，恶用而求有以异？若唯无诏，王公必将乘人而斗其捷。而目将荧之[9]，而色将平之，口将营之，容将形之，心且成之。是以火救火，以水救水，名之曰益多。顺始无穷，若殆以不信厚言，必死于暴人之前矣！

"且昔者桀杀关龙逢[10]，纣杀王子比干[11]，是皆修其身，以下伛拊人之民[12]，以下拂其上者也，故其君因其修以挤之。是好名者也。昔者尧攻丛、枝、胥敖[13]，禹攻有扈[14]，国为虚厉[15]，身为刑戮。其用兵不止，其求实无已，是皆求名实者也。而独不闻之乎？名实者，圣人之所不能胜也，而况若乎！虽然，若必有以也[16]，尝以语我来！"

颜回曰："端而虚[17]，勉而一[18]，则可乎？"

曰："恶[19]！恶可！夫以阳为充孔扬[20]，采色不定[21]，常人之所不违，因案人之所感[22]，以求容与其心[23]，名之曰日渐之德不成[24]，而况大德乎！将执而不化[25]，外合而内不訾[26]，其庸讵可乎[27]！"

"然则我内直而外曲，成而上比。内直者，与天为徒。与天为徒者，知天子之与己，皆天之所子，而独以己言蕲乎而人善之[28]，蕲乎而人不善之邪？若然者，人谓之童子[29]，是之谓与天为徒。外曲者，与人之为徒也。擎跽曲拳[30]，人臣之礼也。人皆为之，吾敢不为邪？为人之所为者，人亦无疵焉[31]，是之谓与人为徒。成而上比者，与古为徒。其言虽教，谪之实也[32]，古之有也，非吾有也。若然者，虽直而不病[33]，是之谓与古为徒。若是则可乎？"

仲尼曰："恶！恶可！大多政法而不谍[34]，虽固[35]，亦无罪。虽然，止是耳矣，夫胡可以及化！犹师心者也。"

颜回曰:“吾无以进矣,敢问其方。”

仲尼曰:“斋[36],吾将语若。有心而为之,其易邪?易之者,皞天不宜。”

颜回曰:“回之家贫,唯不饮酒不茹荤者数月矣。如此,则可以为斋乎?”

曰:“是祭祀之斋,非心斋也[37]。”

回曰:“敢问心斋。”

仲尼曰:“若一志,无听之以耳而听之以心,无听之以心而听之以气。听止于耳,心止于符。气也者,虚而待物者也。唯道集虚。虚者,心斋也。”

颜回曰:“回之未始得使,实有回也;得使之也,未始有回也,可谓虚乎?”

夫子曰:“尽矣!吾语若:若能入游其樊而无感其名[38]。入则鸣,不入则止。无门无毒[39],一宅而寓于不得已则几矣。绝迹易,无行地难。为人使易以伪,为天使难以伪。闻以有翼飞者矣,未闻以无翼飞者也;闻以有知知者矣[40],未闻以无知知者也。瞻彼阕者[41],虚室生白,吉祥止止[42]。夫且不止,是之谓坐驰。夫徇耳目内通而外于心知,鬼神将来舍,而况人乎!是万物之化也,禹、舜之所纽也[43],伏戏、几蘧之所行终[44],而况散焉者乎!”

【注释】

①颜回:鲁国人,孔子的弟子。仲尼:即孔子。

②独:专断。

③蕉:草芥。

④无如:无处可去。如,往。

⑤瘳（chōu）：病愈。

⑥殆：恐怕，将要。刑：遭受刑戮。

⑦矼（kòng）：诚实，笃厚。

⑧菑（zāi）：同“灾”，害。

⑨荧：眩，迷惑。

⑩桀：夏朝最后一个国君，以暴虐称著于史。关龙逢：夏桀时期的贤臣，因直言劝谏而被杀。

⑪纣：商朝最后一个国君，相传是暴君。比干：商纣王叔父，因忠谏而被杀。

⑫伛拊（yǔfǔ）：怜爱抚育。人：人君。

⑬丛、枝、胥敖：帝尧时期的部落小国。

⑭有扈：古国名。

⑮虚：通“墟”，废墟。厉：厉鬼。

⑯以：原因。

⑰端而虚：外表端庄而内心谦虚。

⑱勉而一：勤恳努力而专心致志。

⑲恶（wū）：叹词，驳斥之声。

⑳阳：指刚猛盛气。孔：甚，很。

㉑采色：神采气色。

㉒案：压抑。

㉓容与：放纵。

㉔日渐之德：小德。

㉕执：固守己见。

㉖外合：表面上赞同。訾（zǐ）：非议。

㉗庸讵：怎么。

㉘蕲：求。

㉙童子：未成年的人，这里指天真、未失自然本性的人。

㉚擎：举，这里指手里拿着朝笏。跽（jì）：跪拜。曲拳：鞠躬。

㉛疵（cī）：诽谤。

㉜谪（zhé）：谴责，责备。

㉝病：怨恨，祸害。

㉞政：通“正”，端正，纠正。

㉟固：固陋，执着而不通达。

㊱斋：斋戒，指祭祀前的清心洁身。

㊲心斋：摒除杂念，使心境虚静纯一，是一种内心的斋戒。

㊳樊：篱笆，喻指卫君统治的范围，并暗含追名逐利场所的意思。

㊴毒：通“壔”（dǎo），累积土石用作传信的土台，喻指索求门径的标的。

㊵前“知”：智慧，才能。后“知”：知识。

㊶瞻（zhān）：望。阕（què）：空虚。

㊷止止：集于宁静的心境。

㊸纽：枢纽，关键。

㊹伏戏：即伏羲。几蘧（qú）：传说中的远古帝王。

【译文】

颜回拜见孔子，向他辞行。孔子说：“到哪里去呢？”

颜回说：“准备去卫国。”

孔子说：“去卫国干什么？”

颜回说：“我听说卫国的国君，年壮气盛，行事专横。轻率地处理国事，却看不到自己的过错。轻率地用兵而不爱惜人民的性命，死者遍及全国不可称数，尸横大泽犹如草芥一样。百姓真是无路可走了！我曾听老师说：‘安定的国家可以离开，危乱的国家应前往救扶，就像医生的门前有很多病人一样。’我愿按照老师的教诲去思考治理卫国的办法，或许这个国家还有救吧！”

孔子说：“唉！恐怕你到了卫国要遭受刑戮啊！学道，心智不能杂乱，杂乱了就会多事，多事就会自扰，自扰就会引起忧患，忧患来了就自身难保了。古时候的至人，先充实自身然后才去救助别人。如果自己还没充实，哪有余力去纠正暴君的行为！况且，你懂得道德毁败和智慧显露的原因吗？道德的毁败在于好名，智慧的显露在于争胜。名声，是人们互相倾轧的原因；智慧，是人们互相争斗的工具。二者都是凶器，不可以尽行于世。

“而且，一个人即使德性纯厚、守信诚实，也未必能与别人气味投合；即使不和别人争名，也未必能达到别人的心意。如果强行用仁义规范的言论在暴君面前说教，这就好比是用别人的丑恶来衬托自己的美德，将会被认为是在害人。害别人的人，别人必定会反过来害他。你恐怕要被人害了。况且，如果卫君喜欢贤人而厌恶不肖之徒，又何必用你去显示有异于人呢？除非你不开口进谏，否则卫君必将抓住你说话的漏洞展开辩论，拒谏饰非。那时你的眼睛会眩惑不清，面色不得不平和下来，口里只顾得辩白营救自己，卑恭的面容就会显露出来，内心也就顺从他了。这就好比是用火去救火，用水去救水，只会越救越糟。如果按照开始时那样反复诤谏下去，你恐怕将不被信任，你必定要死在暴君的面前啊！

“从前，夏桀杀了关龙逢，商纣王杀了王子比干，都是因为他们修身养德，以臣下的身份关爱人君的民众，以臣下的身份拂逆人君的心意，所以他们的君主因他们修身养德而陷害他们。这就是喜好名声的结果。从前尧征伐丛、枝和胥敖，禹攻打有扈，使这些国家成为废墟，国人成了厉鬼，国君也被杀戮。他们用兵不断、贪利不止，这都是求名贪利的结果。偏偏你没有听说过吗？名利之心，有时连圣人都克服不了，何况是你呢！虽然这样，你毕竟有你的想法，且说给我听听！”

颜回说：“我外表端庄内心谦虚，勤勉行事而心志专一，这样可以吗？”

孔子说：“唉！这怎么可以呢！卫君刚猛暴烈盛气露于言表，而且喜怒无常，人们都不敢有丝毫违逆，他也借此压抑人们的真实感受和不同观点，来放纵自己的欲望，可以说每日用小德来感化尚且不成，更何况用大德来劝导！他必将固守己见而不会改变，表面赞同而内心却拒不纳谏，你的办法怎么行得通！”

颜回说：“那么，我内心正直而外表恭顺，引用成说并上比于古人。所谓内心正直，就是与自然同类。跟自然为同类，可知国君和我，都是上天所生，这样，我哪里会去祈求别人的称赞，又哪里会去管别人的指责呢？像这样，人们便会说我有赤子之心，这就叫与自然同类。所谓外表恭顺，就是与世人同类。手拿朝笏躬身下拜，这是做臣子的礼节。别人都这样做，我敢不这样做吗？做大家都做的事，别人也就不会指责吧，这就叫与世人同类。引用成说而上比古代贤人，就是与古人同类。所说的虽然是引导之言，其实是在责备国君的过失，这些话自古就有，并不是我造的。如果这样做，言语虽直率却不会招祸，这就叫与古人同类。这样做可以吗？”

孔子说：“唉！怎么可以呢！你纠正人家的方式太多又不妥当，这几种方法虽然浅陋，但也仅仅可以免罪。不过如此而已，又怎么能感化他呢！你好像太执着于自己的内心成见了。”

颜回说：“我没有更好的办法了，请问先生的高见。”

孔子说：“你先斋戒，我再告诉你。你有诚心去感化卫君，哪里有这么容易呢？如果你认为容易，那就不合自然之理了。”

颜回说：“我家境贫穷，不饮酒、不吃荤已经好几个月了。这样子，可以算是斋戒了吧？”

孔子说：“你这是祭祀斋戒，并不是心斋。”

颜回说：“请问什么是心斋？”

孔子说：“你必须心志专一，不要用耳朵去听而要用心去体会，不要用心去体会而要用气去感应。耳的作用止于聆听外物，心的作用止于与外物接合。气这东西，是虚空而能容纳万物的。只有达到空明的虚境才能容纳道的聚集。这种虚境，就是心斋。”

颜回说：“我未受心斋教诲之前，能实在感到自我的存在；听到心斋这个道理后，就觉得未曾有自我存在了，就可以叫作达到虚境了吗？”

孔子说：“达到了！我告诉你：你进入卫国这樊笼中不要为名利而动

心。卫君能接受你的话就说，不能接受就不说。不要走门路去营求，不要提供索求的标的，安心于一，了无二念，待人接物一切都不得已而为之，就差不多了。人不走路容易，走路不留行迹难。被人的欲望驱使就容易作伪，被自然驱使就难以作伪。听说过有翅膀才能飞，没听说过没有翅膀也能飞的；听说用心智去求得知识，没听说过不用心智而求得知识的。观照那个空明的心境，空明的心境就会生出光明，这样吉祥善福会集于宁静之心。如果心境不能宁静，这就叫作形坐而心驰。如果使耳目等感官向内通达而排除心机智识，连鬼神也会来依附，何况人呢！这样万物都可以被感化，这是禹、舜处事的关键，也是伏羲、几蘧终身奉行的行为准则，何况普通人呢！”

二

叶公子高将使于齐[①]，问于仲尼曰：“王使诸梁也甚重，齐之待使者，盖将甚敬而不急。匹夫犹未可动[②]，而况诸侯乎！吾甚栗之。子常语诸梁也曰：‘凡事若小若大，寡不道以欢成。事若不成，则必有人道之患；事若成，则必有阴阳之患[③]。若成若不成而后无患者，唯有德者能之。’吾食也执粗而不臧[④]，爨无欲清之人[⑤]。今吾朝受命而夕饮冰，我其内热与！吾未至乎事之情，而既有阴阳之患矣；事若不成，必有人道之患。是两也，为人臣者不足以任之，子其有以语我来！”

仲尼曰：“天下有大戒二：其一命也，其一义也。子之爱亲，命也，不可解于心；臣之事君，义也，无适而非君也，无所逃于天地之间。是之谓大戒。是以夫事其亲者，不择地而安之，孝之至也；夫事其君者，不择事而安之，忠之盛也；自事其心者，哀乐不易施乎前[⑥]，知其不可奈何而安之若命，德之至也。为人臣子者，固有所不得已。行事之情而忘其身，何暇至于悦生而恶死！

夫子其行可矣!

“丘请复以所闻:凡交近则必相靡以信[7],远则必忠之以言,言必或传之。夫传两喜两怒之言,天下之难者也。夫两喜必多溢美之言,两怒必多溢恶之言。凡溢之类妄,妄则其信之也莫,莫则传言者殃。故法言曰[8]:‘传其常情,无传其溢言,则几乎全。’

“且以巧斗力者,始乎阳[9],常卒乎阴[10],泰至则多奇巧[11];以礼饮酒者,始乎治,常卒乎乱,泰至则多奇乐。凡事亦然。始乎谅,常卒乎鄙;其作始也简,其将毕也必巨。

“言者,风波也;行者,实丧也。夫风波易以动,实丧易以危,故忿设无由,巧言偏辞。兽死不择音,气息茀然[12],于是并生心厉;剋核大至[13],则必有不肖之心应之,而不知其然也。苟为不知其然也,孰知其所终!故法言曰:‘无迁令,无劝成,过度益也。’迁令劝成殆事。美成在久,恶成不及改,可不慎与!且夫乘物以游心,托不得已以养中[14],至矣。何作为报也!莫若为致命[15]。此其难者。”

【注释】

①叶公子高:楚庄王玄孙,名诸梁,字子高,为楚大夫。

②动:感化。

③阴:事未办成时的忧惧。阳:事已办成时的喜悦。

④执粗:食用粗茶淡饭。不臧:不精美的食品。

⑤爨(cuàn):炊,烹饪食物。

⑥施:移动,改变。

⑦靡:顺。

⑧法言:格言。

⑨阳：公开争斗。

⑩阴：暗地使计谋。

⑪泰至：太过分。

⑫茀（bó）：通“勃”，气息急促。

⑬尅（kè）核：苛刻。

⑭养中：保养心中精气。

⑮致命：传达国君的命令。

【译文】

叶公子高将要出使齐国，向孔子请教说：“楚王交给我的使命很重大，齐国接待使者，总是貌似恭敬但实际上很怠慢。普通人尚且不容易被感化，何况诸侯呢！我很害怕。您曾经对我说：‘凡事无论大小，很少有不依道而能畅快办成的。事情如果办不成，必定会受到国君惩罚；事情如果办成了，则必定会因喜忧交战而使身体患病。无论成或不成都不会留下祸患的，只有得道之人才能做到。’我平日里饮食粗糙不求精美，烧火做饭的人不会因为热而求清凉。现在我早上接受使命而晚上就要喝冰水，我是内心焦灼了吧！我的出使任务还未进行，就已经有忧喜交战之患了；事情如果办不成，必定会遭到国君惩罚。这双重祸患临头，为人臣的实在受不了，先生如有什么办法就告诉我吧！”

孔子说：“天下有两个足以为戒的大法则：一是天命，一是道义。儿女爱双亲，这是天性，永远不能从心里解除；臣子事国君，这是道义，无论到哪里都不会没有君主，这是在天地之间无法逃避的。这就是足以为戒的大法则。所以子女侍奉父母，无论什么样的境遇都要使他们安适，这是行孝的最高表现；臣子侍奉国君，无论办什么样的事都要使国君心安，这是尽忠的最高表现；懂得调养自己心性的人，哀乐都不能影响心境，知道事情难为也能处之泰然，这是德行的最高表现。为人臣的，本来就有不得已的事。只要按实情行事而置自身于不顾，哪有余暇去乐生怕死！你这样去做就可以了！

“我把我听到的道理再告诉你：凡国与国相交，邻近的国家要以信用去求得安顺，远方的国家要用言辞去维系忠诚，言辞要靠使臣去传达。传达两国国君喜悦和怨怒的言辞，是天下最难的事。喜悦时的言辞必然多有溢美之词，怨怒时的言辞必多憎恶之言。凡是过度的话都是不实的，不实的东西都是不可信的，不可信的话就会令使者遭殃。所以格言说：‘要传达真实的话，不要传达过分的话，这样就差不多可以保全自己了。’

“凭借机巧斗力的人，开始时明斗，到最后常常以暗斗结束，过分时就产生阴谋诡计了；以礼节饮酒的人，开始时规规矩矩，到最后就迷乱混醉了，过分时就狂态百出。任何事情都是这样。开始时互谅互让，到最后常常互欺互诈了；许多事情开始时很单纯，后来就变得复杂艰巨了。

“言语，犹如风波忽起忽落，不可捉摸；所以传达语言，就会有失实的地方。因为风波容易动荡，得失之间会带来危险，所以产生怨怒的原因无他，是由巧言偏辞造成的。野兽将死，会疯狂怪叫，怒气勃发，便产生了伤生的恶念；一个人做事太苛刻，会引来别人的报复之心，而自己却不知道是怎么回事。如果自己都不知道怎么回事，又有谁会知道将要产生什么结果呢！所以格言说：‘不要改变传达的命令，不要强求成功，过度就是妄自增益了。’改变命令，强求成功，就会让事情变得危险。成就好事需要很长的时间，做坏事情等觉悟时已来不及改过，能不谨慎吗！并且，顺从事物的自然规律而悠然使心，寄托于自然以蓄养心中之气，这就是理想的境界。何必一定要有所作为而刻意去完成君命呢！不如如实传达君命。这样做已经很不容易了。”

三

颜阖将傅卫灵公太子①，而问于蘧伯玉曰②：“有人于此，其德天杀③。与之为无方④，则危吾国；与之为有方，则危吾身。其知适足以知人之过，而不知其所以过。若然者，吾奈之何？”

蘧伯玉曰："善哉问乎！戒之，慎之，正女身也哉！形莫若就，心莫若和。虽然，之二者有患。就不欲入，和不欲出。形就而入，且为颠为灭⑤，为崩为蹶⑥；心和而出，且为声为名，为妖为孽⑦。彼且为婴儿，亦与之为婴儿；彼且为无町畦⑧，亦与之为无町畦；彼且为无崖，亦与之为无崖。达之入于无疵⑨。

"汝不知夫螳螂乎？怒其臂以当车辙，不知其不胜任也，是其才之美者也。戒之，慎之！积伐而美者以犯之，几矣！

"汝不知夫养虎者乎？不敢以生物与之，为其杀之之怒也；不敢以全物与之，为其决之之怒也。时其饥饱，达其怒心。虎之与人异类，而媚养己者，顺也；故其杀者，逆也。

"夫爱马者，以筐盛矢⑩，以蜄盛溺⑪。适有蚊虻仆缘⑫，而拊之不时⑬，则缺衔毁首碎胸。意有所至而爱有所亡，可不慎邪！"

【注释】

①颜阖：鲁国的贤人。傅卫灵公太子：给卫灵公太子作师傅。

②蘧（qú）伯玉：卫国的贤大夫，名瑗，字伯玉。

③天杀：天生刻薄凶残。

④方：法度。

⑤颠：仆倒，堕落。

⑥崩：毁坏。蹶：失败，挫折。

⑦孽（niè）：灾害。

⑧町畦（tǐngqí）：田间的界路，喻指分界、界线。

⑨疵：病，这里指行为上的过失。

⑩矢：屎，粪便。

⑪蜄（shèn）：大蛤，这里指蛤壳。溺：尿。

⑫仆缘：附着，指叮在马身上。

⑬拊(fǔ):拍击。

【译文】

颜阖将要去做卫国太子的老师,他向蘧伯玉请教说:"现在有一个人,天性刻薄凶残。如果放纵他而不用法度去劝导,就会危害国家;如果用法度劝导他,就会危害自身。他的智慧仅能看到别人的过错,却不知道他们为什么会犯错。像这样的情形,我该怎么办呢?"

蘧伯玉说:"问得好啊!要警惕,要谨慎,先端正你自己的行为吧!外表不如表现出顺从之态,而内心不如存着引导之念。虽然如此,这两种态度依然有危险。当你顺从他时,不要被同化,引导他时,不要太显露。外表顺从进而被同化,将会使自己堕落毁灭;内心引导之意表露出来,他会以为你是为了争名,从而招致灾祸。他若是像孩童般天真,你姑且也和他一样像个天真的孩童;他如果做什么都没有界限,你也和他一样没有界限;他如果放荡不拘,你也和他一样放荡不拘。这样渐渐引导他到没有过失的境地。

"你不知道那螳螂吗?它奋力举起臂膀去阻挡车轮,是不明白自身力量不能胜任,自恃才能甚大。要警惕呀,谨慎呀!如果你常常夸耀自己的长处而去触犯他,那就危险了!

"你不知道养虎的人吗?他不敢用活物去喂老虎,怕老虎扑杀活物时引发凶残的天性;也不敢拿完整的食物给它,怕它在撕裂动物时激发凶残的天性。要了解它的饥饱情况,顺着它的喜怒去疏导。虎与人是异类,却驯服于饲养它的人,这是因为人能顺着它的性子;它之所以要扑杀人,是因为人违逆了它的性子。

"爱马的人,用竹筐装马粪,用蛤壳接马尿。赶上有牛虻叮咬马,爱马之人拍打得不是时候,马就会咬断口勒,挣断辔头,弄坏胸络。意在爱马却适得其反,能不谨慎吗!"

四

匠石之齐[①]，至于曲辕，见栎社树[②]。其大蔽数千牛，絜之百围[③]，其高临山，十仞而后有枝，其可以为舟者旁十数。观者如市，匠伯不顾，遂行不辍[④]。弟子厌观之，走及匠石，曰："自吾执斧斤以随夫子[⑤]，未尝见材如此其美也。先生不肯视，行不辍，何邪？"

曰："已矣，勿言之矣！散木也[⑥]。以为舟则沉，以为棺椁则速腐[⑦]，以为器则速毁，以为门户则液樠，以为柱则蠹[⑧]，是不材之木也。无所可用，故能若是之寿。"

匠石归，栎社见梦曰："女将恶乎比予哉？若将比予于文木邪[⑨]？夫柤梨橘柚果蓏之属[⑩]，实熟则剥，剥则辱；大枝折，小枝泄[⑪]。此以其能苦其生者也，故不终其天年而中道夭，自掊击于世俗者也[⑫]。物莫不若是。且予求无所可用久矣，几死，乃今得之，为予大用。使予也而有用，且得有此大也邪？且也若与予也皆物也，奈何哉其相物也？而几死之散人[⑬]，又恶知散木！"

匠石觉而诊其梦[⑭]。弟子曰："趣取无用，则为社何邪？"

曰："密！若无言！彼亦直寄焉，以为不知己者诟厉也[⑮]。不为社者，且几有翦乎[⑯]！且也彼其所保与众异，而以义喻之，不亦远乎！"

【注释】

①匠石：木匠，名石。

②栎社树：把栎树当作社神。

③絜(xié)：用绳子计量树干的粗细。围：两只胳膊合抱的长度为一

围。

④辍(chuò):中止,停。

⑤斤:斧之一种,即横口斧。

⑥散木:指不成材的树木。

⑦椁(guǒ):棺外的套棺。

⑧蠹(dù):蛀蚀。

⑨文木:纹理细密的可用之木。

⑩柤(zhā):山楂。蓏(luǒ):瓜类等草本植物的果实。

⑪泄:用力拉。

⑫掊(pǒu):打。

⑬散人:不成材的人。

⑭诊:通"畛",告诉。

⑮诟厉:辱骂伤害。

⑯翦(jiǎn):砍伐。

【译文】

匠人石去齐国,走到曲辕,看见一棵被视为土地神的栎树。这棵树大到可以遮蔽数千头牛,用绳子量一量树干有百围,树身高达山头,七八丈以上才有树枝,可以用来造船的旁枝就有十几枝。观看的人众多,好像赶集一样,匠人石却不屑一顾,不住脚地往前走。弟子饱看之后,跑着赶上匠人石,说:"自从我拿着斧头跟随师傅以来,还不曾见过这么大的木材。师傅却不肯看上一眼,走个不停,为什么呢?"

匠人石说:"算了,不要再说它了!这是一棵没什么用的树。用它做成船定会沉没,用它做成棺材定会很快腐烂,用它做成器皿定会很快毁坏,用它做成屋门定会渗出脂液,用它做成房柱定会被虫蛀,这是不成材的树木。因为没什么用处,所以才能如此长寿。"

匠人石回到家,梦见栎树对他说:"你要拿什么跟我相比呢?你打算拿可用之木来跟我相比吗?那山楂树、梨树、橘子树、柚子树以及瓜果之类，果实成熟后就会被打落，打落果子时枝干也会遭受摧残；大枝被折断，小枝被拽下来。这就是因为它们有用才害苦了自己的一生，所以不能终享天年而夭折，这是自身招来了世俗的打击。万物没有不是这样的。况且我追求无用的境地已经很久了，几乎被砍死，到现在才因无用得以保全，这才是我的大用。假设我有用，我能长到这么高大吗？而且你和我都是天地间之物，你为什么要这样评议我呢？你也是将死的无用之人，又怎么懂得无用之木！"

匠人石醒来后把梦告诉给他的弟子。弟子说："既然栎树追求无用，那为什么还要充当社树让世人瞻仰呢？"

匠人石说："停！别说了！它不过是借社神寄托形体罢了，这才能被那些不了解它的人讥讽伤害进而保全自己。假如不当社神，恐怕早就遭到砍伐了！况且它保全自己的方法与众不同，而用常理来谈论它，不就相去太远了吗！"

五

南伯子綦游乎商之丘[①]，见大木焉，有异，结驷千乘[②]，隐将芘其所藾[③]。子綦曰："此何木也哉？此必有异材夫！"仰而视其细枝，则拳曲而不可以为栋梁[④]；俯而视其大根，则轴解而不可以为棺椁[⑤]；咶其叶[⑥]，则口烂而为伤；嗅之，则使人狂酲三日而不已[⑦]。子綦曰："此果不材之木也，以至于此其大也。嗟乎神人，以此不材。"

宋有荆氏者[⑧]，宜楸柏桑。其拱把而上者，求狙猴之杙者斩之[⑨]；三围四围，求高名之丽者斩之[⑩]；七围八围，贵人富商之家求椫傍者斩之[⑪]。故未终其天年而中道之夭于斧斤，此材之患也。故解之以牛之白颡者[⑫]，与豚之亢鼻者，与人有痔病者，不可以适河。此皆巫祝以知之矣[⑬]，所以为不祥也。此乃神人之所以为大祥也。

【注释】

①南伯子綦：即南郭子綦，虚构人物。商之丘：即商丘，宋国都城，在今河南省商丘。

②驷（sì）：一辆车套四匹马。

③芘（bì）：通“庇”，荫蔽。藾（lài）：荫。

④拳曲：弯弯曲曲的样子。

⑤轴解：树心松散。

⑥咶（shì）：通“舐”，舔。

⑦酲（chéng）：醉酒。

⑧荆氏：地名。

⑨杙（yì）：小木桩，用来系牲畜。

⑩名：大。

⑪樿（shàn）傍：指由独幅做成的棺木左右扇。

⑫解之：指祈祷神灵以消灾。颡（sǎng）：额。

⑬巫祝：巫师。

【译文】

南伯子綦在商丘游玩，看见一棵大树，异乎寻常，即便集结千乘马车，也可在它的树荫下隐蔽起来。子綦说：“这是什么树呢？它必定是特异的木材吧！”抬头观看树枝，枝条弯弯曲曲，不能做栋梁；低头看树干，树心松松散散，不能做棺材；舔舔树叶，嘴巴便溃烂受伤；闻闻气味，就使人大醉如狂，三天还醒不过来。子綦说：“这果真是不成材的树木，所以它才能长得这么高大。唉，神人也是这样显示自己的不材啊！”

宋国有个叫荆氏的地方，很适合楸、柏和桑生长。等它们长到一两把粗，就被想用它做拴猴子木桩的人砍去；长到三四围粗，就被想做高大栋梁的人砍去；长到七八围粗，就被寻求棺木的富贵人家砍去。因此这些树木不能终享天年而中途被刀斧砍伐，这就是有用之材的祸患。因此古人祈神消灾时，凡是白额的牛、鼻孔朝天的猪，以及患有痔疮的人都不能投入河中祭神。这些情况巫师都知道，他们认为这是不吉祥的。但这正是神人认为的最大吉祥。

六

支离疏者[①]，颐隐于脐[②]，肩高于顶，会撮指天[③]，五管在上[④]，两髀为胁[⑤]。挫针治繲[⑥]，足以糊口；鼓筴播精，足以食十人。上征武士，则支离攘臂而游于其间[⑦]；上有大役，则支离以有常疾不受功；上与病者粟，则受三钟与十束薪[⑧]。夫支离其形者，犹足以养其身，终其天年，又况支离其德者乎！

【注释】

①支离疏：虚构人物。支离，形体不全。疏，智力不全。

②颐（yí）：面颊。

③会撮：发髻。

④五管：五脏的腧穴。

⑤髀（bì）：大腿。

⑥挫针：缝衣服。治繲（xiè）：洗衣服。

⑦攘臂：捋袖伸胳膊。

⑧钟：计量单位，六斛四斗为一钟。

【译文】

有个叫支离疏的人，面颊隐藏在肚脐下，肩高于头顶，发髻朝天，五脏的穴位在脊背上，大腿和胸肋相并。他给人缝洗衣服，足够糊口；给人筛糠簸米，足够养活十个人。国家征兵时，他甩着胳膊走来走去不用躲避；国君摊派徭役时，他因身有残疾不用当差；国君向贫病的人赈济米粟时，他还能领到三钟粮食和十捆柴草。那些形体残缺的人，尚可养活自己，终享天年，更何况那有道德缺陷的人呢！

七

孔子适楚，楚狂接舆游其门曰[①]："凤兮凤兮，何如德之衰也！来世不可待，往世不可追也。天下有道，圣人成焉；天下无道，圣人生焉。方今之时，仅免刑焉。福轻乎羽，莫之知载[②]；祸重乎地，莫之知避。已乎已乎，临人以德。殆乎殆乎，画地而趋。迷阳迷阳[③]，无伤吾行。吾行郤曲[④]，无伤吾足。"

山木自寇也[⑤]，膏火自煎也[⑥]。桂可食，故伐之；漆可用，故割之。人皆知有用之用，而莫知无用之用也。

【注释】

①楚狂接舆：楚国的隐士，姓陆，名通，字接舆。

②载：承受。

③迷阳：指荆棘。

④郤（xì）曲：屈曲，指道路曲折难行。

⑤寇：砍伐。

⑥膏：油脂。

【译文】

孔子到楚国，楚国狂人接舆来到孔子的门前，唱道："凤鸟啊，凤鸟啊，为何怀着大德来到这衰败的国家呢！来世不可期待，往世不可追回。天下有道，圣人可以成就事业；天下无道，圣人只能保全性命。当今这个时代，只能求免遭刑戮。幸福比羽毛还轻，却不知道受用；灾祸比大地还重，却不知道回避。算了吧，算了吧，不要在人前宣扬你的品德。危险啊，危险啊，不要画地为牢束缚自己。荆棘啊，荆棘啊，别妨碍我走路。绕弯走啊，绕弯走啊，别伤了我的脚。”

山木是自己招致砍伐的，膏火是自己招来煎熬的。桂树可以食用，所以遭砍伐。漆树有用，所以遭到刀割。人们都知道有用的用处，却不知道无用的用处。

【赏析】

全文可分为前后两大部分，前一部分假托三个故事：孔子在颜回打算出仕卫国时与他的谈话，叶公子高将出使齐国时向孔子的求教，颜阖被请去做卫太子师傅时向蘧伯玉的讨教，以此来说明世间危险，处世艰难，不可不小心谨慎。对于如何去应对世间的危难，庄子提出三点：第一是要“心斋”，第二是“知其不可奈何而安之若命”，第三是“正女身”，并“形莫若就”“心莫若和”。归结到一点就是“无己”。

第二部分主要强调“无用”之用。用树木不成材却终享天年和支离疏形体不全却避免了许多灾祸来说明无用的好处。“无用”之用也正体现了庄子“虚无”的人生态度。

德充符第五

本篇讨论的是道德问题，所谓“德充符”，是指道德的充实完美。全篇写了王骀、申徒嘉、叔山无趾、闉跂支离无脤等形体残缺而道德充实完美的人物，说明外形的残和完整是次要的，内在的道德充实完美才是最重要的。

一

鲁有兀者王骀[①]，从之游者与仲尼相若。常季问于仲尼曰[②]：“王骀，兀者也。从之游者与夫子中分鲁。立不教，坐不议。虚而往，实而归。固有不言之教，无形而心成者邪[③]？是何人也？”

仲尼曰：“夫子，圣人也，丘也直后而未往耳。丘将以为师，而况不若丘者乎！奚假鲁国[④]，丘将引天下而与从之。”

常季曰：“彼兀者也，而王先生[⑤]，其与庸亦远矣。若然者，其用心也独若之何？”

仲尼曰：“死生亦大矣，而不得与之变，虽天地覆坠[⑥]，亦将不与之遗。审乎无假而不与物迁，命物之化而守其宗也。”

常季曰：“何谓也？”

仲尼曰：“自其异者视之，肝胆楚越也；自其同者视之，万物皆一也。夫若然者，且不知耳目之所宜，而游心乎德之和。物视其所一而不见其所丧，视丧其足犹遗土也。”

常季曰：“彼为己[7]，以其知得其心，以其心得其常心。物何为最之哉[8]？”

仲尼曰：“人莫鉴于流水而鉴于止水。唯止能止众止。受命于地，唯松柏独也正，在冬夏青青；受命于天，唯尧、舜独也正，在万物之首。幸能正生，以正众生。夫保始之征，不惧之实[9]。勇士一人，雄入于九军。将求名而能自要者而犹若是，而况官天地，府万物，直寓六骸，象耳目，一知之所知而心未尝死者乎[10]！彼且择日而登假[11]，人则从是也[12]。彼且何肯以物为事乎？”

【注释】

①兀（wù）：断一足。王骀（tái）：虚构人物。

②常季：孔子的弟子。

③心成：心中领会。

④奚假：何止。

⑤王（wàng）先生：做先生的师长。王，高出。

⑥天地覆坠：天塌地陷。

⑦彼：指王骀。

⑧最：尊崇。

⑨实：信。

⑩心未尝死：指保持常心，没有丧失本真的人。

⑪登假：升到。

⑫从是：追随这一点。

【译文】

鲁国有个被砍了一只脚的人，叫王骀，跟他学习的人和孔子的弟子一样多。常季问孔子说："王骀是被砍了一只脚的人。跟他学习的人，和先生的弟子，在鲁国各占一半。他立不施教，坐不议论。学生却空怀而来，充实而归。果真有不用语言进行的教育，只在无形中就能使人从心里领会的吗？这是一个什么样的人呢？"

孔子说："这位先生，他是个圣人，我也落后于他而没来得及去请教。我将要拜他为师，何况不如我的人呢！岂止鲁国，我将引领天下的人去跟他学习。"

常季说："他是被砍了一只脚的人，而能胜过先生，那他一定远远超过普通人。如果真是这样，那他是如何运用心智与众不同的呢？"

孔子说："死生是一件极大的事情，都不能让他随之变化，即使天翻地覆，他也不会随之毁灭。他洞悉自我主宰的道理而不随外物变迁，主宰万物的变化而坚守自己的本元。"

常季说："这是什么意思？"

孔子说："从万物相异的角度看，相邻近的肝和胆就像楚国和越国那样相距遥远；从万物相同的角度看，万物都是一样的。认识到这一点，就不会关心耳目喜欢何种声色，只求心灵畅游于道德的和谐境界中。只见万物的同一而不见万物的缺失，所以他把断了一只脚看作如同掉了一块泥土一样。"

常季说："王骀只是一个修养自我的人，他以广博的知识求取自己的理念，以自己的理念求取永恒的理念。人们为何这么尊重他呢？"

孔子说："人不能在流动的水面上照见自己的身影，而只能在静止的水面上照见自己的身影。只有静止的水才能让大家停下来照影。植物从大地获得生命，唯有松柏禀受自然正气，冬夏常青；众人从上天获得生命，唯有尧、舜得天之正气，在万众之中成为首领。幸而他们能自正心性，才能引导众生端正。能够保持原道的征验，才会像勇士一样具有无所畏惧的信心。勇士只身一人，也敢于千军万马之中称雄。为了求名而自我激励的将士，尚且能这样舍生忘死，何况主宰天地，包藏万物，以身体为寓所，以耳目为幻象，把智慧所知视同一体，而本真之心未曾丧失的人呢！他将指日达到高远的境界，这样的人，人们都愿意追从他。他哪里肯把能吸引众多弟子当回事呢。”

二

申徒嘉①，兀者也，而与郑子产同师于伯昏无人②。子产谓申徒嘉曰："我先出则子止，子先出则我止。"其明日，又与合堂同席而坐③。子产谓申徒嘉曰："我先出则子止，子先出则我止。今我将出，子可以止乎，其未邪④？且子见执政而不违⑤，子齐执政乎？"

申徒嘉曰："先生之门⑥，固有执政焉如此哉？子而说子之执政而后人者也？闻之曰：'鉴明则尘垢不止，止则不明也。久与贤人处则无过。'今子之所取大者，先生也，而犹出言若是，不亦过乎！"

子产曰："子既若是矣，犹与尧争善。计子之德，不足以自反邪？"

申徒嘉曰："自状其过⑦，以不当亡者众；不状其过⑧，以不当存者寡。知不可奈何而安之若命，唯有德者能之。游于羿之彀中⑨。中央者，中地也⑩；然而不中者，命也。人以其全足笑吾不全足者多矣，我怫然而怒⑪，而适先生之所，则废然而反。不知先生之洗我以善邪？吾与夫子游十九年矣，而未尝知吾兀者也。今子与我游于形骸之内⑫，而子索我于形骸之外，不亦过乎！"

子产蹴然改容更貌曰⑬："子无乃称！"

【注释】

①申徒嘉:姓申徒,名嘉,郑国的贤人。

②子产:姓公孙,名侨,字子产,郑国大夫。伯昏无人:虚构人物。

③堂:厅堂。古代房子,前为堂,后为室。

④其:抑或。

⑤执政:指宰相。违:回避。

⑥先生:指伯昏无人。门:门下。

⑦自状:自己陈述。过:过错。

⑧不状:不陈述。

⑨羿(yì):后羿,传说中善射之人。彀(gòu)中:射程之中。

⑩中(zhòng)地:箭所能射中之地。

⑪怫然:发怒的样子。

⑫形骸之内:指精神、心灵。

⑬蹴(cù)然:不安的样子。

【译文】

申徒嘉,是被砍了一只脚的人,他和子产同是伯昏无人的弟子。子产对申徒嘉说:"我先出去,你就留下;你先出去,我就留下。"第二天,子产又和申徒嘉在厅堂里同席而坐。子产对申徒嘉说:"我先出去,你就留下;你先出去,我就留下。现在我要出去,你可以稍留一会儿呢,还是不能呢?你见到我这个执政大臣而不回避,你要和我平起平坐吗?"

申徒嘉说:"在老师的门下,有像你这样的来拜师的执政大臣吗?你是炫耀你的执政身份而瞧不起别人吗?我听过这样的话:'镜子要明亮就不能留灰尘,留下灰尘就不明亮了。长久和贤人相处便没有过失。'现在你来求取的是先生的大道,还说这样的话,不是太过分了吗!"

子产说:"你已经这样断足残形了,还要和尧争长短高低。估量一下你的品德,还不够让你反省吗?"

申徒嘉说："自己陈述自己的过错，认为不应当遭受断足残形之刑的人众多；不陈述自己的过错，也很少有人认为自己不应当存足全形。知道事情无可奈何而能安然接受命运，唯有有德之人能做到。正如我们走进后羿的射程之中。那中央的地方，是箭头必中的地方；然而也有没射中的，那是命运。因自己双脚齐全而嘲笑我脚不全的人很多，我听了很愤慨，到了老师这里，我的怒气全消了。不知先生用何妙道来洗刷我的心灵？我跟随老师游学了十九年，从未感觉我是断脚的人。现在你和我以心相交，而你却以形貌来苛求我，不是错误的吗！"

子产惭愧不安，改变了态度，说："你不要再说了！"

三

鲁有兀者叔山无趾[①]，踵见仲尼[②]。仲尼曰："子不谨，前既犯患若是矣。虽今来，何及矣！"

无趾曰："吾唯不知务而轻用吾身，吾是以亡足。今吾来也，犹有尊足者存，吾是以务全之也。夫天无不覆，地无不载，吾以夫子为天地，安知夫子之犹若是也！"

孔子曰："丘则陋矣[③]。夫子胡不入乎[④]？请讲以所闻。"

无趾出。孔子曰："弟子勉之！夫无趾，兀者也，犹务学以复补前行之恶，而况全德之人乎[⑤]！"

无趾语老聃曰："孔丘之于至人[⑥]，其未邪？彼何宾宾以学子为[⑦]？彼且蕲以諔诡幻怪之名闻[⑧]，不知至人之以是为己桎梏邪[⑨]？"

老聃曰："胡不直使彼以死生为一条[⑩]，以可不可为一贯者，解其桎梏，其可乎？"

无趾曰："天刑之，安可解！"

【注释】

①叔山无趾:虚构人物,因断足而得名。

②踵:脚跟,这里指用脚跟行走。

③丘:孔子自称。陋:浅陋。

④夫子:指叔山无趾。

⑤全德:形体健全。

⑥至人:有道之人。

⑦彼:指孔子。宾宾:频频。

⑧諔(chù)诡:奇异。幻怪:怪异。

⑨桎梏(zhìgù):脚镣手铐,引申为束缚。

⑩一条:指齐一。

【译文】

鲁国有个被砍去了脚趾的人,叫叔山无趾,用脚跟行走去见孔子。孔子说:“你不谨慎,以前受了这样的刑罚。现在虽然来这里请教,又怎么来得及呢!”

无趾说:“我只因不懂世务而轻率地作践自身,因此被砍去了脚趾。现在我来到这里,是还有比脚趾更可贵的东西存在,因此我要努力保全它。天是无所不覆的,地是无所不载的,我把先生视为天地,哪知先生是这样的啊!”

孔子说:“我太浅陋了。您为什么不进来呢?请讲讲您的见解吧。”

无趾走了。孔子说:“弟子们,要努力啊!无趾是被砍去了脚趾的人,还要努力学习以弥补以前的过错,更何况是身体健全的人呢!”

无趾对老聃说:“孔子还没达到至人的境界吧?他为什么常常求教于您呢?他还在追求以奇异怪诞的名声闻名天下,却不知道至人都把名声当作束缚自己的枷锁吗?”

老聃说:“为什么不使他混同生死,齐一是非,从而解除他的枷锁,这样就可以了吧?”

无趾说："这是上天给他的惩罚，怎么可以解除！"

四

鲁哀公问于仲尼曰[1]："卫有恶人焉，曰哀骀它[2]。丈夫与之处者[3]，思而不能去也。妇人见之，请于父母曰'与为人妻，宁为夫子妾'者，十数而未止也。未尝有闻其唱者也[4]，常和人而已矣。无君人之位以济乎人之死[5]，无聚禄以望人之腹[6]。又以恶骇天下[7]，和而不唱，知不出乎四域，且而雌雄合乎前，是必有异乎人者也。寡人召而观之，果以恶骇天下。与寡人处，不至以月数，而寡人有意乎其为人也；不至乎期年[8]，而寡人信之。国无宰，寡人传国焉。闷然而后应[9]，氾而若辞[10]。寡人丑乎，卒授之国。无几何也，去寡人而行。寡人恤焉若有亡也[11]，若无与乐是国也。是何人者也？"

仲尼曰："丘也尝使于楚矣，适见㹠子食于其死母者[12]，少焉眴若[13]，皆弃之而走。不见己焉尔，不得类焉尔。所爱其母者，非爱其形也，爱使其形者也。战而死者，其人之葬也不以翣资[14]；刖者之屦[15]，无为爱之。皆无其本矣。为天子之诸御[16]，不爪翦[17]，不穿耳；取妻者止于外[18]，不得复使。形全犹足以为尔，而况全德之人乎！今哀骀它未言而信，无功而亲，使人授己国，唯恐其不受也，是必才全而德不形者也。"

哀公曰："何谓才全？"

仲尼曰："死生、存亡、穷达、贫富、贤与不肖、毁誉、饥渴、寒暑，是事之变，命之行也。日夜相代乎前，而知不能规乎其始者也。故不足以滑和，不可入于灵府。使之和豫通而不失于兑；使日夜无郤而与物为春，是接而生时于心者也。是之谓才全。"

“何谓德不形？”

曰：“平者，水停之盛也。其可以为法也，内保之而外不荡也。德者，成和之修也。德不形者，物不能离也。”

哀公异日以告闵子曰[19]：“始也吾以南面而君天下，执民之纪而忧其死，吾自以为至通矣。今吾闻至人之言，恐吾无其实，轻用吾身而亡其国。吾与孔丘非君臣也，德友而已矣[20]。”

【注释】

①鲁哀公：鲁国国君，定公之子。

②哀骀它（tuó）：虚构人物，喻指貌丑德全的人。

③丈夫：男子。

④唱：提倡，倡导。

⑤君人：人君，国君。

⑥聚禄：积蓄俸禄。望：月满为望，作“满”解。

⑦骇：惊骇。

⑧期（jī）年：周年。

⑨闷然：淡漠的样子。

⑩氾：通“泛”，心不在焉。

⑪恤（xù）：忧虑。

⑫豘子：指小猪。食：饮乳。

⑬眴（shùn）若：目动而惊的样子。

⑭翣（shà）：棺材饰物。

⑮屦（jù）：由葛麻做的单底鞋。

⑯诸御：各种侍从。

⑰爪翦：剪指甲，指女侍从。

⑱取妻者：指男侍从。

⑲闵子：姓闵，名损，字子骞，孔子的弟子。

⑳德友：以德相交的朋友。

【译文】

鲁哀公问孔子说："卫国有个长相丑陋的人，名叫哀骀它。男人与他相处，思慕他而不肯离开。女人见到他，便向父母请求说：'与其做别人的妻子，不如做他的妾。'这样的女人不止十多个。未曾听说他提倡过什么，只是经常应和别人而已。他没有帝王的权位去救济别人的死难，没有积聚钱粮去让别人肚腹饱满。并且他相貌丑陋让天下人害怕，只应和而不倡导，智慧也没有超出四境之内的人，可是女人和男人都前去亲近他，他必定有异于常人之处。我把他召来一看，果然丑陋得令天下人惊骇。他和我相处，不到一个月，我已经感觉到他的高明之处；不到一年，我就很信任他。国内正好没有宰相，我就把国事委托给他。他淡然地答应下来，漠不关心又好像要推辞一样。我自愧不如，终于把国事交给了他。没过多久，他就离我而去。我烦闷得若有所失，好像在这个国家没有人和我共享快乐了。他究竟是个什么样的人啊？"

孔子说："我曾出使楚国，恰巧遇到一群小猪在刚死去的母猪身上吸吮乳汁，一会儿突然很惊慌地丢下母猪逃走了。这是因为死去的母猪对小猪不再有任何感应，不像活着的时候。小猪之所以爱猪妈妈，不是爱其形体，而是爱主宰形体的精神。战死沙场的人，安葬他们时不用棺饰；被砍掉脚的人，不会再去爱惜他的鞋子。这都是因为失去了根本。做天子的妃子，不剪指甲，不穿耳眼；娶妻的内侍留在宫外，不得再为役使。为保全形体尚且要如此，何况德性完备的人呢！现在哀骀它不说话就能取信于人，没有功业也能受人尊敬，让人把国事委托给他，还唯恐他不接受，他必定是天性完备而德不形于外的人。"

哀公说："什么叫天性完备？"

孔子说："像生死、存亡、穷达、贫富、贤与不肖、毁誉、饥渴、寒暑，这些都是事物的变化，天命的运行。它们日夜交替于人们面前，而人们的智慧并不能窥见这些变化的起始。所以这些变化不足以扰乱本性的平和，不能侵入心灵。要使心境和谐快乐，畅通而不失怡悦；使这种心境日夜不间断，与万物同沐于春天般的气息之中，使心灵和万物相接时产生感应。就叫作‘天性完备’。”

哀公说：“什么叫作德不形于外？”

孔子说：“平，是水静止的最高境界。它可以作为我们取法的准绳，内心保持平静，而外表不动荡。德，是完满醇和的修养。德不形于外，就是万物自然亲附而不愿离去。”

有一天，鲁哀公将这番话告诉闵子说：“以前，我居国君之位统治天下，掌握治理臣民的纲纪而忧心臣民的死亡，我自以为十分通达了。现在，我听到至人的言论，就担心自己没有实绩，轻率地浪费自身的精力而使国家陷入危亡之中。我和孔子，并不是君臣，而是以德相交的朋友了。”

五

闉跂支离无脤说卫灵公①，灵公说之；而视全人，其脰肩肩②。瓮㼜大瘿说齐桓公③，桓公说之④；而视全人，其脰肩肩。故德有所长而形有所忘。人不忘其所忘，而忘其所不忘，此谓诚忘。

故圣人有所游，而知为孽⑤，约为胶，德为接，工为商。圣人不谋，恶用知？不斫⑥，恶用胶？无丧，恶用德？不货，恶用商？四者，天鬻也⑦。天鬻者，天食也⑧。既受食于天，又恶用人？

有人之形，无人之情。有人之形，故群于人；无人之情，故是非不得于身。眇乎小哉，所以属于人也！謷乎大哉⑨，独成其天！

【注释】

①闉(yīn)跂支离无脤(chún):虚构人物。闉,曲,伛背。跂,踮起脚跟走路。支离,身体残缺。无脤,缺唇。

②脰(dòu):颈项。肩肩:细长。

③瓮(wèng)盎(àng)大瘿(yǐng):虚构人物。瓮盎,陶制的盛器。大瘿,脖子上长的大瘤。

④说:通“悦”,喜欢。

⑤孽:妖孽,这里指祸根。

⑥不斫(zhuó):不砍削,不砍开。

⑦鬻(yù):养育。

⑧食(sì):饲养。

⑨謷(áo):高大的样子。

【译文】

有个驼背、跛脚、无唇的人向卫灵公游说,卫灵公很喜欢他;再看到形体完整的人,反而觉得他们的脖子也太细小了。有位脖子上长着像瓮盎一样大的瘤子的人向齐桓公游说,齐桓公很喜欢他;再看到形体完整的人,反而觉得他们的脖子也太细小了。所以一个人只要道德出众,形体上的残缺就会被人忘记。人们不忘掉应该忘掉的形骸,而忘掉了不该忘掉的道德,这才叫真正的遗忘。

所以圣人能游心于逍遥之境,把智巧看作祸根,把盟约视为禁锢,把恩惠看作交往的手段,把工巧视为商人的作为。圣人不去谋划,哪里用得上智巧?不去雕琢友情,哪里用得着礼义禁锢?没有丧失,哪里谈得上施德笼络?不买卖谋利,哪里用得着通商?这四者,都是自然养育而成的。自然的养育,就是自然的饲养。既然受到自然饲养,又哪里用得着人为呢?

圣人只有人的形体,却没有人的性情。有了人的形体,所以能和人群居;没有人的性情,所以常人的是非都与他无关。渺小啊,那些属于常人的东西！伟大啊，那些浑同于自然的东西。

六

惠子谓庄子曰："人故无情乎？"

庄子曰："然。"

惠子曰："人而无情，何以谓之人？"

庄子曰："道与之貌，天与之形，恶得不谓之人？"

惠子曰："既谓之人，恶得无情？"

庄子曰："是非吾所谓情也。吾所谓无情者，言人之不以好恶内伤其身，常因自然而不益生也①。"

惠子曰："不益生，何以有其身？"

庄子曰："道与之貌，天与之形，无以好恶内伤其身。今子外乎子之神，劳乎子之精②，倚树而吟③，据槁梧而瞑④。天选子之形⑤，子以坚白鸣⑥。"

【注释】

①因：顺。益：增益。

②劳：不知休止，疲劳。

③倚树而吟：指神逐于外的疲劳状态。

④据槁梧而瞑：指操劳精力而冥思苦想。

⑤选：赋予。形：形体。

⑥坚白：坚白论，当时著名的论题。

【译文】

惠子对庄子说："人本来就没有情感吗？"

庄子说："是的。"

惠子说："人若没有情感，怎么能称为人呢？"

庄子说："道给了人容貌，天给了人形体，怎么不能称为人呢？"

惠子说："既然叫作人，怎么会没有情感呢？"

庄子说："这不是我所说的情感。我所说的没有情感，是说人不要以好恶损害自己内在的本性，要经常顺应自然而不人为地培养情感。"

惠子说："不培养情感，怎么保有自己的身体？"

庄子说："道给人容貌，天给人形体，不要以好恶损害自己内在的本性。现在，你耗费自己的心神，劳费自己的精力，倚靠树干吟咏，倚靠枯桐假寐。天赋予你形体，你却以'坚白论'争辩不休。"

【赏析】

在本篇中，庄子重点阐述了"德"对于一个人的重要性。通过王骀、申徒嘉、叔山无趾、哀骀它等身残而德全之人，指出相貌并不重要，"德"的充实才是做人的根本。"德有所长，而形有所忘"，只要德行完美，形体上的残缺并不会成为累赘。几个小故事之后又用庄子和惠子的对话作为结尾，在庄子的眼里，惠子益生丧德恰是"德"充实的反例，指出德全就要保持本性完备，不要妄自增益。

大宗师第六

“大宗师”即以道为宗师。“宗”就是老子说的“为万物之宗”的“宗”，即万物的主宰；“师”是为天地万物所效法。所以，《大宗师》是庄子对老子道的思想的发挥，其主旨是讲道是世界万物的主宰，这是庄子的本体论。

一

知天之所为[①]，知人之所为者[②]，至矣！知天之所为者，天而生也；知人之所为者，以其知之所知，以养其知之所不知，终其天年而不中道夭者，是知之盛也。虽然，有患[③]。夫知有所待而后当[④]，其所待者特未定也。庸讵知吾所谓天之非人乎[⑤]？所谓人之非天乎？且有真人而后有真知[⑥]。

何谓真人？古之真人，不逆寡，不雄成[⑦]，不谟士[⑧]。若然者，过而弗悔[⑨]，当而不自得也[⑩]。若然者，登高不栗，入水不濡[⑪]，入火不热。是知之能登假于道者也若此[⑫]。

古之真人，其寝不梦，其觉无忧，其食不甘，其息深深[⑬]。真人之息以踵，众人之息以喉。屈服者，其嗌言若哇[⑭]。其耆欲深者[⑮]，其天机浅[⑯]。

古之真人，不知说生[⑰]，不知恶死；其出不䜣[⑱]，其入不距；

倏然而往[19]，倏然而来而已矣。不忘其所始，不求其所终；受而喜之，忘而复之。是之谓不以心捐道，不以人助天，是之谓真人。若然者，其心志，其容寂，其颡頯[20]；凄然似秋，暖然似春，喜怒通四时，与物有宜而莫知其极。故圣人之用兵也，亡国而不失人心；利泽施乎万世，不为爱人。故乐通物，非圣人也；有亲，非仁也；天时，非贤也；利害不通，非君子也；行名失己，非士也；亡身不真，非役人也[21]。若狐不偕、务光、伯夷、叔齐、箕子、胥馀、纪他、申徒狄[22]，是役人之役[23]，适人之适[24]，而不自适其适者也。

古之真人，其状义而不朋，若不足而不承；与乎其觚而不坚也[25]，张乎其虚而不华也；邴邴乎其似喜也[26]，崔乎其不得已乎[27]，滀乎进我色也[28]，与乎止我德也，厉乎其似世也，謷乎其未可制也[29]，连乎其似好闭也[30]，悗乎忘其言也[31]。以刑为体[32]，以礼为翼，以知为时，以德为循。以刑为体者，绰乎其杀也[33]；以礼为翼者，所以行于世也；以知为时者，不得已于事也；以德为循者，言其与有足者至于丘也，而人真以为勤行者也。故其好之也一，其弗好之也一。其一也一，其不一也一。其一与天为徒，其不一与人为徒。天与人不相胜也，是之谓真人。

【注释】

①天之所为：天道的作为。

②人之所为：人的作为。

③有患：有祸患，有问题。

④有所待：有所依赖。

⑤庸讵：何以，怎么。

⑥真人：达于道的人。

⑦不雄成：不自傲于成功。

⑧不谟士：不谋虑世事。士，同“事”，事情。

⑨过而弗悔：有了过失不后悔。

⑩当而不自得：得当而不自得。

⑪濡：沾湿。

⑫登假：升到。

⑬深深：渊深静默的样子。

⑭嗌言：咽在喉头中的话。哇：呕吐。

⑮耆：通“嗜”，嗜好。

⑯天机：天赋的灵机。

⑰说：通“悦”，喜欢。

⑱䜣（xīn）：通“欣”，高兴。

⑲翛（xiāo）：无拘束很自由的样子。

⑳頯（sǎng）：额。頯（kuí）：质朴。

㉑役人：役使人。

㉒狐不偕：尧时人，尧让帝位给他，他不接受，投河而死。务光：夏末人，传说汤要让帝位给他，他不接受，投河自尽。伯夷、叔齐：商时孤竹君的两个儿子，周武王灭商后，他们不食周粟，最后饿死。箕子：殷纣王的庶叔，因谏纣王而被囚禁。胥馀：不详。纪他：殷时人，因担心汤传位给自己，投水而死。申徒狄：殷时人，因仰慕纪他，投水而死。

㉓役人之役：把别人的事当自己事去做。

㉔适人之适：把别人的快乐当自己的快乐。

㉕觚（gū）：通“孤”，特立不群。

㉖邴（bǐng）：神情开朗的样子。

㉗崔乎：动的样子。

㉘滀（chù）：颜色温和而有光泽。

㉙謷（áo）：高远。

㉚连乎：绵长的样子。

㉛悗(mèn):无心的样子
㉜以刑为体:以刑罚为本体。
㉝绰(chuò):宽绰。

【译文】

既知道天道的运化之理,又知道人的作为,这是认知的最高境界了!知道天道的运化之理,是懂得事物出于自然。知道人的作为,是用他的智力所能知道的道理,去保养他的智力所不能知的,由此尽享天年而不致中途夭亡,这是聪明的最高境界了。即便如此,还是有问题。人的知识必须依赖一定的条件才能判断它是否正确,但这个条件是变化不定的。怎么知道我所说的出于自然不是人为呢?所说的人为不是出于自然呢?有真人而后才有真知。

什么叫作真人?古代的真人,不拒绝弱小,不自恃成功,不谋虑世事。像这样的人,有了过错而不后悔,处事恰当而不自得。像这样的人,登高不战栗,入水不沾湿,入火不觉热。只有认知达到道的境地的人才能这样。

古代的真人,睡时不做梦,醒后不忧虑,饮食不求甘美,呼吸深沉舒缓。真人用脚跟呼吸,众人用喉咙呼吸。争辩中屈服的人,他的言语像呕吐般堵塞在咽喉中。嗜好欲望太深的人,他天赋的灵机就浅陋。

古代的真人,不喜生,不恶死;出生不欣喜,死亡不抗拒;只是自然而去,自然而来而已。不忘记他生命的开始,也不寻求他生命的归宿;欣然地接受生,忘掉死而任其复归自然。这就叫作不用心智去损害道,不用人为辅助自然,这就是真人。像这样的人,他专注于道,他的容貌静寂,他的额头质朴;他的表情冷凄像秋天,温暖如春日,喜怒似四季变化,和万物相适宜却无人了解他的精神世界。所以圣人用兵,灭了敌国却不失敌国民心;恩泽施惠万世,却不是为了偏爱人民。所以乐于与外界交往,不是圣人;有亲疏之分,不是仁人;计较天时,不是贤人;利害不能相通为一,不是君子;追求名声却失去本性,不是有道之士;丧失自身而失去真性，不是役使他人之人。像狐不偕、务光、伯夷、叔齐、箕子、胥馀、纪他、申徒狄这些人，都是被别人役使，使别人快意安适，而不能自寻安适的人。

古代的真人，神态巍峨无比，好像有所不足却又无所承受；特立不群而不固执，心胸宽广而不浮华，舒畅自适似有喜色，行为举动若不得已，面色和泽令人亲近，德行宽厚令人归依，气度宽宏如世界广大，高远超拔而不拘礼法，绵邈深远似闭口缄默，漫不经心如忘其所言。把刑法作为本体，把礼仪作为羽翼，用知识审时度势，以道德作为规范。把刑法作为本体，就是从宽对待杀戮；把礼仪作为羽翼，就是把礼仪作为治世的条规；用知识审时度势，就是形势所迫，不得已为之；以道德作为规范，就像有脚的人登上山丘一样容易，而世人却认为他是勤于行走才到达的。所以，真人无心好恶，将爱好的与不爱好的都视同一致。无论视同一致与否，它们都是同一的。同一是与自然为同类，不同一是与人为同类。持天人合一看法的，这就叫作真人。

二

死生，命也①。其有夜旦之常，天也②。人之有所不得与，皆物之情也。彼特以天为父，而身犹爱之，而况其卓乎③！人特以有君为愈乎己，而身犹死之，而况其真乎④！

泉涸⑤，鱼相与处于陆，相呴以湿⑥，相濡以沫⑦，不如相忘于江湖。与其誉尧而非桀也，不如两忘而化其道。

夫大块载我以形，劳我以生，佚我以老，息我以死。故善吾生者，乃所以善吾死也。夫藏舟于壑，藏山于泽，谓之固矣。然而夜半有力者负之而走，昧者不知也⑧。藏小大有宜，犹有所遁。若夫藏天下于天下而不得所遁⑨，是恒物之大情也⑩。特犯人之形而犹喜之⑪。若人之形者，万化而未始有极也，其为乐可胜计邪？故圣人将游于物之所不得遁而皆存。善妖善老[12]，善始善终，人犹效之，又况万物之所系而一化之所待乎[13]！

【注释】

①命：自然，规律。

②天：自然，规律。

③卓：卓绝，这里指大道。

④真：真宰。

⑤涸（hé）：水干。

⑥呴（xǔ）：吐气。

⑦濡：沾湿。沫：口沫。

⑧昧：通“寐”，睡。

⑨藏天下于天下：把天下托付于天下。

⑩大情：至理。

⑪犯：通“范”，铸造。

⑫妖：通“夭”，少。

⑬系：从属。一化：一切变化。所待：一切变化所依赖的条件，指大道。

【译文】

死和生是必然的。它们同昼夜的永恒交替一样，是自然的规律。有些事情是人无法干预的，这都是事物变化的情理。人们认为天是生命之父，而终身敬爱它，更何况那卓越无比的道呢！人们认为君主的地位高出自己，而为之舍身效忠，何况那至高的真宰呢！

泉水干涸了，鱼儿一同被困在陆地上，用湿气相互滋润，用唾沫相互沾湿，与其如此，不如在江湖里彼此相忘。与其赞美尧而非议桀，不如把两人的是非都忘掉而同化于大道。

天地用形体来托载我，用生存来操劳我，用衰老来闲逸我，用死亡来安息我。所以把生视为好事,也应把死视为好事。把船藏在山谷里,把山藏在大泽中,可以说是牢固了。然而半夜里有大力之人把它们背走了,沉睡的人一点儿也不知道。把小的东西藏在大的东西里是很适宜的,但还是有所丢失。如果把天下藏在天下之中就不会有所丢失,这是万物的至理。人们一旦获得了形体就十分欣喜。人的形体,千变万化没有止境,如果成人形都可称为快乐的话,那么快乐的事哪里算得清呢?所以圣人将游走于无所亡失的境地而与大道共存。安于生、老、病、死的人,人们犹自效仿他,更何况那万物所归属的、一切变化所依赖的道呢!

三

夫道,有情有信[①],无为无形[②];可传而不可受[③],可得而不可见;自本自根[④],未有天地,自古以固存;神鬼神帝[⑤],生天生地;在太极之先而不为高[⑥],在六极之下而不为深[⑦],先天地生而不为久,长于上古而不为老。狶韦氏得之[⑧],以挈天地[⑨];伏戏氏得之,以袭气母[⑩];维斗得之[⑪],终古不忒[⑫];日月得之,终古不息;堪坏得之[⑬],以袭昆仑;冯夷得之[⑭],以游大川;肩吾得之,以处大山[⑮];黄帝得之,以登云天[⑯];颛顼得之[⑰],以处玄宫[⑱];禺强得之[⑲],立乎北极;西王母得之,坐乎少广[⑳],莫知其始,莫知其终;彭祖得之,上及有虞[㉑],下及五伯[㉒];傅说得之[㉓],以相武丁,奄有天下[㉔],乘东维、骑箕尾[㉕],而比于列星。

【注释】

①有情有信:指客观存在。

②无为无形:指无所作为、看不见摸不着,是非物质的。

③受:通“授”。

④自本自根:自己产生自己,自为自的根本。

⑤神鬼神帝：使鬼和上帝变成神灵。

⑥太极：最高的极限，派生万物的本源。

⑦六极：天地四方的极限。

⑧狶(xī)韦氏：传说中的远古帝王。

⑨挈(qiè)：提挈，引申为整顿。

⑩袭：调和。气母：元气之母。

⑪维斗：北斗星。

⑫忒(tè)：差错。

⑬堪坏(pēi)：昆仑山神。

⑭冯夷：黄河之神。

⑮大山：即泰山。

⑯登云天：相传黄帝采首山之铜，铸鼎山之下，鼎成后，有龙垂在鼎上迎接黄帝，黄帝驾云乘龙而去。

⑰颛顼(zhuānxū)：古代部落首领，号高阳，黄帝之孙，又称玄帝。

⑱玄宫：北方之宫。玄为黑色，代表北方的颜色。

⑲禺强：水神。

⑳少广：山名。

㉑有虞：即舜，有虞氏。

㉒五伯(bà)：即五霸。

㉓傅说(yuè)：原为奴隶，殷朝贤臣。

㉔奄：覆盖。

㉕东维、箕尾：皆为星宿名。

【译文】

道是真实存在的，但它没有作为，没有形迹；可以传而不可以授，可以心得而不能目见；它就是自己的根本，没有天地之前，就一直存在着；它使鬼神和上帝成为神灵，产生了天和地；它在太极之上却不算高，在六极之下却不算深，先于天地存在却不算久，比上古还长远却不算老。狶韦氏得到它，用以整顿天地；伏羲氏得到它，用以调和元气；北斗得到它，就能永无偏差；日月得到它，就能运行不息；堪坏得到它，用以入主昆仑；冯夷得到它，用来游历大川；肩吾得到它，就能镇守泰山；黄帝得到它，就能登上云天；颛顼得到它，就能坐镇玄宫；禺强得到它，就能立足北极；西王母得到它，就能坐守少广，不知道有生死变化；彭祖得到它，寿命上及虞舜，下及五伯时代；傅说得到它，辅佐武丁，执掌天下，死后乘着东维星，骑着箕尾星，并列于众星之中。

四

南伯子葵问乎女偶曰[①]："子之年长矣，而色若孺子，何也？"

曰："吾闻道矣。"

南伯子葵曰："道可得学邪？"

曰："恶！恶可！子非其人也。夫卜梁倚有圣人之才而无圣人之道[②]，我有圣人之道而无圣人之才。吾欲以教之，庶几其果为圣人乎[③]？不然，以圣人之道告圣人之才，亦易矣。吾犹守而告之，参日而后能外天下[④]；已外天下矣，吾又守之，七日而后能外物[⑤]；已外物矣，吾又守之，九日而后能外生；已外生矣，而后能朝彻；朝彻而后能见独；见独而后能无古今；无古今而后能入于不死不生。杀生者不死，生生者不生。其为物，无不将也，无不迎也，无不毁也，无不成也。其名为撄宁[⑥]。撄宁也者，撄而后成者也。"

南伯子葵曰："子独恶乎闻之？"

曰："闻诸副墨之子[⑦]，副墨之子闻诸洛诵之孙[⑧]，洛诵之孙闻之瞻明[⑨]，瞻明闻之聂许[⑩]，聂许闻之需役，需役闻之於讴[⑪]，於讴闻之玄冥[⑫]，玄冥闻之参寥[⑬]，参寥闻之疑始[⑭]。"

【注释】

①南伯子葵：即南伯子綦。女偊(yǔ)：得道之人。

②卜梁倚：虚构人物。

③庶几：也许。

④参：同“三”。

⑤外物：把万物置之度外。

⑥撄宁：指外界虽扰乱而内心安定。撄，扰乱。

⑦副墨之子：指书册。

⑧洛诵之孙：指诵读。

⑨瞻明：见解洞彻。

⑩聂许：耳闻心许。

⑪於讴(wū'ōu)：咏叹。

⑫玄冥：深远幽寂。

⑬参寥：参悟虚寂。

⑭疑始：似有始而未尝无始。

【译文】

南伯子葵问女偊说：“您的年岁很大了，而面色却如同小孩，为什么呢？”

女偊说：“我得道了。”

南伯子葵说：“道可以学到吗？”

女偊说：“不！不可以！你不是那种可以学道的人。卜梁倚有圣人的天资却没有圣人的心境，我虽有圣人的心境却没有圣人的天资。我想用虚淡的心境教导他，也许他能真的成为圣人吧？即便不能，把圣人的心境告诉有圣人天资的人，也是容易的。我坚持着指导他，三天后，他就能把天下置之度外；已经置天下于度外了，我坚持指导，七天后，他就能把万物置之度外；已经置万物于度外了，我继续指导他，九天后，他就能把生死置之度外；已经把生死置之度外了，才能心胸豁然澄澈；心胸豁然澄澈了，才能洞见独一无二的道；洞见独一无二的道，才能不受古今时间的限制；不受古今时间的限制，才能进入无生无死的境界。大道能使万物死而自己却不死，能使万物生而自己却不生。道对于万物，无所不送，无所不迎，无所不毁，无所不成。这就叫作'撄宁'。撄宁，就是在万物生死、成毁的纷扰中保持宁静安定。"

南伯子葵曰："你从哪里学到道的呢？"

女偊说："我从副墨之子（书册）那里听到的，副墨之子是从洛诵之孙（诵读）那里听到的，洛诵之孙是从瞻明（见解洞彻）那里听到的，瞻明是从聂许（耳闻心许）那里听到的，聂许是从需役（勤行不怠）那里听到的，需役是从於讴（吟咏嗟叹）那里听到的，於讴是从玄冥（深远幽寂）那里听到的，玄冥是从参寥（参悟虚寂）那里听到的，参寥是从疑始（似有始而又无始）那里听到的。"

五

子祀、子舆、子犁、子来[①]四人相与语曰："孰能以无为首，以生为脊，以死为尻[②]，孰知死生存亡之一体者，吾与之友矣。"四人相视而笑，莫逆于心[③]，遂相与为友。

俄而子舆有病[④]，子祀往问之。曰："伟哉！夫造物者，将以予为此拘拘也[⑤]！"曲偻发背[⑥]，上有五管[⑦]，颐隐于齐[⑧]，肩高于顶，句赘指天[⑨]。阴阳之气有沴[⑩]，其心闲而无事，跰𨇤而鉴于井[⑪]，曰："嗟乎！夫造物者又将以予为此拘拘也！"

子祀曰："女恶之乎？"

曰："亡，予何恶！浸假而化予之左臂以为鸡[⑫]，予因以求时夜[⑬]；浸假而化予之右臂以为弹，予因以求鸮炙[⑭]；浸假而化予之尻以为轮，以神为马，予因以乘之，岂更驾哉！且夫得者，时也；失者，顺也。安时而处顺，哀乐不能入也，此古之所谓县解也[15]，而不能自解者，物有结之。且夫物不胜天久矣，吾又何恶焉！”

俄而子来有病，喘喘然将死[16]。其妻子环而泣之。子犁往问之，曰：“叱！避！无怛化[17]！”倚其户与之语曰：“伟哉造化！又将奚以汝为？将奚以汝适？以汝为鼠肝乎？以汝为虫臂乎？”

子来曰：“父母于子，东西南北，唯命之从。阴阳于人，不翅于父母[18]。彼近吾死而我不听，我则悍矣，彼何罪焉？夫大块载我以形，劳我以生，佚我以老，息我以死。故善吾生者，乃所以善吾死也。今之大冶铸金，金踊跃曰：‘我且必为镆铘[19]！’大冶必以为不祥之金。今一犯人之形，而曰：‘人耳！人耳！’夫造化者必以为不祥之人。今一以天地为大炉，以造化为大冶，恶乎往而不可哉！”成然寐[20]，蘧然觉[21]。

【注释】

①子祀、子舆、子犁、子来：皆为虚构人物。

②尻(kāo)：尾骨。

③逆：违背。

④俄而：不久，没多长时间。

⑤拘拘：拳曲不直的样子。

⑥曲偻：驼背。

⑦五管：五脏的腧穴。

⑧颐：面颊。齐：通“脐”，肚脐。

⑨句赘：颈椎。

⑩沴(lì)：由阴阳之气不调和而引起的灾害。

⑪跰(pián)：走路艰难不稳，一瘸一拐。

⑫浸：逐渐地。假：使。

⑬时夜:司夜,报晓的公鸡。

⑭鸮:似斑鸠的一种鸟。

⑮县解:解除束缚。县,通“悬”,束缚。

⑯喘喘然:气息急促的样子。

⑰怛(dá):惊动。

⑱不翅:不仅,何止。

⑲镆铘:宝剑名。传说春秋时期,干将、镆铘夫妇为楚王铸雄雌二剑,三年而成,故称雄剑为干将,雌剑为镆铘。

⑳成然:安然。

㉑蘧(qú)然:自得的样子。

【译文】

子祀、子舆、子犁、子来四人交谈说:“谁能把‘无’当作头颅,把‘生’当作脊梁,把‘死’当作尾骨,谁能知道死生存亡是一体的,我们就与他交朋友。”四人相视而笑,心意投合,于是结为朋友。

不久,子舆病了,子祀前去看望他。子舆说:“伟大啊!造物者要把我变成这种佝偻着身子的人啊!”弯腰驼背,五脏朝上,面颊藏在肚脐下,肩高过头顶,颈椎朝天。阴阳之气虽然凌乱失调,但子舆却安闲而不以病重为事,蹒跚地走到井边照见自己,说:“哎呀!造物者又要把我变成如此拳曲不伸的人啊!”

子祀说:“你厌恶这样吗?”

子舆说:“不,我怎么会厌恶呢!造物者逐渐把我的左臂变成鸡,我就用它司夜报时;逐渐把我的右臂变为弹弓,我就用它打鸮鸟烤着吃;逐渐把我的尾骨变成车轮,精神变成马,我就乘着它,哪里还用另找车马呢!况且,我获得生命,乃是应时而生;失去生命,乃是顺时而去。安时而处顺,哀乐的情绪就不能侵入心中,这就是古时所说的解除束缚了;不能自我解脱的人,是被外物束缚住了。况且人力不能胜过自然规律由来已久,我又有何可厌恶的呢!”

不久，子来病了，气喘吁吁快要死了。他的妻子和儿子围着哭泣。子犁前去看望他，对子来的家人说："去吧！走开！不要惊动将要变化的人！"他倚着门对子来说："伟大呀，造物者！又将把你变成何物呢？把你送到何处呢？把你变为老鼠的肝吗？把你变成虫子的臂膀吗？"

子来说："儿子对于父母，无论东西南北，都要听从父母的命令。人对于阴阳造化，不啻于父母。它让我死，而我不听从，我就是违逆不顺，它有什么罪过呢？天地用形体来托载我，用生存来操劳我，用衰老来闲逸我，用死亡来安息我。所以把我的生视为好事，也就是把我的死视为好事。譬如现在有个技艺精湛的铁匠铸造金属器物，那金属跳起来说：'一定要把我铸成镆铘宝剑！'铁匠必定以为这是不祥的金属。现在造物者造出一个人的形体，这个人就说：'我是人啦！我是人啦！'造物者必定以为这是不祥的人。如果现在把天地当作大熔炉，把造物者视为大铁匠，那么到哪儿去不可呢！"子来说完安然睡去，一会儿又自在地醒来。

六

子桑户、孟子反、子琴张三人相与友[①]，曰："孰能相与于无相与，相为于无相为？孰能登天游雾，挠挑无极，相忘以生，无所终穷？"三人相视而笑，莫逆于心，遂相与为友。

莫然有间[②]，而子桑户死，未葬。孔子闻之，使子贡往侍事焉[③]。或编曲，或鼓琴，相和而歌曰："嗟来桑户乎！嗟来桑户乎！而已反其真[④]，而我犹为人猗！"

子贡趋而进曰："敢问临尸而歌，礼乎？"

二人相视而笑曰："是恶知礼意！"

子贡反，以告孔子曰："彼何人者邪？修行无有，而外其形骸，临尸而歌，颜色不变，无以命之。彼何人者邪？"

孔子曰："彼游方之外者也[⑤]，而丘游方之内者也。外内不相及，而丘使女往吊之，丘则陋矣！彼方且与造物者为人，而游乎天地之一气。彼以生为附赘县疣⑥，以死为决疣溃痈⑦，夫若然者，又恶知死生先后之所在！假于异物，托于同体；忘其肝胆，遗其耳目；反复终始，不知端倪⑧；芒然彷徨乎尘垢之外，逍遥乎无为之业。彼又恶能愦愦然为世俗之礼，以观众人之耳目哉？”

子贡曰：“然则夫子何方之依？”

孔子曰：“丘，天之戮民也⑨。虽然，吾与汝共之。”

子贡曰：“敢问其方。”

孔子曰：“鱼相造乎水，人相造乎道。相造乎水者，穿池而养给；相造乎道者，无事而生定。故曰：鱼相忘乎江湖，人相忘乎道术。”

子贡曰：“敢问畸人。”

曰：“畸人者，畸于人而侔于天⑩。故曰：天之小人，人之君子；人之君子，天之小人也。”

【注释】

①子桑户、孟子反、子琴张：皆为虚构人物。

②莫然有间：淡交不久。莫，同“漠”。有间，不久。

③侍事：帮助办丧事。

④反其真：指死亡返归自然。

⑤游方之外：遨游于礼法尘世之外。

⑥附赘：附着在身上的累赘。县疣：悬挂在身上的肉瘤。县，通“悬”。

⑦决、溃：破而流脓。疣(huàn)、痈：均为毒疱。

⑧端倪：头绪。

⑨戮民：遭到刑戮的人。

⑩侔(móu)：等同。

【译文】

子桑户、孟子反、子琴张三人结交，说："谁能相交而出于无心，相助而不着痕迹？谁能登上天空而遨游于云雾中，跳跃于无极之中，忘记生死，没有穷尽？"三人相视而笑，心意投合，结为朋友。

淡然相交不久，子桑户死了，还没有下葬。孔子听说后，让子贡前往帮助办理丧事。子贡看见孟子反和子琴张两个人，一人编曲，一人弹琴，互相唱和道："哎呀桑户啊！哎呀桑户啊！你已经返璞归真了，而我们还寄寓在人间啊！"

子贡快步上前说："冒昧问一句，你们对着尸体唱歌，合乎礼仪吗？"

二人相互看了看，笑着说："他哪里懂得礼的真意！"

子贡回去后，把这些告诉给孔子说："他们是什么人哪？没有道德修养，而把形骸置之度外，对着尸体唱歌，连脸色都不变，真是没法形容他们。他们是什么人呢？"

孔子说："他们是游于尘世之外的人，而我是生活在尘世之内的人。尘世的内外彼此不相干，而我让你前往吊唁他，是我太浅陋了！他们正和造物者为伴，遨游于天地元气之间。他们把生看作附着的赘瘤，把死视为疮毒的溃破，像这样的人，又哪里明白死生先后的区别呢！假借着不同物体，寄托于同一形体中；忘却内在的肝胆，忘却外在的耳目；让死生随着自然反复循环，而不见头绪；无所牵系地神游于尘世之外，逍遥在自然无为的境地。他们又怎能自寻烦恼地拘守世俗的礼仪，以此让众人观看和听闻呢？"

子贡说："那么，先生您依从哪一方呢？"

孔子说："我是受天道惩罚的人。即便我未能超脱方外，我愿意同你一起追求方外之道。"

子贡说："请问用什么方法。"

孔子说："鱼儿相生于水，人们相生于道。相生于水，挖个池子来供养；相生于道，泰然无事而心性自定。所以说，鱼在江湖之中能忘掉一切，人在大道之中能忘掉一切。”

子贡说：“请问不同于世俗的方外之人是什么样的人。”

孔子说：“不同于世俗的方外之人，是与世俗不同，但是顺应自然的人。所以说，大自然的小人，便是人间的君子；人间的君子，却是大自然的小人。”

七

颜回问仲尼曰①：“孟孙才②，其母死，哭泣无涕，中心不戚，居丧不哀③。无是三者，以善处丧盖鲁国，固有无其实而得其名者乎？回壹怪之。”

仲尼曰：“夫孟孙氏尽之矣④，进于知矣⑤，唯简之而不得，夫已有所简矣。孟孙氏不知所以生，不知所以死；不知就先，不知就后。若化为物，以待其所不知之化已乎！且方将化，恶知不化哉？方将不化，恶知已化哉？吾特与汝，其梦未始觉者邪！且彼有骇形而无损心，有旦宅而无情死⑥。孟孙氏特觉，人哭亦哭，是自其所以乃。且也相与‘吾之’耳矣，庸讵知吾所谓‘吾之’乎⑦？且汝梦为鸟而厉乎天⑧，梦为鱼而没于渊。不识今之言者，其觉者乎？其梦者乎？造适不及笑⑨，献笑不及排。安排而去化⑩，乃入于寥天一。”

【注释】

①颜回：孔子的得意弟子。

②孟孙才：复姓孟孙，名才，鲁国人。

③居丧：服丧事。

④尽之：做得彻底，指尽到了服丧之礼。

⑤进于知：超过了懂得丧礼的人。

⑥旦宅：惊恐。无情死：没有情感上的损伤。

⑦庸讵：何以，怎么。

⑧厉：通“戾”，至。

⑨造适：内心适意。造，至。适，适意。

⑩去化：随行变化。

【译文】

颜回问孔子说：“孟孙才的母亲死了，他哭泣却没有眼泪，心中不悲伤，守丧不哀痛。没有这三点，却以善于处理丧事而闻名鲁国，难道有不具其实而博得声名的吗？我觉得很奇怪。”

孔子说：“孟孙氏已尽到了居丧之道，超过了懂得丧礼的人，人们想简化丧事却因世俗沿袭而无法做到，而他已经有所简化了。孟孙氏不知人为何而生，不知人为何而死；不知道留恋生前，不知道惦念死后；他像是要化为物，以等待他所不知的变化！再说方今将要变化，又怎么知道不变化呢？方今未曾变化，怎么知道已经变化了呢？可我和你，恐怕都是在梦中还未觉醒啊！况且孟孙氏认为人虽有形体的变化却没有心神的损伤，虽有惊忧却没有情感上的损伤。孟孙氏独自觉醒，别人哭他也哭，这就是他哭而不哀的缘故。众人看到自己的形体就互相称‘这是我’，怎么知道我所谓有形体的‘我’果真是‘我’呢？你梦见成为鸟飞到天空，梦见成为鱼沉入深水。不知道现在说话的人，是醒着呢，还是做梦呢？内心适意时来不及笑出来，真心流露的笑声来不及事先安排。顺应自然的安排而随行变化，就可以进入寂寥阔远的天道同一境界中了。”

八

意而子见许由①，许由曰：“尧何以资汝②？”

意而子曰：“尧谓我③：‘汝必躬服仁义而明言是非④。’”

许由曰：“而奚来为轵⑤？夫尧既已黥汝以仁义⑥，而劓汝以是非矣[7]，汝将何以游夫遥荡恣睢转徙之涂乎[8]？”

意而子曰：“虽然，吾愿游于其藩[9]。”

许由曰：“不然。夫盲者无以与乎眉目颜色之好[10]，瞽者无以与乎青黄黼黻之观[11]。”

意而子曰：“夫无庄之失其美[12]，据梁之失其力[13]，黄帝之亡其知，皆在炉捶之间耳[14]。庸讵知夫造物者之不息我黥而补我劓[15]，使我乘成以随先生邪[16]？”

许由曰：“噫！未可知也。我为汝言其大略：吾师乎[17]！吾师乎！䪠万物而不为义[18]，泽及万世而不为仁，长于上古而不为老，覆载天地、刻雕众形而不为巧。此所游已。”

【注释】

①意而子：传说尧时的贤人。

②资：资助，引申为指教。

③谓：教导。

④躬服：身体力行。

⑤轵(zhǐ)：语助词，通“只”。

⑥黥(qíng)：墨刑，在脸上刺字并涂上墨的刑罚。

⑦劓(yì)：割掉鼻子的刑罚。

⑧遥荡：逍遥放荡。恣睢(zìsuī)：放任自得。

⑨藩：藩篱。

⑩与：参与。

⑪黼黻(fǔfú)：衣上绣的花纹。

⑫无庄：古代美女。

⑬据梁：古代大力士，勇夫。

⑭炉捶：均为冶炼工具，这里指锤炼。

⑮息我黥：长出被刺掉的皮肉。补我劓：补回被割掉的鼻子。

⑯乘成：载有完整的形体。

⑰吾师：指天道，即大宗师。

⑱齑（jī）：粉碎，引申为调和。

【译文】

意而子去见许由，许由说："尧用什么教导你呢？"

意而子说："尧教导我说：'你一定要实行仁义而明辨是非。'"

许由说："那你来这里做什么呢？尧既然用仁义给你施行了黥刑，用是非给你施行了劓刑，你将怎么遨游于逍遥放荡、无拘无束的变化境界呢？"

意而子说："即便如此，我还是希望能遨游于这个境地的边界地带。"

许由说："不能这样。盲人无法欣赏眉目容颜的漂亮，瞎子无法观赏礼服上彩色花纹的华丽。"

意而子说："无庄忘记了自己的美貌，据梁忘记了自己的力量，黄帝忘记了自己的智慧，这些都是经过造物者熔炉中锤炼而成的。怎么能知道造物者不会消除我额头上的墨痕，修补我受劓刑的鼻子，使我用完整的形体来追随先生呢？"

许由说："唉！这是不可知的。我给你大略说说。我的宗师大道啊！我的宗师大道啊！它调和万物却不以为义，恩泽万世却不以为仁，长于上古却不以为老，覆天载地、雕刻万物的形状也不以为巧。这就是我所遨游的境界。"

九

颜回曰："回益矣[①]。"

仲尼曰："何谓也？"

曰："回忘仁义矣。"

曰："可矣，犹未也。"

他日复见，曰："回益矣。"

曰："何谓也？"

曰："回忘礼乐矣。"

曰："可矣，犹未也。"

他日复见，曰："回益矣。"

曰："何谓也？"

曰："回坐忘矣[②]。"

仲尼蹴然曰[③]："何谓坐忘？"

颜回曰："堕肢体[④]，黜聪明[⑤]，离形去知，同于大通，此谓坐忘。"

仲尼曰："同则无好也，化则无常也。而果其贤乎！丘也请从而后也。"

【注释】

①益：长进，进步。

②坐忘：静坐而进入物我两忘的精神境界。

③蹴然：惊奇的样子。

④堕(huī)：通"隳"，毁弃，废弃。

⑤黜(chù)：废除。

【译文】

颜回说："我有进步了。"

孔子说："你指的是什么呢？"

颜回说："我忘掉了仁义。"

孔子说："很好，但是还不够。"

过了几天，颜回又见到孔子，说："我又进步了。"

孔子说："你指的又是什么呢？"

颜回说:“我忘记了礼乐。”

孔子说:“很好,但是还不够。”

过了几天,颜回又见到孔子,说:“我有进步了。”

孔子说:“你指的是什么呢?”

颜回说:“我坐忘了。”

孔子惊奇地说:“什么叫作坐忘?”

颜回说:“毁废形体,泯灭见闻,形智皆弃,与大道融通为一,这就叫作坐忘。”

孔子说:“和万物同一就没有偏好,参与万物的变化就没有偏执。你果真是个贤人啊!我要跟在你后面向你学习。”

十

子舆与子桑友①,而霖雨十日②,子舆曰:“子桑殆病矣③!”裹饭而往食之。至子桑之门,则若歌若哭,鼓琴曰:“父邪!母邪!天乎!人乎!”有不任其声而趋举其诗焉④。

子舆入,曰:“子之歌诗,何故若是?”

曰:“吾思夫使我至此极者而弗得也⑤。父母岂欲吾贫哉?天无私覆,地无私载,天地岂私贫我哉?求其为之者而不得也。然而至此极者⑥,命也夫!”

【注释】

①子桑:即子桑户。

②霖雨:连绵大雨。

③殆:大概,恐怕。病:指饥饿。

④不任其声:声音衰弱。趋举其诗:急促地念他的诗。

⑤弗:同“不”。

⑥极：绝境。

【译文】

子舆和子桑是朋友，一连下了十天雨，子舆说："子桑恐怕饿坏了吧！"于是带着饭去送给他吃。到了子桑家门口，就听到里面像是唱歌又像是哭泣的声音，弹着琴唱道："父亲啊！母亲啊！天啊！人啊！"声音微弱，诗句急促。

子舆进到屋里，说："你吟唱诗，为何这样不成调子？"

子桑说："我在思索使我这般窘困的原因而不得其解。父母难道想让我贫困吗？上天无私地覆盖一切，大地无私地承载一切，天地岂会偏私而让我贫困呢？探求造成我贫困的原因而找不到答案。那么使我到这种绝境的，大概是天命吧！"

【赏析】

《大宗师》是《庄子》的本体论，文章既讲"道"，又讲如何修"道"、得"道"。庄子认为"道"是天地之师、万物之宗，因此将"道"命名为大宗师。"道"是有生命的，万物是有生命的，人也是有生命的，人得道便可以遨游于天地，与天地为一体。

在本篇中，庄子多次提到"真人"这个概念。何为真人？庄子认为，真人就是首先对自然有清醒的认识，要顺其自然，而不是恣意妄为、逆天而行。"真人"能做到"天""人"不分，因而"真人"能做到"无人""无我"。"真人"的精神境界就是"道"的形象化。只有"真人"才能体察"道"，而"道"是"无为无形"而又永存的，因而体察"道"就必须"无人""无我"。

接下来在后半部分，庄子论述了"道"和"命"之间的关系，唯有了悟生死才能真正悟到"道"的境界。指出死和生都是"气"的变化，是自然的现象，因而应"相忘以生，无所终穷"，只有这样精神才会超脱物外。人的躯体有了变化而人的精神却不会死，安于自然、忘却死亡，便进入"道"的境界而与自然合成一体。最后批判儒家的仁义和是非观念，指出儒家的观念是对人精神的摧残。

应帝王第七

《应帝王》是《庄子》内篇中的最后一篇，它表达了庄子无为而治的政治观，谈的是帝王治理天下的问题。什么样的人“应”成为“帝王”呢？那就是能够听任自然、顺乎民情、行不言之教的人。庄子的政治观基本上继承老子“无为而无不为”的思想，有一定消极性。

一

啮缺问于王倪①，四问而四不知②。啮缺因跃而大喜，行以告蒲衣子③。

蒲衣子曰：“而乃今知之乎④？有虞氏不及泰氏⑤。有虞氏其犹藏仁以要人⑥，亦得人矣，而未始出于非人⑦。泰氏其卧徐徐，其觉于于⑧。一以己为马，一以己为牛。其知情信，其德甚真，而未始入于非人。”

【注释】

①啮缺、王倪：皆为虚构人物，见《齐物论》。

②四问：一问“知物之所同是乎？”二问“知子之所不知邪？”三问“物无知邪？”四问“知利害乎？”见《齐物论》。

③蒲衣子：虚构人物。

④而:通“尔”,你。

⑤有虞氏:指舜。泰氏:传说中的上古帝王。

⑥藏仁:心怀仁义。

⑦未始出于非人:没有超出物的牵累。非人,指物而言。

⑧于于:自得的样子。

【译文】

啮缺向王倪请教,问了四次,而王倪四次都说不知道。啮缺因此高兴地跳起来,去把这件事告诉给蒲衣子。

蒲衣子说:“你现在知道了吗?有虞氏比不上泰氏。有虞氏心怀仁义以结交人心,虽然也能得到人心,却未能摆脱外物的牵累。泰氏睡觉时舒缓,醒来时自得。任人称自己为马,任人称自己为牛。他的理智信实,他的品德纯真,从来没有受到外物的牵累。”

二

肩吾见狂接舆。狂接舆曰:“日中始何以语女[①]?”

肩吾曰:“告我:君人者以己出经式义度[②],人孰敢不听而化诸[③]!”

狂接舆曰:“是欺德也[④]。其于治天下也,犹涉海凿河而使蚊负山也。夫圣人之治也,治外乎?正而后行[⑤],确乎能其事者而已矣。且鸟高飞以避矰弋之害[⑥],鼷鼠深穴乎神丘之下以避熏凿之患[⑦],而曾二虫之无知?”

【注释】

①日中始:虚构人物。

②君人:国君。经式义度:均指法度。

③诸：语助词，同“呢”。

④欺德：虚伪骗人的言行。

⑤正：正己，自正。行：推行。

⑥矰弋（zēngyì）：一种带有丝绳以射鸟的短箭。

⑦鼷（xī）鼠：小鼠。深穴：打深洞。神丘：社坛。熏：烟熏。

【译文】

肩吾见到狂接舆。狂接舆说：“日中始对你说了些什么？”

肩吾说：“他告诉我，做国君的凭自己的意愿制定法度，人们谁敢不听从而归化呢？”

狂接舆说：“这是骗人的做法。这样去治理天下，就像在海里挖河道，让蚊子背负大山一样。圣人治理天下，只是用法度绳之于外吗？圣人是先端正自己而后感化他人，任人做一些能做到的事情罢了。鸟儿尚且知道高飞以躲避短箭的伤害，小鼠尚且知道在神坛下打洞以避开烟熏和挖掘的祸患，难道人还不如这两种小虫子吗？”

三

天根游于殷阳①，至蓼水之上②，适遭无名人而问焉③，曰：“请问为天下④。”

无名人曰：“去！汝鄙人也，何问之不豫也⑤！予方将与造物者为人，厌则又乘夫莽眇之鸟⑥，以出六极之外，而游无何有之乡，以处圹埌之野⑦。汝又何帠以治天下感予之心为⑧？”

又复问。无名人曰：“汝游心于淡⑨，合气于漠⑩，顺物自然而无容私焉，而天下治矣。”

【注释】

①天根：虚构人物。殷阳：殷山的南面。

②蓼(liǎo)水:河名。

③无名人:虚构人物,喻指圣人、至人、神人、真人。

④为:治理。

⑤不豫:不快。

⑥莽眇之鸟:像鸟一样的清虚之气。莽眇,深远。

⑦圹埌(kuànglàng):空旷辽阔。

⑧帠(yì):通"寱",梦话。

⑨游心于淡:游心于恬淡之境。

⑩合气于漠:融合气息于冲漠之乡。

【译文】

天根在殷山南面游玩,走到蓼水边,恰巧碰到无名人,便向无名人请教道:"请问治理天下的方法。"

无名人说:"走开吧!你这个鄙陋的人,为什么问这使我不愉快的问题呢!我正要和造物者为伴,厌烦了,就乘那像鸟一样的轻虚之气,飞翔到天地四方之外,遨游于虚无的境界,居住在空旷辽阔的地方。你又为何像说梦话一样用所谓的治理天下来触动我的内心呢?"

天根再次请教。无名人说:"你要游心于恬淡之境,让气息融合在自然的冲漠之乡中,顺应万物的自然本性而不夹杂私心成见,天下就可以治理好了。"

四

阳子居见老聃[①],曰:"有人于此,向疾强梁,物彻疏明[②],学道不倦。如是者,可比明王乎?"

老聃曰:"是于圣人也,胥易技系[③],劳形怵心者也[④]。且也虎豹之文来田[⑤],猿狙之便、执斄之狗来藉[⑥]。如是者,可比明王乎?”

阳子居蹴然曰[7]:“敢问明王之治。”

老聃曰:“明王之治:功盖天下而似不自己[8],化贷万物而民弗恃[9]。有莫举名[10],使物自喜[11]。立乎不测,而游于无有者也[12]。”

【注释】

①阳子居:虚构人物。

②疏明:疏通明达。

③胥:小吏。易:更换职事。技系:为技能所累。

④劳形怵心:形体劳累,内心不安。

⑤文:花纹。来:招来。田:田猎。

⑥猿狙:一种猕猴。藉:绳系,拘系。

⑦蹴然:惊惭不安的样子。

⑧似不自己:好像不归于自己。

⑨贷:施,放。恃:依赖。

⑩有莫举名:有功德而不能用语言言说。

⑪自喜:各得其所。

⑫无有:虚无之境。

【译文】

阳子居见到老聃,说:“有这样一个人,他聪敏果断,对事物看得透彻明白,学道勤奋不倦。像这样的人,可以和贤明圣王相比吗?”

老聃说:“这样的人在圣人看来,就像更换职事的胥吏被技能所累,劳苦形体、惊扰心神罢了。况且虎豹因毛色美丽而招人田猎,猿猴因行动便捷、猎狗因会捉狸而招人拘系。像这样,可以和圣明的君王相比吗?”

阳子居惭愧地说："请问圣明君王的治理天下之道。"

老聃说："圣明的君王治理天下，功绩盖过天下却好像与己不相干，教化施及万物而人民不觉得有所依赖。虽有功绩却无意于称述，使万物自得其所。自己立于不可测识的地方，畅游于虚无的境地。"

五

郑有神巫曰季咸[①]，知人之死生存亡、祸福寿夭[②]，期以岁月旬日，若神。郑人见之，皆弃而走。列子见之而心醉[③]，归，以告壶子[④]，曰："始吾以夫子之道为至矣，则又有至焉者矣。"

壶子曰："吾与汝既其文[⑤]，未既其实，而固得道与？众雌而无雄，而又奚卵焉！而以道与世亢[⑥]，必信[⑦]，夫故使人得而相女。尝试与来，以予示之。"

明日，列子与之见壶子。出而谓列子曰："嘻！子之先生死矣！弗活矣！不以旬数矣！吾见怪焉，见湿灰焉[⑧]。"

列子入，泣涕沾襟以告壶子。壶子曰："乡吾示之以地文[⑨]，萌乎不震不正，是殆见吾杜德机也[⑩]。尝又与来。"

明日，又与之见壶子。出而谓列子曰："幸矣，子之先生遇我也！有瘳矣[⑪]，全然有生矣！吾见其杜权矣[⑫]。"

列子入，以告壶子。壶子曰："乡吾示之以天壤，名实不入，而机发于踵[⑬]。是殆见吾善者机也[⑭]。尝又与来。"

明日，又与之见壶子。出而谓列子曰："子之先生不齐[⑮]，吾无得而相焉。试齐，且复相之。"

列子入，以告壶子。壶子曰："吾乡示之以太冲莫胜[⑯]，是殆见吾衡气机也。鲵桓之审为渊[⑰]，止水之审为渊，流水之审为渊。渊有九名，此处三焉。尝又与来。"

明日，又与之见壶子。立未定，自失而走。壶子曰："追之！"列子追之不及。反，以报壶子曰："已灭矣，已失矣，吾弗及已。"

壶子曰："乡吾示之以未始出吾宗。吾与之虚而委蛇⑱，不知其谁何，因以为弟靡⑲，因以为波流，故逃也。"

然后列子自以为未始学而归，三年不出。为其妻爨⑳，食豕如食人㉑，于事无与亲。雕琢复朴，块然独以其形立。纷而封哉㉒，一以是终。

【注释】

①神巫：占卜甚灵的巫者。

②寿夭：长寿短命。

③列子：列御寇。心醉：醉服，折服。

④壶子：名林，郑国人，列子的老师。

⑤与：授予。文：表面，外表。

⑥亢：通"抗"，较量。

⑦信：通"伸"，表露。

⑧湿灰：指像不能复燃的湿灰一样毫无生机。

⑨乡：刚才。

⑩杜：闭塞。

⑪瘳(chōu)：病愈。

⑫杜权：闭塞中有变化，指有了生机。权，变。

⑬踵：脚后跟。

⑭善：病愈。

⑮不齐：变化不定。

⑯太冲：阴阳二气均衡。莫胜：没有偏胜。

⑰鲵：雌鲸。桓：盘桓。审：深。

⑱委蛇(wēiyí):随顺的样子。

⑲弟靡:当作“茅靡”,如茅草般随风倒伏。

⑳爨(cuàn):烧火做饭。

㉑食(sì)豕:喂猪。

㉒纷而封哉:在纷扰的世事中保持真朴。

【译文】

郑国有一个神巫,名叫季咸,能测知人的生死存亡及祸福寿夭,所预言的年、月、日准确如神。郑国人见到他,都逃之夭夭。列子见了,为他的神算所折服,回来把这件事告诉壶子,说:“原先我以为先生的道术是最高明的,现在才知道还有更高明的。”

壶子说:“我为你讲授的是道的皮毛,还没有教你实质,你就以为得道了吗?只有雌性而无雄性,又怎能产卵呢!你用所学的皮毛之道和世人较量,希望表露自己以得到世人的信任,所以才让人家看清了你的面相。你把他请来,让他给我看看面相。”

第二天,列子和季咸一起来见壶子。季咸出来后对列子说:“唉!你的老师快要死了!活不了了!不到十天了!我看他形色怪异,像是见到了不能复燃的湿灰。”

列子进屋,泪水沾湿了衣襟,把季咸的话告诉壶子。壶子说:“刚才我让他看到的是寂静的心境,茫然无迹,不动不止。他大概是看见我闭塞了生机。试着和他再来一次。”

第二天,列子又和季咸一起来见壶子。季咸出来后对列子说:“幸运啊!你的先生遇见了我!有好转了,我看见他闭塞的生机开始活动了。”

列子进屋,把季咸的话告诉壶子。壶子说:“刚才我让他看见了天地间的生气,名实都没放在心上,而生机从脚后跟升起。他大概看到我的这一线生机了。你和他再来一次。”

第二天,列子又和季咸一起来见壶子。季咸出来后对列子说:“你的先生神情变化不定,我没法给他相面。等他安定之后,再给他相面。”

列子进屋，把季咸的话告诉壶子。壶子说："刚才我显示的是没有偏胜的阴阳之气，他大概是看到我气机平和的机兆了。鲸鱼盘旋之处成为深渊，止水之处成为深渊，流水之处成为深渊。渊有九种，我让他看的只有三种。试着再和他来一次。"

第二天，列子又和季咸一起来见壶子。季咸脚跟还没站稳，就惊慌逃走了。壶子对列子说："追上他！"列子追赶不及。回来告诉壶子说："他已经无影无踪，不知去向了，我追不上。"

壶子说："刚才我没有给他看我的大道。我只是和他随顺变化，他捉摸不清，因见我像草遇风披靡，像水随波逐流一样，所以逃走了。"

这之后列子才知道自己没学到大道，便回到家，三年不出家门。替他的妻子烧火做饭，喂猪如同侍奉人一样，对事物无所偏袒。除掉修饰，返回质朴，安然地把自己的形体立于世间，在纷繁的世事中固守本真，终身如此。

六

无为名尸①，无为谋府②，无为事任③，无为知主④。体尽无穷，而游无朕⑤。尽其所受乎天⑥，而无见得，亦虚而已⑦！至人之用心若镜⑧，不将不迎⑨，应而不藏，故能胜物而不伤。

【注释】

①无为名尸：不做名的承当者。尸，承当者。

②谋府：出谋划策的地方。

③事任：承担事情。

④知主：智慧的主宰。

⑤无朕：没有开始，没有迹象。朕，迹象。

⑥尽其所受乎天：承受自然的天性。

⑦虚：指虚静无为的心境。

⑧若镜：指鉴物而无情，纯客观地反映。

⑨不将：不送。

【译文】

不要做名声的承当者，不要做谋策的府库，不要做承担事情的人，不要做智慧的主宰。体悟无穷无尽的大道，而游于虚无之境。承受自然的本性，而不自夸，也就达到了寂静无为的心境。至人用心如同镜子，物去不送，物来不迎，来者自照皆如实反映而不隐藏，所以能超脱物外而不为物所伤。

七

南海之帝为儵[①]，北海之帝为忽[②]，中央之帝为浑沌[③]。儵与忽时相与遇于浑沌之地，浑沌待之甚善。儵与忽谋报浑沌之德[④]，曰："人皆有七窍以视听食息[⑤]，此独无有，尝试凿之。"日凿一窍，七日而浑沌死。

【注释】

①儵（shū）：虚构的帝王。

②忽：虚构的帝王。

③浑沌：虚构的帝王。

④谋报：商量报答。

⑤七窍：指耳、目、口、鼻七个孔穴。息：呼吸。

【译文】

南海的帝王叫儵，北海的帝王叫忽，中央的帝王叫浑沌。儵和忽时常在浑沌的住地相会，浑沌款待他们甚好。倏和忽商量报答浑沌的厚意，说："人们都有七窍，用来看、听、吃喝和呼吸，唯独浑沌没有，我们试着给他凿开。"他们就每天凿成一窍，凿到第七天，浑沌就死了。

【赏析】

本篇讲的是帝王的为政智慧。庄子认为，最重要的是要顺应天道，无为而治；顺乎民情，行不言之教。可以说，在明王政治的启示及主体生命的关怀方面，庄子无为而有为、无知而真知的治世智慧，具有一定的现实意义。从这种治世观也可以看出庄子是持人性善的观点，对人性持积极乐观的态度，认为百姓都是质朴纯良的，可以通过感化来达到顺性自然的状态。

文中的六个故事都是寓言，庄子借此论理。"齧缺问于王倪""肩吾见狂接舆"部分，批评了君王以私愿制定法度统治人民的行为，指出为政当"顺物自然"，统治者当去除私念。"阳子居见老聃""郑有神巫曰季咸""无为名尸""南海之帝为儵"等部分论辩了无为的好处和有为对百姓的损害。庄子为政当无为的政治观，基本上继承了老子"无为而无不为"的思想，其消极性不言自明，同时这种政治观念在一定程度上是针对当时日益膨胀的君主权力而发的，不无合理之处。

庄子

外篇

骈拇第八

《骈拇》以篇首二字名篇，“骈拇”指并合的脚趾，跟旁出的枝指和附着的赘瘤一样，都是人体上多余的东西。本篇旨在宣扬人的行为应当合乎自然，顺应天性，而滥用聪明、矫饰仁义的做法，如同生理上的“骈拇”一样，并非出乎自然，也并非正道。

一

骈拇枝指出乎性哉[①]，而侈于德[②]；附赘县疣出乎形哉[③]，而侈于性；多方乎仁义而用之者[④]，列于五藏哉，而非道德之正也。是故骈于足者，连无用之肉也；枝于手者，树无用之指也；多方骈枝于五藏之情者，淫僻于仁义之行，而多方于聪明之用也。

是故骈于明者[⑤]，乱五色[⑥]，淫文章[⑦]，青黄黼黻之煌煌非乎[⑧]？而离朱是已[⑨]。多于聪者，乱五声[⑩]，淫六律[⑪]，金石丝竹黄钟大吕之声非乎？而师旷是已[⑫]。枝于仁者，擢德塞性以收名声[⑬]，使天下簧鼓以奉不及之法非乎[⑭]？而曾、史是已[⑮]。骈于辩者，累瓦结绳窜句[⑯]，游心于坚白同异之间[⑰]，而敝跬誉无用之言非乎[⑱]？而杨、墨是已[⑲]。故此皆多骈旁枝之道，非天下之至正也。

【注释】

①骈(pián)拇:脚的大拇指与第二指长在一起。枝指:大拇指旁歧生的小指。性:自然生成。

②侈:多,多余。

③附赘县疣:附着在身体上的肉瘤。县,通“悬”。

④多方:多端,多方面。

⑤骈于明:过分明目,与众人相比目光过分敏锐。

⑥五色:指青、黄、赤、白、黑五种颜色,古人以此五种颜色为正色,其他颜色为间色。

⑦淫:惑乱。文章:青与赤相交为文,赤与白相交为章。

⑧黼黻(fǔfú):衣上绣的花纹。黑与白谓之黼,黑与青谓之黻。煌煌:耀眼眩目。

⑨离朱:传说为黄帝时人,以目力超人著称,能于百步外看清秋天兽类绒毛末梢,还传说能于千步外看清针尖。

⑩五声:即宫、商、角、徵、羽五个音符。

⑪六律:相传黄帝时乐官伶伦,通过计算把竹管截成十二种不同长度,以其发音之高低清浊确定统一的音调标准,这十二种音调称十二律,其名称为黄钟、大吕、太蔟、夹钟、姑洗、仲吕、蕤宾、林钟、夷则、南吕、无射、应钟。阴阳各六,阴为吕,阳为律。六律即指黄钟、太蔟、姑洗、蕤宾、夷则、无射六阳声。

⑫师旷:春秋时晋平公乐师,精通音律,是当时著名的音乐家。

⑬擢(zhuó)德塞性:标举德行和蔽塞本性。

⑭簧鼓:用乐器奏出乐声,这里比喻用音乐般动人的语言去迷惑人。不及之法:人们不可企及的礼法。

⑮曾:曾参,孔子弟子,以仁孝著称。史:史鳝,春秋时卫灵公之臣,以忠义闻名。

⑯累瓦结绳:比喻砌词之巧妙,串说之工巧。窜句:穿凿文句,这里

形容辩者多言，极力堆砌、玩弄词句。

⑰游心：游荡心思。坚白同异：当时著名的辩论命题。公孙龙提出“离坚白”，惠施提出“合同异”。

⑱敝跬(kuǐ)誉：为眼前一时的声誉，致使精神疲惫。敝，疲惫。跬，半步。

⑲杨：杨朱，宋人，主张“为我”。墨：墨翟，主张“兼爱”。二人都是战国初期影响巨大的思想家。

【译文】

并生的脚趾和枝生的手指，是与生俱来的，却是人体多余的东西；附生的肉瘤，是身体上长出来的，却是天生多余的东西；多方推行仁义，将仁义与人的五脏相配比，却不是道德的本然。因而，并生的脚趾，只是连接了无用的肉；枝生的手指，只是多长了无用的指头；节外生枝地把仁义与五脏相配比，便是走上了推行仁义的歪路，多余地滥用了聪明。

因而，视觉过于明察的人，会搅乱五色，惑乱文章，不就像青黄相间的色彩华丽的服饰一样炫人眼目吗？比如离朱就是这样的人。听觉过于灵敏的人，会搅乱五声，惑乱六律，不就像金石丝竹和黄钟大吕的音调一样扰人听觉吗？比如师旷就是这样的人。标举仁义的人，会高举德行、闭塞本性来沽名钓誉，不是迷惑天下人去崇拜不可企及的礼法吗？比如曾参、史鳅就是这样的人。多言善辩的人，犹如累瓦结绳一样堆砌词语、穿凿文句，游荡心思于坚白同异等论题的争辩上，不就是疲惫精神求一时的声誉而争执无用之言吗？比如杨朱、墨翟就是这样的人。因此，这些都是多余的道，不是天下至正之道。

二

彼正正者[①]，不失其性命之情。故合者不为骈，而枝者不为跂[②]；长者不为有余，短者不为不足。是故凫胫虽短[③]，续之则忧，鹤胫虽长，断之则悲。故性长非所断，性短非所续，无所去忧也[4]。意仁义其非人情乎[5]！彼仁人何其多忧也？

且夫骈于拇者，决之则泣[6]；枝于手者，龁之则啼[7]。二者或有余于数，或不足于数，其于忧一也。今世之仁人，蒿目而忧世之患[8]；不仁之人，决性命之情而饕贵富[9]。故意仁义其非人情乎！自三代以下者，天下何其嚣嚣也[10]？

且夫待钩绳规矩而正者[11]，是削其性者也[12]；待绳约胶漆而固者[13]，是侵其德者也；屈折礼乐[14]，呴俞仁义[15]，以慰天下之心者，此失其常然也[16]。天下有常然。常然者，曲者不以钩，直者不以绳，圆者不以规，方者不以矩，附离不以胶漆[17]，约束不以纆索[18]。故天下诱然皆生[19]，而不知其所以生；同焉皆得，而不知其所以得。故古今不二，不可亏也。则仁义又奚连连如胶漆纆索而游乎道德之间为哉，使天下惑也！

【注释】

①正正：应作“至正”。

②跂：当作“歧”。

③凫（fú）胫：野鸭的小腿。

④无所去忧：没有什么可忧愁的。

⑤意：料想。

⑥决：分开。

⑦龁（hé）：咬。

⑧蒿（hāo）目：忧愁的目光，有独坐忧愁之意。

⑨决：溃乱。饕（tāo）：贪。

⑩嚣嚣：喧闹的样子。

⑪待：依靠。钩绳规矩：古代木工工具，钩画曲线，绳画直线，规画圆，矩画方。

⑫削其性：伤害自然天性。

⑬绳约：绳索。

⑭屈折：曲身折体，行礼乐之态。

⑮呴(xǔ)俞：爱抚。

⑯常然：恒常不变的自然之性。

⑰离：通“丽”，依附。

⑱纆(mò)索：黑色绳索。

⑲诱然：油然，指自然万物可以自行生化。

【译文】

那至正之道，就是不失其本性的真实。故而结合的不算骈联，枝生的不算多余；长的不算有余，短的不算不足。所以野鸭的腿虽然短，接上一截便会带来痛苦；野鹤的腿虽然长，截去一截便会带来悲哀。所以本该长的不能截短，本该短的不必接长，这样就没有什么可忧虑的了。料想仁义不是人固有的真情吧！那些仁人为什么如此多忧呢？

况且，并生的脚趾，割开就会哭泣；枝生的手指，咬断便要哀啼。这两种情况，要么多于应有之数，要么少于应有之数，但感受到的忧虑却是一样的。如今的仁义之人，忧虑世间的祸患；不仁义的人，溃乱生命贪图富贵。所以，料想仁义大概不是人固有的真情吧！否则从夏、商、周以来，天下怎么会那么喧嚣多事呢？

况且，要用钩绳规矩去加以修正的，是削损了事物的本性；需要用绳索胶漆进行加固的，是破坏了事物的本性；用礼乐来周旋，用仁爱来安抚，以安慰天下人心的，是失掉了事物的自然本性。天下万物各有其自然本性。这自然本性就是，曲的不用曲尺，直的不用绳墨，圆的不用圆规，方的不用矩尺，黏合的不用胶漆，捆束的不用绳索。所以天下万物自然生长却不知因何生长，各得其所而不知缘由。所以古今道理是一样的，不能用外力去亏损它们。那么仁义又何必连续不断地如胶漆绳索般缠绕于道德之间，使天下人迷惑呢！

三

夫小惑易方[①]，大惑易性[②]。何以知其然邪？自虞氏招仁义以挠天下也[③]，天下莫不奔命于仁义。是非以仁义易其性与？

故尝试论之，自三代以下者，天下莫不以物易其性矣！小人则以身殉利[④]，士则以身殉名，大夫则以身殉家，圣人则以身殉天下。故此数子者[⑤]，事业不同，名声异号，其于伤性以身为殉，一也。

臧与谷[⑥]，二人相与牧羊而俱亡其羊[⑦]。问臧奚事[⑧]，则挟筴读书[⑨]；问谷奚事，则博塞以游[⑩]。二人者，事业不同，其于亡羊均也[⑪]。

伯夷死名于首阳之下[⑫]，盗跖死利于东陵之上[⑬]。二人者，所死不同，其于残生伤性均也。奚必伯夷之是而盗跖之非乎？

天下尽殉也，彼其所殉仁义也，则俗谓之君子；其所殉货财也，则俗谓之小人。其殉一也，则有君子焉，有小人焉。若其残生损性，则盗跖亦伯夷已，又恶取君子小人于其间哉[⑭]！

【注释】

①惑：迷惑。易方：改变方向，使东西南北错位。

②性：指人的本性。

③虞氏：有虞氏，即舜。招：举。挠：乱。

④小人：地位低下之人。

⑤数子：指上述小人、士、大夫、圣人四种人。

⑥臧与谷：家奴和童仆。

⑦亡：丢失。

⑧奚事：做什么事去了。

⑨挟：用胳膊夹持。筴：通“策”，书简，一说为牧羊鞭。

⑩博塞：古代的博戏，又说即掷骰子。

⑪均：相同，同等。

⑫伯夷：商朝末年孤竹君之长子，因不食周粟，最后饿死首阳山中。

⑬盗跖：春秋末期人，平民起义英雄。

⑭取：分。其间：指在伯夷和盗跖两类人之间。

【译文】

小的迷惑会使人改变方向，大的迷惑会使人丧失本性。凭什么知道是这样的呢？自从虞舜高举仁义扰乱天下以来，天下人没有不为仁义争相奔走的。这不是用仁义来改变人的本性吗？

因此，让我们试着谈论这一问题，从夏、商、周三代以来，天下人没有不因为外物而丧失本性的！平民为了私利舍弃生命，士人为了名声舍弃生命，大夫为了家族利益舍弃生命，圣人为了天下人的幸福舍弃生命。所以这四类人，从事的事业不同，名声也各不相同，但他们为所求舍弃生命、损害人的本性这一点，却是一样的。

奴隶和童子二人一起去放羊，都丢了羊。问奴隶做什么去了，奴隶说拿着竹简在读书；问童子做什么去了，童子说在玩掷骰子游戏。这二人所做的事不一样，但同样丢了羊。

伯夷为求得贤名死于首阳山下，盗跖为求私利死于东陵山上。这二人死的原因不同，但他们在残害生命、损害本性方面是相同的。为什么一定要称赞伯夷而指责盗跖呢？

天下人都在为所求而舍弃性命，那些为求仁义而死的，世俗称之为君子；为求货财而死的，世俗则称之为小人。为所求而死是一样的，有的成了君子，有的却成了小人。倘若就残害生命、损害本性而言，那么盗跖也就是伯夷，又何必在他们之间区分君子和小人呢！

四

且夫属其性乎仁义者[①]，虽通如曾、史，非吾所谓臧也[②]；属其性于五味[③]，虽通如俞儿[④]，非吾所谓臧也；属其性乎五声，虽通如师旷，非吾所谓聪也；属其性乎五色，虽通如离朱，非吾所谓明也。吾所谓臧者，非仁义之谓也，臧于其德而已矣；吾所谓臧者，非所谓仁义之谓也，任其性命之情而已矣[⑤]；吾所谓聪者，非谓其闻彼也，自闻而已矣；吾所谓明者，非谓其见彼也，自见而已矣。夫不自见而见彼，不自得而得彼者，是得人之得而不自得其得者也，适人之适而不自适其适者也。夫适人之适而不自适其适，虽盗跖与伯夷，是同为淫僻也。余愧乎道德，是以上不敢为仁义之操，而下不敢为淫僻之行也。

【注释】

①属：从属，系属。

②臧：善，指本性完善。

③五味：指酸、甜、苦、辣、咸五种味道。

④俞儿：古代善于辨别味道的人。

⑤性命之情：自然本性之实。

【译文】

况且，改变本性去从属于仁义的，即使如同曾参、史鳍那般精通，也不是我所认为的完善；让本性从属于五味，即使如同俞儿那般精通，也不是我所认为的完善；让本性从属于五声，即使如同师旷那般精通，也不是我所认为的耳聪；让本性从属于五色，即使如同离朱那般精通，也不是我所认为的目明。我所说的完善，不是指仁义，而是自然本性完善；我所说的完善，不是指所谓的仁义，而是放任天性的真实罢了。我所说的耳聪，不是说能听到别的什么，而是能听到自己的心声罢了；我所说的目明，不是说能看见别的什么，而是能自见不足罢了。不能看见自我而只能看见别人，不能安于自得而向别人索求，就是索求别人之所得而不能安于自得的人，也就是贪图达到别人所达到的境界而不能安于自己应达到境界的人。贪图达到别人所达到的境界而不能安于自己应达到境界的人，无论是盗跖还是伯夷，都同样是邪僻的。我对于自然之道感到很惭愧，所以上不敢奉行仁义的节操，下不敢做出邪僻的行为。

【赏析】

本篇重点阐述道家学说的精髓：顺应无为、因任自然的原理，反对以仁义等人为枷锁去破坏人性。全篇分四个层次：先讲仁义对人性来说如同枝指、附赘悬瘤一样，不仅是多余的，而且是有害的，会迷乱本性。其次讲对合于性命之正的东西不要妄加干预，如果随意加以改变，就会破坏其自然本性，造成灾祸。仁义对人自然性情的约束即是后果。第三讲人的本性为仁义所改变，人们为义利相争不已，致使社会动乱不止。最后讲摒弃仁义智辩，回归自然本性。本篇内容发挥了老子自然无为、返璞归真的思想。

马蹄第九

《马蹄》以篇首二字名篇。本篇宗旨与《骈拇》相近，主张放任自然。作者认为，仁义礼乐之类，是残害人类自然天性的罪魁祸首，原始时代的淳朴无礼是人的本性，应当恢复人的这种天性。这种观点带有复古倒退的色彩，但也有反对礼教、崇尚自然天性的意味。

一

马，蹄可以践霜雪，毛可以御风寒。龁草饮水①，翘足而陆②，此马之真性也。虽有义台、路寝③，无所用之。及至伯乐④，曰："我善治马⑤。"烧之⑥，剔之⑦，刻之⑧，雒之⑨，连之以羁𫄨⑩，编之以皁栈⑪，马之死者十二三矣；饥之，渴之，驰之，骤之⑫，整之，齐之，前有橛饰之患⑬，而后有鞭策之威⑭，而马之死者已过半矣。陶者曰："我善治埴⑮，圆者中规⑯，方者中矩⑰。"匠人曰："我善治木，曲者中钩⑱，直者应绳⑲。"夫埴木之性，岂欲中规矩钩绳哉！然且世世称之曰："伯乐善治马，而陶匠善治埴木。"此亦治天下者之过也。

【注释】

①龁：咬，啃。

②翘：举起。陆：跳。

③义台：即仪台，用来行礼的高台。路寝：正寝，古代君主接见臣下、处理政事的宫室。

④伯乐：古代善相马者。姓孙，名阳，字伯乐。

⑤治：训练，调养。

⑥烧：把铁烧红，烧灼马身。

⑦剔：通“剃”，修剪鬃毛。

⑧刻：削马蹄。

⑨雒(luò)：用铁烙印记。

⑩羁：马络头。馽(zhí)：绊马足的绳子。

⑪皁(zào)：马槽。栈：马床。

⑫骤之：驱赶马快速奔跑。

⑬橛(jué)：马嚼子。饰：马缨。

⑭鞭策：马鞭，带皮条的称“鞭”，无皮条的马杖称“策”。

⑮埴(zhí)：黏土。

⑯规：圆规，画圆形的工具。

⑰矩：画方形的工具。

⑱钩：画曲线的工具。

⑲绳：画直线的墨线。

【译文】

马，蹄子可以践踏霜雪，皮毛能够抵御风寒。吃草喝水，尥蹶子撒欢，这才是马的真性情。纵使有高台大殿，对马来说也毫无用处。等到伯乐出现，他说：“我善于调教马。”于是他烧马身，剪鬃毛，削马蹄，烙马印，再套上络头和绊索，编入马槽，结果马死了十分之二三；然后让马饿着，渴着，让它们驱驰奔跑，训练，修饰，前有马嚼、马缨的祸患，后有马鞭、马策的威胁，马死掉大半。陶工说："我善于烧制陶器，使圆的合于规，方的合于矩。"木工说："我善于削木头，使曲的合于钩，直的合于绳。"那些陶土与树木的本性，难道就是要符合圆规、矩尺、钩环、绳墨的标准吗？然而，世世代代的人们都在称赞说："伯乐善于调教马，陶工、木工善于整治陶土和木材。"这也是治理天下的人所犯的过错啊。

二

吾意善治天下者不然。彼民有常性①，织而衣，耕而食，是谓同德②。一而不党③，命曰天放④。故至德之世⑤，其行填填⑥，其视颠颠⑦。当是时也，山无蹊隧⑧，泽无舟梁⑨；万物群生，连属其乡⑩；禽兽成群，草木遂长⑪。是故禽兽可系羁而游⑫，鸟鹊之巢可攀援而窥⑬。夫至德之世，同与禽兽居，族与万物并⑭，恶乎知君子小人哉⑮！同乎无知⑯，其德不离；同乎无欲，是谓素朴⑰；素朴而民性得矣。及至圣人，蹩躠为仁⑱，踶跂为义⑲，而天下始疑矣⑳。澶漫为乐㉑，摘僻为礼㉒，而天下始分矣。故纯朴不残，孰为牺尊㉓！白玉不毁，孰为珪璋㉔！道德不废，安取仁义！性情不离，安用礼乐！五色不乱，孰为文采！五声不乱，孰应六律！夫残朴以为器，工匠之罪也；毁道德以为仁义，圣人之过也。

【注释】

①常性：恒常不变的天性。

②同德：共同的天性。

③一而不党：浑一而无偏私。

④天放：放任自然。

⑤至德之世：庄子追求的理想时代，最有道德的时代。

⑥填填：稳重端庄的样子。

⑦颠颠：目光专注、心机单纯的样子。

⑧蹊（xī）：小路。隧：隧道。

⑨泽：聚水之洼地，这里泛指湖泊河流。梁：桥。

⑩连属：连接。

⑪遂长：成长。

⑫系羁：用绳子牵着。

⑬窥：探视。

⑭族：聚集，集合。

⑮恶乎：哪里。

⑯同：无知。

⑰素朴：素为未曾染色的白绢，朴为未曾加工的木料，比喻人未受后天污染的自然本性。

⑱蹩躠（biéxiè）：形容走路摇摇晃晃的样子，比喻勉强力行。

⑲踶跂（zhìqǐ）：足尖点地，跷脚站立不稳的样子，表示用尽心力勉力行之。

⑳疑：猜疑，迷惑。

㉑澶（chán）漫：放纵。

㉒摘僻：拳曲手足，指自加拘束。

㉓牺尊：古代用木料雕成的酒器，上面刻有牛头等图案。尊，通“樽”。

㉔珪（guī）璋：玉制的礼器。

【译文】

我认为善于治理天下的人不是这样的。黎民百姓有其固有不变的天性，他们织布穿衣，耕种吃饭，这就是人类共同的本能。人们浑然一体没有偏私，这就叫作任其自然。所以在道德昌盛的时代，人们行为持重，朴拙无心。在那个时代，山间没有路径隧道，水上没有舟船桥梁；人和万物合群而生，住处相互连接没有分界；禽兽成群结队，草木顺生滋长。因此，人可以牵着禽兽到处漫游，也可爬到树上窥视鸟鹊之巢。在那至德的时代，人与禽兽同居，与万物并聚，哪里知道什么君子和小人的不同呢！大家无知无智，本性就不会离失；大家无知无欲，所以都纯真朴实；纯真朴实便保持了人的本性。等到圣人出现，勉为其难去倡导所谓仁，竭尽全力达到所谓义，于是天下开始产生猜疑和迷惑。纵逸求乐，拘束求礼，于是天下开始分离了。所以，天然的木料不被剖开，怎会有酒器！白玉不被毁坏，怎会有珪璋！道德不被废弃，怎会有仁义！本性不被离弃，怎会用礼乐！五色不被搅乱，怎会有文采！五声不被混乱，怎会合六律！毁坏天然木料做成器具，是工匠的罪过；毁坏道德以推行仁义，这是圣人的罪过。

三

夫马，陆居则食草饮水，喜则交颈相靡[①]，怒则分背相踶[②]。马知已此矣！夫加之以衡扼[③]，齐之以月题[④]，而马知介倪、闉扼、鸷曼、诡衔、窃辔[⑤]。故马之知而态至盗者，伯乐之罪也。夫赫胥氏之时[⑥]，民居不知所为，行不知所之，含哺而熙[⑦]，鼓腹而游[⑧]，民能以此矣！及至圣人，屈折礼乐以匡天下之形[⑨]，县跂仁义以慰天下之心，而民乃始踶跂好知[⑩]，争归于利，不可止也。此亦圣人之过也。

【注释】

①靡：通“摩”，以脖颈交互摩蹭。

②分背相踶（dì）：形容马发怒时，调转屁股用后蹄相踢。

③衡：车辕前面的横木。扼：通“轭”，缚于衡下，驾车时套在马颈部的人字形木条。

④齐：装饰。月题：马额部一种月形装饰物，又称“额镜”。

⑤介倪:折毁车輗。闉(yīn):屈曲。鸷(zhì):抵。曼:车的幔帐、篷盖之类。诡衔:狡猾地吐掉口勒。窃辔:偷偷咬断缰绳。

⑥赫胥氏:传说中的上古帝王。

⑦哺:口中含的食物。熙:通“嬉”,嬉戏,游戏。

⑧鼓腹:肚子吃得饱饱的。

⑨屈折:行礼乐时屈身折体的样子。匡:匡正,矫正。形:举止,行为。

⑩好知:崇尚智力。

【译文】

马生活在陆地上,吃草饮水,高兴时交颈相蹭,生气时转身相踢。马的智慧也仅限于此。等到加上了车衡和颈轭,装上了月形饰物,马就知道了折毁车輗,曲颈抵抗颈轭的限制,抵击车棚,吐出口勒,咬断缰绳。所以马的智慧变得像盗贼一样,这是伯乐的罪过。在上古赫胥氏时代,百姓安居而不知干什么,走路而不知去哪里,口中含着食物嬉戏,饱着肚子游玩,人们所能做的也只是这样了。等到圣人出现,制定礼乐来匡正天下人的行为举止,标榜仁义以慰藉天下人的心灵,于是人们开始千方百计寻求巧智,争先恐后去追名逐利,而不能遏止。这也是圣人的罪过。

【赏析】

本篇延续了上篇《骈拇》“无为”的为政思想,主张尊重和顺应本性,反对束缚和规矩。

庄子理想中的社会是这样的:人和自然和谐相处,人们无知无欲,按自然天性自由自在地生活。造出并推行仁义礼乐,破坏人的朴素本性,这是圣人的过错。只有把这些人为的枷锁去掉,才能恢复本性,达到一种最为理想的状态。

胠箧第十

“胠箧”的意思是打开箱子。取篇首二字为篇名。本篇的主旨跟《马蹄》相同，却比《马蹄》更深刻，言辞也更直接。作者认为，圣人的智慧利于盗贼，盗贼利用圣智仁义去扰乱天下，所以要抛弃聪明智巧。这种观点否定了人类智慧对社会进步的意义，有其片面性。文中对社会弊端的批评，不乏尖锐深刻之处，具有极强的说服力。

一

将为胠箧探囊发匮之盗而为守备①，则必摄缄縢②，固扃鐍③，此世俗之所谓知也。然而巨盗至，则负匮揭箧担囊而趋，唯恐缄縢扃鐍之不固也。然则乡之所谓知者④，不乃为大盗积者也？

故尝试论之，世俗之所谓知者，有不为大盗积者乎？所谓圣者，有不为大盗守者乎？何以知其然邪？昔者齐国邻邑相望，鸡狗之音相闻，罔罟之所布⑤，耒耨之所刺⑥，方二千余里。阖四竟之内⑦，所以立宗庙社稷⑧，治邑屋州闾乡曲者⑨，曷尝不法圣人哉？然而田成子一旦杀齐君而盗其国⑩。所盗者岂独其国邪？并与其圣知之法而盗之。故田成子有乎盗贼之名，而身处尧舜之安，小国不敢非⑪，大国不敢诛⑫，十二世有齐国。则是不乃窃齐国并与其圣知之法，以守其盗贼之身乎？

尝试论之，世俗之所谓至知者，有不为大盗积者乎？所谓至圣者，有不为大盗守者乎？何以知其然邪？昔者龙逢斩[13]，比干剖[14]，苌弘胣[15]，子胥靡[16]，故四子之贤[17]，而身不免乎戮。故跖之徒问于跖曰："盗亦有道乎[18]？"跖曰："何适而无有道邪[19]？夫妄意室中之藏[20]，圣也；入先，勇也；出后，义也；知可否，知也；分均，仁也。五者不备而能成大盗者，天下未之有也。"由是观之，善人不得圣人之道不立，跖不得圣人之道不行；天下之善人少而不善人多，则圣人之利天下也少而害天下也多。故曰：唇竭则齿寒[21]，鲁酒薄而邯郸围，圣人生而大盗起。掊击圣人[22]，纵舍盗贼[23]，而天下始治矣。

夫川竭而谷虚，丘夷而渊实。圣人已死，则大盗不起，天下平而无故矣[24]！圣人不死，大盗不止。虽重圣人而治天下，则是重利盗跖也。为之斗斛以量之[25]，则并与斗斛而窃之；为之权衡以称之[26]，则并与权衡而窃之；为之符玺以信之[27]，则并与符玺而窃之；为之仁义以矫之，则并与仁义而窃之。何以知其然邪？彼窃钩者诛[28]，窃国者为诸侯，诸侯之门而仁义存焉，则是非窃仁义圣知邪？故逐于大盗，揭诸侯，窃仁义并斗斛权衡符玺之利者，虽有轩冕之赏弗能劝[29]，斧钺之威弗能禁[30]。此重利盗跖而使不可禁者[31]，是乃圣人之过也。

故曰："鱼不可脱于渊，国之利器不可以示人。"彼圣人者，天下之利器也，非所以明天下也。故绝圣弃知，大盗乃止；擿玉毁珠[32]，小盗不起；焚符破玺，而民朴鄙[33]；掊斗折衡，而民不争；殚残天下之圣法[34]，而民始可与论议；擢乱六律[35]，铄绝竽瑟[36]，塞瞽旷之耳[37]，而天下始人含其聪矣；灭文章[38]，散五采，胶离朱之目[39]，而天下始人含其明矣；毁绝钩绳而弃规矩，攦工倕之指，而天下始人有其巧矣。故曰："大巧若拙。"削曾、史之行[40]，钳杨、墨之口[41]，攘弃仁义[42]，而天之德始玄同矣[43]。彼人含其明，则天下不铄矣[44]；人含其聪，则天下不累矣；人含其知，则天下不惑矣；人含其德，则天下不僻矣[45]。彼曾、史、杨、墨、师旷、工倕、离朱，皆外立其德而以爚乱天下者也[46]，法之所无用也。

【注释】

①胠箧(qūqiè)：撬开箱子。探囊：掏布袋。发匮：开柜子。三者都是指偷盗行为。

②摄：绑紧。缄縢：都是绑物的绳索。

③扃鐍(jiōngjué)：门闩锁钥之类。

④乡：通"向"，早先。

⑤罔罟(wǎnggǔ)：渔猎的网具。罔，通"网"。罟，网的总称。

⑥耒(lěi)：犁。耨：锄头。刺：插。此句指耕作的土地。

⑦阖(hé)：合。竟：通"境"。

⑧宗庙：祭祀祖宗的场所。社稷：祭祀土地神和五谷之神的场所。宗庙社稷是国家的代称。

⑨治：治理，管理。邑屋州闾乡曲：均为当时行政区划单位。

⑩田成子：即田常，又称陈恒，齐国大夫。

⑪非：指责，非难。

⑫诛：征讨，征伐。

⑬龙逢：即关龙逢，夏桀的贤臣，为桀所杀。

⑭比干：殷纣王的叔父，因多次劝谏纣王，被剖心而死。孔子称其为殷代三位仁人之一。

⑮苌弘：春秋末年周灵王贤臣，在周王室派系之争中被杀。胣(chǐ)：剖腹挖出内脏，或指车裂之刑。

⑯子胥：即伍子胥。靡：通"縻"。

⑰四子：指关龙逢、比干、苌弘、伍子胥四位贤臣。

⑱盗亦有道乎：做盗贼也有奉行之道吗。

⑲何适:何往。

⑳妄意:凭空推断,度量猜测。

㉑唇竭:上下嘴唇分别向上下翻起。

㉒掊击:打破,打倒。

㉓纵舍:放走。

㉔无故:太平无事。

㉕斗斛(hú):两种量器,十斗为一斛。

㉖权衡:测重量的工具,即秤。权,秤锤。衡,秤杆。

㉗符:古代君主传达命令或调兵遣将的凭证。

㉘钩:腰带钩,比喻不值钱的小物件。

㉙轩:古代一种前顶较高且有帷幕的车子,供大夫以上官员乘坐。冕:古代帝王、诸侯、卿大夫所戴的礼帽,后来专指王冠。

㉚钺:大斧。

㉛重利盗跖:使盗跖获得重利。

㉜擿(zhì):投掷丢弃。

㉝朴鄙:淳朴鄙野。

㉞殚残:彻底摧毁。

㉟擢(zhuó):搅乱。

㊱铄绝:销毁。竽瑟:皆为古代乐器。

㊲瞽旷:师旷,春秋时晋平公乐师,精通音律。古时乐师多为盲人,师旷亦盲人,故称"瞽旷"。

㊳文章:错综华美的色彩或花纹。

㊴胶:黏合。离朱:即离娄,古代目力极好的人。

㊵曾:指曾参,孔子弟子,以孝著称。史:指史鳝,春秋时卫灵公之臣,以忠直见称。

㊶钳:闭。杨:指杨朱。墨:指墨翟。杨、墨皆为战国时能言善辩的思想家。

㊷攘弃:排除,舍弃。

㊸玄同：混同为一。

㊹铄：消坏。

㊺僻：邪僻，邪恶。

㊻爚（yuè）乱：以其光耀使人迷乱。

【译文】

为了防备撬箱子、掏口袋、开柜子的小偷，就一定要绑紧绳子，加固锁钥，这便是世俗所谓的聪明。但是大盗一来，却背上柜子、提起箱子、挑着袋子，抬腿就跑，还唯恐绳子锁钥不够牢固。那么早先所谓的聪明，不就是在为大盗积聚财物吗？

所以我们试作论述，世俗所谓的聪明，有不为大盗积聚财物的吗？所谓的圣人，有不为大盗防守的吗？怎么知道是这样的呢？从前的齐国，城邑相望，鸡犬之声相闻，撒网捕鱼的地方，耕田种地的地方，方圆有两千多里。统括四境之内，凡是建立的宗庙社稷，以及治理的各级行政区域，何尝不是效法圣人所为呢？可是，田成子一旦杀掉齐君就窃取了齐国。所窃取的又哪里仅仅是那个国家？连同治理国家的圣智之法也一并窃取了。所以，田成子虽有盗贼的名声，其处境却如尧舜一样安稳，小国不敢指责他，大国不敢诛灭他，田家统治了齐国十二代。这不就是窃取齐国以及其圣智之法，用来保护他的盗贼之身吗？

我们试作论述，世俗所谓最聪明的人，有不为大盗积聚财物的吗？所谓最圣明的人，有不为大盗防守的吗？怎么知道是这样的呢？从前关龙逢被斩首，比干被剖心，苌弘被挖腹，伍子胥的尸体被抛于江中糜烂，以这四个人的贤能都不能免于杀身之祸。因此，盗跖的门徒问盗跖说：“做盗贼也有奉行之道吗？”盗跖说：“到哪里能没有道呢？能猜中屋里的财物，就是圣明；带头闯入，就是勇敢；最后退出，就是仗义；能判断决策是否可行，就是智慧；分赃平均，就是仁义。不具备这五条，而能成为大盗的，是天下绝没有的事。”由此看来，善人不懂圣人之道就不能立身，盗跖不懂圣人之道就不能行窃；而天下善人少而不善的人多，那么圣人对天下来说就是利少而害多。所以说，嘴唇翻起，牙齿便会觉得寒冷，鲁国的贡酒不醇，便导致赵国的邯郸被围，圣人出现，大盗便蜂起了。打倒圣人，放走盗贼，天下才能太平无事。

河流干涸则溪谷显得空旷，山丘铲平则深渊被填平。圣人死了，大盗就不会兴起，天下也就太平了。圣人不死，大盗就不会停止。虽然是重用圣人来治理天下，却让盗跖获取了最大的好处。圣人制定斗斛来计量，大盗却连同斗斛一道给盗窃走了；制造秤来称重，却连同秤也一道给盗窃走了；制定印章来取信于人，却连同印章也一道给盗窃走了；提倡仁义来矫正，却连同仁义也一道给盗窃走了。怎么知道是这样的呢？那些盗窃腰带钩等小东西的人遭受刑杀，而盗窃国家的人却成了诸侯，诸侯之家就有了仁义，这不就是盗窃了仁义和圣智吗？所以，那些追随于大盗之后，夺取诸侯之位，窃取仁义及斗斛、权衡、官符和大印的人，即使用高官厚禄的赏赐也不能劝阻他们，即使用刑法杀戮的威严也不能禁止他们。这样让盗跖获大利而不能禁止的情况，是圣人的过错。

所以说："鱼儿不可以脱离深渊，国家的利器不可以随便示人。"那些圣人，就是治理天下的利器，不可以明示给天下人。所以摒弃智巧，大盗才能休止；毁弃珠玉，小盗才会消失；烧毁符印，人民才会朴实；打破斗秤，人民才会不争；尽毁圣人之法，人民方可参与议论；搅乱六律，销毁各种乐器，堵住师旷的耳朵，天下人方能保全灵敏的听觉；消除纹饰，离散五彩，黏住离朱的眼睛，天下人方能拥有明亮的视觉；毁弃曲尺绳墨与圆规矩尺，折断工倕的手指，天下人方能保全高超的技巧。所以说："最大的智巧好像很笨拙。"削除曾参、史鳅的孝廉德行，封住杨朱、墨翟的善辩嘴巴，摒弃仁义，天下人的德行方能混同为一。人人拥有明亮的视觉，天下就不会消坏；人人拥有灵敏的听觉，天下就不会出现忧患；人人保全高超的技巧，天下就不会出现迷惑；人人保有原本的德行，天下就不会出现邪恶。像曾参、史鳅、杨朱、墨翟、师旷、工倕、离朱这类人，都显露并炫耀自己的德行，用来迷乱天下，这些都是正法所不取的。

二

子独不知至德之世乎？昔者容成氏、大庭氏、伯皇氏、中央氏、栗陆氏、骊畜氏、轩辕氏、赫胥氏、尊卢氏、祝融氏、伏牺氏、神农氏，当是时也，民结绳而用之[①]，甘其食，美其服，乐其俗，安其居，邻国相望，鸡狗之音相闻，民至老死而不相往来。若此之时，则至治已。今遂至使民延颈举踵[②]，曰“某所有贤者”，赢粮而趣之[③]，则内弃其亲而外去其主之事，足迹接乎诸侯之境，车轨结乎千里之外[④]。则是上好知之过也。

上诚好知而无道，则天下大乱矣。何以知其然邪？夫弓弩毕弋机变之知多[⑤]，则鸟乱于上矣；钩饵罔罟罾笱之知多[⑥]，则鱼乱于水矣；削格罗落罝罘之知多[⑦]，则兽乱于泽矣；知诈渐毒、颉滑坚白、解垢同异之变多[⑧]，则俗惑于辩矣。故天下每每大乱，罪在于好知。故天下皆知求其所不知，而莫知求其所已知者；皆知非其所不善，而莫知非其所已善者，是以大乱。故上悖日月之明[⑨]，下烁山川之精[⑩]，中堕四时之施[⑪]；惴耎之虫[⑫]，肖翘之物[⑬]，莫不失其性。甚矣，夫好知之乱天下也！自三代以下者是已[⑭]！舍夫种种之民而悦夫役役之佞[⑮]，释夫恬淡无为而悦夫哼哼之意[⑯]，哼哼已乱天下矣。

【注释】

①结绳：用绳子打结的方法来记事。

②延颈举踵：伸长脖子，踮起脚跟。形容焦急企盼的神态。

③赢粮：带足路上用的食粮。趣之：奔往贤者之处。趣，通“趋”。

④结：交错。

⑤弩(nǔ):装有机关可以连续发射箭矢的弓。毕:猎取鸟兽的长柄小网。弋:系有细线的箭,射出后还能牵回来。机变:为“机辟”之误,机辟为一种捕兽器。

⑥罾(zēng):用木棍或竹竿做支架的方形渔网。笱(gǒu):用树条或竹条编成的鱼篓。

⑦罝罘(jūfú):两种捕兽网。

⑧知诈渐毒:巧诈欺骗。颉滑:奸黠,不正之语。解垢:诡曲之辞。

⑨悖(bèi):遮蔽。

⑩烁:熔化,销毁。

⑪堕:通“隳”,破坏。四时之施:四季的正常运行。

⑫惴耎(ruǎn):小虫蠕动爬行的样子。

⑬肖翘之物:细小的飞虫。

⑭三代:夏、商、周三代。

⑮种种:朴实淳厚的样子。役役:奔波劳碌不肯停歇的样子。佞:巧猾。

⑯哼哼:通“谆谆”,郑重叮咛、教诲不倦之意。

【译文】

你不知道那至德时代吗?从前有容成氏、大庭氏、伯皇氏、中央氏、栗陆氏、骊畜氏、轩辕氏、赫胥氏、尊卢氏、祝融氏、伏羲氏、神农氏,在那个时代,人民结绳记事,吃得可口,穿得华美,习俗顺意,居住安适,邻国相望,鸡犬相闻,人民直到老死也不相往来。像那样的时代,就是真正的太平治世了。可是现今竟然使人们伸长脖子、抬起脚跟,说“某地有贤人”,于是带着粮食投奔他,对内抛弃了双亲,对外离开了主上,足迹遍布各诸侯国境域,车轮印迹往来交错于千里之外。这就是统治者追求智巧的过错。

统治者一心追求智巧而不遵从大道,天下必定会大乱。怎么知道是这样的呢?使用弓箭、罗网、捕兽器方面的智巧多了,鸟儿就会在空中乱飞；使用钓具、渔网、鱼篓方面的智巧多了，鱼儿就会在水里乱游；使用木栅、罗网、兽网方面的智巧多了，野兽就会在草泽里乱窜；使用伪骗欺诈、狡诈奸猾、言辞诡曲、坚白之辩、同异之谈等权变多了，世俗之人就会被诡辩所迷惑。所以，天下常常大乱，罪过就在于喜好智巧。天下人只知道追求他所不知道的，却不知道探索他已经知道的；都知道非难他认为不好的，却不知道否定他认为好的，所以天下才大乱。所以上则遮掩了日月的光辉，下则销毁了山川的精华，中则损毁了四时的交替；蠕动的爬虫，细小的飞虫，没有不丧失本性的。追求智巧扰乱天下，竟然达到如此地步啊！自夏、商、周三代以来都是这样！抛弃那众多淳朴的百姓而喜好那上下钻营的狡诈之人，抛弃那恬淡无为而喜欢喋喋不休的说教，喋喋不休的说教已经扰乱天下了。

【赏析】

本篇是儒道思想的交锋之作，文中对儒家思想及圣人、圣智进行了激烈的抨击，并进一步发挥了老子的“绝圣弃智”观点。

开篇即以人们用种种手段防盗，却反被大盗所用来设喻，指出“所谓知者”“有不为大盗积者乎”、“所谓圣者”“有不为大盗守者乎”等尖锐问题。“窃钩者诛，窃国者为诸侯”，作为天下利器、阴谋工具的圣智之法被田成子用来杀君窃国，圣人、圣治对天下来说，害远远大于利，所以“圣人不死，大盗不止”。

要防止祸乱，就要绝圣弃智，如同“小国寡民”的上古至德之世一样，上无为而治，民安乐而居。作者认为，上古时代，人们无欲无求，而三代以后，统治者“好知而无道”，所以天下大乱。虽然这一观点违背了社会发展方向，但是可以看出，作者对当时的虚伪社会、黑暗政治的深恶痛绝与激烈反对。

在宥第十一

《在宥》以首句中二字名篇。“在”是自在的意思,“宥”是宽容的意思。本篇的主旨是反对人治,主张一种以人性自然论为基础的无为政治论,认为一切人为的治理天下的行为只会给天下人带来灾难,为君、为政者应无为而治,如此才合于天道。

一

闻在宥天下[①],不闻治天下也。在之也者,恐天下之淫其性也[②];宥之也者,恐天下之迁其德也[③]。天下不淫其性,不迁其德,有治天下者哉?昔尧之治天下也,使天下欣欣焉人乐其性[④],是不恬也;桀之治天下也,使天下瘁瘁焉人苦其性[⑤],是不愉也。夫不恬不愉,非德也。非德也而可长久者,天下无之。

人大喜邪,毗于阳[⑥];大怒邪,毗于阴。阴阳并毗,四时不至,寒暑之和不成,其反伤人之形乎!使人喜怒失位,居处无常,思虑不自得,中道不成章[⑦],于是乎天下始乔诘卓鸷[⑧],而后有盗跖、曾、史之行[⑨]。故举天下以赏其善者不足,举天下以罚其恶者不给;故天下之大不足以赏罚。自三代以下者,匈匈焉终以赏罚为事[⑩],彼何暇安其性命之情哉!

而且说明邪[⑪],是淫于色也[⑫];说聪邪,是淫于声也;说仁邪，是乱于德也；说义邪，是悖于理也；说礼邪，是相于技也[13]；说乐邪，是相于淫也；说圣邪，是相于艺也；说知邪，是相于疵也。天下将安其性命之情，之八者[14]，存可也，亡可也。天下将不安其性命之情，之八者，乃始脔卷狁囊而乱天下也[15]。而天下乃始尊之惜之，甚矣天下之惑也！岂直过也而去之邪！乃齐戒以言之[16]，跪坐以进之，鼓歌以儛之[17]，吾若是何哉！

故君子不得已而临莅天下[18]，莫若无为。无为也，而后安其性命之情。故贵以身于为天下，则可以托天下；爱以身于为天下，则可以寄天下。故君子苟能无解其五藏，无擢其聪明[19]，尸居而龙见[20]，渊默而雷声，神动而天随，从容无为而万物炊累焉[21]。吾又何暇治天下哉！

【注释】

①在宥(yòu)：自在宽容。

②淫：过，乱。

③迁：改变。

④欣欣焉：欣喜快乐的样子。

⑤瘁瘁焉：疲病困苦的样子。

⑥毗(pí)：损伤。

⑦中道：半途而废。成章：有条理。

⑧乔诘：意气不平。

⑨曾：即曾参。史：即史鳝。二人以仁孝忠义著称。

⑩匈匈：喧扰不宁。

⑪说明：喜欢目明。说，通“悦”。

⑫淫：沉溺。

⑬相：助长。

⑭八者：指前面列举的明、聪、仁、义、礼、乐、圣、知八条。

⑮脔(luán)卷:不伸舒之状。獊(cāng)囊:纷乱烦扰。

⑯齐戒:即斋戒。齐,通“斋”。

⑰儛:通“舞”。

⑱临莅:来到,来临。多指皇帝即位理政。

⑲擢(zhuó):显耀。

⑳尸居:这里指安坐不动的样子。龙见:如龙般活现。

㉑炊累:如尘埃在空中随风飘动,从容自然。炊,通“吹”。累,尘埃。

【译文】

只听说任天下人悠游自在,没听说要治理天下人的。所谓自在,就是怕天下人扰乱自己的本性;所谓泰然,就是怕天下人改变自己的德行。天下人不扰乱本性,不改变德行,哪里还需要治理天下呢?当初尧治理天下时,使天下人都兴高采烈乐其本性,这是不恬静;而桀治理天下时,使天下人都疲劳忧虑苦其本性,这是不欢愉。不恬静也好,不欢愉也罢,都是违背德行的。违背德行而可以长久的,是天下绝没有的事。

人过于欢乐,就会伤害阳气;过于愤怒,就会伤害阴气。一旦阴阳都亏损了,就会四时不顺,寒暑失调,这岂不是反而伤害了人的身体吗!使人喜怒无常,居无定所,思虑不能自主,做起事情来半途而废没有条理,于是天下人开始狂妄自大、自命不凡,而后便有了盗跖、曾参、史鳝的种种行为。所以尽天下之力不足以劝善,尽天下之力不足以惩恶;因此,天下虽大也不能够赏善罚恶。自夏、商、周三代以来,人们乱哄哄地把赏罚当成能事,哪里有工夫安定自己的本性呢!

而且喜欢目明,会沉溺于色彩;喜欢耳聪,会沉溺于音声;喜欢仁,会惑乱德行;喜欢义,会违背常理;喜欢礼,会助长机巧;喜欢乐,会助长淫乐;喜欢圣,会助长多艺;喜欢智,会助长流弊。天下人要想安定自然本性,这八条,可有可无。天下人如果不想安定自然本性,这八条,就会纠结迂曲、纷乱烦扰而把天下搞乱。可是天下人反而开始推崇、珍惜它们,天下人所受的迷惑竟达到这个地步啊!哪里会把它们当作错误的而抛弃啊！竟然还要斋戒一番才去谈论它们，恭敬地传授它们，高兴地供奉它们，我对此又能怎么样呢！

所以说，君子一旦不得已君临天下，最好无为而治。无为之后才能安于自然本性。所以说，以珍重生命的态度去看待天下的人，才能把天下托付给他；以爱惜生命的态度去对待天下的人，才能把天下托付给他。所以，君子如果能够不放纵情欲，不显耀聪明，安然不动而如神龙般活现，深沉静默而如惊雷般震动，精神活动而随顺天然，从容无为而万物如游尘般自在运行。我又何须去治理天下呢！

二

崔瞿问于老聃曰[①]："不治天下，安藏人心[②]？"

老聃曰："女慎，无撄人心[③]。人心排下而进上[④]，上下囚杀，淖约柔乎刚强[⑤]，廉刿雕琢[⑥]，其热焦火，其寒凝冰，其疾俯仰之间而再抚四海之外[⑦]。其居也渊而静[⑧]，其动也县而天。偾骄而不可系者[⑨]，其唯人心乎！

"昔者黄帝始以仁义撄人之心，尧、舜于是乎股无胈[⑩]，胫无毛，以养天下之形[⑪]，愁其五藏以为仁义，矜其血气以规法度。然犹有不胜也。尧于是放讙兜于崇山[⑫]，投三苗于三峗[⑬]，流共工于幽都[⑭]，此不胜天下也。夫施及三王而天下大骇矣。下有桀、跖，上有曾、史，而儒墨毕起。于是乎喜怒相疑，愚知相欺，善否相非[⑮]，诞信相讥，而天下衰矣；大德不同，而性命烂漫矣[⑯]；天下好知，而百姓求竭矣。于是乎釿锯制焉[⑰]，绳墨杀焉[⑱]，椎凿决焉[⑲]。天下脊脊大乱[⑳]，罪在撄人心。故贤者伏处大山嵁岩之下[㉑]，而万乘之君忧栗乎庙堂之上。

"今世殊死者相枕也[㉒]，桁杨者相推也[㉓]，刑戮者相望也，而儒墨乃始离跂攘臂乎桎梏之间[24]。意，甚矣哉！其无愧而不知耻也甚矣！吾未知圣知之不为桁杨椄槢也[25]，仁义之不为桎梏凿枘也[26]，焉知曾、史之不为桀、跖嚆矢也[27]！故曰：绝圣弃知，而天下大治。”

【注释】

①崔瞿：虚构人物。

②安藏人心：如何使人心向善。

③撄：扰乱。

④排下：遭受排挤就消沉。进上：受到鼓舞就振奋。

⑤淖(chuò)约：柔顺的样子。

⑥廉：棱角。刿：锋利。

⑦俯仰之间：形容时间很短暂。

⑧渊而静：如深渊般静默。

⑨偾(fèn)骄：奋发骄矜。

⑩股无胈(bá)：大腿上没有白肉。

⑪天下之形：指天下人的形体。

⑫讙(huān)兜：尧时四凶之一，传说为帝鸿氏之子，又称浑沌，因和共工联合与尧作对，被尧放逐到崇山。

⑬三苗：古国名，这里指三苗的国君。三峗：山名，在今甘肃天水一带。

⑭幽都：在今北京密云境内。

⑮否(pǐ)：恶。

⑯烂漫：指人之自然本性遭受伤害而散乱。

⑰斤(jīn)：通“斤”，大斧。

⑱绳墨：比喻规矩或法度。

⑲椎凿：指刑具。

⑳脊脊：相互践踏、欺凌。

㉑嵁(kān)岩:深岩。

㉒殊死:身首异处,指被砍头处死。相枕:指尸体交互重叠。

㉓桁(háng)杨:古代一种刑具,施于囚犯的颈上或脚上。

㉔离跂:踮起脚跟。攘臂:举臂。

㉕椄槢(jiéxí):接合之木,小梁。

㉖凿枘(ruì):榫眼和榫头。

㉗嚆(hāo)矢:响箭,喻指先声。

【译文】

崔瞿问老聃说:“不治理天下,如何使人心向善?”

老聃说:“你必须谨慎,不要扰乱人心。人心受到压抑就会消沉,受到鼓舞就会振奋,消沉和振奋的心情会让人憔悴不堪,人们以柔弱之态柔化刚强,棱角被刻削打磨,内心时而急躁如火,时而冷酷如冰,心绪变化之快,顷刻之间就能来往于四海之外。人心安定时深沉静默,激动时高悬九天。奋发骄矜而不受约束的,就是人心啊!

“当初,黄帝开始用仁义之说扰乱人心,于是,尧、舜奔波得累瘦了腿,连腿上的汗毛都磨光了,就是为了供养天下人的形体,他们愁苦心思地施行仁义,费劲苦心地建立法令制度。然而还是不能制服天下。于是,尧把讙兜放逐到崇山,把三苗流放到三峗,把共工放逐于幽都,这就是不能制服天下的表现。到了后来的夏、商、周三代,天下就大受惊扰了!下有夏桀、盗跖,上有曾参、史鳝,而儒家、墨家兴起。于是喜、怒之人互相猜疑,愚、智之人互相欺骗,善、恶之人互相指责,妄、信之人互相讥讽,世道也就衰落了;人们的根本德行各不相同,人的天性大受伤害而散乱;天下崇尚智巧,百姓就殚思竭虑,应接不暇。于是君主用斧锯制裁,用法律杀伐,用肉刑处决。天下纷然大乱,根源就在于君主扰乱了人心。所以,贤者隐居在高山深岩之下,而国君忧虑于朝廷之上。

“当世,身首异处的人尸体堆积,身带刑具的人接连不断,受刑被杀的人满眼都是,而儒家、墨家还踮脚举臂于刑徒之间争辩。唉,真是太过分了！也太不知惭愧和羞耻了！我不知道圣智不是刑具的梁木，仁义不是枷锁的榫眼榫头，又怎么知道曾、史所为不是桀、跖之先声呢！所以说，断绝圣明，抛弃智巧，天下才能大治。"

三

黄帝立为天子十九年，令行天下，闻广成子在于空同之上①，故往见之，曰："我闻吾子达于至道②，敢问至道之精。吾欲取天地之精，以佐五谷，以养民人；吾又欲官阴阳③，以遂群生④，为之奈何？"

广成子曰："而所欲问者，物之质也⑤；而所欲官者，物之残也⑥。自而治天下，云气不待族而雨⑦，草木不待黄而落，日月之光益以荒矣⑧，而佞人之心翦翦者⑨，又奚足以语至道！"

黄帝退，捐天下⑩，筑特室⑪，席白茅⑫，闲居三月，复往邀之⑬。

广成子南首而卧，黄帝顺下风膝行而进⑭，再拜稽首而问曰："闻吾子达于至道，敢问治身奈何而可以长久？"

广成子蹶然而起⑮，曰："善哉问乎！来，吾语女至道。至道之精，窈窈冥冥⑯；至道之极，昏昏默默⑰。无视无听，抱神以静，形将自正。必静必清，无劳女形，无摇女精，乃可以长生。目无所见，耳无所闻，心无所知，女神将守形，形乃长生。慎女内，闭女外，多知为败。我为女遂于大明之上矣，至彼至阳之原也；为女入于窈冥之门矣，至彼至阴之原也。天地有官，阴阳有藏，慎守女身，物将自壮。我守其一以处其和⑱，故我修身千二百岁矣，吾形未常衰。"

黄帝再拜稽首曰："广成子之谓天矣！"

广成子曰："来！余语女。彼其物无穷，而人皆以为有终；彼其物无测，而人皆以为有极。得吾道者，上为皇而下为王；失吾道者，上见光而下为土。今夫百昌皆生于土而反于土[19]。故余将去女，入无穷之门，以游无极之野。吾与日月参光[20]，吾与天地为常。当我，缗乎！远我，昏乎！人其尽死，而我独存乎！"

【注释】

①广成子：虚构人物。空同：山名。或为庄子所虚构，喻空虚混同之义。

②吾子：尊称，先生。

③官：掌管。

④遂：成就。群生：各种生物。

⑤质：本质。

⑥残：残余。

⑦族：聚合。

⑧荒：昏暗。

⑨佞人：有才智之人。翦翦（jiǎn）：狭小琐碎的样子。

⑩捐：放弃。

⑪特室：一个人住的斋戒室。

⑫白茅：白色茅草，古人祭祀时将其垫在祭物下，取其色白清洁之意。

⑬邀：通"要"，求。

⑭顺下风：从下风处走近广成子。膝行：跪在地上，以膝盖走路。这两种做法都是表示对被觐见者的极大尊重。

⑮蹶（jué）然：惊起的样子。

⑯窈窈（yǎo）：深远。冥冥：暗昧。

⑰昏昏默默：听不到、看不到的样子。

⑱一:大道。和:阴阳调和。

⑲百昌:百物。反:通“返”。

⑳参光:同放光明。

【译文】

黄帝登天子位十九年后,政令通行天下,听说广成子隐居在空同山上,特地前去拜见他,说:“我听说先生的境界已经达于至道,冒昧地向您请教至道的精髓。我想用天地的精华,使五谷丰登,以养育万民;我还想掌管阴阳,来顺应万物,应当如何做呢?”

广成子说:“你所想问的,是万物的本质,而你所想掌管的,却是万物的渣滓。自从你治理天下以来,云气没等积聚就下雨,草木不等发黄便凋零,日月之光越发昏暗,而你这个智巧之人又这般心胸狭隘,哪里配得上谈论至道呢!”

黄帝回去后,抛弃政事,盖了一间别室,地上铺着白茅草,闲居三个月后,又前去请教。

广成子头朝南躺着,黄帝从下方膝行向前,再拜叩头问道:“我听说先生的境界已经达于至道,冒昧地向您请教,如何修身才能长寿?”

广成子顿然起身说道:“你问得好!过来,我告诉你至道。至道的精髓,深不可测;至道的极致,难以触及。不看不听,凝神静默,形体自能康健。心静神清,不要让肢体疲劳,不要使精神动荡,这样才可以长寿。目不外视,耳不旁听,心不多想,你的精神就能守护你的形体,而形体也能长生了。把持内心的淡泊,远离外界的纷扰,心智越多越易败坏。我帮你达到大明的境界和至阳的根源,帮你进入深远之门和至阴之境。天地各司其职,阴阳各居其所,谨慎地守护自身,万物将自行健康成长。我执守大道而与万物调和相处,所以我修身养性一千二百多年了,我的形体未尝衰老。”

黄帝再次伏地叩头说:“广成子真可谓天人合一了啊!”

广成子说:“过来!我告诉你。至道是没有穷尽的,而人们都以为它有终点;至道是无法测知的,而人们都以为它有极限。掌握我的大道的人,上可为皇下可为王;丧失我的大道的人,上只能见日月之光,下只能化尘土。现在万物都生于土又归于土。所以我将要离开你,入于无穷之门,游于无极之所。我会和日月同光,我将和天地同寿。迎我而来的,背我而去的,我都无所觉察,不会为之所动。人都是要死的,而我却可以独存!”

四

云将东游[①],过扶摇之枝而适遭鸿蒙[②]。鸿蒙方将拊脾雀跃而游[③]。云将见之,倘然止[④],贽然立,曰:“叟何人邪?叟何为此?”

鸿蒙拊脾雀跃不辍[⑤],对云将曰:“游!”

云将曰:“朕愿有问也。”

鸿蒙仰而视云将曰:“吁!”

云将曰:“天气不和,地气郁结,六气不调[⑥],四时不节[⑦]。今我愿合六气之精以育群生,为之奈何?”

鸿蒙拊脾雀跃掉头曰:“吾弗知!吾弗知!”云将不得问。

又三年,东游,过有宋之野,而适遭鸿蒙。云将大喜,行趋而进曰:“天忘朕邪?天忘朕邪?”再拜稽首,愿闻于鸿蒙。

鸿蒙曰:“浮游不知所求,猖狂不知所往,游者鞅掌[⑧],以观无妄。朕又何知!”

云将曰:“朕也自以为猖狂,而民随予所往;朕也不得已于民,今则民之放也。愿闻一言。”

鸿蒙曰:“乱天之经,逆物之情,玄天弗成;解兽之群,而鸟皆夜鸣;灾及草木,祸及止虫[⑨]。意,治人之过也!”

云将曰："然则吾奈何？"

鸿蒙曰："意，毒哉！仙仙乎归矣！"

云将曰："吾遇天难，愿闻一言。"

鸿蒙曰："意，心养！汝徒处无为，而物自化。堕尔形体，吐尔聪明，伦与物忘，大同乎涬溟[⑩]。解心释神，莫然无魂。万物云云[⑪]，各复其根，各复其根而不知。浑浑沌沌，终身不离；若彼知之，乃是离之。无问其名，无窥其情，物固自生。"

云将曰："天降朕以德，示朕以默。躬身求之，乃今也得。"再拜稽首，起辞而行。

【注释】

①云将：云之主帅。

②扶摇：神木，生于东海。鸿蒙：自然元气。

③拊脾：拍打大腿。

④倘然：忽然。

⑤辍：止。

⑥六气：指阴、阳、风、雨、晦、明。

⑦不节：节令不正常。

⑧鞅掌：众多。

⑨止虫：昆虫。止，本作"昆"。

⑩涬溟（xìngmíng）：自然之气。

⑪云云：众多。

【译文】

云将到东方游玩，经过扶摇的枝头时，恰好遇到鸿蒙。鸿蒙正拍着大腿跳跃游玩。云将见了，忽然停下来，恭敬站好，问道："老人家是谁呀？老人家为何这样？"

鸿蒙依然拍腿跳跃，对云将说："游玩！"

云将说："我想请教您一些问题。"

鸿蒙抬起头望着云将说："啊！"

云将说："天气不调和，地气不通畅，六气不协调，四时变化不合时。现在我想融合六气的精华来养育万物，该怎样做呢？"

鸿蒙拍着大腿跳跃，掉过头说："我不知道！我不知道！"云将没有得到答案。

过了三年，云将再次去东方游玩，经过宋国的原野，恰好碰见鸿蒙。云将大喜过望，快步上前说："您忘记我了吗？您忘记我了吗？"再次叩拜，希望得到鸿蒙的指教。

鸿蒙说："我随心飘荡，无所贪求；随心所欲，无所不往；游心于纷纷攘攘之中，以观察万物的真相。我又知道什么呢！"

云将说："我原本也想随心所欲遨游，然而民众却总是跟着我；我也是迫不得已，如今暂时摆脱他们了。我想听听您的指教。"

鸿蒙说："扰乱了自然的规律，违背万物的本性，上天不会让你成功；群兽离散，禽鸟夜鸣；灾及草木，祸及昆虫。唉，这都是治理人民的罪过呀！"

云将说："那我该怎么办呢？"

鸿蒙说："唉，你受的毒害太深了！还是轻松点儿回去吧！"

云将说："我遇上您太不容易了，希望能听到您的指教。"

鸿蒙说："唉，重在养心吧！你只要做到无为，万物便会自然变化。忘怀你的形体，闭塞你的聪明，物我两忘，与自然之气浑然一体。释放心神，漠然忘心。万物纷纭，各自恢复本性，各自恢复本性而不自知。混混沌沌，本性就会终身不灭；如果有意识地要恢复本性，反而会失去本性。不要追问万物的名称，不要窥测万物的实情，万物本来就是自化自生的。"

云将说："您赐我天道，教我静默。我亲身求道，现在总算如愿以偿了。"再次叩头，起身辞别而去。

五

世俗之人，皆喜人之同乎己而恶人之异于己也。同于己而欲之，异于己而不欲者，以出乎众为心也[①]。夫以出乎众为心者，曷常出乎众哉[②]！因众以宁所闻，不如众技众矣。而欲为人之国者，此揽乎三王之利而不见其患者也。此以人之国侥幸也，几何侥幸而不丧人之国乎！其存人之国也，无万分之一；而丧人之国也，一不成而万有余丧矣！悲夫，有土者之不知也！

夫有土者，有大物也[③]。有大物者，不可以物。物而不物，故能物物。明乎物物者之非物也，岂独治天下百姓而已哉！出入六合[④]，游乎九州[⑤]，独往独来，是谓独有。独有之人，是谓至贵。

大人之教，若形之于影，声之于响。有问而应之，尽其所怀，为天下配。处乎无响，行乎无方[⑥]。挈汝适复之挠挠[⑦]，以游无端，出入无旁，与日无始。颂论形躯[⑧]，合乎大同，大同而无己。无己，恶乎得有有！睹有者，昔之君子；睹无者，天地之友。

【注释】

①出乎众：高出众人之上，出人头地。

②曷：何。

③大物：指天下。

④六合：指天地四方。

⑤九州：传说中我国上古的行政区划，这里泛指天下。

⑥无方：没有固定的方所。

⑦挈(qiè)：提携。挠挠：纷乱的样子。

⑧颂论：讲论，谈论。

【译文】

世俗之人，都喜欢别人同于自己而讨厌别人不同于自己。别人同于自己就喜欢，不同于自己就不喜欢，这是想要出人头地的缘故。那些一心想出人头地的人，何尝又能够真正超出众人呢！因为众人的附会而坚定自己的见解，其实不如众人的才智太多了。希图治理国家的人，必定只看到了夏、商、周三代帝王的利益而看不到他们的祸害。这是用国家来贪求自己的私利，因贪求个人私利而不至于丧失国家的人又有多少呢！他们中能够保全国家的，不到万分之一；而丧失国家的，无一成功而失败却不止万次！可悲啊，统治国家的人却不明白啊！

凡拥有国土的人，就是拥有天下。拥有天下的人，不可以为外物役使。役使外物而不为外物役使，才能主宰万物。明白主宰万物的不是物，岂止是能够治理天下百姓而已啊！这样的人，能往来于天地四方，漫游于九州，独来独往，这就是独有。这样的人，是最尊贵的人。

得道之人的教化，就像形体对于影子、声音对于回声那样。有提问就有回答，竭尽自己所能，成为天下百姓的配合者。处心于没有声响的境界，往来于变化不定的方所。引领纷杂的人群，遨游于无始无终的浩渺之境，出入无所依傍，与日俱新，往复而无终始。容颜谈吐和身形躯体与万物合而为一，与万物同一便能做到忘我。忘我，又哪里还会将万物据为己有！看到万物和己身存在的人，是过去的君子；看不到万物和己身存在的人，是天地的朋友。

六

贱而不可不任者，物也；卑而不可不因者，民也；匿而不可不为者[①]，事也；粗而不可不陈者，法也；远而不可不居者，义也；亲而不可不广者，仁也；节而不可不积者，礼也；中而不可不高者，德也；一而不可不易者，道也；神而不可不为者，天也。故圣人观于天而不助，成于德而不累，出于道而不谋，会于仁而不恃，薄于义而不积[2]，应于礼而不讳，接于事而不辞，齐于法而不乱，恃于民而不轻，因于物而不去。物者莫足为也，而不可不为。不明于天者，不纯于德；不通于道者，无自而可[3]；不明于道者，悲夫！何谓道？有天道，有人道。无为而尊者，天道也；有为而累者，人道也。主者，天道也；臣者，人道也。天道之与人道也，相去远矣，不可不察也。

【注释】

①匿：细微。

②薄：接近。

③无自而可：不通达大道，不管从哪里都行不通。

【译文】

低贱而又不能不加以利用的，就是物；卑下而又不能不顺从其性的，就是民；微小而又不能不去做的，就是事；粗疏而又不能不施行的，就是法；距离远而又不能不执守的，就是义；偏爱而又不能不加以推广的，就是仁；虚文礼节而又不能不烦冗的，就是礼；中和而又不能不高洁的，就是德；恒常统一而又不能不变化的，就是道；神妙无穷而又不能不有所作为的，就是天。所以圣人观察天道顺乎自然，德行有成而不受其束缚，出入进退合乎道而不有意谋划，与仁相合而不依赖于仁，与义迫近而不有意积累，与礼应合而不有意回避，与世事接触而不推辞，与法齐一而不乱行，依赖于民而不轻视，随顺万物而不抛弃。对于物不可违性强为，又不可不为。不明白自然之理的，德行就不纯；不通晓大道的，就一切行不通；不明白天道的人，多么可悲呀！什么是道？有天道，有人道。无为而尊贵的，是天道；有为而劳累的，是人道。君主所遵从的，是天道；臣子所遵从的，是人道。天道与人道之间相去甚远，不可以不明察。

【赏析】

本篇的宗旨大体来说依然如故：清静无为，顺乎天道。庄子认为，世俗之人对于眼前的利益看得太重，所以当有利益降临时，便迫不及待地迎上去，哪怕因此丢掉自己的尊严也在所不惜。因为有宠和辱的利害关系，人们会溜须拍马，给社会带来极大的危害，而扰乱人心的圣人和仁义都成了帮凶，造成天下大乱。所以为君者当无为而治，让世人生活于宽容自在的环境中保持人性的自然。

天地第十二

《天地》以篇首二字名篇。本篇的主旨讲为君之德。作者认为，君为万众之王，君德就是天德，应无心无为，让一切成于自然，从而成为天道的体现者。从这种观点出发，作者对以有为之心治世的君主进行了激烈的批判。

一

天地虽大，其化均也[①]；万物虽多，其治一也[②]；人卒虽众，其主君也。君原于德而成于天[③]，故曰：玄古之君天下[④]，无为也，天德而已矣[⑤]。以道观言[⑥]，而天下之君正；以道观分[⑦]，而君臣之义明；以道观能，而天下之官治；以道泛观[⑧]，而万物之应备。故通于天地者，德也；行于万物者，道也；上治人者[⑨]，事也；能有所艺者[⑩]，技也。技兼于事[⑪]，事兼于义，义兼于德，德兼于道，道兼于天。故曰：古之畜天下者[⑫]，无欲而天下足，无为而万物化[⑬]，渊静而百姓定。《记》曰[⑭]："通于一而万事毕，无心得而鬼神服。"

夫子曰："夫道，覆载万物者也，洋洋乎大哉[⑮]！君子不可以不刳心焉[⑯]。无为为之之谓天，无为言之之谓德，爱人利物之谓仁,不同同之之谓大,行不崖异之谓宽[17],有万不同之谓富[18]。故执德之谓纪,德成之谓立,循于道之谓备,不以物挫志之谓完[19]。君子明于此十者,则韬乎其事心之大也[20],沛乎其为万物逝也[21]。若然者,藏金于山,藏珠于渊;不利货财,不近贵富;不乐寿,不哀夭;不荣通,不丑穷;不拘一世之利以为己私分[22],不以王天下为己处显。显则明。万物一府,死生同状。"

夫子曰:"夫道,渊乎其居也,漻乎其清也[23]。金石不得,无以鸣。故金石有声,不考不鸣[24]。万物孰能定之!夫王德之人,素逝而耻通于事[25],立之本原而知通于神,故其德广。其心之出,有物采之[26]。故形非道不生,生非德不明。存形穷生,立德明道,非王德者邪!荡荡乎[27]!忽然出,勃然动,而万物从之乎!此谓王德之人。视乎冥冥[28],听乎无声。冥冥之中,独见晓焉;无声之中,独闻和焉。故深之又深,而能物焉;神之又神,而能精焉。故其与万物接也,至无而供其求,时骋而要其宿,大小、长短、修远[29]。"

【注释】

①均:均等。

②治:指万物各有所得,以自得为治。

③原:本。

④玄古:远古。

⑤天德:自然之德。

⑥言:名称。

⑦分:名分,职分。

⑧泛观:博观一切事物。

⑨上治人者:居上位统治人民的。

⑩艺:技艺,指有某种专长、特长。

⑪兼:统属,支配。
⑫畜:养,引申为治理。
⑬万物化:万物循其本性,自行生化。
⑭记:书名,老子所作。
⑮洋洋乎:辽阔广大的样子。
⑯刳(kū)心:抛弃个人心智。刳,挖空。
⑰崖异:乖异,不随俗。
⑱有万不同:包容千差万别之物。
⑲挫:扰乱。
⑳韬:包容,蕴藏。
㉑沛乎:充盛的样子。
㉒拘:取。私分:私有。
㉓漻(liáo):清澈透明。
㉔考:敲击。
㉕素逝:按真性而行。耻通于事:以通达事务为耻辱。
㉖采:感应。
㉗荡荡:广大平易。
㉘冥冥:幽深暗昧。
㉙修远:久远。

【译文】

天地虽大,但它们施化天地万物却是均衡的;万物虽多,但他们各得其所却是同一的;百姓虽多,但主政的却都是君主。君主治理天下本于德而成于自然,所以说,上古的君主治理天下,在于无为而治,顺应自然之德而已。从“道”的观点看待称谓,那么天下君主都是名正言顺的;从“道”的观点看待职分,那么君臣的职分都是明确的;从“道”的观点看待才能,那么天下的官吏都是尽职尽力的;从“道”的观点看待万物,那么天下万物都是齐备的。所以,通达于天地的,是天德;周行于万物的,是道;

居上位统治人民的，是事务；才有专精的，是技巧。技巧归属于事务，事务归属于义理，义理归属于德，德归属于道，道归属于自然。所以说，古时养育万民的君主，没有贪欲而天下富足，无所作为而万物自行变化，深沉静默而百姓安定。《记》中说："通于大道而万事可成，心无欲求而鬼神敬服。"

老子说："道，是覆盖承载万物的，多么辽阔广大！君子不可不剔除心智。以无为的态度处事，就是顺应天道；以无为的态度表达，就是顺应天性；博爱利物，就是仁；让不同的万物归于同一，就是大；行为不乖张离奇，就是宽；心中能包罗万物，就是富。所以说执守德行就是纲纪，成就德行便是立身，遵循大道就是完备，不因外物扰乱心智就是完美。君子明白这十点，那么就能包容万物心胸宽广，德泽充盈而为万物所归往。如能这样，便能让黄金藏在深山，珠宝沉在深渊；不谋财货，不求富贵；不因长寿而喜，不因夭折而哀；不因通达而荣，不因潦倒而耻；更不会聚敛天下之利而据为己有，不以称王天下而觉得显赫。显赫就是炫耀自己。万物一体，死生一样。"

老子说："道，幽深静默，清澈澄明。金石不得道，便不能鸣响。所以金石虽然能发声，但不敲就不会响。天下万物感应无方，谁能确定它的性质！盛德之人，抱朴而行，以通晓事务为耻，立身于天道而智慧通于神明，所以他的德行广大。他的心思有所活动，是受外物感应而引起的反应。所以，形体不凭借道就不能产生，生命不顺应德就无法彰明。保存形体以尽天年，树立德行明晓大道，不就是盛德之人吗！广阔辽远啊！忽然而出，勃然而动，而万物无不依从！这就是盛德之人。大道看上去幽深暗昧，听起来无声无息。昏暗之中，却能看见光亮；无声之中，却能听到和谐之音。所以大道深而又深却能主宰万物，神妙莫测却能发出精气。所以道与万物相接，虽然虚无却能满足万物的需求，时刻变化却能成为万物的归宿，而且可大可小，可长可短，可久可远。"

二

黄帝游乎赤水之北①,登乎昆仑之丘而南望。还归,遗其玄珠②。使知索之而不得③,使离朱索之而不得④,使喫诟索之而不得也⑤。乃使象罔⑥,象罔得之。黄帝曰:“异哉!象罔乃可以得之乎?”

【注释】

①赤水:虚构水名。

②玄珠:比喻大道。

③知:虚构人物,通“智”,代表有智慧的人。

④离朱:又名离娄,传说中的明目者。

⑤喫(chī)诟:虚构人物,代表能言善辩者。

⑥象罔:虚构人物,无心的象征。

【译文】

黄帝在赤水的北岸游历,登上昆仑山向南眺望。返回时,丢了玄珠。派知去找没找到,派离朱去找也没找到,派喫诟去找,还是没找到。于是派象罔去找,结果象罔找到了。黄帝说:“真奇怪啊!象罔怎么就能找到呢?”

三

尧之师曰许由①,许由之师曰啮缺,啮缺之师曰王倪,王倪之师曰被衣②。

尧问于许由曰:“啮缺可以配天乎③?吾藉王倪以要之④。”

许由曰:“殆哉圾乎天下⑤!啮缺之为人也,聪明睿知⑥,给数以敏[7]，其性过人，而又乃以人受天[8]。彼审乎禁过[9]，而不知过之所由生。与之配天乎？彼且乘人而无天[10]。方且本身而异形[11]，方且尊知而火驰[12]，方且为绪使[13]，方且为物绫[14]，方且四顾而物应，方且应众宜，方且与物化而未始有恒[15]。夫何足以配天乎？虽然，有族有祖，可以为众父[16]，而不可以为众父父。治，乱之率也[17]，北面之祸也，南面之贼也。"

【注释】

①许由：尧时隐士。

②齧缺、王倪、被衣：皆为虚构人物。

③配天：任天子。

④藉：借助。要：通"邀"，请。

⑤殆：危。圾：通"岌"，岌岌可危。

⑥睿知：圣明有智慧。知，通"智"。

⑦给数以敏：形容人机智敏捷、应对迅速。给，敏捷。数，快速。

⑧以人受天：把人的聪明智慧强加于天，让天接受。

⑨禁过：阻止人犯过失。

⑩乘：借助。

⑪异形：改变万物固有的形迹。

⑫火驰：形容敏捷、迅速，像火势蔓延一样快。

⑬绪使：被琐事役使。

⑭绫(gāi)：束缚。

⑮未始：未曾。恒：恒久不变。

⑯父：这里指同族人中的首领。

⑰率：先导。

【译文】

尧的老师叫许由，许由的老师叫齧缺，齧缺的老师叫王倪，王倪的老师叫被衣。

尧问许由说："啮缺可以做天子吗？我想请王倪邀他来做天子。"

许由说："恐怕天下就岌岌可危了！啮缺的为人，聪明而智慧超群，办事敏捷机警，天赋过人，而又能用人事来改变自然。他明白该怎样防止过失，不过他并不知晓过失产生的原因。让他做天子吗？他将借助于人的心智而摒弃天然。将会以自身为本来改变万物的形迹，将会尊崇才智而谋急用，将会被琐事役使，将会被外物拘束，将会环顾四方目不暇接地应接外物，将会应接万物而又奢求处处合宜，将会随万物变化而不曾有定。他怎么能当天子呢？虽然如此，有人群的地方就应该有主事的人，他可以做百姓的长官，却不可以做一国的君主。治，是导致祸乱的原因，是人臣的祸患，也是君主的祸害。"

四

尧观乎华[①]，华封人曰[②]："嘻，圣人！请祝圣人，使圣人寿。"

尧曰："辞[③]。"

"使圣人富。"

尧曰："辞。"

"使圣人多男子[④]。"

尧曰："辞。"

封人曰："寿、富、多男子，人之所欲也。女独不欲，何邪？"

尧曰："多男子则多惧，富则多事，寿则多辱。是三者，非所以养德也，故辞。"

封人曰："始也我以女为圣人邪，今然君子也。天生万民，必授之职。多男子而授之职，则何惧之有？富而使人分之，则何事之有？夫圣人，鹑居而鷇食，鸟行而无彰[⑤]。天下有道，则与物皆昌；天下无道，则修德就闲。千岁厌世，去而上仙，乘彼白云，至于帝乡。三患莫至，身常无殃，则何辱之有？”

封人去之，尧随之，曰：“请问。”

封人曰：“退已！”

【注释】

①华：即华州，在今陕西华县。

②封人：守护封疆的官吏。

③辞：推辞，不肯接受。

④多男子：多生男孩子。

⑤彰：形迹。

【译文】

尧到华地巡视，华地守封疆的人说：“啊，圣人！请允许我为圣人祝福，祝愿圣人长寿。”

尧说：“免了吧。”

守封疆的人说：“祝愿圣人富有。”

尧说：“免了吧。”

守封疆的人说：“祝愿圣人多男儿。”

尧说：“免了吧。”

守封疆的人说：“长寿、富有、多男儿，这是人们都想得到的。您偏偏不希望得到，为什么呢？”

尧说：“多生男孩就会多出忧惧，富有就会多出麻烦，长寿就会多受困辱。这三个方面，不适合培养德行，所以我谢绝你的祝福。”

守封疆的人说：“起初我以为您是位圣人，现在发现您不过是位君子。天生万民，必定会授给他一定的差事。多生男孩就授给他们差事，还有什么可忧惧的？富有了就把财物分给众人，还有什么可麻烦的？圣人随遇而安、居无常处，像待哺雏鸟一样觅食无心，像飞鸟一样在空中不留痕迹。天下太平，就跟万物一同昌盛；天下纷乱，就修身养性隐居闲处。寿诞千年而厌弃活在世上了，便离开人世飞升成仙，驾驭那朵朵白云，去到天帝的居所。寿诞、富有、多男孩而导致的多辱、多事、多惧都不会降临于我，身体也没有灾殃，那么还会有什么屈辱呢？”

守封疆的人走了，尧跟在他后面，说：“请问要怎么办。”

守封疆的人说：“你回去吧！”

五

尧治天下，伯成子高立为诸侯[①]。尧授舜，舜授禹，伯成子高辞为诸侯而耕。禹往见之，则耕在野。禹趋就下风[②]，立而问焉，曰：“昔尧治天下，吾子立为诸侯。尧授舜，舜授予，而吾子辞为诸侯而耕。敢问其故何也？”

子高曰：“昔尧治天下，不赏而民劝[③]，不罚而民畏。今子赏罚而民且不仁[④]，德自此衰，刑自此立，后世之乱自此始矣！夫子阖行邪[⑤]？无落吾事[⑥]！”俋俋乎耕而不顾[⑦]。

【注释】

①伯成子高：虚构的得道者。

②趋就下风：快步上前，站在下风处，以示恭敬。

③劝：勉励。

④不仁：不仁爱。

⑤阖：通“盍”，何不。

⑥落：废。有妨碍、耽搁之意。

⑦俋俋（yì）：耕地的样子。

【译文】

尧统治天下时，伯成子高被封为诸侯。尧传帝位给舜，舜传帝位给禹，伯成子高辞去诸侯职位而去种地。禹前去拜访他，伯成子高正在田里耕作。禹快步上前站在下风处，问道："当年尧统治天下，先生被立为诸侯。尧把帝位传给舜，舜又把帝位传给我，先生却辞去诸侯职位去种地。我冒昧地问您，这是为什么呢?"

子高说："当年尧统治天下，不须奖赏而百姓自然勉励，不须惩罚而百姓自然敬畏。而今你奖赏惩罚而百姓还是不仁不爱，道德自此衰败，刑罚自此建立，后世之乱也要从此开始了。先生为什么还不走呢？不要耽误我耕作!"说完低头耕作，不再理睬禹。

六

泰初有无[①]，无有无名。一之所起[②]，有一而未形。物得以生，谓之德；未形者有分，且然无间，谓之命；留动而生物，物成生理，谓之形；形体保神，各有仪则[③]，谓之性。性修反德，德至同于初。同乃虚，虚乃大。合喙鸣[④]。喙鸣合，与天地为合。其合缗缗[⑤]，若愚若昏，是谓玄德[⑥]，同乎大顺。

【注释】

①泰初：宇宙的最初时期。泰，通"太"。有无：只有虚无。

②一：即道。

③仪则：条理准则。

④喙(huì)：鸟嘴。

⑤缗缗(mín)：无心的样子。

⑥玄德：幽深玄远之德。

【译文】

宇宙之初只有“无”，没有“有”，没有名称。随后大道开始产生却没有形迹。万物得到大道而生，称之为德；没有形状的道中包含着阴阳之分，却又没有间隙，称之为命；道在流动变化中稍有静止，就生成物，物生成而具有不同的生理结构，称之为形；形体保有精神，又各有准则，称之为性。心性经过修养而返于德，道德达到与泰初相同的境界。达到与泰初相同的境界就达到了虚无，虚无无所不包。达到这样的境界，说话就像鸟叫一样，出于无心，合乎天然。能与鸟鸣相合，也就能与天地万物相合。这种相合是无心的，如同愚笨昏聩的样子，这就是幽深玄远之德，同归于自然之理。

七

夫子问于老聃曰[①]：“有人治道若相放，可不可，然不然。辩者有言曰：‘离坚白，若县寓。’若是则可谓圣人乎？”

老聃曰：“是胥易技系[②]，劳形怵心者也。执留之狗成思，猿狙之便自山林来[③]。丘，予告若，而所不能闻与而所不能言：凡有首有趾、无心无耳者众，有形者与无形无状而皆存者尽无。其动止也，其死生也，其废起也，此又非其所以也。有治在人，忘乎物，忘乎天，其名为忘己。忘己之人，是之谓入于天。”

【注释】

①夫子：指孔丘。

②胥：小吏。易：更换职事。

③便：动作灵便轻捷。

【译文】

孔子问老聃说：“有人修道好像与大道相逆，把不行的说成行，把不对的说成对。公孙龙之流说：'坚白相离，是明摆着的道理。'像这样的人可以称作圣人吗？"

老聃说："这样的人如同更换职事的官府小吏被他们的技艺牵累一样，疲劳形体困扰心神。狗因有技能为人所拘系，猴子因为动作灵便被人从山里捉来。孔丘，我来给你讲些你所不能听到和不能谈到的道理，凡是形体完全的人，无知无闻的为多，有形体而又能与无形无状大道共存的人，是很少的。运动和静止，死亡和生存，废弃和兴起，这些都是自然而又不知其所以然的。若有心于治则在于任人遵循本性自治，忘掉万物，忘掉自然，就叫作忘掉自己。忘掉自己的人，叫作与天道同一。"

八

将闾葂见季彻曰①："鲁君谓葂也曰：'请受教②。'辞不获命③。既已告矣，未知中否④，请尝荐之⑤。吾谓鲁君曰：'必服恭俭⑥，拔出公忠之属而无阿私⑦，民孰敢不辑⑧！'"

季彻局局然笑曰⑨："若夫子之言，于帝王之德，犹螳螂之怒臂以当车轶⑩，则必不胜任矣！且若是，则其自为处危，其观台多物，将往投迹者众。"

将闾葂觑觑然惊曰⑪："葂也汒若于夫子之所言矣！虽然，愿先生之言其风也⑫。"

季彻曰："大圣之治天下也，摇荡民心，使之成教易俗，举灭其贼心而皆进其独志，若性之自为，而民不知其所由然。若然者，岂兄尧、舜之教民，溟涬然弟之哉⑬？欲同乎德而心居矣！"

【注释】

①将闾葂(miǎn)：人名，姓将闾，名葂。季彻：人名。二人事迹皆无考。

②请受教：请给予指教。

③不获命：指未得到鲁公的允准。

④中否：正确与否。

⑤荐：进，此为陈述之意。

⑥服：亲身实践。

⑦拔出：选拔。公忠之属：公正、尽心尽力的人才。阿私：偏袒，庇护。

⑧辑：和睦。

⑨局局然：俯身而笑的样子。

⑩怒：奋起，举起。当：通“挡”，阻挡。轶（yì）：通“辙”，车轮碾过的痕迹。

⑪觑觑（xì）然：惊恐的样子。

⑫风：大略，大概。

⑬兄：此为尊敬、崇尚之意。溟涬：混沌迷蒙的样子。弟：此为谦让、追随之意。

【译文】

将闾菀见到季彻说：“鲁君对我说：‘请指教。’我推辞不得。已经将为政之道告知他了，不知道讲得正确与否，请让我试着说给您听听。我对鲁君说：‘一定要执持恭敬节俭之道，选拔公正忠诚之人，不能有所偏私，这样做，人民哪敢不和睦呢！’”

季彻咯咯笑道：“先生说的这些话，对于帝王的德业而言，如同螳螂举臂阻挡车轮前进一样，必然是不能胜任的！而且这样做，是使自己身处危境，就像那高高的观楼和亭台，许多人向往，必然招致不少人前去。”

将闾菀惊恐地说：“我对先生所说的话感到茫然。虽然如此，愿请先生说个大概。”

季彻说：“大圣人治理天下，让民心自由，使他们接受天道的教化，改变习俗；尽除有害之心而促成得道之愿；如同天性自为，人民并不知道为什么要这样。像你这样，难道是要尊崇尧、舜的教民之道，而且还要糊里糊涂地追随于后吗？圣人是想要天下人有共同的德行，从而使他们心神安定啊！”

九

子贡南游于楚，反于晋，过汉阴[1]，见一丈人方将为圃畦[2]，凿隧而入井[3]，抱瓮而出灌[4]，搰搰然用力甚多而见功寡[5]。

子贡曰："有械于此[6]，一日浸百畦，用力甚寡而见功多，夫子不欲乎？"

为圃者卬而视之曰[7]："奈何？"

曰："凿木为机[8]，后重前轻，挈水若抽[9]，数如泆汤[10]，其名为槔[11]。"

为圃者忿然作色而笑曰[12]："吾闻之吾师，有机械者必有机事，有机事者必有机心[13]。机心存于胸中，则纯白不备；纯白不备，则神生不定；神生不定者，道之所不载也。吾非不知，羞而不为也。"

子贡瞒然惭[14]，俯而不对。

有间，为圃者曰："子奚为者邪？"

曰："孔丘之徒也。"

为圃者曰："子非夫博学以拟圣[15]，於于以盖众[16]，独弦哀歌以卖名声于天下者乎？汝方将忘汝神气，堕汝形骸[17]，而庶几乎！而身之不能治，而何暇治天下乎！子往矣，无乏吾事[18]！"

子贡卑陬失色[19]，顼顼然不自得[20]，行三十里而后愈。

其弟子曰："向之人何为者邪？夫子何故见之变容失色，终日不自反邪？"

曰:“始吾以为天下一人耳,不知复有夫人也。吾闻之夫子:事求可,功求成,用力少,见功多者,圣人之道。今徒不然。执道者德全,德全者形全,形全者神全。神全者,圣人之道也。托生与民并行而不知其所之,汒乎淳备哉!功利机巧必忘夫人之心。若夫人者,非其志不之,非其心不为。虽以天下誉之,得其所谓,謷然不顾㉑;以天下非之,失其所谓,傥然不受㉒。天下之非誉无益损焉,是谓全德之人哉!我之谓风波之民。”

反于鲁,以告孔子。孔子曰:“彼假修浑沌氏之术者也。识其一,不知其二;治其内,而不治其外。夫明白入素,无为复朴,体性抱神,以游世俗之间者,汝将固惊邪?且浑沌氏之术,予与汝何足以识之哉!”

【注释】

①汉阴:汉水南侧。

②丈人:老者。圃:菜园。畦:菜园中用土埂分隔开的地块。

③凿隧:开掘隧道通入井中。

④瓮:陶罐,用作汲水灌溉。

⑤搰搰(gǔ)然:用力的样子。

⑥械:器械。指桔槔一类汲水器械。

⑦印:通“仰”。

⑧凿木为机:修凿木料做成汲水机械。

⑨挈(qiè)水:把井水从下面提上来。

⑩数:疾速。泆汤:形容水翻滚漫溢如同沸汤溢出。

⑪槔:桔槔,古代利用杠杆原理制作的汲水器械。

⑫忿然:生气变了脸色。

⑬机心:机变巧诈之心。

⑭瞒然:低头羞愧的样子。

⑮拟圣:比作圣人。

⑯於(wū)于:夸诞的样子。

⑰堕汝形骸:毁弃你的形体。

⑱乏:空,缺。此为耽误之意。

⑲卑陬(zōu):惭愧不安的样子。

⑳顼顼(xū)然:失魂落魄的样子。

㉑謷(ào)然:同“傲然”,高傲的样子。

㉒侻然:无心的样子。

【译文】

子贡向南到楚国游历,返回晋国时,经过汉水南岸,见到一位老人正在修整菜畦,老人开掘隧道通到井里,抱着陶罐装水进行灌溉,用的力气很多而功效甚少。

子贡说:“这里有一种机械,一天能浇灌一百畦,用力甚少而功效甚多,先生您不打算用吗?”

灌园老人仰起身望着子贡说:“那机械是什么样的呢?”

子贡说:“修凿木料做成机械,前面轻,后面重,用它提水就像把水抽出来一样方便省力,水涌流很快,如同开水直往外滚,它的名字叫桔槔。”

灌园老人听后气得变了脸色,冷笑着说:“我从老师那里听说,有机械的人必定有机巧之事,有机巧之事必然有机巧之心。机巧之心存在于胸中,则纯洁质朴的德行就不完备;纯洁质朴的德行不完备,则精神不定;精神不定的人,是为大道所摒弃不容的。你说的机械我不是不知道,只是感到羞耻而不肯使用。”

子贡羞愧低头,无言以对。

过了一会儿,灌园老人说:“你是做什么的?”

子贡说:“我是孔丘的弟子。”

灌园老人说:“你不就是那位以博学自比于圣人,以自夸来超出众人,独自弹唱哀歌来向天下人博取好名声的人吗?你如果能忘掉你的神气，遗弃你的形体，你就差不多得道了！你连自身都不能治理，哪有工夫去治理天下呀！你走吧，不要耽误我灌溉！”

子贡惭愧不安，变了脸色，怅然若失，走了三十多里后才恢复正常。

他的弟子说：“刚才那个人是做什么的？先生为什么见了他就变容失色，一整天都不能恢复？”

子贡说：“原先我以为天下只有先生一位圣人，不知道还有这样的人。我听先生说，行事要求合理，事业要求成功，用的力气少，所见功效多，就是圣人之道。现在才知道不是这样。执守大道的人德行完备，德行完备的人形体健全，形体健全的人精神健全。精神健全，才是圣人之道。得道者，托生在人世，与民众一样生活，而不知要往哪里去，茫昧深远而德行醇和完备啊！功利机巧必然早已从这种人心里消失了。像这样的人，不合乎他的志向就不去求，不合乎他的心意就不去做。即使天下人都称誉他，而这些称誉又与他的言论相符合，也高傲地不予理睬；天下人都责备他，这些责备与他的言论不符合，他也不予理会。天下人对他的非难和称誉，对他不会有增益和损害，这就是全德之人！我不过是受世间毁誉左右而摇摆不定的人。”

回到鲁国后，子贡把这件事告诉孔子。孔子说：“他是假托浑沌氏道术来修身的人。只知道浑一的大道，不知有其他；只知治理自身，不知治理外界。这样的人心地清明纯洁无瑕，清静无为，回归淳朴，体悟自性而执守精神，以悠游于世俗之中，你又何必惊奇呢？而且浑沌氏的道术，我和你怎么能够懂得呢！”

十

谆芒将东之大壑[①]，适遇苑风于东海之滨[②]。苑风曰：“子将奚之？”

曰：“将之大壑。”

曰：“奚为焉？”

曰："夫大壑之为物也，注焉而不满，酌焉而不竭[③]，吾将游焉。"

苑风曰："夫子无意于横目之民乎[④]？愿闻圣治。"

谆芒曰："圣治乎？官施而不失其宜，拔举而不失其能，毕见其情事而行其所为，行言自为而天下化。手挠顾指，四方之民莫不俱至，此之谓圣治。"

"愿闻德人。"

曰："德人者，居无思，行无虑，不藏是非美恶。四海之内共利之之谓悦，共给之之谓安。怊乎若婴儿之失其母也[⑤]，傥乎若行而失其道也。财用有余而不知其所自来，饮食取足而不知其所从，此谓德人之容。"

"愿闻神人。"

曰："上神乘光，与形灭亡，此谓照旷[⑥]。致命尽情，天地乐而万事销亡，万物复情，此之谓混冥[⑦]。"

【注释】

①谆芒：虚构人物。大壑：大海，又说指东海。

②苑风：虚构人物，喻指小风。

③酌：取。

④横目之民：指万民。

⑤怊(chāo)乎：悲哀怅惘的样子。

⑥照旷：观照空明。

⑦混冥：混同于玄冥。

【译文】

谆芒将东游大海，在东海岸边遇上苑风。苑风问："您要去哪里？"

谆芒说："要去大海。"

苑风问："做什么？"

谆芒说："大海这种东西，百川灌注而不会满，终日酌取也不会干，我将要去那里游览。"

苑风说："先生不想当百姓的君主吗？我想听听您有关圣人治世的高见。"

谆芒说："圣人治世之道？设立官职推行教化得当，选拔任用人才而不遗漏贤能之人，洞察物情而做该做的事，一言一行，任情而为，天下百姓自然归化。挥手顾盼之间，四方百姓没有不来投奔的，这就是圣治。"

苑风说："希望听听有关德人的高见。"

谆芒说："所谓德人，安居而不去思考，行动而不去谋虑，不评论是非美恶。四海之内人人都得到好处就是喜悦，人人都富足就是安宁。惆怅的样子就像婴儿失去了母亲，茫然的样子像行人迷失了方向。财用有余却不知道是从何处来，饮食充足却不知道是从何处出，这就是德人的风采。"

苑风说："希望听听有关神人的高见。"

谆芒说："至上之神人驾乘光明，不见形迹，这就是观照空明。达到生命性情的极致，与天地同乐而不受万物牵累，万物返璞归真，这就是混同于玄冥。"

十一

门无鬼与赤张满稽观于武王之师[①]。赤张满稽曰："不及有虞氏乎[②]！故离此患也[③]。"

门无鬼曰："天下均治而有虞氏治之邪？其乱而后治之与？"

赤张满稽曰："天下均治之为愿，而何计以有虞氏为！有虞氏之药疡也，秃而施髢[④]，病而求医。孝子操药以修慈父[⑤]，其色燋然[6]，圣人羞之。至德之世，不尚贤，不使能，上如标枝[7]，民如野鹿。端正而不知以为义，相爱而不知以为仁，实而不知以为忠，当而不知以为信，蠢动而相使不以为赐[8]。是故行而远迹，事而无传。”

【注释】

①门无鬼、赤张满稽：皆为虚构人物。武王之师：周武王伐纣的军队。

②有虞氏：指舜。

③离：通“罹”，遭受。

④髢(dí)：假发。

⑤修：治。

⑥燋(qiáo)然：憔悴的样子。意为忧亲之病至于憔悴，不如养亲使不病更好。

⑦标枝：树梢上的细枝，比喻地位虽高却不自以为高，听其自然而已。

⑧蠢动：虫类的蠕动，比喻出于本能的行动，没有意识，没有目的。

【译文】

门无鬼和赤张满稽看到周武王伐纣的部队。赤张满稽说：“周武王还是比不上有虞氏啊！所以天下才遇到了这种祸患。”

门无鬼说：“天下太平时有虞氏才去治理的呢，还是天下混乱时才去治理的呢？”

赤张满稽说：“天下太平是人们的心愿，又何必推举有虞氏为国君呢！有虞氏治理天下如同替人治疗头疮，成了秃子才装上假发，病了才去求医。孝子拿药来治疗慈父的疾病，累得面容憔悴，圣人却为他感到羞耻。至德的时代，不崇尚贤才，不任用能者，国君居于上位如树梢上的细枝，无心作为，百姓如山野中无拘无束的野鹿。行为端正却不知道这是义，相亲相爱却不知道这是仁，待人诚实却不知道这是忠，办事得当却不知道这是信，无心地相互支使却不把它看作恩赐。所以行动不会留下痕迹，事迹不会流传后世。”

十二

孝子不谀其亲，忠臣不谄其君，臣、子之盛也。亲之所言而然，所行而善，则世俗谓之不肖子；君之所言而然，所行而善，则世俗谓之不肖臣。而未知此其必然邪？世俗之所谓然而然之，所谓善而善之，则不谓之道谀之人也[①]。然则俗故严于亲而尊于君邪？谓己道人，则勃然作色[②]；谓己谀人，则怫然作色。而终身道人也，终身谀人也，合譬饰辞聚众也[③]，是终始本末不相坐[④]。垂衣裳，设采色，动容貌，以媚一世，而不自谓道谀；与夫人之为徒，通是非，而不自谓众人，愚之至也。知其愚者，非大愚也；知其惑者，非大惑也。大惑者，终身不解；大愚者，终身不灵。三人行而一人惑，所适者犹可致也，惑者少也；二人惑则劳而不至，惑者胜也。而今也以天下惑，予虽有祈向，不可得也。不亦悲乎！

大声不入于里耳[⑤]，《折杨》《皇荂》则嗑然而笑[⑥]。是故高言不止于众人之心[⑦]，至言不出[⑧]，俗言胜也。以二缶钟惑，而所适不得矣。而今也以天下惑，予虽有祈向，其庸可得邪！知其不可得也而强之，又一惑也。故莫若释之而不推。不推，谁其比忧？厉之人，夜半生其子，遽取火而视之[⑨]，汲汲然唯恐其似己也[⑩]。

【注释】

①道谀：谄谀，谄媚逢迎。

②勃然：生气发怒的样子。

③合譬：汇集各种比喻来阐述事理，使人易于明白。饰辞：修饰润色言辞，使人相信。

④坐：因。

⑤大声：高雅音乐。里耳：世俗人的耳朵。

⑥折杨、皇荂（fū）：通俗乐曲名，在下层人中流行并受到欢迎。嗑（xiá）：笑声。

⑦高言：高雅的谈吐。

⑧至言：至理之言。

⑨遽：速。

⑩汲汲然：匆忙急迫的样子。

【译文】

孝子不奉承他的父母，忠臣不谄媚他的君主，这是为臣、为子的最好表现。凡是父母所说的都加以肯定，父母所做的都加以称赞，那就是世俗所说的不肖之子；凡是君王所说的都加以应承，君王所做的都加以奉迎，那就是世俗所说的不良之臣。可是人民却不知道世俗的看法是不是必然正确的？世俗人所谓正确的便当它是正确的，世俗人所谓好的便当它是好的，却不称他们是谄媚之人。那么，世俗之人难道比父母更可敬、比君王更可尊吗？听到有人说你是个谄谀的人，就勃然大怒面色剧变。可是一辈子却做着谄谀人的事。一辈子阿谀的人，只不过是用巧妙的譬喻和华丽的辞藻博取众人的欢心，这是首尾脱节、本末倒置了。君王穿着华丽的衣裳，装模作样，改动容貌表情，讨好献媚于世人，却不认为自己是谄媚和阿谀；与世俗为伍，是非观念相通，却不把自己看作世俗之人，真是愚昧到了极点。知道自己愚昧的人，并不是大愚昧；知道自己迷惑的人，并不是大迷惑。大迷惑的人，一辈子也不会醒悟；大愚昧的人，一辈子也不会明白。三个人在一起行走，其中一个人迷惑，所要去的地方还是可以到达的，因为迷惑的人少；三个人中，要是有两个人迷惑就徒劳而不能到达了，因为迷惑的人多。如今天下人都迷惑，我虽然有所祈求向往，也无能为力。这不是太可悲了吗！

高雅的音乐，俗人不懂欣赏，《折杨》《皇荂》之类的民间小曲，俗人听了都会哈哈大笑。所以高雅的谈吐不能留于俗人之心，至理名言不能行于世，而流俗的言谈却占了优势。用两只缶的俗音扰乱钟的正音，那么听者会无所适从而产生疑惑。如今天下人都大惑，我虽然有所祈求向往，又怎么可能达到呢！明知不可能达到却要勉强去做，这又是一个迷惑。所以不如弃置一旁不予推究。不去推究，怎么会有那么多忧愁呢？丑陋的人半夜里生下孩子，立即拿过火来照看，唯恐生下的孩子像自己一样丑陋。

十三

百年之木，破为牺尊[①]，青黄而文之，其断在沟中。比牺尊于沟中之断，则美恶有间矣，其于失性一也。跖与曾、史，行义有间矣，然其失性均也。且夫失性有五：一曰五色乱目，使目不明；二曰五声乱耳，使耳不聪；三曰五臭熏鼻[②]，困惾中颡[③]；四曰五味浊口，使口厉爽；五曰趣舍滑心[④]，使性飞扬。此五者，皆生之害也，而杨、墨乃始离跂自以为得[⑤]，非吾所谓得也。夫得者困，可以为得乎？则鸠鸮之在于笼也，亦可以为得矣。且夫趣舍声色以柴其内，皮弁鹬冠搢笏绅修以约其外[⑥]，内支盈于柴栅[⑦]，外重纆缴[⑧]，睆睆然在纆缴之中而自以为得[⑨]，则是罪人交臂历指而虎豹在于囊槛[⑩]，亦可以为得矣！

【注释】

①牺尊：古代酒器，用作祭祀。

②五臭：五种气味，指羶、薰、香、腥、腐。

③困惾（zōng）中颡（sǎng）：气味上逆，由鼻孔达于额头，伤害头脑。

④趣舍：取舍。滑：乱。

⑤离跂：踮起脚跟，比喻用力显示自己，以超出众人。

⑥皮弁（biàn）：古冠名，用白鹿皮制成，大臣上朝时佩戴。鹬（yù）冠：鹬鸟羽毛装饰的帽子。搢（jìn）：插于带间。笏（hù）：士大夫上朝所持的手板，用玉、象牙或竹制成。

⑦支盈：塞满。

⑧纆（mò）：绳索。缴（zhuó）：生丝绳。

⑨睆睆（huǎn）然：睁大眼睛的样子。

⑩交臂：背缚双臂。历指：古代刑罚，把手指用木棍夹起来。囊槛：关养猛兽的笼子。

【译文】

百年大树，被剖开做成祭祀的酒器，再用青黄两色绘出美丽的花纹，余下的断木则弃置在山沟里。雕刻成祭祀酒器的一段木料与弃置在山沟里的木料相比，当然有美和丑的差别，但是在丧失木材的本性上是一样的。盗跖、曾参和史鳝，在行为和道义上存在差别，但是在失掉人的本性上也是一样的。大凡丧失本性有五种情况：一是五色扰乱视觉，使眼睛看不明晰；二是五声扰乱听觉，使耳朵听不真切；三是五臭熏扰嗅觉，使鼻额受伤害；四是五味污浊口舌，使口舌受伤害；五是取舍迷乱心弦，使心性驰骋浮动。这五种情况，对天性都是有伤害的，可是杨朱、墨翟却在汲汲追求自以为有所得，这并不是我所谓的自得。有所得反倒遭受困苦，也可以算自得吗？那么斑鸠被关在笼中，也可以算是自得了。况且取舍与声色的欲念像柴草一样充塞内心，皮帽、羽冠、朝笏和宽带捆束于外，内心里充满柴草栅栏，体外被绳索重重捆束，却睁着眼睛还自以为有所得，那么罪犯被反绑着双手，手指被夹起来，以及虎豹被关在圈栅里，也可以算是自得了。

【赏析】

在一开篇，庄子就点出“天地虽大，其化均也”。天地虽然很大，但其中的变化却是有规律可循的，万事万物都是如此。“天”和“地”在庄子哲学体系中乃是元气之所生，万物之所祖，一高远在上，一浊重在下，故而以“天地”开篇。本篇跟《在宥》的主旨大体相同，与《天道》《天运》为一组，表述的仍是庄子的政治思想。

纵览全篇，庄子首先提出天德就是无为，远古之君顺应天德，无欲无为而万物自化。这一论述可视为全文的总纲。接下来通过几个寓言故事，阐明大道深奥玄妙，并借此指出居于统治地位的人要想无为而治就得通晓大道。最后讲述世人迷惑于有为之见，终生不觉悟，无为之道不被理解，作者也只能无可奈何，任其自然。

天道第十三

本篇从天道论及人道，旨在阐述虚静无为的思想。作者认为，虚静无为是“万物之本”，人世间的帝王应效法天道，无为而治。但同时，作者又认为天道和人道都有尊卑先后，人的伦理秩序有存在的合理性。其思想与内篇有些矛盾。

一

天道运而无所积，故万物成；帝道运而无所积，故天下归；圣道运而无所积，故海内服。明于天，通于圣，六通四辟于帝王之德者[①]，其自为也，昧然无不静者矣[②]！圣人之静也，非曰静也善，故静也。万物无足以铙心者[③]，故静也。水静则明烛须眉，平中准[④]，大匠取法焉。水静犹明，而况精神！圣人之心静乎！天地之鉴也，万物之镜也。夫虚静恬淡寂漠无为者，天地之平而道德之至，故帝王圣人休焉。休则虚，虚则实，实则伦矣。虚则静，静则动，动则得矣。静则无为，无为也，则任事者责矣。无为则俞俞[⑤]。俞俞者，忧患不能处，年寿长矣。夫虚静恬淡寂漠无为者，万物之本也。明此以南乡[⑥]，尧之为君也；明此以北面，舜之为臣也。以此处上，帝王天子之德也；以此处下，玄圣素王之道也。以此退居而闲游，江海山林之士服；以此进为而抚世[7]，则功大名显而天下一也。静而圣，动而王，无为也而尊，朴素而天下莫能与之争美。

夫明白于天地之德者，此之谓大本大宗[8]，与天和者也。所以均调天下，与人和者也。与人和者，谓之人乐；与天和者，谓之天乐。庄子曰："吾师乎，吾师乎！齑万物而不为戾，泽及万世而不为仁，长于上古而不为寿，覆载天地、刻雕众形而不为巧。此之谓天乐。故曰：'知天乐者，其生也天行，其死也物化。静而与阴同德，动而与阳同波。'故知天乐者，无天怨，无人非，无物累，无鬼责。故曰：'其动也天，其静也地，一心定而王天下；其鬼不祟，其魂不疲，一心定而万物服。'言以虚静推于天地，通于万物，此之谓天乐。天乐者，圣人之心以畜天下也。"

【注释】

①六通四辟：形容于帝王之道全面通晓。六通，四方上下无不畅通。四辟，春夏秋冬无不开通。

②昧然：暗昧不觉。

③饶：通"挠"，扰乱。

④平中准：水面平静，与水准仪器相符合。

⑤俞俞：从容自如的样子。

⑥南乡：即南向，面南背北为古代君主之尊位。

⑦进为：出仕做官，为帝王辅佐。

⑧大本大宗：指天地万物的根本。

【译文】

自然规律运行而不停滞，所以万物生成；帝王之道运行而不停滞，所以天下归附；圣明之道运行而不停滞，所以四海信服。明白自然规律，通晓圣明之道，全然通晓帝道的人，他们自然而为，万物在静寂中自生自长。圣人清静,并不是说内心清静有好处才清静,而是因为万物都不能扰乱他的心神,所以才清静。水静便能照清人的胡须眉毛,水面平得合乎标准,高明的木匠便取法于此。水静了更显清澈,何况人的精神呢!圣人的内心清静啊!可以做天地和万物的明镜。虚静、恬淡、寂寞和无为,就是天地的本原和道德的最高境界,所以帝王和圣人都息心在这平静的境界。息心便能虚静,虚静便能映照万物而充实,充实便能进入大道境界。虚静就会平静,平静便会随天道运动,运动则万物生长而自有所得。清静便能无为,无为就能使人们各尽其责。无为就能从容自得。从容自得的人,便不会处于忧患之中,所以能够长寿。虚静、恬淡、寂寞和无为,是万物根本。明白这个道理就能南面称王,成为像尧一样的明君;明白这个道理就能北面称臣,成为像舜一样的贤臣。凭借这个道理处于上位,就是帝王天子的德行;凭借这个道理处于下位,便是布衣君子的修养。凭借这个道理退隐闲游,山林的隐士就会服从;凭借这个道理出仕做官安抚世间,就能成就功名使天下一统。清静便能成圣,行动则能称王,无为也能受世人尊崇,朴素纯真而天下没人能与之争美。

明白天地常德,就掌握了事物的根本,可以与自然相合。因此能够使天下调和均衡,与人相合。与人相合,称之为人乐;与天相合,称之为天乐。庄子说:“我的宗师大道啊!我的宗师大道啊!调和万物却不认为是义,泽及万物却不认为是仁,比上古久远却不认为是长寿,覆载天地、雕刻万物的形状也不认为是技巧。这就是天乐。所以说:‘知晓天乐的人,活着时随自然运行,死后随物理变化。静时与阴气同隐寂,运时与阳气同流动。’所以知晓天乐的人,天不会怨怼,人不会非议,不受外物牵累,不怕鬼神责罚。所以说:‘动时如天运转,静时如地安然,其心专一就可以使天下归往;鬼神不会作祟,精神不会疲劳,其心专一就可以使万物服从。’这就是说,把虚静无为推及于天地之间,畅通于万物之中,就叫作天乐。天乐,是圣人用来养育天下的。”

二

夫帝王之德，以天地为宗，以道德为主，以无为为常。无为也，则用天下而有余；有为也，则为天下用而不足。故古之人贵夫无为也。上无为也，下亦无为也，是下与上同德。下与上同德则不臣。下有为也，上亦有为也，是上与下同道。上与下同道则不主[①]。上必无为而用天下，下必有为为天下用，此不易之道也。故古之王天下者，知虽落天地[②]，不自虑也；辩虽雕万物[③]，不自说也；能虽穷海内[④]，不自为也。天不产而万物化，地不长而万物育，帝王无为而天下功。故曰：莫神于天，莫富于地，莫大于帝王。故曰：帝王之德配天地。此乘天地[⑤]，驰万物[⑥]，而用人群之道也。

本在于上，末在于下。要在于主，详在于臣。三军五兵之运[⑦]，德之末也；赏罚利害，五刑之辟[⑧]，教之末也；礼法度数[⑨]，形名比详[⑩]，治之末也；钟鼓之音，羽旄之容[⑪]，乐之末也；哭泣衰绖[⑫]，隆杀之服[⑬]，哀之末也。此五末者，须精神之运，心术之动[⑭]，然后从之者也。末学者，古人有之，而非所以先也。君先而臣从，父先而子从，兄先而弟从，长先而少从，男先而女从，夫先而妇从。夫尊卑先后，天地之行也，故圣人取象焉。天尊地卑，神明之位也；春夏先，秋冬后，四时之序也；万物化作，萌区有状，盛衰之杀，变化之流也。夫天地至神，而有尊卑先后之序，而况人道乎！宗庙尚亲，朝廷尚尊，乡党尚齿[⑮]，行事尚贤，大道之序也。语道而非其序者，非其道也。语道而非其道者，安取道！

是故古之明大道者，先明天而道德次之，道德已明而仁义次之,仁义已明而分守次之[16],分守已明而形名次之,形名已明而因任次之[17],因任已明而原省次之[18],原省已明而是非次之,是非已明而赏罚次之,赏罚已明而愚知处宜[19],贵贱履位[20],仁贤不肖袭情[21],必分其能,必由其名。以此事上,以此畜下[22],以此治物,以此修身,知谋不用,必归其天,此之谓大平,治之至也。故书曰:"有形有名。"形名者,古人有之,而非所以先也。古之语大道者,五变而形名可举,九变而赏罚可言也。骤而语形名,不知其本也;骤而语赏罚,不知其始也。倒道而言,迕道而说者,人之所治也,安能治人!骤而语形名赏罚,此有知治之具,非知治之道。可用于天下,不足以用天下。此之谓辩士,一曲之人也[23]。礼法数度,形名比详,古人有之,此下之所以事上,非上之所以畜下也。

【注释】

①不主:君主不成为君主。

②落:通"络",包罗。

③雕万物:雕饰万物。

④能虽穷海内:虽然才能冠绝海内。

⑤乘:驾驭。

⑥驰:驱使。

⑦五兵:五种兵器,具体所指说法不一,通行说法指矛、戟、钺、楯、弓矢。

⑧五刑:墨、劓、刖、宫、大辟五种刑法。辟:法。

⑨礼法:礼仪法度。

⑩形名比详:对事物的形体和名称进行比较审核。

⑪羽旄之容:指舞蹈的阵容。羽,鸟毛。旄,兽毛。跳文舞时多用鸟羽、兽毛装饰服装、道具。

⑫衰(cuī):缀于胸前,用麻布做成的丧服。绖(dié):用麻制作的腰带和冠带。衰、绖皆为服丧时的穿戴。

⑬隆杀之服:丧服分斩衰、齐衰、大功、小功、缌麻五种,要根据本人与死者关系之亲疏,确定其应当穿的丧服等级。隆,加等。杀,降等。

⑭心术:心智。

⑮乡党:乡里。齿:年龄的大小。

⑯分守:职责,职守。

⑰因任:根据职责授与职事。

⑱原省:推究省察,指对人进行政绩考核。

⑲愚知处宜:愚笨者和聪明者都安排在合适的位置。

⑳贵贱履位:尊贵者与低贱者各就各位。履,践,就。

㉑袭情:依据实际情况。

㉒畜下:治理下民。畜,养。

㉓一曲之人:持有一孔之见的人。

【译文】

帝王的德行,把天地当作本源,把道德当作主体,把无为当作常法。君王无为,便能役使天下而受用不尽;臣子有为,则为天下忙碌而唯恐不足。所以,古人非常看重无为。君王无为,臣子也无为,这就是臣子和君王都在无为。臣子和君王都在无为,就是臣子失职。臣子有为,君王也有为,是君王和臣子都有为。君王和臣子都有为,就是王不成其为王。君王必须无为而役使天下,臣子必须有为而被天下用,这是不变的道理。所以,古代统治天下的人,虽然智慧能包络天地,却不用自己去思虑;即使口才能雕饰万物,却不用自己去论说;即使才能无敌于海内,却不用自己去行动。天无心生产但万物却可以自然化育,地无心生长而万物却可以自然成长,帝王无为而天下却可以成就功业。所以说,没有比天更神妙的,没有比地更富有的,没有比帝王更伟大的。所以说,帝王的德行与天地相匹配。这就是驾驭天地、役使万物、劳役天下人的道理。

无为的天道是根本，由君王掌握；有为的人事是枝节，由臣民去做。君道简要，臣道烦冗。军队和兵器的使用，是德行的末节；奖赏惩罚，建立五刑，是教的末节；推行礼仪法规，循名责实，是治的末节；大兴钟鼓之声，羽饰之舞，是乐的末节；身穿丧服痛哭流涕，讲究丧服的等级，是哀的末节。这五个末节，是人们耗费精神、动用心机才产生的。这种末节之学，在古代就有，但当时的人并不把它们当作根本的东西。君为主而臣为属，父为主而子为属，兄为主而弟为属，长者为主而少者为属，男为主而女为属，夫为主而妻为属。尊卑先后，是天地运行的规律，所以圣人效法这种现象。天尊地卑，是神明的位次；春夏在先，秋冬在后，是四时的顺序；万物化生，萌生后各有形状，再由兴盛转为衰杀，是变化的流行。天地之道最为神妙莫测，尚且有尊卑先后的顺序，何况是人道呢！宗庙里崇尚血缘之亲，朝廷上崇尚爵位高下，乡里重视年纪大小，治事崇尚贤能与否，这是大道的次序。论道而否定道的次序，不是真正的道。谈论的不是真正的道，那么这种道又能用来做什么呢！

因此古代明白大道的人，都是先了解自然规律再了解道德，道德明了后才去了解仁义，明白了仁义才去了解职责，职责明确后才去了解事物的形体和名称，形体和名称弄清后才去量才授任，量才授任明确后才去考察，考察清楚后才去辨是非，是非辨明后才去赏罚，赏罚分明，贤愚才能各得其所，贵贱才能各安其位。贤良的和不成材的都能依据其实情，分辨各自的才能，遵从不同的名位。按这样的道理服侍君主，畜养下民，治理万物，修身养性，不使用智慧和计谋，一切复归自然，就叫作太平，是治理天下的最高境界。所以书中说："有形体有名称。"形体和名称，在古代就有，但当时的人并不把它们当作根本的东西。古代谈论大道的人，经历五个层次就能列举事物的形体和名称，经过九个层次就能谈论赏罚。骤然谈论形名，是不了解它的根本；骤然谈论赏罚，是不知道它的起始。把道颠倒过来谈论或者违逆大道去谈论的人，是被人治理的人，怎么能够去治理别人呢！骤然谈论形名赏罚，这些人只知道治世的手段，不知道治世的规律。这样的人可为天下所用，而不足以治天下。

这种人就是言辩之士，是持有一孔之见的人。礼法制度，形名审比，在古代就有，但这只是臣子用以侍奉君主的做法，不是君主用以畜养臣民的做法。

三

昔者舜问于尧曰："天王之用心何如[①]？"

尧曰："吾不敖无告[②]，不废穷民，苦死者[③]，嘉孺子而哀妇人[④]，此吾所以用心已。"

舜曰："美则美矣，而未大也。"

尧曰："然则何如？"

舜曰："天德而出宁，日月照而四时行，若昼夜之有经，云行而雨施矣！"

尧曰："胶胶扰扰乎[⑤]！子，天之合也；我，人之合也。"

夫天地者，古之所大也，而黄帝、尧、舜之所共美也。故古之王天下者，奚为哉？天地而已矣！

【注释】

①天王：帝王，指尧。因其具有天德，故称为"天王"。

②敖：同"傲"，傲慢。无告：有苦无处诉、处境极为悲惨之人，指鳏寡孤独者。

③苦死者：哀怜死者。

④嘉：亲善。孺子：孩子。

⑤胶胶扰扰：纷乱不宁。

【译文】

从前舜问尧说："天王您的用心是怎样的呢？"

尧说:“我对孤苦无依的人不轻慢,对贫穷困苦的人不舍弃,哀怜死者,亲善孩子,怜悯妇女,这就是我用心之处。”

舜说:“好是很好,但不够伟大。”

尧说:“那应该怎样呢?”

舜说:“天道运行自然,那么万物安宁,就像日月的普照、四时的运行、昼夜的更替、云气的浮动、雨水的施降那样。”

尧说:“我真是扰乱多事!您,与自然相合;而我,仅与人道相合。”

天地,自古以来是最伟大的,是黄帝、尧和舜共同称赞的。因此,古代称王天下的人,还需要做些什么呢?只需要像天地一样无为就可以了。

四

孔子西藏书于周室,子路谋曰[1]:“由闻周之征藏史有老聃者,免而归居,夫子欲藏书,则试往因焉。”

孔子曰:“善。”

往见老聃,而老聃不许,于是繙十二经以说。

老聃中其说,曰:“大谩[2],愿闻其要。”

孔子曰:“要在仁义。”

老聃曰:“请问:仁义,人之性邪?”

孔子曰:“然。君子不仁则不成,不义则不生。仁义,真人之性也,又将奚为矣?”

老聃曰:“请问:何谓仁义?”

孔子曰:“中心物恺,兼爱无私,此仁义之情也。”

老聃曰:“意,几乎后言!夫兼爱,不亦迂乎!无私焉,乃私也。夫子若欲使天下无失其牧乎?则天地固有常矣,日月固有明矣,星辰固有列矣,禽兽固有群矣,树木固有立矣。夫子亦放德而行[3]，循道而趋，已至矣！又何偈偈乎揭仁义[4]，若击鼓而求亡子焉[5]！意，夫子乱人之性也！”

【注释】

①子路：姓仲，名由，孔子的弟子。

②大谩：太冗长，太烦琐。

③放德：仿效天德。放，通“仿”。

④偈偈（jié）：用力的样子。揭：举，引申为提倡、倡导。

⑤亡子：逃亡的人。

【译文】

孔子想把自己写的书藏到西边周王室的府库中，子路出主意说：“我听说周王室有位掌管图书的史官叫老聃，现已隐退在家，先生想藏书可以试着找他帮忙。”

孔子说：“好吧。”

孔子去见老聃，老聃不同意，于是孔子反复演绎十二经，企图说服老聃。

老聃打断孔子的话，说：“太冗长了，我想听其要点。”

孔子说：“要点就在仁义。”

老聃说：“请问，仁义是人的本性吗？”

孔子说：“是的。君子没有仁就不能成事，没有义就不能生存。仁义，确实是人的本性，没了仁义，还能干什么呢？”

老聃说：“请问，仁义是什么？”

孔子说：“心正而能和万物同乐，兼爱无私，这是仁义的实情。”

老聃说：“唉，你后面说的这些话太危险了！兼爱不是太迂腐了吗！无私就是有偏私。先生想要使天下不失去其养育吗？那么天地本来就有规律，日月本来就有光明，星辰本来就有顺序，禽兽本来就有群体，树木本来就要生长。先生还是仿效天德行事，顺着大道前进，这样就很好了，又何必用力去标举仁义，像是敲着鼓去追捕逃亡的人一样？唉！您扰乱了人的本性啊！”

五

士成绮见老子而问曰[①]：“吾闻夫子圣人也，吾固不辞远道而来愿见，百舍重趼而不敢息[②]。今吾观子非圣人也，鼠壤有余蔬而弃妹之者[③]，不仁也。生熟不尽于前[④]，而积敛无崖[⑤]！”

老子漠然不应。

士成绮明日复见，曰：“昔者吾有刺于子，今吾心正郤矣，何故也？”

老子曰：“夫巧知神圣之人，吾自以为脱焉。昔者子呼我牛也而谓之牛，呼我马也而谓之马。苟有其实，人与之名而弗受，再受其殃。吾服也恒服，吾非以服有服。”

士成绮雁行避影，履行遂进而问：“修身若何？”

老子曰：“而容崖然[⑥]，而目冲然[⑦]，而颡頯然[⑧]，而口阚然[⑨]，而状义然[⑩]；似系马而止也，动而持，发也机；察而审，知巧而睹于泰[⑪]，凡以为不信。边竟有人焉[⑫]，其名为窃。”

【注释】

①士成绮：虚构人物。

②百舍：古时行军以三十里为一舍，百舍合三千里，形容路途遥远。重趼（jiǎn）：脚掌上磨的层层厚茧。趼，通“茧”。

③鼠壤：老鼠洞口的积土。余蔬：剩余的菜蔬。弃妹：不惜物。妹，昧。

④生熟：生的和熟的食品。

⑤积敛无崖：屯积聚敛财物无止境。

⑥崖然：自命不凡的样子。

⑦冲然：突出的样子。

⑧颡（sǎng）：额。頯（kuí）然：高亢显露的样子。

⑨阚（hǎn）然：口大张的样子。

⑩义（é）然：巍峨高大的样子。义，通“峨”。

⑪泰：骄傲放肆。

⑫竟：通“境”。

【译文】

士成绮见了老子问道：“我听说先生是圣人，故而我不辞路远来拜访您，走了很远，脚上磨出厚厚的老茧也不敢停歇。现在我看先生，并不是圣人，老鼠洞口有剩余的粮食，任其随地散弃，说明您对东西不珍惜，可说是不仁。生的和熟的食品堆积在前，您却还聚敛不已！”

老子漠然不做任何回应。

第二天，士成绮又见到了老子，说：“昨天我挖苦了您，但今天我有所觉悟，这是什么原因呢？”

老子说：“巧智神圣，我感觉自己早就超脱这种人的行列了。昨天你叫我牛，我便是牛；叫我马，我便是马。假如确有那样的事实，别人给我名称而我拒绝，这将是双重罪过。我接受别人给我的名称是顺其自然地接受，并不是心里想服从而服从。”

士成绮羞愧地斜着身子前行，毕恭毕敬像是要避开自己的影子，来不及脱鞋子就入室走近老子问道：“怎样修身呢？”

老子说：“你的态度高傲，你的眼睛突出，你的前额高亢，你的口舌大张，你的体形高大；就像被拴紧的奔马，而心却在驰骋，想动而受到限制，一旦发动就像发射的弩箭般迅疾；审视明察而又精细，自以为智巧而表现出骄傲的神态，这些都不是人的真实本性。边境上如果有这种人，名字就叫作窃贼。”

六

夫子曰[①]："夫道，于大不终，于小不遗，故万物备。广广乎其无不容也[②]，渊渊乎其不可测也[③]。形德仁义[④]，神之末也，非至人孰能定之！夫至人有世[⑤]，不亦大乎，而不足以为之累；天下奋棅而不与之偕[⑥]；审乎无假而不与利迁。极物之真，能守其本。故外天地，遗万物，而神未尝有所困也。通乎道，合乎德，退仁义[⑦]，宾礼乐[⑧]，至人之心有所定矣！"

【注释】

①夫子：指老聃。

②广广乎：博大宽广的样子。

③渊渊乎：幽深玄远的样子。

④形德：即"刑德"，指刑戮和庆赏。

⑤有世：有天下，做天下的帝王。

⑥奋棅(bǐng)：争夺统治权柄。棅，通"柄"，指治国治民的权力。

⑦退：黜退。

⑧宾：通"摈"，抛弃。

【译文】

老子说："道，从大的方面来说，没有穷尽；从小的方面来说，没有遗漏；所以万物中都存在着道。宽广啊，无所不容；深远啊，不可测量。推行刑罚、赏赐和仁义，是精神的末节，不是至人，谁能分辨它呢！至人拥有天下，责任不是很重大吗，可是却不足以成为他的牵累；天下人都在争权夺利，但至人却不为所动；他安守纯真的天道，不会被私利驱使；他穷究事物的实质，坚守天道根本。所以，他置天地于度外，遗忘万物，精神不曾有所困扰。与大道相通，与道德相合，丢掉仁义，摒弃礼乐，至人就安心在无为的大道中。”

七

世之所贵道者，书也。书不过语，语有贵也。语之所贵者，意也，意有所随。意之所随者，不可以言传也，而世因贵言传书。世虽贵之，我犹不足贵也，为其贵非其贵也。故视而可见者，形与色也；听而可闻者，名与声也。悲夫，世人以形色名声为足以得彼之情！夫形色名声，果不足以得彼之情，则知者不言，言者不知，而世岂识之哉！

桓公读书于堂上①，轮扁斫轮于堂下②，释椎凿而上，问桓公曰："敢问：公之所读者，何言邪？"

公曰："圣人之言也。"

曰："圣人在乎？"

公曰："已死矣。"

曰："然则君之所读者，古人之糟魄已夫！"

桓公曰："寡人读书，轮人安得议乎！有说则可，无说则死！"

轮扁曰："臣也以臣之事观之。斫轮，徐则甘而不固，疾则苦而不入，不徐不疾，得之于手而应于心，口不能言，有数存焉于其间③。臣不能以喻臣之子④，臣之子亦不能受之于臣，是以行年七十而老斫轮。古之人与其不可传也死矣，然则君之所读者，古人之糟魄已夫！"

【注释】

①桓公：齐桓公，姓姜，名小白。

②轮扁：造车轮的匠人，名扁。斫（zhuó）：砍削。

③数：技艺。

④喻：晓喻，说明。

【译文】

世人所珍贵的道是在书上记载的。书所记载的不过人的语言，而语言有它的可贵之处。语言的可贵之处在于意义，而意义是有所指向的。意义的指向，是不可以用语言来表述的，世人因为看重语言而传之以书。虽然世人觉得书珍贵，但是我却认为不足贵，因为所被珍贵的并不是真正可贵的。所以能看到的，是形状和颜色；能听到的，是名称和声音。可悲呀，世人以为根据形状、颜色、名称和声音就可以得到事物的实情！形状、颜色、名称和声音实在是不足以得到事物的实情，那么，真正知晓的人不言说，言说的人并不是真正知道，世人又怎能懂得这个道理呢！

齐桓公正在堂上读书，轮扁在堂下砍制车轮，他放下椎凿走上堂来，问齐桓公道："请问，您读的书，是讲什么的？"

桓公说："是圣人的言论。"

轮扁问："圣人还活着吗？"

桓公说："已经死了。"

轮扁说："那么您所读的书，就是古人的糟粕了！"

桓公说："寡人读书，制轮匠人怎么能够随便议论！说得出道理还可以，说不出道理就处死。"

轮扁说："我是从我所做的事来看的。砍削车轮，榫头做得宽了便松滑不牢固，紧了就滞涩安不进去，不松不紧，才能得心应手，这种得心应手的感受，语言是无法形容的，但是却有技巧存在其间。我不能明确地告诉儿子，我儿子也不能从我这儿接受过去，所以我已经七十岁了还在砍制车轮。古人和他们不能用语言传授的东西都不存在了，那您所读的书，就是古人留下的糟粕！"

【赏析】

本篇的主旨延续了上一篇《天地》的中心思想，即无为而治，遵循自然规律。

文中第一部分指出自然规律运行不息，万物自生自长，圣人应效法天道虚静无为。第二部分提出君上无为、臣下有为的观点。但是作者强调尊卑先后符合天道，是自然的顺序，人道也应该取象效法。可以看出作者在贯彻“无为”思想的同时，开始为社会的尊卑贵贱现实进行维护和阐释。第三部分通过尧与舜的对话，指出君王治理天下应效法天地，遵循天道。第四部分通过孔子与老聃的对话，指出万事应遵循自然本性，仁义主张会扰乱人性。第五、六部分指出智巧骄恣之人不能学道，得道之人应忘怀一切，将仁义、礼乐统统抛弃。最后指出道是无法言传的，书中所载圣人之言都是糟粕。

天运第十四

本篇取首句二字为篇名。开篇即通过一串问题指出，作为万物之主的天道是不断运转变化的，“帝王顺之则治，逆之则凶”。随后，对儒家固守六经所宣扬的仁义教条以及如丑人效颦般推行周朝礼义法度的行为进行了抨击。

一

“天其运乎？地其处乎？日月其争于所乎[①]？孰主张是？孰维纲是[②]？孰居无事推而行是？意者其有机缄而不得已邪[③]？意者其运转而不能自止邪？云者为雨乎？雨者为云乎？孰隆施是？孰居无事淫乐而劝是[④]？风起北方，一西一东，有上彷徨。孰嘘吸是[⑤]？孰居无事而披拂是[⑥]？敢问何故？”

巫咸祒曰[⑦]：“来，吾语女。天有六极五常[⑧]，帝王顺之则治，逆之则凶。九洛之事[⑨]，治成德备，监照下土[⑩]，天下戴之，此谓上皇。”

【注释】

①争于所：争着返回各自的处所。

②维纲：维系。

③意:猜测。机:机关。缄:封闭,关闭。

④淫乐:古人把云雨视为阴阳交和而成,故言淫乐。劝:勉励,助长。

⑤嘘吸:吐气与吸气。

⑥披拂:鼓动,如鼓动风箱使风吹出。

⑦巫咸祒(tiáo):虚构人物。

⑧六极:指四方上下。五常:指金、木、水、火、土五行。

⑨九洛:传说大禹治水时,有神龟出洛水,背上有书,称洛书。上面载有九种治理天下的大法,即为九洛。

⑩监照下土:照临天下。

【译文】

“天在运行吗?地在静止吗?日月交替出现,是在争着回到处所吗?天的运行是谁在主宰呢?地的静止是谁在维系呢?日月的交替是谁闲居无事在推动呢?莫非是它们有机关控制而不得已吗?莫非是它们自行运转而不能停止吗?乌云蒸腾是为了施雨吗?雨水降落是为了兴云吗?是谁在兴云降雨呢?是谁闲居无事地促成了呢?风从北方刮起来,一会儿向东,一会儿向西,在空中盘旋环绕。是谁在呼吸间成风呢?是谁闲居无事去吹动它呢?请问这是什么缘故?”

巫咸祒说:“过来,我告诉你。天有六合和五行,帝王顺应天道的变化则天下大治,违逆则招来祸灾。九洛的事情,国家太平则道德完备,帝王功业的光辉照临人间,万民拥戴,这就是至高无上的帝王。”

二

商太宰荡问仁于庄子①。庄子曰:“虎狼,仁也。”

曰:“何谓也?”

庄子曰:“父子相亲,何为不仁?”

曰:“请问至仁。”

庄子曰:“至仁无亲。”

太宰曰:“荡闻之,无亲则不爱,不爱则不孝。谓至仁不孝,可乎?”

庄子曰:“不然。夫至仁尚矣,孝固不足以言之。此非过孝之言也,不及孝之言也。夫南行者至于郢②,北面而不见冥山③,是何也?则去之远也。故曰:以敬孝易,以爱孝难;以爱孝易,以忘亲难;忘亲易,使亲忘我难;使亲忘我易,兼忘天下难;兼忘天下易,使天下兼忘我难。夫德遗尧、舜而不为也,利泽施于万世,天下莫知也,岂直太息而言仁孝乎哉④!夫孝悌仁义,忠信贞廉,此皆自勉以役其德者也,不足多也⑤。故曰:至贵,国爵并焉⑥;至富,国财并焉;至愿⑦,名誉并焉。是以道不渝⑧。”

【注释】

①商:指宋国,因宋国是殷商的后代,故称。太宰:殷周时官名。荡:太宰之名。

②郢(yǐng):楚国都城,在今湖北江陵。

③冥山:北海山名。

④太息:深深地叹息。

⑤多:称道,推崇。

⑥国爵:国家赐予的爵位。并(bǐng):除却,舍弃。

⑦至愿:最高的愿望。

⑧渝:变。

【译文】

宋国太宰荡向庄子请教仁。庄子说:“虎狼也有仁性。”

太宰问:“这该如何理解呢?”

庄子说："虎狼父子在一起亲近，怎么不能叫仁？"

太宰又问："请问什么是至仁？"

庄子说："至仁没有偏爱。"

太宰说："我听说，没有偏爱就不会爱父母，不爱父母也就不会孝顺父母。说至仁是不孝，可以吗？"

庄子说："不是这样。至仁是高尚的，孝还远不能说明它。这并不是说它超过了孝，而是说仁与孝是不相干的。向南走到郢都，回头北望却看不见冥山，这是为什么呢？是因为距离太远了。因此说，用敬来尽孝易，用爱来尽孝难；用爱来尽孝易，用虚静之心忘怀双亲难；忘怀双亲易，让双亲不挂念我难；让双亲不挂念我易，一并忘怀天下难；一并忘怀天下易，让天下忘掉我难。天德之人忘怀天下，即使像尧、舜这样的帝位也不会去羡慕，功利恩泽施及于万代，而天下人却不知道，难道还用得着忧心地去宣扬仁孝吗？孝、悌、仁、义、忠、信、贞、廉八种美德，都是用来自勉而有害于人的天性的，不值得崇尚。因此说，最尊贵的，是舍弃国家赐予的爵位；最富有的，是摒弃全国的财富；最高的愿望，是摒弃一切名誉。所以，大道是永恒不变的。"

三

北门成问于黄帝曰[①]："帝张《咸池》之乐于洞庭之野[②]，吾始闻之惧，复闻之怠，卒闻之而惑[③]，荡荡默默，乃不自得。"

帝曰："汝殆其然哉[④]！吾奏之以人，征之以天[⑤]，行之以礼义，建之以太清。四时迭起，万物循生。一盛一衰，文武伦经。一清一浊，阴阳调和[⑥]，流光其声。蛰虫始作[⑦]，吾惊之以雷霆。其卒无尾，其始无首。一死一生，一偾一起[⑧]，所常无穷，而一不可待。汝故惧也。

"吾又奏之以阴阳之和，烛之以日月之明。其声能短能长，能柔能刚,变化齐一,不主故常。在谷满谷,在阬满阬[9]。涂郤守神,以物为量。其声挥绰[10],其名高明。是故鬼神守其幽,日月星辰行其纪。吾止之于有穷,流之于无止。予欲虑之而不能知也,望之而不能见也,逐之而不能及也。傥然立于四虚之道[11],倚于槁梧而吟。目知穷乎所欲见,力屈乎所欲逐,吾既不及,已夫!形充空虚,乃至委蛇。汝委蛇,故怠。

"吾又奏之以无怠之声,调之以自然之命,故若混逐丛生。林乐而无形,布挥而不曳[12],幽昏而无声。动于无方,居于窈冥[13]。或谓之死,或谓之生;或谓之实,或谓之荣。行流散徙,不主常声。世疑之,稽于圣人。圣也者,达于情而遂于命也。天机不张而五官皆备。此之谓天乐,无言而心说。故有焱氏为之颂曰[14]:'听之不闻其声,视之不见其形,充满天地,苞裹六极。'汝欲听之而无接焉,而故惑也。

"乐也者,始于惧,惧故祟;吾又次之以怠,怠故遁;卒之于惑,惑故愚;愚故道,道可载而与之俱也。"

【注释】

①北门成:姓北门,名成。据说为黄帝之臣。

②张:演奏。咸池:古代乐曲,传说为黄帝所作。洞庭之野:广漠的旷野。

③惑:迷惑,指丧失自我、离形去智,接近大道了。

④殆其然哉:大概就是这样吧。

⑤征:证明,验证。

⑥阴阳:音律分五音十二律,十二律中六为阳声,称六律;六为阴声,称六间。演奏时律间相间即是阴阳调和。

⑦蛰(zhé)虫:冬眠之虫。作:活动,复苏。

⑧偾(fèn):仆倒。

⑨阬(kēng):通“坑”。

⑩挥绰:指乐器声悠扬悦耳。

⑪傥然:无心的样子。四虚之道:四面空虚、没有边际的路。

⑫不曳:不受牵制,余音袅袅。

⑬窈冥:幽远暗昧之境。

⑭有焱(yàn)氏:即神农氏。

【译文】

北门成向黄帝请教说:“您在广漠的旷野上演奏《咸池》乐曲,我刚开始听时感到害怕,再听时就感觉松懈下来了,听到最后又迷惑了,心神恍惚,不能自主。”

黄帝说:“你大概就是这样的!我用人事来演奏,用天道来验证,以礼义来推行,用自然元气让它得以建立。乐声如四时般更替,如万物般生长。旋律忽盛忽衰,犹如文治武功顺理成章。曲调忽清忽浊,犹如阴阳二调相互调和,乐声流动充满天地。犹如越过冬眠的蛰虫即将开始活动,我用雷霆之声惊动它们。乐声天成,来无影,去无踪。忽灭忽起,忽低忽高,变化多端没有穷尽,全然出乎意料。因此你会感到害怕。

“我又用阴阳调和之声演奏,用日月之光来照耀。曲调可短可长,可柔可刚,变化多样,变化中又有条理,推陈出新而又不拘泥于一调。乐声传到山谷,山谷便满盈;传到坑洞,坑洞便充实。堵塞心智的孔隙,固守虚寂的精神,以天地万物为尺度。声音悠扬悦耳,节奏高远明朗。因此阴阳调和,万物各得其所,鬼神安守幽居,日月星辰遵循轨道运行。我的演奏停止了,回声却无穷无尽。你想思虑它却得不出结果,想观看它却又看不见,想追逐它却又追不上。只能迷茫地站在四面无际的大道上,倚靠干枯的梧桐吟咏。视力和智力穷竭于想要看到的东西,力量穷竭于想要追逐的东西,我已经追赶不上了!你的形体充满空虚,只能婉转徘徊于乐曲中。你能婉转徘徊于乐曲中,所以感到懈怠。

“我又演奏起以天怠为主题的乐曲,用自然的节奏调和,因此音调像禽兽般混相追逐，像草木般丛聚并生。众乐齐奏而不见形迹，乐声张扬而不留曳，幽暗昏昧而不可闻。它变化莫测，止于幽昏难窥的境地。它忽而好像消失了，忽而好像兴起了；忽而好像结果了，忽而好像开花了。流播扩散，不拘于常调。世人充满疑惑，就向圣人问询查考。所谓'圣'，就是通达情理顺乎自然。天然的神理不动而五官齐备。这叫作天乐，无须言说而内心自得其中乐趣。因此，神农氏歌颂它说：'听却听不见声音，看却看不到形体，但是它充满天地间，容纳了六极。'你想听却无法领会，所以感到迷惑。

"这种音乐，从忧惧开始，因为忧惧所以认为会有灾祸产生；接着我又演奏让人放松的音乐，心情放松，所以忧惧就消失了；最后在迷惑中结束乐声，因为迷惑不解就会淳朴愚痴；进入淳朴愚痴的境界也就接近天道了，到达这种境地，你就可以和道浑然一体了。"

四

孔子西游于卫，颜渊问师金曰[①]："以夫子之行为奚如？"

师金曰："惜乎！而夫子其穷哉[②]！"

颜渊曰："何也？"

师金曰："夫刍狗之未陈也[③]，盛以箧衍[④]，巾以文绣[⑤]，尸祝齐戒以将之[⑥]。及其已陈也，行者践其首脊，苏者取而爨之而已[⑦]。将复取而盛以箧衍，巾以文绣，游居寝卧其下，彼不得梦，必且数眯焉。今而夫子亦取先王已陈刍狗，聚弟子游居寝卧其下。故伐树于宋，削迹于卫，穷于商周，是非其梦邪？围于陈蔡之间[⑧]，七日不火食，死生相与邻，是非其眯邪？

"夫水行莫如用舟，而陆行莫如用车。以舟之可行于水也，而求推之于陆，则没世不行寻常[⑨]。古今非水陆与？周鲁非舟车与？今蕲行周于鲁，是犹推舟于陆也，劳而无功，身必有殃。

彼未知夫无方之传，应物而不穷者也。

“且子独不见夫桔槔者乎[10]？引之则俯，舍之则仰。彼，人之所引，非引人者也，故俯仰而不得罪于人。故夫三皇五帝之礼义法度[11]，不矜于同而矜于治[12]。故譬三皇五帝之礼义法度，其犹柤梨橘柚邪[13]！其味相反而皆可于口。

“故礼义法度者，应时而变者也。今取猨狙而衣以周公之服[14]，彼必龁啮挽裂[15]，尽去而后慊[16]。观古今之异，犹猨狙之异乎周公也。故西施病心而矉其里[17]，其里之丑人见而美之，归亦捧心而矉其里。其里之富人见之，坚闭门而不出；贫人见之，挈妻子而去之走[18]。彼知矉美而不知矉之所以美。惜乎，而夫子其穷哉！”

【注释】

①师金：鲁国太师，名金。

②穷：困穷，不通达。

③刍(chú)狗：用草扎成的狗，用于祭祀。

④箧(qiè)：竹箱之类。衍：方形箱子。

⑤巾：覆盖。文绣：绣有文饰的盖巾。

⑥尸祝：古代祭祀中主持祭礼的巫师。齐戒：斋戒。古人于祭祀前，清心寡欲，沐浴更衣，不饮酒，不吃荤，不宿于内，以示诚敬。齐，通“斋”。

⑦苏者：打柴烧饭的人。爨(cuàn)：烧火做饭。

⑧陈蔡：春秋时两个小国。

⑨没世：终生，一辈子。寻常：古代长度单位，八尺为寻，二寻为常。

⑩桔槔(jiégāo)：古代用杠杆原理制成的汲水器械。

⑪三皇：指伏羲氏、神农氏和黄帝。五帝：指少昊、颛顼、高辛、尧、舜。

⑫矜：崇尚。

⑬柤(zhā):通“楂”,即山楂。

⑭猨狙:猴子。

⑮龁啮(hénie):啃咬。挽裂:撕裂。

⑯慊(qiè):满足。

⑰矉(pín):通“颦”,皱眉。

⑱挈(qiè):提携,带领。

【译文】

孔子西游到卫国,颜渊问太师金说:“您认为老师此行怎么样呢?”

太师金说:“可惜!你的老师此行会遇到困厄啊!”

颜渊说:“为什么呢?”

太师金说:“刍狗在没有被用来祭祀时,用竹筐装着,用绣有花饰的饰物覆盖着,巫师斋戒后才敢捧起它行祭。等祭祀结束后,行人踩踏它的头和脊背,割草的人捡回去烧火做饭。假如有人再拿来装入竹筐中,用绣着花纹的饰物盖着,出游、居处都带在身边,即使不做噩梦,也会受到困扰惊吓。现在你的老师,也拿先王祭祀用过的刍狗,聚集弟子,无论出游还是居处都形影不离。所以在宋国遭受了伐树的惊吓,在卫国受到拘禁,在宋、卫等地均不得志,这不就是噩梦吗?在陈、蔡交界处被围困,七天没有饭吃,临近死亡,这不就是困扰吗?

“在水上通行最好的工具是船,而在陆地上通行没有比车更好的了。如果认为船可以在水上通行,而硬要它在陆地上行走,这样终生也走不了多远。古和今的不同,不就像水上和陆地上一样吗?周和鲁的差别,不就像船和车一样吗?现在想把西周时的制度硬搬到鲁国,就如同把船推到陆地上行走一样,不仅劳而无功,自身还会遭受祸害。他不明白没有方向的驿车,方能四通八达,毫无障碍。

“况且你没见过桔槔吗?有人拉它就会俯下,放开它就会仰起。它是被人牵引的,而不是牵引人的,所以无论俯下还是仰起都不会得罪人。所以三皇五帝制定的礼义法度,可贵的不是他们相同,而是可以让天下太平。故而用三皇五帝的礼义法度打个比方，就好像山楂、梨子、橘子和柚子等水果一样吧！虽然味道不同但是都很可口。

“所以，礼义法度都是要随着时代不断变化的。现在给一只猴子穿上周公的礼服，它一定会把衣服咬破撕裂，直到完全脱掉后才满足。看古今之不同，就像猿猴不同于周公一样。所以，西施因为心口疼，在邻里面前皱起眉头，邻居一位丑女看了觉得很美，回去后也捧着胸口皱着眉头。邻里的富人看见了，紧闭屋门不肯出来；穷人看见了，带着妻子儿女跑走了。她只知道皱着眉头是美，却不知皱着眉头为什么美。可惜呀，你的老师将会遭受困厄！”

五

孔子行年五十有一而不闻道，乃南之沛见老聃[①]。

老聃曰：“子来乎？吾闻子，北方之贤者也，子亦得道乎？”

孔子曰：“未得也。”

老子曰：“子恶乎求之哉[②]？”

曰：“吾求之于度数[③]，五年而未得也。”

老子曰：“子又恶乎求之哉？”

曰：“吾求之于阴阳，十有二年而未得也。”

老子曰：“然。使道而可献，则人莫不献之于其君；使道而可进，则人莫不进之于其亲；使道而可以告人，则人莫不告其兄弟；使道而可以与人，则人莫不与其子孙。然而不可者，无佗也[④]，中无主而不止，外无正而不行。由中出者，不受于外，圣人不出；由外入者，无主于中，圣人不隐。名，公器也，不可多取。仁义，先王之蘧庐也[⑤]，止可以一宿而不可久处，觏而多责[⑥]。

“古之至人，假道于仁，托宿于义，以游逍遥之虚，食于苟简之田[⑦]，立于不贷之圃[⑧]。逍遥，无为也；苟简，易养也；不贷，无出也。古者谓是采真之游。

“以富为是者,不能让禄;以显为是者,不能让名;亲权者,不能与人柄。操之则栗,舍之则悲,而一无所鉴,以窥其所不休者,是天之戮民也。怨、恩、取、与、谏、教、生、杀八者,正之器也,唯循大变无所湮者为能用之⑨。故曰:正者,正也。其心以为不然者,天门弗开矣。”

【注释】

①沛:地名,在今江苏沛县。

②恶乎:疑问词,何所。

③度数:制度名数。

④佗:通“他”。

⑤蘧(qú)庐:古代驿传中供人休息的房子。

⑥觏(gòu):见。多责:多受指责。

⑦苟简:草率而简略。

⑧不贷:指不借物于人。

⑨大变:天道。湮(yān):滞塞。

【译文】

孔子五十一岁还没有得道,于是就南行到楚国沛地拜访老聃。

老聃说:“您来了吗?我听说您是北方的贤人,您也得道了吗?”

孔子说:“还没有。”

老子说:“那您是怎么求道的呢?”

孔子说:“我从制度名数中寻求,但五年都没有得道。”

老子说:“您又去何处求道呢?”

孔子说:“我从阴阳变化中求道,寻求了十二年也没有得道。”

老子说:“是的。如果道可以进献,那么没有谁会不把它进献给国君；如果道可以奉送，那么没有谁会不把它奉送给父母；如果道可以相告，那么没有谁会不把它告诉给兄弟；如果道可以传给人，那么没有谁会不把它留给子孙。但这种事情是不可能的，没有别的原因，内心不悟道则道不会停留，对外界事物不能印证则道不能被外界接受。出自内心所悟，若不为外界所接受，圣人也就不会传授；由外进入内心的东西，若与心中的主意不合，圣人也就不会把它放在心上。名，是天下公用的器物，不能多取。仁义，是先王的旅舍，只可以留宿一宿而不能久居，久居则要受到诸多责难。

“古代的至人，仅把仁义看成暂时借用、寄托的道路和旅舍，在逍遥的环境中遨游，在简略的天地中生活，立身于不施与的园圃。逍遥，便是无为；简略，就容易养活；不施与，就没有损费。古代把这叫作神采纯真的遨游。

“把财富作为追求目标的人，不会把利禄让给别人；把显要作为追求目标的人，不会把名誉让给别人；热衷于权势的人，不会把权柄交给别人。掌握这些东西时，觉得战栗不安，舍弃又觉得悲伤，心中却对此没有丝毫觉察，眼睛只盯着自己不停追求的东西，这些都是被天理惩罚的人。怨恨、恩惠、索取、赐给、谏止、教诲、生养、杀戮，这八种手段是治理天下的方法，只有顺应天道变化而不因物欲停滞的人，才能够使用。所以说，治理天下，必先端正自己，才能够使人端正。内心不这样认为的人，他的天道大门就不会打开。”

六

孔子见老聃而语仁义。老聃曰：“夫播穅眯目，则天地四方易位矣；蚊虻噆肤[①]，则通昔不寐矣。夫仁义憯然[②]，乃愦吾心，乱莫大焉。吾子使天下无失其朴[③]，吾子亦放风而动[④]，总德而立矣！又奚杰然若负建鼓而求亡子者邪[⑤]？夫鹄不日浴而白[⑥]，乌不日黔而黑。黑白之朴，不足以为辩；名誉之观，不足以为广。泉涸，鱼相与处于陆，相呴以湿[⑦]，相濡以沫，不若相忘于江湖。”

孔子见老聃归，三日不谈。弟子问曰：“夫子见老聃，亦将何规哉？”

孔子曰：“吾乃今于是乎见龙。龙，合而成体，散而成章[⑧]，乘云气而养乎阴阳。予口张而不能嗋[⑨]，予又何规老聃哉！”

子贡曰：“然则人固有尸居而龙见，雷声而渊默，发动如天地者乎？赐亦可得而观乎？”遂以孔子声见老聃。

老聃方将倨堂而应微曰[⑩]：“予年运而往矣，子将何以戒我乎？”

子贡曰：“夫三皇五帝之治天下不同，其系声名一也。而先生独以为非圣人，如何哉？”

老聃曰：“小子少进[⑪]！子何以谓不同？”

对曰：“尧授舜，舜授禹，禹用力而汤用兵，文王顺纣而不敢逆，武王逆纣而不肯顺，故曰不同。”

老聃曰：“小子少进！余语汝三皇五帝之治天下。黄帝之治天下，使民心一，民有其亲死不哭而民不非也。尧之治天下，使民心亲，民有为其亲杀其杀而民不非也。舜之治天下，使民心竞，民孕妇十月生子，子生五月而能言，不至乎孩而始谁，则人始有夭矣。禹之治天下，使民心变，人有心而兵有顺，杀盗非杀人，自为种而天下耳。是以天下大骇，儒墨皆起。其作始有伦，而今乎妇女[⑫]，何言哉！余语汝：三皇五帝之治天下，名曰治之，而乱莫甚焉。三皇之知，上悖日月之明[⑬]，下睽山川之精[⑭]，中堕四时之施[⑮]。其知憯于蛎虿之尾[⑯]，鲜规之兽，莫得安其性命之情者，而犹自以为圣人，不可耻乎？其无耻也！”

子贡蹴蹴然立不安[17]。

【注释】

①噆(zǎn):叮,咬。

②憯(cǎn):通"惨",毒害。

③吾子:对对方的敬称,您。

④放:依。

⑤杰然:用力的样子。

⑥鹄:天鹅。

⑦呴(xǔ):吐气。

⑧章:花纹。

⑨噜(xié):合拢。

⑩倨:通"踞",伸开腿坐着。

⑪少进:稍稍往前来些。

⑫妇女:娶女为妇。

⑬悖:乱。

⑭睽(kuí):违背。

⑮堕:毁坏,破坏。

⑯蛎虿(lìchài):蝎子一类尾部有剧毒的虫。

⑰蹴蹴(cù)然:惊恐不安的样子。

【译文】

孔子见到老聃,就和他谈论仁义。老聃说:"糠皮进入眼睛,看天地四方的位置就会颠倒;蚊虻叮咬皮肤,就会整夜无法入眠。仁义给人的毒害尤甚,使我内心烦乱,没有比这更大的祸患了。您要使天下人不失淳厚质朴的本性,您就应该顺化而行,执德而立!又何必用力地宣扬仁义,像是敲着鼓去寻找逃亡的人一样呢?天鹅不用每日洗澡也是白的,乌鸦不用每日染色也是黑的。黑和白的本质,不值得争辩美和丑;名誉是外在的东西，不值得传播扩散。泉水枯竭了，鱼一起被困在陆地上，用湿气互相滋润，用口沫互相沾湿，倒不如在江湖里相互遗忘。”

孔子见老聃回来，三天不说话。弟子问道：“先生见到老聃，是怎么规劝他的呢？”

孔子说：“我直到如今才见到龙。龙，合在一起便是一体，分散开来就是绚丽的文彩，乘着云气休养在阴阳二气之中。我惊得张开嘴就合不拢，又怎么能规劝老聃呢！”

子贡说：“有人能够安坐不动而神游如龙，似惊雷般震响而静默如渊，一举一动如天地般变幻莫测吗？我可以去看看他吗？”于是子贡就借用孔子的名义去拜见老聃。

老聃正伸着腿坐在堂上，轻声应道：“我年岁老迈，你有什么指教吗？”

子贡说：“虽然三皇五帝治理天下的方法不同，但是他们的好名声却是一样的。只有您认为他们不是圣人，这是为什么呢？”

老聃说：“年轻人你上前来些！你为什么说他们治理天下的方法各不相同呢？”

子贡说：“尧让位给舜，舜让位给禹，禹辛苦治水而汤用兵伐桀，周文王顺从商纣而不敢违抗，周武王违抗商纣而不肯顺从，所以说不同。”

老聃说：“年轻人你再上前来一点！我给你讲一下三皇五帝治理天下的事。黄帝治理天下，使民心淳朴如一，百姓之中如果有谁死了父母而不哭泣，别人也不会责难他。尧治理天下，使民心有了偏亲，百姓之中如果有谁为了敬重双亲而区分丧服的等次，别人也不会非议他。舜治理天下，使民心相争，民间有孕妇十月生下孩子，孩子五个月就会说话，还不会笑就开始分辨人我，于是人就开始出现短命夭折的现象了。禹治理天下，使民心多变，人人都有机巧之心，使用兵器成了天经地义的事，杀死盗贼并不算杀人，各自结成团伙而以‘为天下’自居。所以，天下百姓惊恐，儒家和墨家兴起。开始的时候还讲伦理秩序，现在却娶女为妇扰乱了伦理秩序，你还有什么可说的呢！我告诉你，三皇五帝治理天下，名义上是治理，实则没有比这更大的祸患了。三皇的才智，上遮日月光辉，下毁山川精华，中乱四时更替。他们的智慧比蝎子的尾巴、凶猛的野兽还狠毒，自己丧失了纯朴天性，还自以为是圣人，不觉得可耻吗？实在太无耻了！”

子贡听后惊恐不安地站在那里。

七

孔子谓老聃曰："丘治《诗》《书》《礼》《乐》《易》《春秋》六经，自以为久矣，孰知其故矣，以奸者七十二君[①]，论先王之道而明周、召之迹[②]，一君无所钩用[③]。甚矣！夫人之难说也？道之难明邪？"

老子曰："幸矣，子之不遇治世之君也！夫六经，先王之陈迹也，岂其所以迹哉！今子之所言，犹迹也。夫迹，履之所出[④]，而迹岂履哉！夫白鶂之相视[⑤]，眸子不运而风化；虫，雄鸣于上风，雌应于下风而风化；类自为雌雄，故风化。性不可易，命不可变，时不可止，道不可壅。苟得于道，无自而不可；失焉者，无自而可。"

孔子不出三月，复见，曰："丘得之矣。乌鹊孺，鱼傅沫[⑥]，细要者化[⑦]，有弟而兄啼。久矣，夫丘不与化为人[⑧]。不与化为人，安能化人！"

老子曰："可，丘得之矣！"

【注释】

①奸（gān）：通"干"，请求，求取。

②周、召：指周公和召公。

③钩用:引用,取用。

④履:鞋。

⑤白鶂(yì):一种水鸟。

⑥傅沫:以口沫相濡而受孕。

⑦细要:即“细腰”,蜂名。

⑧化:造化,自然。为人:为友。

【译文】

孔子对老聃说:“我研究《诗》《书》《礼》《乐》《易》《春秋》六经,自以为很久了,已熟知其中的掌故,就去求见七十二个国君,论述先王治理天下的道理,阐明周公和召公的事迹,竟然没有一个国君采用。难啊!是他们难以说服呢,还是大道难以弘扬呢?”

老子说:“幸亏你没有遇到治世明君!六经,那是先王留下的陈旧足迹,哪里是产生足迹的本原呢!现在你所说的话,就如同足迹啊。足迹,是由鞋子踩出来的,足迹岂能当鞋呢!白鶂雌雄相互对视,眼睛盯视就能受孕生育;虫子,雄性在上风处鸣叫,雌性在下风处应和,就能受孕生育;‘类’兽,身兼雌雄两性,所以能自行受孕生育。天性不可改,天命不可变,时光不可止,大道不能滞塞。如果得道,就没有行不通的;失道,就没有行得通的。”

孔子三个月闭门不出,又去见了老聃,说:“我得道了。乌鸦喜鹊孵化而生,鱼借助口沫而生,蜂类化育桑虫为子,弟弟出生后,哥哥怕失宠而哭。我不和造化做朋友很久了。不与造化为友,又怎么能去教化人呢!”

老子说:“可以了,孔丘得道了!”

【赏析】

所谓“天运”,即各种自然现象按照自身的规律自动运行,没有谁在主宰,也没有谁能够主宰。上至天子,下至百姓必须与之相顺应。

在道家眼中，混沌的天可以抽象成人形。文中从天地、日月、风雨的运动变化归结出天有六极五常。这其中包含了天体运动以及自然循环的现象，具有一定的自然科学的萌芽。

全文分七个部分展开论述。一开始，庄子就提出天地、日月、风雨的运动，究竟是谁在推动？从提问的问题和巫咸祒的话，表达了一切都是自然的，没有谁在主宰的根本思想，并以此为根基，建立了天人关系的同一性，构成全篇的立论基础。第二部分写太宰荡向庄子请教，说明“至仁无亲”的道理。第三部分以乐论道，把音乐的节奏、情绪、意境和人的经验、情感以及自然界的变化统一起来。最后将人引入混沌世界，与道合一。第四部分写师金对孔子周游列国推行礼治的评价，指出古今变异而古法不可效法，必须“应时而变”。第五部分讲述求道于度数、阴阳，不可能得到。古之圣人，只是借助于仁义等有形的手段，去达到“采真之游”。一旦获得大道，一切具体有形的方法都可运用，使天下归于正道。第六部分写老聃对仁义和三皇五帝之治的批判，指出仁义对人的本性和真情的扰乱毒害至深，以致使人昏聩糊涂，而三皇五帝之治天下，实则是“乱莫甚焉”，其毒害胜于蛇蝎之尾。最后一部分指出六经是先王陈迹。只有获得大道，才能与天道变化一体，无所不通。

刻意第十五

本篇取首句"刻意尚行"之"刻意"二字为篇名。"刻意"的意思就是磨砺自己的心志。本篇内容讨论的是养神之道，不同的人有不同的修养要求，但都有弊病，只有"虚无恬淡"才合于"天德"，因而也才是修养的最高境域。

一

刻意尚行[1]，离世异俗，高论怨诽[2]，为亢而已矣。此山谷之士，非世之人，枯槁赴渊者之所好也。语仁义忠信，恭俭推让，为修而已矣。此平世之士，教诲之人，游居学者之所好也。语大功，立大名，礼君臣，正上下，为治而已矣。此朝廷之士，尊主强国之人，致功并兼者之所好也。就薮泽[3]，处闲旷，钓鱼闲处，无为而已矣。此江海之士，避世之人，闲暇者之所好也。吹响呼吸[4]，吐故纳新，熊经鸟申，为寿而已矣。此道引之士，养形之人，彭祖寿考者之所好也。

若夫不刻意而高，无仁义而修，无功名而治，无江海而闲，不道引而寿，无不忘也，无不有也，澹然无极而众美从之[5]。此天地之道，圣人之德也。

【注释】

①刻意:磨砺心志。尚行:使行为高尚。

②怨诽:怨愤讥刺。

③薮(sǒu)泽:湖泽。

④吹呴(xǔ):指吐气,慢者为呴,快者为吹,为练功调息的方法。

⑤澹(dàn)然:淡漠无心的样子。

【译文】

磨砺心志使品行高尚,超脱世俗与众不同,高谈阔论抨击时事,为了表现清高孤傲而已。这是幽居山谷之人、愤世之人、不满现实而以身殉志之人所喜好的。谈论仁义忠信、恭俭推让,为了修身而已。这是治世之人、教化别人之人、游居讲学之人所喜好的。讨论建立大功业,获得大名声,维护君臣礼仪,端正上下尊卑,为了治理天下而已。这是在朝为官之人、尊君强国之人、建功立业拓宽疆土之人所喜好的。隐身山泽,栖身旷野,钓鱼闲居,为了无为自在而已。这是游走江湖之人、躲避世事之人、闲暇幽居之人所喜好的。调息呼吸,吐故纳新,像熊之悬吊、鸟之伸展,为了延长寿命而已。这是引气导体之人、养身之人、像彭祖一样高寿之人所喜好的。

假如不磨砺心志而能高洁,不讲究仁义而能修身,不追求功名而能治世,不隐逸江湖而能悠闲,不引气导体而能高寿,一切无心,但一切都会得到,心境恬淡无所偏好,但一切美好的东西都汇聚在他周围。这就是天地的大道,圣人的美德。

二

故曰:夫恬惔寂漠,虚无无为,此天地之平而道德之质也。

故曰:圣人休休焉则平易矣,平易则恬惔矣。平易恬惔,则忧患不能入，邪气不能袭，故其德全而神不亏。

故曰：圣人之生也天行[①]，其死也物化[②]。静而与阴同德，动而与阳同波。不为福先，不为祸始。感而后应，迫而后动，不得已而后起。去知与故，循天之理。故无天灾，无物累，无人非，无鬼责。其生若浮，其死若休。不思虑，不豫谋。光矣而不耀，信矣而不期。其寝不梦，其觉无忧。其神纯粹，其魂不罢[③]。虚无恬惔，乃合天德。

故曰：悲乐者，德之邪；喜怒者，道之过；好恶者，德之失。故心不忧乐，德之至也；一而不变，静之至也；无所于忤[④]，虚之至也；不与物交[⑤]，惔之至也；无所于逆，粹之至也。

故曰：形劳而不休则弊，精用而不已则劳，劳则竭。水之性，不杂则清，莫动则平；郁闭而不流，亦不能清；天德之象也。

故曰：纯粹而不杂，静一而不变，惔而无为，动而以天行，此养神之道也。

【注释】

①天行：随自然而运行。

②物化：像万物一样变化。

③罢：通“疲”，疲劳。

④忤（wǔ）：违逆，抵触。

⑤不与物交：不与外物相交接。

【译文】

所以说，恬淡寂寞、虚无无为，是天地的准则、道德的本质。

所以说，圣人休息于恬淡无为的境地，在这一境地就会无所阻滞、安稳平易；安稳平易便会心境恬淡。安稳平易、心境恬淡，则忧患不能侵入内心，邪气不能侵袭身体，所以他的德行完整而精神不受亏损。

所以说，圣人活着时顺应自然而行，死后像万物一样变化。静时与阴气同隐寂，运时与阳气同流动。不做幸福的先兆，不做祸患的开始。有所感然后回应，有所迫然后行动，迫不得已然后兴起。抛弃智慧和奸诈，遵循自然之理。所以，没有自然灾害，没有外物拖累，没有旁人非议，没有鬼神责罚。活在人世如在水上漂浮，离开人世好像去休息。不思虑，也不谋划。有光亮但不耀眼，守信但不期求。睡觉时不会做梦，醒来后没有忧愁。精神纯粹，精力不疲惫。虚无恬淡，才能与自然的本性相合。

所以说，悲伤和快乐，是德的邪僻；欣喜和愤怒，是道的罪过；喜好和厌恶，是德的失误。所以内心没有担忧和快乐，是德性的最高境界；专一而不改变，是静寂的最高境界；不和外物抵触，是虚无的最高境界；不和外物交接，是恬淡的最高境界；不和外物相逆，是纯粹的最高境界。

所以说，形体劳累而不休息就会疲惫不堪，精力使用而不停歇就会元气劳损，劳损就会枯竭。水的天性，不混杂就会清澈，不搅动就很平静；闭塞而不流动，就不会清澈；这是天德的映照。

所以说，纯粹而没有杂质，虚静专一而没有改变，恬静淡泊而无为，遵循自然规律运行，这就是修养精神的道理。

三

夫有干越之剑者[①]，柙而藏之[②]，不敢用也，宝之至也。精神四达并流，无所不极，上际于天，下蟠于地[③]，化育万物，不可为象，其名为同帝[④]。纯素之道，唯神是守。守而勿失，与神为一。一之精通，合于天伦。野语有之曰[⑤]："众人重利，廉士重名，贤士尚志，圣人贵精。"故素也者，谓其无所与杂也；纯也者，谓其不亏其神也。能体纯素，谓之真人。

【注释】

①干越:干为吴国,越即越国。吴越出产名剑。

②柙(xiá):盛物的匣子。此指收入匣中。

③蟠(pán):遍及。

④同帝:功用如同天地。

⑤野语:俗语。

【译文】

持有吴越宝剑的人,把它收入木匣中藏起来,不敢轻易使用,珍贵到了极点。精神可以四面八方通达,无所不至,向上接天,向下及地,化育万物,没有形迹可见,其功用如同天帝。纯粹质朴之理,在于专心守神,使之不外驰。守持精神而不外驰,就能让道和精神合为一体。精通纯一之道,就能和自然之理相合。俗话曾说:"普通人看重私利,廉洁之人注重名声,贤人君子崇尚志向,圣人看重精神。"所以,素朴就是不与物混杂,纯粹就是对精神没有损害。能够体悟纯素的人,称之为真人。

【赏析】

本篇篇幅简短精悍,文章连贯,主旨在阐述讨论心神的修养。庄子认为,只有"虚无恬淡"才合于"天德",要做到这一点,首先要抛弃喜怒悲欢,去掉智谋诈伪,使精神纯一不杂,成为恬淡寂寞、虚无无为、动以天行的得道真人。

全篇分三部分展开论述。第一部分分析了六种不同的修养态度,唯有第六种才值得称道,"澹然无极"才是"天地之道,圣人之德"。第二部分讲述养神的方法。要以恬淡寂寞、虚无无为为根本,要息心于安稳平易,动静随天,去知与故,超越死生,无好恶、喜怒、悲欢,不与物交,保持心神之纯一不杂。第三部分提出"贵精"的主张,所谓"贵精"即不丧"纯""素",这样的人就可叫作"真人"。

缮性第十六

本篇取篇首二字为题：缮，修；缮性，修心养性。本篇与《刻意》同一主题，但内容各有所偏重。庄子认为，随着社会的发展，道德日益衰败，所以进行道德修养不能追随当时的俗学，而要向远古时代的人学习，做到以恬养知，穷乐无忧，勉励人们“不为轩冕肆志，不为穷约趋俗”。

一

缮性于俗学①，以求复其初；滑欲于俗思②，以求致其明：谓之蔽蒙之民。

古之治道者，以恬养知；知生而无以知为也，谓之以知养恬。知与恬交相养，而和理出其性。夫德，和也；道，理也。德无不容，仁也；道无不理，义也；义明而物亲，忠也；中纯实而反乎情，乐也；信行容体而顺乎文，礼也。礼乐偏行，则天下乱矣。彼正而蒙己德，德则不冒③，冒则物必失其性也。

【注释】

①缮性：修心养性。俗学：指道家之外的百家之学。

②滑（gǔ）：乱，搅乱。

③冒：显露，炫耀。

【译文】

用世俗的学问修缮本性，期望恢复原本的状态；用世俗的观念来迷乱欲望，还期望能明通：这种就是蔽塞蒙昧的人。

古代研习道的人，用恬静来涵养智慧；智慧生成后不外用，这就是运用智慧涵养恬静。智慧与恬静互相涵养，和谐就在本性中表现出来了。德，就是和顺；道，就是顺应。没有德不能包容的，这就是仁；没有道不能顺应的，这就是义；义理分明而与万物相亲，这就是忠；心中充满仁义，又与外物应和愉悦，这就是乐；信义而且能顺乎自然，这就是礼。礼乐推行过于偏失，就天下大乱了。人自正而且隐藏自己的德行，德行不施加给别人，施加给别人就一定把自然的本性失去。

二

古之人在混芒之中[①]，与一世而得澹漠焉[②]。当是时也，阴阳和静，鬼神不扰，四时得节，万物不伤，群生不夭，人虽有知，无所用之，此之谓至一[③]。当是时也，莫之为而常自然。

逮德下衰，及燧人[④]、伏羲始为天下，是故顺而不一。德又下衰，及神农、黄帝始为天下，是故安而不顺。德又下衰，及唐、虞始为天下，兴治化之流，澆淳散朴[⑤]，离道以善，险德以行，然后去性而从于心。心与心识知，而不足以定天下，然后附之以文，益之以博。文灭质，博溺心，然后民始惑乱，无以反其性情而复其初。

由是观之，世丧道矣，道丧世矣，世与道交相丧也。道之人何由兴乎世，世亦何由兴乎道哉！道无以兴乎世，世无以兴乎道，虽圣人不在山林之中，其德隐矣。

【注释】

①混芒：混沌蒙昧。

②澹漠:恬静淡漠。与:通“举”。

③至一:人与自然绝对同一的境界。

④燧人:燧人氏,传说为远古发明钻木取火的氏族领袖。

⑤澆(jiāo)淳散朴:浇薄其淳厚之性,耗散其浑朴之质。澆,通“浇”,浇薄。

【译文】

古代的人,处于混沌蒙昧中,他们都恬静淡漠而对别人无所求。在那个时代,阴阳和谐宁静,鬼神不扰乱,四季的变化与时节符合,万物不受伤害,众生没有夭亡的,人们虽然有智慧,却没有地方使用,这就是完美纯一的境界。那时,无所作为而万物顺乎自然。

等到道德开始衰败,燧人氏、伏羲氏开始治理天下,只能顺乎民心却不能达到完美的境地。道德继续衰败,到神农氏、黄帝开始治理天下时,只能够让天下安定而不能顺乎民心。道德继续衰败,到尧、舜治理天下时,开启了治理和教化的风气,淳朴的民风被离散,悖逆道去行事,隐匿德去做事,然后丢弃天性而顺从各自的内心。人心之间互相察识,因此不足以安定天下,然后又附着文饰,增加广博的学问。文饰毁灭了质朴,广博沉溺了人的心灵,然后百姓开始迷惑,就不能够返回恬静淡泊的性情而恢复自然的本初了。

由此看来,人世抛弃了大道,大道抛弃了人世,人世与大道互相抛弃。通晓大道的人从哪里使道在世上兴起,人世又怎能凭借大道得到振兴呢!大道不能在世间兴起,人世也不能凭大道振兴,即使圣人没有躲藏在山林里,但他的德行也必将隐没。

三

隐,故不自隐。古之所谓隐士者,非伏其身而弗见也①,非闭其言而不出也,非藏其知而不发也,时命大谬也②。当时命而大行乎天下，则反一无迹[3]；不当时命而大穷乎天下[4]，则深根宁极而待：此存身之道也。

古之存身者，不以辩饰知，不以知穷天下，不以知穷德，危然处其所而反其性[5]，己又何为哉！道固不小行，德固不小识。小识伤德，小行伤道。故曰：正己而已矣。

乐全之谓得志。古之所谓得志者，非轩冕之谓也[6]，谓其无以益其乐而已矣。今之所谓得志者，轩冕之谓也。轩冕在身，非性命也，物之傥来[7]，寄者也。寄之，其来不可圉[8]，其去不可止。故不为轩冕肆志，不为穷约趋俗，其乐彼与此同，故无忧而已矣。今寄去则不乐。由是观之，虽乐，未尝不荒也[9]。故曰：丧己于物，失性于俗者，谓之倒置之民。

【注释】

①伏：隐匿。

②时命：所处时代与所遭命运。

③反一无迹：复归于人与自然同一境界而不留形迹。

④穷：困穷不通。

⑤危然：独立不倚的样子。

⑥轩冕：古时卿大夫所乘的车，所戴之冠。后为官位爵禄之代称。

⑦傥（tǎng）来：偶然得来。这里指官位爵禄非关性命，是偶然得来之物。

⑧圉（yǔ）：通“御”，阻挡，抵挡。

⑨荒：空虚。

【译文】

德行隐没，不是自身隐没。古代所说的隐士，并不是隐藏形体不现身于世，也不是闭塞言论不宣示，更不是隐藏智慧不发挥，只是因为机缘不巧合而已。如果机缘巧合则必将大行于天下，就回到人与自然合一的境界而不露痕迹；机缘不巧合就穷困于天下，就深藏缄默来宁静等候：这就是保全自身的办法。

古时保全自身性命的人，不用言论来文饰智慧，不用智巧来困累天下人，也不为追求无限之知而困累德行，独立居处而复归道的自然天性，还有什么需要做的事呢！大道坦荡，不是小有作为的人所能遵循的；大德周遍万物，不是小有智慧的人所能识鉴的。小有智慧损伤德行，小有作为损害大道。所以说，端正自己就可以了。

乐意保持天性就是自得。古代所说的自得之人，不是指获得高官厚禄，而是无可附加的快乐。现在人们所说的怡然自得，就是指得到高官厚禄。高官厚禄加在身上，并不是性命之常，而是偶然得来之物，是暂时寄存在这里的。暂时寄存的物品，来的时候不能阻挡，离去的时候不能劝止。因此，不要为高官厚禄放纵心志，也不要因穷困而趋同流俗，身居高位的快乐和穷困的快乐是相同的，因此没有忧虑罢了。现在暂时寄存的物品离去就感觉不快乐。从这点看，即使曾经有过快乐，未尝不是心灵的荒芜。所以说，为追求物欲而丧失自我，为趋就流俗而失掉本性，就是本末倒置之人。

【赏析】

本篇内容简单，中心仍然是讨论如何养性。所谓“缮性”就是修心养性。从形式上看，本篇与上篇《刻意》有相似的地方，但具体内容与思想倾向又有所差异。

篇中，庄子批评人们越来越不注重修身养性，以至于世风日下，人心不古，并且伪道盛行，一代不如一代。最大的悲哀是，连圣人的德行也被世风所污浊，救世的隐士智者也不复存在。在这种情况下，庄子发出了无奈而深沉的呼唤：请大家意识到修心养性的重要性，端正自己的行为，只有这样才符合大道的要求，才能长久。

秋水第十七

《秋水》是《庄子》中的长篇，用篇首的两个字作为篇名，中心是讨论人应怎样去认识外物。本篇运用《齐物论》的观点，极力论证万物大小、是非的无限相对性和人生贵贱、荣辱的极端无常性，旨在要人息伪还真，顺应自然，不为追求名位、富贵等而伤害天然本性。

一

秋水时至，百川灌河。泾流之大①，两涘渚崖之间②，不辩牛马。于是焉河伯欣然自喜③，以天下之美为尽在己。顺流而东行，至于北海，东面而视，不见水端。于是焉河伯始旋其面目④，望洋向若而叹曰⑤："野语有之曰⑥，'闻道百，以为莫己若'者，我之谓也。且夫我尝闻少仲尼之闻而轻伯夷之义者，始吾弗信；今我睹子之难穷也，吾非至于子之门则殆矣，吾长见笑于大方之家⑦。"

【注释】

①泾流：指黄河河道。

②涘（sì）：水边，岸边。渚：小洲，水中间的小块陆地。

③河伯：黄河水神。

④旋：回转。

⑤若：海神名。

⑥野语：俗语。

⑦大方之家：深明大道之人。

【译文】

秋天依时令而到了，千百条河流都灌注到黄河里。水流非常大，河面宽广，两岸和水中小洲之间连牛马都辨认不清。于是乎河伯欣然自喜，认为天下美妙的东西都汇聚到自己这里来了。他顺着河流朝东走，来到了北海，向东面一看，水面一望无际。于是河伯调转头来，神情茫然地对着北海之神若说："有句俗语说，'听了很多道理后，认为没有人比得上自己'的人，说的就是我这样的人啊。而且我曾听说有人小看孔子的学识而轻视伯夷的道义，刚开始我还不相信；现在我看到您的无边无际，没有穷尽，如果我不到您这里来，就糟糕了，我就会被得道的人永远取笑。"

北海若曰："井蛙不可以语于海者，拘于虚也[1]；夏虫不可以语于冰者，笃于时也[2]；曲士不可以语于道者[3]，束于教也。今尔出于崖涘，观于大海，乃知尔丑[4]，尔将可与语大理矣。天下之水，莫大于海，万川归之，不知何时止而不盈[5]；尾闾泄之，不知何时已而不虚；春秋不变，水旱不知。此其过江河之流，不可为量数。而吾未尝以此自多者，自以比形于天地，而受气于阴阳，吾在于天地之间，犹小石小木之在大山也。方存乎见少，又奚以自多！计四海之在天地之间也，不似礨空之在大泽乎[6]？计中国之在海内，不似稊米之在大仓乎[7]？号物之数谓之万，人处一焉；人卒九州，谷食之所生，舟车之所通，人处一焉，此其比万物也，不似豪末之在于马体乎？五帝之所连，三王之所争，仁人之所忧,任士之所劳,尽此矣!伯夷辞之以为名,仲尼语之以为博,此其自多也,不似尔向之自多于水乎?"

【注释】

①虚:通"墟",域,指蛙所居之土井之类。

②笃:固守,束缚。

③曲士:指见识偏狭,孤陋寡闻的人。

④丑:浅薄无知。

⑤盈:盈满。

⑥罍(lěi)空:指蚁穴。

⑦稊(tí)米:细米。稊,一种形似稗的草,其种子很小。

【译文】

北海若说:"不能够和井里的蛙谈论大海,因其受地域的限制;夏天的虫类不可以同它讲结冰的事情,这是因为受到时间的限制;不能和乡里的书生谈论大道,这是因为受到教养的束缚。现在你从河边来,看见了大海,知道自己的浅薄,这样才可以同你谈论大道。天下的水,没有比大海更大的了,所有的河流都归依于它,不知道何时才能停止,但大海没有盈满;海水从尾部流出去,不知道什么时候停止,但大海却不会枯竭;无论春秋都没有变化,无论旱涝都不能察觉。容量超过江河的水流,没有办法用数量计算。但我没有因此而自我满足,自从我从天地那里有了形体,从阴阳那里接受元气,我在天地之间,就像大山里的小石头、小木头一样。只有认为自己微小的念头,怎么会自我满足呢!四海存在于天地之间,不就像是大泽中的蚁穴吗?中国存在四海之内,不也像谷仓里的小米粒吗?事物的名称有万种之多,人只是其中一种;人聚居于九州,这是谷物粮食生长的地方,是舟车通行的地方,人只占有其中的一小块,人与万物相比,不也就像马身上细小的毫毛吗?五帝所运筹帷幄的,三王所互相争夺的,仁人所担忧的,贤能之人所操劳的,都在于此!伯夷辞让它而获得名声，孔子谈论它而显示博学，他们如此自满自夸，不就像先前的你因河水浩荡而自得吗？”

河伯曰：“然则吾大天地而小毫末①，可乎？”

北海若曰：“否。夫物，量无穷，时无止，分无常②，终始无故。是故大知观于远近③，故小而不寡，大而不多，知量无穷；证曏今故④，故遥而不闷⑤，掇而不跂⑥，知时无止；察乎盈虚，故得而不喜，失而不忧，知分之无常也；明乎坦涂⑦，故生而不说，死而不祸，知终始之不可故也。计人之所知，不若其所不知；其生之时，不若未生之时。以其至小，求穷其至大之域，是故迷乱而不能自得也。由此观之，又何以知毫末之足以定至细之倪⑧？又何以知天地之足以穷至大之域？”

【注释】

①大天地而小毫末：以天地为大，以毫末为小。

②分无常：得与失是没有定准的。分，得失分位。

③大知：大智之人，领悟大道的圣人。知，通“智”。

④曏：明。故：同“古”。

⑤遥而不闷：对遥远的古事不感到厌倦。闷，苦闷，厌倦。

⑥掇（duō）：拾取。跂：通“企”，企望。

⑦涂：通“途”。

⑧倪：边界，界限。

【译文】

河伯说：“那么我以天地为大，以毫毛的尖尖为小，可以吗？”

北海若说：“不可以。事物的量是没有穷尽的，时间是不会停止的，得失是没有常规的，始终是不会固定不变的。因此，有大智慧的人无论远近都能够观照到，不会因为事物小就认为少，不会因为事物大就认为它多，是因为知道事物的量是没有穷尽的；验证察明古今变化无穷的情形，对于久远的事物不感觉苦闷，对于眼前的也不去诉求，是因为明白时间是无休无止的；明察事物盈虚的道理，有所得而不会沾沾自喜，有所失也不会忧虑重重，是因为明白得失是没有常规的；明白生死不过是人生应经历的大道，所以不以活着为乐事，不以死亡为祸殃，是因为明白始终是不会固定不变的。计算人所懂得的知识，总比不上他所不知道的；人活着的时间，总比不上他没有生命的时间。用有限的生命去追求无穷无尽的知识领域，一定会迷乱而没有任何收获。从这点来看，又怎么知道毫毛的尖尖可以判定是最小的限度？怎么知道天地是可以穷尽的最大的领域呢？”

河伯曰：“世之议者皆曰：‘至精无形，至大不可围。’是信情乎？”

北海若曰：“夫自细视大者不尽，自大视细者不明。夫精，小之微也；垺，大之殷也。故异便[①]，此势之有也。夫精粗者，期于有形者也；无形者，数之所不能分也；不可围者，数之所不能穷也。可以言论者，物之粗也；可以意致者，物之精也；言之所不能论，意之所不能察致者，不期精粗焉。是故大人之行，不出乎害人，不多仁恩；动不为利，不贱门隶；货财弗争，不多辞让；事焉不借人，不多食乎力，不贱贪污；行殊乎俗，不多辟异；为在从众，不贱佞谄[②]；世之爵禄不足以为劝[③]，戮耻不足以为辱；知是非之不可为分，细大之不可为倪。闻曰：‘道人不闻，至德不得，大人无己。’约分之至也。”

【注释】

①异便：物不相同却各有所宜。

②佞谄：奉承谄媚之人。

③劝：鼓励劝勉，使之为善。

【译文】

河伯说："世间议论的人都说：'最细小的东西没有形体，最大的东西不可围量。'这是真实情况吗？"

北海若说："从微小处看巨大的事物是不能够看全面的，从大的方面看细小之物是看不清晰的。所谓精，是细小中的微小者；所谓垺，是巨大之中特大者。所以大小不同，各有所便，这是客观形势所决定的。精细粗大，只是局限于有形体的东西；没有形体的东西，是数量所不能衡量的；无法围量的东西，是不能够用数量来计算的。能够被谈论的东西，是事物中的粗大者；能够用意念想象的东西，是事物中的精细者；不能够用语言谈论、不能用意念想象的东西，就不局限于精细粗大了。因此，道德高尚的人行为处事，不会出于伤害他人的目的，不因给他人恩惠而炫耀；行动不为追求私利，但也不会看轻看门的杂役；不争夺财物，不因辞让谦虚而自得；做事不借助别人，也不推崇自食其力，不以贫穷污浊为卑贱；行为与世俗不同，不宣扬怪异邪僻；一切作为都顺从大众，也不以佞下谄上为卑贱；世间的高官厚禄不足以劝勉他，刑罚耻辱不足以羞辱他；因为他深知是非是不能够区分的，细小和庞大也无法划清界限。听说：'得道之人不求闻名于世，道德高尚的人不求有所得，伟大的人没有自我。'这是约束自己、安分守己达到极致了。"

河伯曰："若物之外，若物之内，恶至而倪贵贱①？恶至而倪小大？"

北海若曰："以道观之，物无贵贱。以物观之，自贵而相贱。以俗观之，贵贱不在己。以差观之，因其所大而大之，则万物莫不大；因其所小而小之，则万物莫不小。知天地之为稊米也，知毫末之为丘山也，则差数睹矣②。以功观之，因其所有而有之，则万物莫不有；因其所无而无之，则万物莫不无。知东西之相反而不可以相无，则功分定矣[③]。以趣观之，因其所然而然之，则万物莫不然；因其所非而非之，则万物莫不非。知尧、桀之自然而相非，则趣操睹矣[④]。昔者尧、舜让而帝，之、哙让而绝[⑤]；汤、武争而王，白公争而灭。由此观之，争让之礼，尧桀之行，贵贱有时，未可以为常也。梁丽可以冲城[⑥]，而不可以窒穴[⑦]，言殊器也[⑧]；骐骥骅骝一日而驰千里[⑨]，捕鼠不如狸狌[⑩]，言殊技也；鸱鸺夜撮蚤[⑪]，察毫末，昼出瞋目而不见丘山[⑫]，言殊性也。故曰：盖师是而无非，师治而无乱乎？是未明天地之理，万物之情者也。是犹师天而无地，师阴而无阳，其不可行明矣。然且语而不舍，非愚则诬也。帝王殊禅，三代殊继。差其时、逆其俗者[⑬]，谓之篡夫[⑭]；当其时、顺其俗者，谓之义之徒[⑮]。默默乎河伯！女恶知贵贱之门、小大之家？”

【注释】

①恶至：从哪里，从何处。恶，何。倪：划分。

②差数睹矣：差别的相对性就看清楚了。

③功分：功能，职分。

④趣操：志向和情操。

⑤之：燕国宰相子之，苏秦的女婿。哙：燕王哙。苏秦游说燕王哙让位于宰相子之，子之即位，国人不服，国家动乱。齐宣王兴师伐燕，杀哙与子之，燕国差点灭亡。

⑥梁丽：栋梁。丽，通“欐”，屋栋。

⑦窒穴：堵塞小孔、鼠洞之类。

⑧言殊器：这是说不同器物有不同功用。

⑨骐骥、骅骝：均指日行千里的良马。

⑩狸狌：狸为野猫，狌即黄鼠狼。

⑪鸱鸺(chīxiāo):即鸱鸮,猫头鹰,昼伏夜出之猛禽。撮蚤:抓取跳蚤。

⑫瞋(chēn)目:睁大眼睛。

⑬差其时:不合历史潮流。逆其俗:违背世道人心。

⑭篡夫:篡权夺位之人。

⑮义之徒:合乎正义之人。

【译文】

河伯说:"那物体的外观,那物体的内质,从哪些地方来区分它们的贵贱呢?又从哪里区分它们的大小呢?"

北海若说:"从道的观点看,万物没有贵贱之分。从万物自身角度来说,他们都以自己为贵而相互轻贱。从世俗观念观察,贵贱都不在于自身。从差别来说,顺着它大的方面而认为它是大的,万物没有一个不是大的;顺着它小的方面而认为它是小的,万物没有一个不是小的。明白天地和更大的事物相比好像细米粒般小,毫毛和更小的事物比较起来好像大山一样,那么万物间差别的观念就清楚了。从物的功效来看,顺着它有用的方面而认为它有用,万物没有一个不具备这种功能;顺着它没用的方面而认为它没用,万物没有一个具有这种功能。明白东西方向对立但是不能互相否定的道理,万物的功用就确定了。从事物的取向来看,顺着它对的方面而肯定它,万物没有一个不是对的;顺着它不对的方面而否定它,万物没有一个是对的。了解到尧与桀都自以为是而互相非议指责,那么他们的取向和节操就清楚了。从前尧舜因为禅让而成为帝王,燕王哙和燕相之子却因禅让而遭毁灭;商汤与周武王以武力相争而称王天下,白公胜因为争夺而遭杀身之祸。由此看来,争夺与禅让的制度,尧与桀的行为,孰贵孰贱也因时而异,不能认为是固定不变的常理。栋梁能用于进攻的时候冲撞城门,而不可用来堵塞鼠穴,这是说器物的用处不一样;骐骥、骅骝一类的良马可日行千里,但是捕捉老鼠不如野猫和黄鼠狼,这是说各自的技艺不同;猫头鹰晚上明察秋毫,能够捉住跳蚤,但白天出来睁大眼睛也看不见丘山，这是说生性不同啊。所以说，为什么效法正确而抛弃错误，向治理取法而丢弃惑乱呢？这是不明白天地的道理和万物的实情。就好像是向天取法而丢弃地，向阴取法而丢弃阳，很明显是不可行的。但谈论却没有停止过，不是愚昧就是故意骗人。帝王的禅让彼此不同，夏商周三代王位继承方法也不一样。不合时代，违背世道人心的，叫作篡权夺位之人；合乎时代，顺应世道人心的，称为合乎正义的人。沉默不语吧，河伯！你从哪里能知道万物贵贱、大小的区别呢？”

河伯曰：“然则我何为乎？何不为乎？吾辞受趣舍①，吾终奈何？”

北海若曰：“以道观之，何贵何贱？是谓反衍②；无拘而志，与道大蹇③。何少何多？是谓谢施④；无一而行，与道参差⑤。严乎若国之有君，其无私德；繇繇乎若祭之有社⑥，其无私福；泛泛乎其若四方之无穷⑦，其无所畛域⑧。兼怀万物，其孰承翼⑨？是谓无方⑩。万物一齐，孰短孰长？道无终始，物有死生，不恃其成。一虚一满，不位乎其形。年不可举，时不可止。消息盈虚⑪，终则有始。是所以语大义之方⑫，论万物之理也。物之生也，若骤若驰⑬，无动而不变，无时而不移。何为乎，何不为乎？夫固将自化⑭。”

【注释】

①辞受趣舍：辞让与接受，趋就与舍弃。

②反衍：反复，即向相反的方面转化。

③蹇（jiǎn）：阻隔、险难之意。

④谢施：新陈代谢，交互为用。

⑤与道参差：与大道不统一、不一致之意。

⑥繇繇（yóu）：同“悠悠”，悠闲自得的样子。社：社神，即土地神。

⑦泛泛：水流漫溢的样子，形容无所不在。

⑧畛（zhěn）域：边界，界限。

⑨承翼：承受庇护。

⑩无方：无所偏向，不偏私。

⑪消息盈虚：消亡、生息、盈满、空虚，指万物循环往复、变化日新的不断转化过程。

⑫大义之方：大道的方向。

⑬骤、驰：车马快速奔跑之意，比喻万物生息变化之疾速。

⑭自化：自然变化。

【译文】

河伯说："那我应该做什么，不应该做什么呢？我对于事物的取舍，该怎么办呢？"

北海若说："从道的观点来看，哪里有什么贵与贱呢？因为贵贱都各自向相反的方向发展变化；不要约束你的意志，以免违逆大道。哪里有什么大与小呢？因为多少是互相替代的；不要固执偏一，而和大道不合。像国君一样威严，没有偏私的恩惠；超然自得好像受祭祀的社神，没有偏私的保佑；汪洋浩瀚，像四方一样，没有穷尽没有界限。兼容包蕴万物，难道有谁能够专门承受扶助或庇护？这就叫作不偏私。万物都是浑然如一的，哪个短哪个长呢？大道无始无终，万物无生无死，不能依赖暂时的成功。万物有时空虚，有时充盈，没有固守不变的形体。岁月不可以留存，时间不能够停止。消亡生息，盈满空虚，结束后又开始。这都是谈论大道的方向，论说万物的道理。万物生长，好像骏马奔驰，一举一动都在发生变化，无时无刻不在迁移。什么该做，什么不该做？万物都在自然地变化。"

河伯曰："然则何贵于道邪？"

北海若曰："知道者必达于理，达于理者必明于权，明于权者不以物害己。至德者，火弗能热，水弗能溺，寒暑弗能害，禽兽弗能贼。非谓其薄之也[①]，言察乎安危，宁于祸福，谨于去就，莫之能害也。故曰：‘天在内，人在外，德在乎天。’知天人之行，本乎天，位乎得，蹢躅而屈伸[②]，反要而语极[③]。”

【注释】

①薄：迫近，触犯。

②蹢躅(zhízhú)：进退不定的样子。

③反要：返归大道之枢要。

【译文】

河伯说：“既然如此，那道为什么尊贵呢？”

北海若说：“明白大道的人一定能通达事理，通达事理的人必能通达权变，通达权变的人不会让外物伤害自己。真正获得大道的人，火不能烧灼他，水不能陷溺他，严寒酷暑不能损伤他，凶禽猛兽不能残害他。不是说他们靠近这些不会受到损害，而是说他们能够明察安危，安于祸福而谨慎地对待，所以没有什么能够伤害他们。所以说：‘天性存在于人的内心，人事存在于人的体外，德行存在于不失自然。’明白人的行为，以自然为根本，处于悠然自得的环境，时而进退，时而屈伸，这就是返回到了大道的中心而谈论理的极致。”

曰：“何谓天？何谓人？”

北海若曰：“牛马四足，是谓天；落马首[①]，穿牛鼻，是谓人。故曰：‘无以人灭天，无以故灭命，无以得殉名。’谨守而勿失，是谓反其真。”

【注释】

①落马首：给马首带上笼头。落，同“络”，马笼头。

【译文】

河伯说："什么叫作天性？什么叫作人为？"

北海若说："牛马长有四条腿，这就叫作天性；给马带上笼头，给牛穿上鼻绳，这就叫作人为。所以说：'不要用人事破坏天性，不要用造作来破坏性命，不要牺牲德性追求名声。'谨守天性不使失去，这就叫返本归真。"

二

夔怜蚿[①]，蚿怜蛇，蛇怜风，风怜目，目怜心。

夔谓蚿曰："吾以一足趻踔而行[②]，予无如矣[③]。今子之使万足，独奈何？"

蚿曰："不然。子不见夫唾者乎[④]？喷则大者如珠，小者如雾，杂而下者不可胜数也。今予动吾天机[⑤]，而不知其所以然。"

蚿谓蛇曰："吾以众足行，而不及子之无足，何也？"

蛇曰："夫天机之所动，何可易邪？吾安用足哉？"

蛇谓风曰："予动吾脊胁而行，则有似也。今子蓬蓬然起于北海，蓬蓬然入于南海，而似无有，何也？"

风曰："然。予蓬蓬然起于北海，而入于南海也。然而指我则胜我，鳍我亦胜我。虽然，夫折大木，蜚大屋者[⑥]，唯我能也。故以众小不胜为大胜也。为大胜者，唯圣人能之。"

【注释】

①夔(kuí)：传说中的一足异兽，形似牛，无角。怜：羡慕、仰慕之意。蚿(xián)：多足虫。

②趻踔(chěnchuō)：跳着走的样子。

③予无如矣："无如予矣"的倒装，没有像我这样简便的了。

④唾者：吐唾沫或打喷嚏的人。

⑤天机：自性所具有的机能。

⑥蜚大屋：风掀翻房屋。蜚，同“飞”。

【译文】

独脚的夔羡慕长着多足的蚿，多足的蚿仰慕无足的蛇，蛇羡慕无形的风，风羡慕明察外物的眼睛，而眼睛羡慕内在的心灵。

夔对蚿说：“我用一只脚跳着走路，没有像我这样简便的了。现在您用万只脚走路，是怎样的走法呢？”

蚿说：“不是这样的。你没有见过打喷嚏的人吗？喷出的唾沫大的如水珠，小的如雾气，混杂在一起落下，不能够数清。现在我顺应天机而行，我也不知道为什么是这样。”

蚿对蛇说：“我用许多只脚行走，却不如您没有脚走得快，是什么原因呢？”

蛇说：“我顺应自然而动，怎么能够改变呢？我何必用脚呢？”

蛇对风说：“我靠运动脊骨和肋骨行走，好像有脚走路的样子。现在您从北海呼呼地刮起，直刮到南海，却没有行迹，为什么呢？”

风说：“是的。我从北海呼呼地刮到南海。但是，人们用手指阻挡就能战胜我，用脚踏也能战胜我。虽然如此，吹折大树，掀翻房屋，只有我才能做到。这就是不追求小胜利而追求大胜利。完成大的胜利，只有圣人才能够做到。”

三

孔子游于匡[①]，宋人围之数匝[②]，而弦歌不辍[③]。子路入见，曰：“何夫子之娱也[④]？”

孔子曰：“来，吾语女！我讳穷久矣[⑤]，而不免，命也；求通久矣，而不得，时也[⑥]。当尧舜，而天下无穷人[⑦]，非知得也；当桀纣，而天下无通人，非知失也：时势适然。夫水行不避蛟龙者，渔父之勇也；陆行不避兕虎者，猎夫之勇也；白刃交于前，视死若生者，烈士之勇也；知穷之有命，知通之有时，临大难而不惧者，圣人之勇也。由，处矣[⑧]！吾命有所制矣[⑨]！"

无几何，将甲者进辞曰[⑩]："以为阳虎也[⑪]，故围之。今非也，请辞而退。"

【注释】

①匡：春秋时卫国邑名，在今河南睢县西。

②宋：卫之误。匝（zā）：环绕一周。

③辍：止。

④娱：快乐。

⑤讳穷：忌讳困穷。

⑥时：时运之意。

⑦穷人：困穷不通达之人。

⑧处：安然处之的意思。

⑨制：控制，限定。

⑩将甲者：统帅甲士的长官。

⑪阳虎：又名阳货，本为鲁国季孙氏家臣，却跻身鲁国卿大夫行列，进而执政鲁国。

【译文】

孔子周游来到匡国，宋国军队将他重重包围，但孔子仍没有停止弹琴歌唱。子路进拜见孔子说："先生您为什么还这样快乐呢？"

孔子说："过来，我告诉你！我忌讳道行不通达很久了，但仍然潦倒，这是命运！我祈求道行通达已经很久了，但仍不能得到，这是时运！在尧舜治理天下的时代，天下没有不得志的人，不是因为他们智慧超群；在桀纣的时代，天下没有一个得志之人，不是因为他们没有才能：是时运造成的呀。在水底行走而不躲避蛟龙的人，是渔夫的勇敢；在陆上行走而不躲避犀牛老虎的人，是猎人的勇敢；闪光的刀剑横在面前，视死亡如同生存，是烈士的勇敢；知道困穷是命运决定的，知道通达是时机决定的，遭逢大危难而不恐惧的，这是圣人的勇敢。子路，安然处之吧！我命中注定要受制约！”

不久，统帅士兵的将军进来道歉说：“以为你们是阳虎一伙人，所以把你们包围起来。现在知道不是，向您表示歉意并撤离军队。”

四

公孙龙问于魏牟曰[①]：“龙少学先王之道，长而明仁义之行；合同异，离坚白；然不然，可不可[②]；困百家之知，穷众口之辩。吾自以为至达已。今吾闻庄子之言，汒焉异之[③]。不知论之不及与？知之弗若与？今吾无所开吾喙[④]，敢问其方。”

公子牟隐机大息[⑤]，仰天而笑，曰：“子独不闻夫坎井之蛙乎？谓东海之鳖曰：‘吾乐与！出，跳梁乎井干之上[⑥]；入，休乎缺甃之崖[⑦]。赴水则接腋持颐[⑧]，蹶泥则没足灭跗[⑨]。还虷、蟹与科斗[⑩]，莫吾能若也。且夫擅一壑之水，而跨跱坎井之乐[⑪]，此亦至矣。夫子奚不时来入观乎[⑫]？’东海之鳖左足未入，而右膝已絷矣[⑬]。于是逡巡而却[⑭]，告之海曰：‘夫千里之远，不足以举其大[⑮]；千仞之高，不足以极其深。禹之时，十年九潦[⑯]，而水弗为加益；汤之时，八年七旱，而崖不为加损。夫不为顷久推移，不以多少进退者，此亦东海之大乐也。’于是坎井之蛙闻之，适适然惊[⑰]，规规然自失也[⑱]。

“且夫知不知是非之竟[⑲]，而犹欲观于庄子之言[⑳]，是犹使蚊负山，商蚷驰河也[21]，必不胜任矣。且夫知不知论极妙之言，而自适一时之利者，是非坎井之蛙与？且彼方跐黄泉而登大皇[22]，无南无北，奭然四解[23]，沦于不测；无东无西，始于玄冥，反于大通。子乃规规然而求之以察[24]，索之以辩，是直用管窥天，用锥指地也，不亦小乎！子往矣！且子独不闻夫寿陵余子之学行于邯郸与[25]？未得国能[26]，又失其故行矣，直匍匐而归耳。今子不去，将忘子之故，失子之业。”

公孙龙口呿而不合[27]，舌举而不下，乃逸而走。

【注释】

①公孙龙：战国时期赵国人，名家主要代表人物。魏牟：魏国公子，从其言论推断，为庄子推崇之得道者。

②然不然，可不可：以不然为然，以不可为可。

③汒焉：茫然，无所知的样子。汒，同“茫”。

④喙(huì)：鸟兽的嘴，此指人之口。

⑤公子牟：即魏牟。隐机：背靠小几。隐，倚靠。机，同“几”。

⑥跳梁：即“跳踉”，跳跃之意。

⑦甃(zhòu)：井壁。

⑧颐：面颊。

⑨蹶(jué)：践踏。跗(fū)：脚背。

⑩虷(hán)：孑孓(jiéjué)，蚊子的幼虫。一说为赤虫。科斗：即“蝌蚪”。

⑪跨跱(zhì)：盘踞。

⑫夫子：井蛙对东海之鳖的尊称。

⑬縶(zhí)：绊住。

⑭逡(qūn)巡：犹豫徘徊，迟疑不决。

⑮举：称说，形容。

⑯潦：同“涝”，雨水过多，发生水灾。

⑰适适然：惊骇恐怖的样子。

⑱规规然：惊视自失的样子。

⑲知不知：智慧不能通晓。竟：通“境”，境界，界限。

⑳观：观察领会。

㉑商蚷（jù）：又名马蚿、马陆，俗谓百足虫。

㉒跐（cǐ）：踏，蹈。

㉓奭（shì）然：释然，逍遥自在，无拘无束的样子。

㉔规规然：拘泥浅陋的样子。

㉕寿陵：燕国邑名。余子：少年。邯郸：赵国都城。

㉖国能：赵国人行路的本领。

㉗呿（qū）：张开口。

【译文】

公孙龙向魏牟请教说：“我年轻的时候就学习先王的主张，长大后明白了仁义的行为；能把相同相异的事物混合为一，能把事物的坚硬和洁白分别开；能把不对的说成是对的，把对的说成是不对的；能使百家之士困惑不解，使众多的辩士都理屈词穷。我自认为已经是极通达事理的人了。现在我听了庄子的言论，感到非常茫然。不知是我的辩才不如他呢，还是知识不如他广博呢？现在我不能开口了，请问这是什么道理。”

魏牟靠着几案深深叹息，然后仰天而笑，说：“你难道没有听说浅井之蛙的故事吗？井蛙对东海的鳖说：‘我多么快乐呀！我跳出井来，可以在井的栏杆上玩耍；跳进井里，便在井壁砖块破损的缺口休息。游进水中，可以浮起我的两腋，托住我的两颊；踩进泥里，就会盖住我的脚背。看那些井里的小虫子、小螃蟹和小蝌蚪，没有一个能像我这样快乐的。况且我独自占有这一坑水，盘踞在这个浅井里的快乐，是最大的快乐了。先生，您为何不时常来看我呢？’东海的鳖左脚还没伸出去，就被绊住了右膝。于是，迟疑了一阵又退回去了。它把大海的样子告诉井蛙说：‘千里的遥远，不能够形容海之大；千仞的高度，不足以穷尽海之深。在大禹治理天下的时候，十年有九年发生水灾，但是海水并不因此而增加；在商汤治理天下的时候，八年有七年闹旱灾，但海岸线却没有下降。它不因时间的推移而发生什么变化，不因雨水多少而有所增减，这也就是东海的快乐啊！'浅井之蛙听后，惊慌茫然得不知所措。

"再说你公孙龙的智慧，还不足以弄明白是非之界限，就想要观察庄子的言论，这好像驱使蚊子背负大山，驱使百足虫在河面上奔跑一样，一定是不能够胜任的。况且你的智慧不足以通晓奇妙的言论，自己满足于一时口舌相争的胜利，这不是和浅井之蛙一样吗？再说庄子的言论正如脚踏青天头顶黄泉，不论南北，四面通达无阻，深幽沉寂而不可探测；不论东西，起于玄妙幽远之境，返归通达之域。你竟然拘泥浅陋地察视以探寻它的奥妙，用诡辩的言辞去寻求它的真谛，这就像是从竹管里看天，用锥子量地一样，不是太渺小了吗！你走吧！难道你没有听过寿陵少年去邯郸学习走路的故事吗？他不仅没有学会赵国人走路的方法，反而忘记了自己原来的走法，最后只好爬着回去。现在你还不离开，将会忘记原来的本领，失掉你原来的事业。"

公孙龙惊异地张大嘴巴不能合拢，心神恍惚，仓皇地逃离了。

五

庄子钓于濮水[①]，楚王使大夫二人往先焉[②]，曰："愿以境内累矣[③]。"

庄子持竿不顾，曰："吾闻楚有神龟，死已三千岁矣。王巾笥而藏之庙堂之上[④]。此龟者，宁其死为留骨而贵乎？宁其生而曳尾于涂中乎[⑤]？"

二大夫曰："宁生而曳尾涂中。"

庄子曰："往矣！吾将曳尾于涂中。"

【注释】

①濮水：水名，即今安徽茨河上游。

②楚王：指楚威王。往先：前往相邀，表示对贤人的礼遇。

③愿以境内累：愿把国事相累于先生。

④笥(sì)：竹箱。

⑤曳尾于涂中：拖着尾巴在泥中爬行。

【译文】

庄子在濮水边钓鱼，楚王派两位大夫去庄子那儿表示他的意愿，说："希望能把国事委托给先生您操劳。"

庄子手拿鱼竿连头也不回，说："我听说楚国有只神龟，已经死了三千年了。楚王将它装在竹箱里，用布包着，珍藏在庙堂上。对这只龟来说，它是愿意死后留下骨甲让人崇拜呢？还是宁愿活着拖着尾巴在泥里爬行呢？"

两位大夫说："宁愿活着拖着尾巴在泥里爬行。"

庄子说："你们请回吧！我愿意拖着尾巴在泥里爬行。"

六

惠子相梁[①]，庄子往见之。或谓惠子曰[②]："庄子来，欲代子相。"于是惠子恐，搜于国中三日三夜。

庄子往见之，曰："南方有鸟，其名为鹓鶵[③]，子知之乎？夫鹓鶵，发于南海而飞于北海，非梧桐不止[④]，非练实不食[⑤]，非醴泉不饮[⑥]。于是鸱得腐鼠[⑦]，鹓鶵过之，仰而视之，曰：'吓！'今子欲以子之梁国而吓我邪？"

【注释】

①惠子：即惠施，战国时宋人，名家学派创始人及代表人物。曾为梁

惠王的相，是庄子的好友。

②或：有人，某人，不定代词。

③鹓鶵（yuānchú）：传说中鸾凤之类的神鸟。庄子用其自喻。

④梧桐：落叶乔木。传说凤凰只在梧桐树上栖息。

⑤练实：竹实。

⑥醴泉：像甜酒般甘美的泉水。醴，甜酒。

⑦鸱：猫头鹰。比喻惠施。

【译文】

惠施在梁国做宰相，庄子前去拜访他。有人对惠施说："庄子来梁国了，要取代您做宰相。"于是惠施感到十分惊恐，派人在都城内搜索庄子，找了三天三夜。

庄子前去见他说："南方有一种叫鹓鶵的鸟，您知道吗？这种鸟从南海出发飞到北海，不是梧桐树就不肯歇息，不是竹子作为粮食就不吃，不是甘美的泉水就不饮。在这时，一只猫头鹰得到一只腐烂的老鼠，鹓鶵刚好飞过，猫头鹰仰头看着它，发出一声威吓：'吓！'现在，您也想用宰相的位子来吓我吗？"

七

庄子与惠子游于濠梁之上[①]。庄子曰："鲦鱼出游从容[②]，是鱼之乐也。"

惠子曰："子非鱼，安知鱼之乐？"

庄子曰："子非我，安知我不知鱼之乐？"

惠子曰："我非子，固不知子矣；子固非鱼也，子之不知鱼之乐，全矣[③]。"

庄子曰："请循其本。子曰'汝安知鱼乐'云者，既已知吾知之而问我，我知之濠上也。"

【注释】

①濠梁:濠水桥上。濠水在今安微凤阳境内,北流至临淮关入淮。

②鲦(tiáo)鱼:亦称白鲦,银白色,小型淡水鱼类。

③全矣:完全肯定的了。

【译文】

庄子与惠施在濠水桥上游玩。庄子说:“白鲦鱼悠闲自在地在水里游来游去,这就是鱼儿的快乐啊。”

惠施说:“您不是鱼,怎么知道鱼的快乐呢?”

庄子说:“您不是我,怎么知道我不知鱼的快乐呢?”

惠施说:“我不是您,固然不知道您;您本来不是鱼,所以您不知鱼的快乐,这也是完全可以肯定的。”

庄子说:“请回到原来的话题吧。您说的‘您怎么知道鱼的快乐’这句话,就是您已经知道我之所知,然后才问我的,——而我是在濠水桥上知道鱼儿是快乐的呀!”

【赏析】

《秋水》是《庄子》中的名篇,中心是讨论如何去认识外物,是《逍遥游》《齐物论》宗旨的充实和展开。全篇的核心是河伯和北海若七段对话,将其综合起来,就是讲人由于受时空的局限,所闻所知是极有限的。河伯以黄河汛期之水为多,到了海边才知道海水比河水多得多,由此引申开来,海比河大,天地比海大,天地以外还有更大的。人在无限的宇宙中,就更渺小,必须突破自身限制,才可能认识大道。

在庄子看来,生命的长短、得失、贫贱,物体的大小,视野的宽窄,境界的大小,数量的多少以及自身学识的渊博和浅陋,甚至世间的一切是非、黑白、对错等,这一切矛盾都是相对的,它们都会随着时空的推移发生变化。在文中,庄子列举实例,完善他的相对论观点,给后人留下了极其实用的人生哲理。

至乐第十八

本篇取第一句中“至乐”二字为篇名，“至乐”就是最高的快乐。本篇重点探讨了“至乐”的标准怎样？如何达到？涉及苦乐观、生死观和万物生化等方面，是虚静无为思想在这些方面的具体运用。

一

天下有至乐无有哉？有可以活身者无有哉[①]？今奚为奚据？奚避奚处？奚就奚去？奚乐奚恶？

夫天下之所尊者，富贵寿善也；所乐者，身安、厚味、美服、好色、音声也；所下者[②]，贫贱、夭恶也；所苦者，身不得安逸，口不得厚味，形不得美服，目不得好色，耳不得音声。若不得者，则大忧以惧。其为形也[③]，亦愚哉！

夫富者，苦身疾作，多积财而不得尽用，其为形也亦外矣！夫贵者，夜以继日，思虑善否[④]，其为形也亦疏矣！人之生也，与忧俱生。寿者惛惛[⑤]，久忧不死，何苦也！其为形也，亦远矣。烈士为天下见善矣[⑥]，未足以活身。吾未知善之诚善邪，诚不善邪？若以为善矣，不足活身；以为不善矣，足以活人。故曰：“忠谏不听，蹲循勿争[⑦]。”故夫子胥争之，以残其形；不争，名亦不成。诚有善无有哉?

今俗之所为与其所乐,吾又未知乐之果乐邪,果不乐邪?吾观夫俗之所乐,举群趣者,诠诠然如将不得已[8],而皆曰乐者,吾未之乐也,亦未之不乐也。果有乐无有哉?吾以无为诚乐矣,又俗之所大苦也。故曰:“至乐无乐,至誉无誉。”

天下是非果未可定也。虽然,无为可以定是非。至乐活身,唯无为几存。请尝试言之:天无为以之清,地无为以之宁,故两无为相合,万物皆化生。芒乎芴乎[9],而无从出乎!芴乎芒乎,而无有象乎!万物职职[10],皆从无为殖。故曰:“天地无为也,而无不为也。”人也孰能得无为哉!

【注释】

①活身者:全生保身的方法。

②下:卑贱。

③为形:保养身体。

④否(pǐ):恶。与善为对。

⑤惛惛(hūn):精神恍惚。

⑥烈士:殉名而死者,如儒家所称杀身成仁、舍生取义之辈。

⑦蹲循:如“逡巡”,退却之意。

⑧诠诠(kēng)然:奔竞的样子。

⑨芒(huǎng)、芴(hū):同“恍惚”。迷离,难以捉摸。

⑩职职:繁多。

【译文】

天下有没有最大的快乐呢?有没有可以全生保身的方法呢?如果有,该做些什么,依据什么呢?回避什么,接受什么呢?趋就什么,舍弃什么呢?喜欢什么,厌恶什么呢?

天下所尊崇的，就是富有、尊贵、长寿、美名；所享受的，就是身体安逸、丰足的美味佳肴、漂亮的服饰、悦目的色彩、悦耳的音乐；所卑贱的，就是贫穷、地位低下、夭折和坏名声；所苦恼的，是身体不能够舒适安逸，口腹享用不到美味，身体不能够穿上华丽的衣服，眼睛不能够看到美丽的颜色，耳朵听不到悦耳的声音。假如不能够得到这些，就非常担忧恐惧。这样保养身体，不是太愚蠢了吗！

富有的人使自己身体劳累，辛勤工作，虽然积攒很多财富，却不能全部享受，这样养护自己的身体，难道不是背道而驰吗！处于尊位的人，日夜思索谋求保全权势地位，这样对于自己身体的保养也太疏忽了！人从一生下来，就与忧愁同在。长寿的人精神恍惚，忧愁了很长时间却没有死去，怎能这样痛苦呀！烈士被天下人赞颂，但是却不能保全自己的性命。我不知道这种好名声究竟是好呢，还是不好呢？假如说它是好的，却不能够保全自己的性命；假如说它是不好的，却能救活别人。俗话说："忠实的谏言不能够被听从的话，就退到一边不要强谏了。"以前伍子胥因为强行劝谏，遭受残酷的杀戮；他如果不强行劝谏，就不能成就名声。这样看来果真有所谓的好吗？

现在世俗上所追求的和所喜欢的，我不知道那是真快乐，还是不快乐呢？我看世俗所感到快乐的，都成群结队地去追逐，专心致志好像身不由己，大家都认为这样是快乐的，我不明白这应该算真快乐，还是不快乐。真的有没有快乐呢？我认为无为清净就是真正的快乐，但这却是世俗之人最苦恼的。所以说："最大的快乐在于没有快乐，最高的荣誉在于没有荣誉。"

天下的是是非非实在难以定论。尽管如此，无为的态度是可以确定是非的。最大的快乐能够让身心存活，而唯有无为算是最接近使自身存活的了。请让我试着说一下：苍天因为无为而清虚明澈，大地因为无为而浊重宁寂，因此天与地的无为相结合，就使万物变化成长。恍恍惚惚，但却不知道从哪里产生出来的！恍恍惚惚，却没有一点迹象！万物繁茂，都是从无为的状态中生长出来的。所以说："天地无心作为，又是无所不为的。”有谁可以学习这种无为的精神呢！

二

庄子妻死，惠子吊之，庄子则方箕踞鼓盆而歌[1]。

惠子曰：“与人居，长子、老、身死[2]，不哭亦足矣，又鼓盆而歌，不亦甚乎！”

庄子曰：“不然。是其始死也，我独何能无概[3]！然察其始而本无生，非徒无生也而本无形，非徒无形也而本无气。杂乎芒芴之间，变而有气，气变而有形，形变而有生，今又变而之死，是相与为春秋冬夏四时行也。人且偃然寝于巨室[4]，而我噭噭然[5]，随而哭之，自以为不通乎命，故止也。”

【注释】

①箕踞(jījù)：盘腿而坐，其形如簸箕。古人屈膝跪地，臀部坐在脚跟上，为标准坐态。盘腿而坐是较随便的坐式。

②长子：生儿育女。

③概：通“慨”，慨叹、哀伤之意。

④偃然：安息的样子。巨室：比喻天地之间。

⑤噭噭(jiào)然：哀哭声。

【译文】

庄子妻子死了，惠子来吊丧，庄子正盘膝而坐，敲着盆子唱歌。

惠子说：“你和妻子一起生活，她为你生儿育女，直到老迈而死，你不哭泣也就罢了，居然还敲着盆子唱歌，不是太过分了吗！”

庄子说：“不是这样。她刚死去的时候，我怎能不悲痛呢！然而查探她的开始，原本是没有生命的；不仅没有生命，而且也没有形体；不仅没有形体，本来也没有气息。在恍恍惚惚、若有若无中，变化而生出气息，气息变化而生成形体，形体变化而有了生命，现在又由生而变成死，这就像那春秋冬夏四季交替运行一样。她安静地躺在天地之间，而我在旁边悲哀地啼哭，我认为这是不明白生命的真谛，所以才停止哭泣。”

三

支离叔与滑介叔观于冥伯之丘①，昆仑之虚②，黄帝之所休。俄而柳生其左肘③，其意蹶蹶然恶之④。

支离叔曰：“子恶之乎？”

滑介叔曰：“亡⑤，予何恶！生者，假借也；假之而生生者，尘垢也。死生为昼夜。且吾与子观化而化及我，我又何恶焉！”

【注释】

①支离叔、滑介叔：皆为虚构的人物，含有忘形遗智之意。冥伯之丘：虚构的地名，含有杳冥之意。

②昆仑之虚：虚构的地名，含混沌之意。虚，同“墟”，旷野。

③柳：通“瘤”。

④蹶蹶(guì)然：惊动的样子。

⑤亡：通“无”。

【译文】

支离叔和滑介叔一起游览冥伯的丘陵和昆仑的旷野，这都是黄帝曾在游历途中休息的地方。不经意间，滑介叔左胳膊上生出一个瘤子，他焦躁不安而产生厌恶情绪。

支离叔说：“你厌恶它吗？”

滑介叔说：“不，我为什么厌恶！生命不过是假借外在物质生成的；

假借他物生成的生命，就如同尘土暂时凑集。生死像昼夜交替变化一样。我和你一起来观察万物的变化，现在变化产生在我身上，我为什么要厌恶它！”

四

庄子之楚，见空髑髅[①]，髐然有形[②]。撽以马捶[③]，因而问之，曰："夫子贪生失理而为此乎[④]？将子有亡国之事、斧钺之诛而为此乎[⑤]？将子有不善之行、愧遗父母妻子之丑而为此乎？将子有冻馁之患而为此乎？将子之春秋故及此乎[⑥]？"

于是语卒，援髑髅[⑦]，枕而卧。夜半，髑髅见梦曰："向子之谈者似辩士。视子所言，皆生人之累也，死则无此矣。子欲闻死之说乎？"

庄子曰："然。"

髑髅曰："死，无君于上，无臣于下，亦无四时之事，从然以天地为春秋[⑧]，虽南面王乐，不能过也。"

庄子不信，曰："吾使司命复生子形[⑨]，为子骨肉肌肤，反子父母、妻子、闾里、知识，子欲之乎？"

髑髅深矉蹙颎曰[⑩]："吾安能弃南面王乐而复为人间之劳乎！"

【注释】

①髑髅(dúlóu)：死人的头骨。

②髐然：尸骨干枯的样子。

③撽(qiào)：从旁边敲击。马捶：马鞭。

④失理：背弃养生之理。为此：成为这样，即死亡。

⑤将：抑或，表推测。

⑥春秋：年纪。

⑦援：拉。

⑧从然：放纵自如的样子。

⑨司命：主管人生死之神。

⑩深矉(pín)：紧皱眉头。矉，同“颦”。蹙頞(cù'é)：紧缩鼻梁。頞，鼻梁。

【译文】

庄子到楚国去，见到一具骷髅，空枯而尚保持人形。庄子拿马鞭敲了几下，然后就问："先生是因贪生违背了天理而死的吗？还是因为国家灭亡，在战乱中被斧钺诛杀的呢？还是有恶行，怕给父母妻子儿女丢丑而自杀的呢？还是因为挨冻受饿而成这样的呢？还是年岁大了而自然死亡呢？"

把这些话讲完，庄子拉过骷髅，枕在头下睡着了。半夜时，骷髅在梦中对庄子说："听您的言谈，好像是位善辩之士。您所说的情况，都是活人的负担，死后就没有这些事情了。您愿意听听死后的情形吗？"

庄子说："好。"

骷髅说："死后，上没有君主，下没有臣子，也没有一年四季的交替，自然从容而与天地一样长久，即使是做君王的快乐，也不能超过它啊。"

庄子不相信，说："假若我让掌管生命的神把您的形体恢复，使你长出骨头皮肤，重新回到父母、妻子、邻里和朋友那儿，您愿意吗？"

骷髅深深皱起眉头，缩着鼻梁，忧愁地说："我怎能放弃做国君一样的快乐，回到人间受苦呢！"

五

颜渊东之齐，孔子有忧色，子贡下席而问曰[①]："小子敢问[②]，回东之齐，夫子有忧色，何邪？”

孔子曰：“善哉，汝问！昔者管子有言[③]，丘甚善之。曰：‘褚小者不可以怀大，绠短者不可以汲深[④]。’夫若是者，以为命有所成而形有所适也[⑤]，夫不可损益。吾恐回与齐侯言尧、舜、黄帝之道，而重以燧人、神农之言。彼将内求于己而不得，不得则惑，人惑则死。

“且女独不闻邪？昔者海鸟止于鲁郊，鲁侯御而觞之于庙，奏《九韶》以为乐[⑥]，具太牢以为膳。鸟乃眩视忧悲，不敢食一脔[⑦]，不敢饮一杯，三日而死。此以己养养鸟也，非以鸟养养鸟也。夫以鸟养养鸟者，宜栖之深林，游之坛陆[⑧]，浮之江湖，食之鳅鲦[⑨]，随行列而止，委蛇而处[⑩]。彼唯人言之恶闻，奚以夫譊譊为乎[⑪]！《咸池》《九韶》之乐[⑫]，张之洞庭之野[⑬]，鸟闻之而飞，兽闻之而走，鱼闻之而下入，人卒闻之[⑭]，相与还而观之。鱼处水而生，人处水而死。彼必相与异，其好恶故异也。故先圣不一其能，不同其事。名止于实，义设于适，是之谓条达而福持[⑮]。”

【注释】

①下席：又称避席。古人席地而坐，在问话时，为了表示敬意，离座站立，称下席。

②小子：弟子晚辈对师长父兄自称小子。

③管子：管仲，春秋时期齐国人，曾相齐桓公四十年，协助桓公创建霸业，是中国历史上著名政治家、思想家。

④褚：装衣服的小袋子。绠（gěng）：汲水时系吊桶的绳子，俗称井绳。

⑤命有所成：性命自然形成。形有所适：形体各有适宜之处。

⑥九韶：舜时乐曲名，共有九章，故称九韶。韶乐被孔子称为尽善尽美之音乐。

⑦脔(luán):切成小片的肉。

⑧坛陆:水中的沙洲。

⑨鳅:泥鳅之类。鲦:白鲦鱼。

⑩委蛇(wēiyí):从容自如的样子。

⑪譊譊(náo):喧闹嘈杂。

⑫咸池:黄帝时乐曲名。

⑬张:演奏。

⑭人卒:人众。

⑮条达:条理通达。福持:保持受福。

【译文】

颜渊东去齐国,孔子面带忧愁之色。子贡离开席位上前问道:“学生向先生请教,颜回东去齐国,您面带忧虑之色,为什么呢?”

孔子说:“你问得很好!从前管子有句话,我很欣赏。他说:‘小袋子装不下大东西,短绳子不能汲取深井里的水。’如此看来,应当认为性命是自然形成的,其形体各有所宜,这是不能改变的。我担心颜回向齐侯讲论尧舜、黄帝治国之道,还会推重燧人氏、神农氏的言论。齐侯听了将会内求于心而不能理解,不理解就要产生疑惑,疑惑不解就有杀身之祸了。

“况且,你没听说过吗?从前有一只海鸟飞落在鲁国都城的郊外,鲁侯把它迎进太庙,用酒宴招待,演奏《九韶》之乐给它取乐,宰杀牛羊给它吃。而海鸟却头晕目眩而内心悲苦,不敢吃一块肉,不敢喝一杯酒,三天后就死了。这是因为用养人的方式去养鸟,不是用养鸟的方式去养鸟。用养鸟的方式养鸟,应该让它栖息在深林中,漫游在沙滩上,漂流在江湖上,用泥鳅小鱼喂养它,随鸟群的队列休止,从容自在地生活着。鸟儿最厌烦听到人声,为什么还要如此喧哗吵闹!在广阔的原野上,演奏《咸池》《九韶》一类乐曲,鸟儿听了就要飞去,野兽听了就要逃跑,鱼儿听了就要潜入水底,但是人听到以后就会去围观。鱼在水里能生存,人在水里就要被淹死。人和鱼的秉性不一样，所以好恶也不同。因此古代的圣人不要求人的才能相等，不要求他们做相等的事。名副其实，事理的设置应与各自的性情相宜，这就叫作条理通达而又福气长存。”

六

列子行，食于道从，见百岁髑髅。攓蓬而指之曰[1]：“唯予与汝知而未尝死、未尝生也。若果养乎？予果欢乎？”

种有几[2]，得水则为𢇁[3]，得水土之际则为蛙蠙之衣[4]，生于陵屯则为陵舄[5]，陵舄得郁栖则为乌足[6]。乌足之根为蛴螬[7]，其叶为胡蝶。胡蝶胥也化而为虫[8]，生于灶下，其状若脱[9]，其名为鸲掇[10]。鸲掇千日为鸟，其名为干余骨[11]。干余骨之沫为斯弥[12]，斯弥为食醯[13]。颐辂生乎食醯[14]，黄軦生乎九猷[15]，瞀芮生乎腐蠸[16]。羊奚比乎不箰久竹生青宁[17]，青宁生程[18]，程生马，马生人，人又反入于机[19]。万物皆出于机，皆入于机。

【注释】

①攓(qiān)：拔取。

②种：种类。几：隐微，细微。

③𢇁：同“继”。水中断续如丝的低级生物。

④蛙蠙之衣：青苔。因蛙蚌常隐蔽于其下，故名蛙蠙之衣。

⑤陵屯：丘阜，高地。陵舄(xì)：车前草。

⑥郁栖：栖息于粪土之中。乌足：草名。

⑦蛴螬(qícáo)：俗称地蚕，金龟子幼虫，生在粪壤中，并非乌足根所化。

⑧胥也：犹“俄而”。形容时间甚短。

⑨脱：通“蜕”，蜕皮。

⑩鸲掇(qúduō):虫名,其状柔嫩,像刚刚蜕皮的样子。

⑪干余骨:鸟名,或称之为山鹊。

⑫斯弥:虫名,或称之为米虫。

⑬食醯(xī):醯鸡,也叫蠛蠓虫,生于酒醋中。

⑭颐辂(lù):虫名。

⑮黄轵(kuàng):虫名。九猷(yóu):虫名。

⑯瞀芮(màoruì):蚊子。腐蠸(quán):萤火虫。

⑰羊奚:一种药草。不箰(sǔn)久竹:久不生笋之竹。箰,同“笋”。青宁:竹根虫。

⑱程:豹之别名。

⑲机:造化,自然。

【译文】

列子出行,在路边吃东西,见到一具百年骷髅。他拔了一根蒿草指点着骷髅说:“只有我和你知道你没有死,也没有生。而你真的忧愁吗?我真的欢乐吗?”

千变万化的物种源起微细状态的“几”,得到水的滋养就成长为断续如丝的继草,在水土交界处则长成覆盖水面的青苔,生长在高地上就变成车前草,车前草得到粪土的营养就会成为乌足。乌足的根变成蛴螬,叶变成蝴蝶。蝴蝶很快又化而成虫,生活在灶底下,形状像蜕下来的皮,它的名字叫鸲掇。鸲掇经过一千天后又变成鸟,它的名字叫干余骨。干余骨的唾沫变为斯弥虫,斯弥虫又变成酒缸里面的蠛蠓虫。颐辂虫生于蠛蠓虫,黄轵虫生于九猷虫,瞀芮虫生于萤火虫。羊奚草与不生笋的老竹结合生出青宁虫,青宁虫生出豹子,豹子生出马,马生出人,人又复归于自然。万物都生于自然,又复归自然。

【赏析】

本篇的内容在于讨论、回答什么是人生最大的快乐,人应该怎样对待生与死。

人生最大的快乐究竟是什么呢？这是个很现实的问题。可是庄子却说“至乐无乐”：最大的快乐就是忘掉快乐，忘掉世俗间种种因功名利禄的获取所带来的快乐。这样的结论当然是很多人无法接受的。可是事实就是如此，庄子认为，对于快乐的期待就是获得快乐的最大障碍。因为我们总是期待很高，一旦结果稍微不如人意，我们就会陷入无尽的痛苦和悲伤之中。一旦我们忘记了对快乐和功名利禄的种种奢求，用一种淡然的态度去面对生活，突然有一天和它们在不经意间相遇时，心里必然会说不出的惊喜和兴奋。这大概是庄子所说的“至乐”吧。

达生第十九

本篇主旨是养生，所谓“达生”，就是通达生命的意思。庄子认为生命为自然所赋予，人对它无可奈何，所能做的是使自己“形全精复，与天为一”。也就是要看破生死，排除功名等杂念，调节色欲，以求心地纯净，达到“神全”的境界，这样才能算得上达生。

一

达生之情者[①]，不务生之所无以为[②]；达命之情者，不务知之所无奈何。养形必先之以物，物有余而形不养者有之矣；有生必先无离形[③]，形不离而生亡者有之矣。生之来不能却，其去不能止。悲夫！世之人以为养形足以存生，而养形果不足以存生，则世奚足为哉！虽不足为而不可不为者，其为不免矣。

夫欲免为形者[④]，莫如弃世。弃世则无累，无累则正平[⑤]，正平则与彼更生，更生则几矣。事奚足弃而生奚足遗？弃事则形不劳，遗生则精不亏。夫形全精复，与天为一。天地者，万物之父母也，合则成体，散则成始。形精不亏，是谓能移；精而又精，反以相天。

【注释】

①达:通达。

②务:努力追求。

③离形:脱离形体,即死亡。

④为形:为形体操劳。

⑤正平:心性纯正平和。

【译文】

明白养生情理的人,不追求生命所不必要的东西;通达性命实情的人,不追求命运所无可奈何的事。保养形体必须先有物质保证,不过物质绰绰有余却保养不了身体的人也是有的;保存生命必须使形体不离散,然而形体虽未离散而生命却已终结的人也是有的。生命来临不能拒绝,生命离去也无法阻留。可悲啊!世上的人以为保养好身体就足以保全性命,然而只保养身体确实不足以保全性命,那么世间的事情还有什么值得去做呢!虽然不值得做却又不得不做,那么内中的勤苦也就不可避免了!

要想避免为形体所累,最好是摒弃世俗的一切。摒弃世俗的一切就没有牵累,没有牵累就会心性纯正平和,心性纯正平和就会和自然一起生存变化,和自然一起生存变化就接近大道了。世事为什么须得抛弃,而人生的痕迹为什么须得忘怀?抛弃世事则形体不劳累,忘怀人生则精神不消耗。形体健全,精神复原,就能和天合为一体。天地是万物的父母,天地阴阳结合就生成万物的形体,天地消散则回归到宇宙之本初。形体和精神不亏损,就叫能与天地一起变化推移;精神进一步精粹,反过来与自然相辅相成。

二

子列子问关尹曰[①]:“至人潜行不窒[②],蹈火不热,行乎万物之上而不栗[3]。请问何以至于此?”

关尹曰:“是纯气之守也,非知巧果敢之列。居,予语女!凡有貌象声色者,皆物也,物与物何以相远?夫奚足以至乎先?是色而已!则物之造乎不形而止乎无所化[4],夫得是而穷之者,物焉得而止焉!彼将处乎不淫之度,而藏乎无端之纪,游乎万物之所终始,壹其性,养其气,合其德,以通乎物之所造。夫若是者,其天守全,其神无郤,物奚自入焉!

“夫醉者之坠车,虽疾不死。骨节与人同而犯害与人异,其神全也。乘亦不知也,坠亦不知也,死生惊惧不入乎其胸中,是故遻物而不慴[5]。彼得全于酒而犹若是,而况得全于天乎!圣人藏于天,故莫之能伤也。复仇者不折镆干[6],虽有忮心者不怨飘瓦[7]。是以天下平均,故无攻战之乱,无杀戮之刑者,由此道也。

“不开人之天,而开天之天。开天者德生[8],开人者贼生[9]。不厌其天,不忽于人,民几乎以其真。”

【注释】

①子列子:即列子。关尹:严喜,字公度,为函谷关令,又称关令尹。

②窒:窒息。

③栗:恐惧,害怕。

④不形:无形。

⑤慴(shè):惊惧。

⑥镆干:即镆铘、干将,皆古代名剑名。

⑦忮(zhì)心:忌恨之心。

⑧德生:循性而动,则能培养出好道德。

⑨贼生:运用智巧,则生贼害之心。

【译文】

列子向关尹请教说："圣人在水里行走不会感到窒息，踩在火上也不觉得灼热，行走在万物之上也不恐惧。请问为什么能做到这样呢？"

关尹说："这是能够守住纯和之气的缘故，不是智巧、果敢就能做到的。坐下，我告诉你！凡是具有外貌、形体、声音和颜色的，都是物，物和物之间为什么差别那么大呢？为什么有的能够超越其他物体而位居前位？这都只不过是具有形体和颜色罢了。大凡一个有形之物却不显露形色而留足于无所变化之中，懂得这个道理而且深明内中奥秘的，外物怎么能够阻止他呢！那样的人身处不过当的限度，隐藏于变化无穷的境地，在万物始终之境神游，心性专一无二，保全涵养气息，融合德行，通达于自然。像这样的人，他的天性齐全，精神凝聚，外物怎么能侵入呢！

"喝醉酒的人从车上摔下来，虽然受伤但是不会死。他的骨节与别人相同，而所受伤害与人不同，这是因为他精神凝聚无杂念。不知道自己在乘车，也不知道自己掉下去，生死的惊惧没有进入他内心，因此受到外物伤害却完全没有恐惧之情。那个人凭借醉酒得以保全性命尚且如此，何况是通达自然之道的人呢！圣人藏身于自然，因此外物不能够伤害他。报仇的人不去弄折曾经伤害过他的宝剑，即使心存恨意也不会怨恨飘来的瓦片。因此天下人平等对待，所以没有相互攻战的动乱，没有杀戮刑罚，就是因为遵循了这个道理。

"不要开启人为的思想与智巧，而要开发自然的真性。开发了自然的真性就会培养好的道德，开启人的智巧就会产生贼害之心。不厌恶自然的禀赋，也不忽视人为的才智，民众也就接近纯真了！"

三

仲尼适楚，出于林中，见痀偻者承蜩[①]，犹掇之也[②]。

仲尼曰："子巧乎！有道邪[③]？"

曰："我有道也。五六月累丸二而不坠[④]，则失者锱铢[⑤]；累三而不坠，则失者十一；累五而不坠，犹掇之也。吾处身也[⑥]，若橛株枸[⑦]；吾执臂也[⑧]，若槁木之枝。虽天地之大，万物之多，而唯蜩翼之知。吾不反不侧[⑨]，不以万物易蜩之翼[⑩]，何为而不得！”

孔子顾谓弟子曰：“用志不分，乃凝于神[⑪]，其痀偻丈人之谓乎！”

【注释】

①痀偻（gōulóu）：驼背。承蜩：捕蝉。承，粘。

②掇：拾取。

③道：窍门。

④五六月：指学习训练捕蝉技艺的时间五到六个月。

⑤锱铢：均为古代很微小的重量单位，六铢为一锱，四锱为一两。

⑥处身：立定身体。

⑦厥株拘：立着的断树桩子。

⑧执臂：控制手臂。

⑨不反不侧：不回头不侧身。形容心志凝注专一，无杂念。

⑩易：改变

⑪凝：凝神，专注。

【译文】

孔子前往楚国，经过一片树林，看见一位驼背老人在捕蝉，就像从地上拾取东西一样轻而易举。

孔子说：“老先生真是灵巧啊！有什么窍门吗？”

老人回答说：“当然有。经过五六个月的训练，在竿头上叠放两个小丸，持竿而不使坠地，这时去捕蝉，能逃掉的就很少了；在竿头叠放三个小丸而能不掉，则失手不过十分之一；叠放五个小丸而能不掉，再去捕蝉就如同在地上拾取一样容易了。我立定身体，就像一根立着的断树桩；我控制手臂持竿，就像枯树枝。虽然天地广大，万物纷繁，我只一心注意蝉的翅膀。我从不回头侧身，不因为万物纷繁而改变对蝉翼的注意力，为什么不能得到呢！”

孔子回过头对弟子们说：“心不二用，精神凝聚专一，说的就是这位驼背老人啊！”

四

颜渊问仲尼曰：“吾尝济乎觞深之渊[①]，津人操舟若神[②]。吾问焉，曰：‘操舟可学邪？’曰：‘可。善游者数能。若乃夫没人，则未尝见舟而便操之也。’吾问焉而不吾告[③]。敢问何谓也？”

仲尼曰：“善游者数能，忘水也。若乃夫没人之未尝见舟而便操之也，彼视渊若陵，视舟之覆犹其车却也。覆却万方陈乎前而不得入其舍，恶往而不暇！以瓦注者巧，以钩注者惮，以黄金注者殙[④]。其巧一也，而有所矜[⑤]，则重外也。凡外重者内拙。”

【注释】

①济：渡。觞深之渊：渊名，水深而形似酒杯，故名。地在宋国。

②津人：摆渡人。

③吾告：即“告吾”，告诉我。

④殙（hūn）：心智昏乱。

⑤矜（jīn）：顾惜。

【译文】

颜渊向孔子请教说："我曾经渡过觞深之渊，摆渡人驾船的技术实在巧妙，我问他：'驾船可以学吗？'他回答：'可以。会游泳的人想学会很容易。若是会潜水之人，即便未曾见过船也会操作。'我再问其中的道理，但是他不再告诉我。请问这话是什么意思呢？"

孔子说："会游泳的人学会容易，是因他们能适应水性。能在水里潜水的人，即使没见过船也会驾船，是因为在他们眼中深渊就是高地，看到船覆没就好像看见车倒退。船只覆没和车子倒退的万种景象呈现在他眼前，也不能扰乱他的心神，到哪里他们不闲适自在呢！用瓦片作赌注的人内心坦然而技术格外高明，用带钩作赌注的人心存疑惧，用黄金作赌注的人则心智昏乱。本来赌博的技巧是一样的，但是有顾虑，就以身外之物为重。凡是注重身外之物的，内心必然笨拙。"

五

田开之见周威公。威公曰："吾闻祝肾学生[①]，吾子与祝肾游，亦何闻焉？"

田开之曰："开之操拔篲以侍门庭[②]，亦何闻于夫子！"

威公曰："田子无让，寡人愿闻之。"

开之曰："闻之夫子曰：'善养生者，若牧羊然，视其后者而鞭之。'"

威公曰："何谓也？"

田开之曰："鲁有单豹者，岩居而水饮，不与民共利，行年七十而犹有婴儿之色，不幸遇饿虎，饿虎杀而食之。有张毅者，高门县薄，无不走也，行年四十而有内热之病以死。豹养其内而虎食其外，毅养其外而病攻其内。此二子者，皆不鞭其后者也。"

仲尼曰："无入而藏，无出而阳，柴立其中央。三者若得，其名必极。夫畏涂者[3]，十杀一人，则父子兄弟相戒也，必盛卒徒而后敢出焉，不亦知乎！人之所取畏者，衽席之上[4]，饮食之间，而不知为之戒者，过也！"

【注释】

①学生：学习养生之人。

②拔篲：扫帚。

③畏涂：艰险多盗之途。

④衽(rèn)席：卧席。

【译文】

田开之拜见周威公。威公说："我听说祝肾学习养生之道，您跟随祝肾学习，也曾听到一些什么吗？"

田开之说："我只不过拿起扫帚扫扫院子，又哪里能从先生那里听到什么！"

威公说："您不必谦虚，我愿意听一听。"

开之说："听先生说：'善于养生的人，就好像牧羊一样，看那落在后面的，就用鞭子抽打它。'"

威公问："这是什么意思呢？"

田开之说："鲁国有个叫单豹的人，住在岩洞里而饮用山泉，不与别人争夺利益，到了七十多岁面容还和婴儿一样，但不幸遇到饥饿的老虎，饿虎就杀死并吃掉了他。还有个叫张毅的人，不管大户还是寒门，没有不和他来往的，四十岁时患内热之病而死。单豹修养内心而被老虎吃掉形体，张毅保养其身体而疾病却侵袭他的内心。这两个人，都像没被鞭打而落在后面的羊一样。"

孔子说："不要进入荒山野岭把自己潜藏起来，也不要投进俗世使自已张扬显露，像根木柴一样没有心却一直立在两者中间。如果能做到这三点，就能称他为至人。使人可畏的道路，经过的十个人有一个被杀，则父子兄弟相互警告，一定要聚集许多人才敢行走，不也是很聪明吗！人最害怕的，是在卧席之上，饮食之间，但是却不知道警戒，实在是大过错啊。”

六

祝宗人玄端以临牢筴[①]，说彘曰：“汝奚恶死？吾将三月犊汝[②]，十日戒，三日齐[③]，藉白茅，加汝肩尻乎雕俎之上[④]，则汝为之乎？”为彘谋，曰不如食以糠糟而错之牢筴之中；自为谋，则苟生有轩冕之尊，死得于腞楯之上、聚偻之中则为之[⑤]。为彘谋则去之，自为谋则取之，所异彘者何也？

【注释】

①祝宗人：掌管祭祀祝祷之官。玄端：黑色礼帽，指掌管祭祀之官穿的斋服。牢筴：猪栏，猪圈。筴，通“栅”，栅栏。

②犊(huàn)：通“豢”。豢养。

③齐：同“斋”，斋戒。

④尻(kāo)：臀部。俎(zǔ)：祭祀时盛肉的礼器，有青铜制和木制漆饰的。

⑤腞楯(zhuànshǔn)：绘有文采的运载灵柩之车。腞，画饰。楯，柩车。聚偻：棺椁。

【译文】

祭祀官穿着黑色的礼服来到猪圈旁，对猪说：“你为什么要害怕死亡呢？我将喂养你三个月，十日戒，三日斋，铺上白茅，把你的肩和臀放在雕有花纹的祭器上,你愿意这样吗?”如果真是为猪打算,就不如以糟糠喂养而关在猪圈里;为自己打算,就希望活着的时候能有高官厚禄之尊贵,死后能有装饰华美的棺椁柩车送葬。为猪打算就会舍弃白茅、雕俎之类的东西,为自己打算却贪求这些东西,这样和猪又有什么不同呢?

七

桓公田于泽[①],管仲御,见鬼焉。公抚管仲之手曰:“仲父何见[②]?”对曰:“臣无所见。”

公反,诶诒为病[③],数日不出。齐士有皇子告敖者曰[④]:“公则自伤,鬼恶能伤公!夫忿滀之气[⑤],散而不反,则为不足;上而不下,则使人善怒;下而不上,则使人善忘;不上不下,中身当心,则为病。”

桓公曰:“然则有鬼乎?”

曰:“有。沈有履[⑥],灶有髻[⑦]。户内之烦壤[⑧],雷霆处之[⑨];东北方之下者,倍阿、鲑蠪跃之[⑩];西北方之下者,则泆阳处之[⑪]。水有罔象[⑫],丘有峷[⑬],山有夔[⑭],野有彷徨[⑮],泽有委蛇。”

公曰:“请问,委蛇之状何如?”

皇子曰:“委蛇,其大如毂[⑯],其长如辕[⑰],紫衣而朱冠。其为物也,恶闻雷车之声,则捧其首而立。见之者殆乎霸。”

桓公辴然而笑曰[⑱]:“此寡人之所见者也。”于是正衣冠与之坐,不终日而不知病之去也[⑲]。

【注释】

①桓公:齐桓公,春秋五霸之一。

②仲父:桓公对管仲的尊称。

③诶诒(xīyí):因惊吓失魂而得病。

④皇子告敖:皇姓,名告敖,子为尊称。为齐之贤士。

⑤忿滀(chù):怒气郁结。滀,水停聚的样子。

⑥沈:通“沉”,水下污泥。履:污水聚集处之鬼名。

⑦髻(jié):灶神名。

⑧烦壤:秽杂之物。

⑨雷霆:鬼名。

⑩倍阿、鲑蠪(wālóng):皆鬼名。

⑪泆(yì)阳:神名,豹头马尾。

⑫罔象:又作无伤,水神名。

⑬莘(shēn):怪兽名,状如狗,有角,身上有五彩花纹。

⑭夔(kuí):传说中的一种山怪,一足。

⑮彷徨:怪兽名,又作“方皇”,状如蛇,两头,身有五彩花纹。

⑯毂(gǔ):车轮中心套轴的圆木,代指车轮。

⑰辕:车辕,车前驾马匹的两根直木。

⑱辴(zhěn)然:欢笑之态。

⑲不终日:不满一日。

【译文】

齐桓公在山泽中打猎,管仲驾车,看见了一个鬼。桓公拉着管仲的手说:“仲父,您看见什么了吗?”管仲说:“我什么都没看见。”

桓公回去后,因为受到惊吓而生病了,连续几天不出门。齐国有位贤士叫皇子告敖的说:“您是自己伤害自己,鬼怎么能伤害您呢!如果体内郁结忿怒之气,散去不复聚集,精力就会不足;气向上升而不通于下,就会发怒;下沉而不达于上,就使人健忘;上下不通达,闷在心里,就会得病。”

桓公说:“有鬼吗?”

皇子告敖回答说:“有。水中污泥中有履鬼,灶里有灶神。户内堆放灰尘垃圾处,雷霆之鬼住在那里;住宅东北面墙根下,有倍阿、鲑鬼在那里跳跃；西北面墙根下，则有泆阳之鬼停留。水里有罔象神，丘里面有峷神，山中有夔神，旷野里有彷徨神，沼泽里有委蛇神。”

桓公说：“委蛇是什么样子？”

皇子告敖回答说：“委蛇有车轮一般粗细，车辕一般长短，衣着紫色而头戴红帽。这种鬼神害怕听到战车轰鸣声，听到了就捧着头立在那里。看见这种鬼神的人就要做霸主了。”

桓公高兴地笑着说：“这就是我所看见的。”于是端正衣冠坐起来和皇子告敖谈话，不到一天工夫，病就不知不觉好了。

八

纪渻子为王养斗鸡[①]。

十日而问：“鸡已乎？”曰：“未也，方虚㤭而恃气[②]。”

十日又问，曰：“未也。犹应向景。”

十日又问，曰：“未也。犹疾视而盛气。”

十日又问，曰：“几矣。鸡虽有鸣者，已无变矣，望之似木鸡矣，其德全矣。异鸡无敢应者，反走矣。”

【注释】

①纪渻（shěng）子：纪姓，名渻子。

②虚㤭：虚浮骄矜。㤭，通“骄”。

【译文】

纪渻子替周宣王驯养斗鸡。

十天之后周宣王来问：“鸡可以斗了吗？”纪渻子回答说：“还不行，现在还是虚浮骄矜而又自持意气的样子。”

十天后又来问，回答说：“还不行。它听到声音、看到影子还是会马上做出反应。”

十天后又问，回答说：“还不行。它经常盛气冲天，怒目而视。”

十天后再来问，回答说：“差不多了。别的鸡即使打鸣，它也无动于衷，看上去像个木鸡，它的德性真可说是完美了。其他的鸡没有敢于应战的，掉头就逃跑了。”

九

孔子观于吕梁①，县水三十仞②，流沫四十里，鼋鼍鱼鳖之所不能游也③。见一丈夫游之，以为有苦而欲死也，使弟子并流而拯之④。数百步而出，被发行歌而游于塘下。

孔子从而问焉，曰：“吾以子为鬼，察子则人也。请问，蹈水有道乎？”

曰：“亡，吾无道。吾始乎故，长乎性，成乎命。与齐俱入，与汩偕出⑤，从水之道而不为私焉。此吾所以蹈之也。”

孔子曰：“何谓始乎故，长乎性，成乎命？”

曰：“吾生于陵而安于陵，故也；长于水而安于水，性也；不知吾所以然而然，命也。”

【注释】

①吕梁：地名，在今江苏徐州附近。

②县水：瀑布。县，同“悬”。

③鼋（yuán）：鳖中之大者为鼋。鼍（tuó）：鳄鱼类，俗称猪婆龙。

④并：傍。拯：援救。

⑤汩（gǔ）：激流。

【译文】

孔子在吕梁游览，见到瀑布有三十多仞高，冲刷而起的激流和水花远达四十里，鱼鳖鼋鼍都不敢在这里游水。忽然看见一位男子在里面游水，以为他有什么痛苦的事想要寻死，就让弟子们沿着水流去救他。男子在水里潜行了数百步，浮出水面，披头散发，唱着歌游到岸边。

孔子跟过去问道："我以为您是鬼，仔细观察却发现是人。请问，游水有什么方法吗？"

男子回答说："没有，我没有特殊的方法。我开始是习以为常，长大后就成了习性，成年后就顺其自然了。我与漩涡一起沉入水底，又跟着上涌的激流一起浮出，只是顺着水势而不任性胡来，我就是这样游水的。"

孔子说："什么叫作开始是习以为常，长大后就变成了习性，成年后就顺其自然？"

男子说："我生在高地而安于高地生活，这就叫作开始是习以为常；在水边长大，安于水上生活而久习成性，这就叫作长大后就变成了习性；不知道我为什么会这样但确实这样，这就叫作顺其自然。"

十

梓庆削木为鐻[①]，鐻成，见者惊犹鬼神。鲁侯见而问焉，曰："子何术以为焉？"

对曰："臣，工人，何术之有！虽然，有一焉。臣将为鐻，未尝敢以耗气也，必斋以静心。斋三日，而不敢怀庆赏爵禄；斋五日，不敢怀非誉巧拙；斋七日，辄然忘吾有四枝形体也。当是时也，无公朝，其巧专而外骨消[②]；然后入山林，观天性，形躯至矣，然后成见鐻，然后加手焉；不然则已。则以天合天，器之所以疑神者，其是与！"

【注释】

①梓庆：名叫庆的木匠。人名。鐻(jù)：悬挂钟磬的架子。

②外骨消：外界之扰乱完全排除。

【译文】

名叫庆的木匠刻削木料制作鐻，鐻制成后，见到的人都惊叹为鬼斧神工。鲁侯见了之后问他说："你用什么方法制成的呢?"

庆回答说："我只是一名工匠，能有什么方法！虽然如此，还是有一点可以讲一讲。我要制作鐻时，不敢随便耗费精神，一定要斋戒使内心安静下来。斋戒三日，不敢有庆赏官爵厚禄的念头；斋戒五日，不敢有毁誉巧拙的念头；斋戒七日，已然忘了我有四肢形体。在这个时候，我忘了朝廷，没有外界的纷扰而技艺专一；然后我就进入山林，查看木头的质地，看到形躯最适宜的，一个成型的鐻就好像呈现在眼前了，然后才动手去做；若没有这些条件就不做。这样，用我的本性结合木材自然的天性，制成后的器具被疑为鬼神所造，大概就是这个原因吧！"

十一

东野稷以御见庄公[①]，进退中绳，左右旋中规。庄公以为文弗过也，使之钩百而反[②]。

颜阖遇之[③]，入见曰："稷之马将败。"公密而不应。

少焉，果败而反。公曰："子何以知之?"

曰："其马力竭矣，而犹求焉，故曰败。"

【注释】

①东野稷：人名，姓东野名稷，善驾车。庄公：指鲁庄公。

②钩百：驾驭车马兜一百个圈。

③颜阖：鲁之贤人。

【译文】

东野稷因为善于驾车而被庄公接见，他驾车前进后退就像绳子一般笔直，左右旋转就像圆规一样圆。庄公认为就是画图也比不上这样，于是命他驾车转一百个圈后再返回。

颜阖遇见这件事，进来拜见庄公说："东野稷的马将会疲惫不堪。"庄公默不作声，没有回应。

一会儿，果然因马筋疲力尽而回。庄公说："您怎么知道呢？"

颜阖回答说："他的马气力已经用尽了，还驱赶不停，所以知道一定会疲劳。"

十二

工倕旋而盖规矩①，指与物化而不以心稽②，故其灵台一而不桎③。忘足，履之适也；忘要④，带之适也；知忘是非，心之适也；不内变，不外从，事会之适也；始乎适而未尝不适者，忘适之适也。

【注释】

①工倕：传说为尧时之能工巧匠。

②稽：思考。

③灵台：心。桎：桎梏，拘束，阻碍。

④要：同"腰"。

【译文】

工捶用手指画的图能超出用圆规矩尺所画的，手指像是与物体聚合为一而不须用心留意，因此他的内心专一而没有阻碍。忘记脚，是鞋子的舒适；忘记腰，是腰带的舒适；忘记是非，是内心的安适；不改变内心的持守，顺从外物的影响，是处境的安适；本性安适而没有什么不安适，这就是忘了安适的安适。

十三

有孙休者，踵门而诧子扁庆子曰[①]："休居乡不见谓不修，临难不见谓不勇。然而田原不遇岁，事君不遇世，宾于乡里，逐于州部，则胡罪乎天哉？休恶遇此命也？"

扁子曰："子独不闻夫至人之自行邪？忘其肝胆，遗其耳目，芒然彷徨乎尘垢之外，逍遥乎无事之业，是谓为而不恃，长而不宰。今汝饰知以惊愚，修身以明污，昭昭乎若揭日月而行也[②]。汝得全而形躯，具而九窍[③]，无中道夭于聋盲跛蹇而比于人数[④]，亦幸矣，又何暇乎天之怨哉！子往矣！"

【注释】

①踵门：亲至其门，不经人引见。子扁庆子：姓扁，名庆子，鲁之贤人。第一个"子"为对先生的尊称。

②昭昭乎：光明、明亮的样子。

③九窍：指人体的九个穴窍，即眼二，鼻二，耳二，口，肛门，尿道。

④跛蹇（jiǎn）：瘸腿。

【译文】

有个叫孙休的人，走到门前，疑惑不已地询问他的老师扁庆子："我孙休在乡间居住，没有听人说我德行差，遇到危难没有听人说我不勇敢。但耕种的庄稼总碰不到好年成，想为国君效力却没有机会，被乡里人排挤摈斥，又被地方官驱逐，难道是我得罪了上天吗？我怎么就遇到这种命运呢？"

扁子说："你难道没有听说那德行高的人的自我修养吗？他们忘掉了自己的肝胆，遗忘了自己的耳朵和眼睛，放纵徘徊于世俗尘垢之外，自由自在而无所作为，这就叫作有所为而不自恃，为民长官却不主宰人。现在你修饰己智以使愚民感到惊异，修养自身以彰显别人的卑污，光耀明亮的样子就像托举着日月行走。你能够保全你的形体和身躯，具备了九窍，没有在人生半途因遭受耳聋、眼瞎和瘸腿的苦难而夭折，因而能和正常人并列，已经很幸运了，又哪里有闲工夫来报怨老天啊！你走吧！"

孙子出。扁子入，坐有间，仰天而叹。弟子问曰："先生何为叹乎？"

扁子曰："向者休来，吾告之以至人之德，吾恐其惊而遂至于惑也。"

弟子曰："不然。孙子之所言是邪？先生之所言非邪？非固不能惑是。孙子所言非邪？先生所言是邪？彼固惑而来矣，又奚罪焉！"

扁子曰："不然。昔者有鸟止于鲁郊，鲁君说之，为具太牢以飨之，奏《九韶》以乐之。鸟乃始忧悲眩视，不敢饮食。此之谓以己养养鸟也。若夫以鸟养养鸟者，宜栖之深林，浮之江湖，食之以委蛇，则安平陆而已矣[①]。今休，款启寡闻之民也，吾告以至人之德，譬之若载鼷以车马[②]，乐鴳以钟鼓也[③]。彼又恶能无惊乎哉！"

【注释】

①平陆：平地，荒野。

②鼷（xī）：鼷鼠，一种小老鼠。

③鴳（yàn）：鴳雀，一种小鸟。

【译文】

孙休离开了。扁子进来,坐了一会儿,抬头向天叹了口气。弟子问道:“先生为什么叹息?”

扁子说:“刚才孙休来,我告诉他关于至人之德行,我担心他受到震惊以至于更加迷惑。”

弟子说:“不会这样的。孙先生所说的话对吗?老师所说的话不对吗?不对的本不能使对的迷惑。孙先生所说的话不对吗?老师所说的话对吗?他本来就是因迷惑而来,那老师有什么过错呢!”

扁子说:“不是这样的。以前有只鸟停在鲁国的郊外,鲁国的国君非常高兴,杀牛宰羊来喂养它,奏《九韶》之乐来使它快乐。鸟儿于是开始忧愁悲伤起来,不敢吃喝。这就叫作用养自己的方式去养鸟。如果用养鸟的方式来养鸟,应当让它在深林中栖息,在水面浮游,用泥鳅小鱼喂养它,那么放之于原野就可以了啊。现今这位孙休,是位管窥之见、孤陋寡闻之人,我把至人的德行告诉他,就好像用马车来装载小老鼠,用钟鼓娱乐小鸟一样。他又怎么能不受惊吓呢!”

【赏析】

本篇主要内容还是讲养生、养神。在文中,庄子指出,要达到“养生”的目的,最重要的就是要摒除各种外欲,要心神宁寂,事事释然。

在文中,围绕着凝神养气这一中心思想,庄子运用生动形象的寓言故事,再加以严谨的论述,让人领悟到其中的玄虚之理。全篇各段思想贯通一致,被认为是《庄子》中比较完整的篇目。

庄子认为,养形和养神同样重要,都不可忽视。养形是养神的前提,如果形体不能保全,那么养神也就无从说起;反过来说,如果养神不到位,那么形体就会出现问题,疾患频生。问题是,很多人没有意识到这一点,要么只顾养神,要么只顾养形。所以庄子在文中提出养生要做到“忘物”,养神要做到忘记生命的存在,这样才能“形全精复,与天为一”。

山木第二十

本篇由若干寓言故事组成，主要论述生逢乱世的避祸之道。庄子认为乱世多患，因此要淡泊名利，要虚己而无为。

一

庄子行于山中，见大木[1]，枝叶盛茂，伐木者止其旁而不取也。问其故，曰："无所可用。"庄子曰："此木以不材得终其天年[2]。"

夫子出于山，舍于故人之家。故人喜，命竖子杀雁而烹之[3]。竖子请曰："其一能鸣，其一不能鸣，请奚杀？"主人曰："杀不能鸣者。"

明日，弟子问于庄子曰："昨日山中之木，以不材得终其天年；今主人之雁，以不材死。先生将何处？"

庄子笑曰："周将处乎材与不材之间。材与不材之间，似之而非也，故未免乎累。若夫乘道德而浮游则不然[4]。无誉无訾[5]，一龙一蛇，与时俱化，而无肯专为；一上一下，以和为量，浮游乎万物之祖；物物而不物于物，则胡可得而累邪！此神农、黄帝之法则也。若夫万物之情，人伦之传则不然[6]：合则离，成则毁,廉则挫,尊则议,有为则亏,贤则谋,不肖则欺。胡可得而必乎哉!悲夫!弟子志之,其唯道德之乡乎[7]!”

【注释】

①大木:大树。

②天年:按自然规律应有的寿命。

③竖子:童仆。雁:鹅。

④道德:自然,亦即大道。

⑤訾(zǐ):诽谤。

⑥人伦之传:人类的习俗。

⑦乡:通“向”,归向。

【译文】

庄子在山中行走,见到一棵大树,枝繁叶茂,伐木之人停在旁边却不去砍伐。问其原因,回答说:“没有地方可用。”庄子说:“这棵树因为不成材而得以享其天年。”

庄子从山中走出来,借宿于友人家中。友人很高兴,命令童仆杀鹅招待客人。童仆请示说:“一只鹅会叫,一只不会叫,请问杀哪只呢?”主人说:“杀不会叫的。”

第二天,弟子向庄子问道:“昨天山里的大树,以不成材得以享其天年;今天主人家的鹅,却以不成材而丧命。请问先生您将如何对待呢?”

庄子笑着说:“我庄周将处在成材与不成材之间。成材与不成材之间,实际上似是而非,所以也不能免于受牵累。若是顺应自然而随意漫游就不一样了。既无称誉也无毁谤,时而如龙之腾达,时而如蛇之潜藏,随时变化,而不固守一端;或上或下,以顺应自然为原则,游心于虚无缥缈的混沌之境;役使外物却不被外物所役使,怎么还会受牵累呢!这就是神农、黄帝的处事法则。至于万物的情理、人类的习俗就不一样了:有聚合就有离散,有成功就有毁坏,棱角锐利就遭挫伤,尊贵就遭非议,有作为就有损亏，贤能就遭暗算，不肖就遭欺侮。怎么可以一定要偏执某一方面呢！可悲呀！弟子们记住，只有道德才是应当要归向的！”

二

市南宜僚见鲁侯[①]，鲁侯有忧色。市南子曰：“君有忧色，何也？”

鲁侯曰：“吾学先王之道，修先君之业；吾敬鬼神尊贤，亲而行之，无须臾离居。然不免于患，吾是以忧。”

市南子曰：“君之除患之术浅矣！夫丰狐文豹，栖于山林，伏于岩穴，静也；夜行昼居，戒也；虽饥渴隐约[②]，犹且胥疏于江湖之上而求食焉[③]，定也[④]；然且不免于罔罗机辟之患[⑤]。是何罪之有哉？其皮为之灾也！今鲁国独非君之皮邪？吾愿君刳形去皮，洒心去欲[⑥]，而游于无人之野。南越有邑焉，名为建德之国[⑦]。其民愚而朴，少私而寡欲；知作而不知藏，与而不求其报；不知义之所适，不知礼之所将；猖狂妄行，乃蹈乎大方。其生可乐，其死可葬。吾愿君去国捐俗，与道相辅而行。”

【注释】

①市南宜僚：人名，姓熊名宜僚，家住市南。《左传·哀公十六年》：“市南有熊宜僚者，若得之可以当五百人矣。”即指此人。古人常以住地称谓其人，如东里子产、南郭子綦等。鲁侯：鲁哀公。

②隐约：困穷。

③胥疏：远。

④定：知止审慎。

⑤罔罗：捕野兽之网。机辟：捕野兽之机关。

⑥洒心：洗心。

⑦建德之国:庄子虚构的无为而治的理想国。

【译文】

市南宜僚拜见鲁侯,鲁侯正面带忧色。市南子说:“您面有忧色,为什么呢?”

鲁侯说:“我学习先王治国之道,承继先君的事业;我敬仰鬼神而尊重贤能,身体力行,没有片刻懈怠。可是仍不能避免祸患,我因此才忧愁。”

市南子说:“您避免祸患的方法太过于浅薄了啊!皮毛丰满的狐狸和花纹美丽的豹子,栖息于深山老林,隐伏于岩洞之内,这是静心;夜里才出来行动,白天躲在洞里休息,这是警惕;即使又饥又渴,还是要远到江湖之上觅求食物,这是审慎;然而还是不能避免罗网机关的灾祸。它们有什么过错呢?是它们自身珍贵的毛皮给它们带来灾祸啊!如今的鲁国不就是给您带来灾祸的毛皮吗?我希望您能剖空身形,舍弃毛皮,荡涤心智,摒除欲念,而遨游于没有人烟的旷野。南越有个城邑,叫建德国。那里的民众愚昧而质朴,很少有私心和欲望;只知耕作而不知储备,只知给予而不希求报酬;不明白义的归宿,不懂得礼的去向;随心所欲,任意而行,却合于大道。他们生时自得其乐,他们死时安然而葬。我希望国君您也能舍去国政,抛开世俗,而与大道相辅而行。”

君曰:“彼其道远而险,又有江山,我无舟车,奈何?”

市南子曰:“君无形倨①,无留居,以为君车。”

君曰:“彼其道幽远而无人,吾谁与为邻?吾无粮,我无食,安得而至焉?”

市南子曰:“少君之费,寡君之欲,虽无粮而乃足。君其涉于江而浮于海,望之而不见其崖,愈往而不知其所穷。送君者皆自崖而反,君自此远矣!故有人者累,见有于人者忧。故尧非有人，非见有于人也。吾愿去君之累，除君之忧，而独与道游于大莫之国[②]。方舟而济于河[③]，有虚船来触舟[④]，虽有惼心之人不怒[⑤]。有一人在其上，则呼张歙之[⑥]；一呼而不闻，再呼而不闻，于是三呼邪，则必以恶声随之[⑦]。向也不怒而今也怒，向也虚而今也实。人能虚己以游世，其孰能害之！"

【注释】

①倨(jù)：傲慢。

②大莫：广大。

③方舟：两舟相并。

④虚船：无人驾驶的空船。

⑤惼(biǎn)：心地狭窄。

⑥张歙(xī)：撑开或靠拢。歙，合。

⑦恶声：责骂之声。

【译文】

鲁君说："那里路途遥远且艰险，又有江山阻隔，我没有合适的船和车，怎么办呢？"

市南子说："国君不以势傲人，不贪恋权位，便可以以此作为您的车辆。"

鲁侯说："到那里道路幽暗辽远，荒无人烟，我与谁相伴呢？我没有干粮，没有食物，怎么能到达那里呢？"

市南子说："减少您的耗费，节制您的欲望，虽然没有粮食也足够了。您渡过江河，浮游大海，一眼望去不见边际，愈往前行而愈不知道尽头。送行的人从岸边回去后，您便从此远离了！所以说役使他人的人必定受劳累，受制于人的人必定忧心。所以尧从不役使他人，也从不受制于人。我希望您能除去劳累，消除忧患，而独自跟大道一同遨游于广漠旷野。

假如两只船相并而渡河，其中一条空船撞过来，即使心地最偏狭的人也不会恼怒。倘若那船上有个人，就一定要呼喊他撑开或并拢过来；喊一声没听到，再喊一声还是没有听到，再喊第三声时，就一定会破口大骂。起先不发怒而如今恼怒，是因为起先是空船，而如今是有人的船。人若能倒空自己，脱除尊荣，放弃一切而遨游于世，谁还能伤害到他呢！”

三

北宫奢为卫灵公赋敛以为钟[①]，为坛乎郭门之外，三月而成上下之县[②]。王子庆忌见而问焉，曰：“子何术之设？”

奢曰：“一之间[③]，无敢设也。奢闻之：‘既雕既琢，复归于朴。’侗乎其无识[④]，傥乎其怠疑[⑤]；萃乎芒乎[⑥]，其送往而迎来；来者勿禁，往者勿止；从其强梁[⑦]，随其曲傅[⑧]，因其自穷。故朝夕赋敛而毫毛不挫，而况有大途者乎[⑨]！”

【注释】

①北宫奢：卫国大夫，名奢，居于北宫，因以为姓。赋敛：募捐。

②县：同“悬”，悬挂钟的架子。

③一之间：一心之间只有铸钟，别无他念。

④侗（tóng）：无知的样子。

⑤傥（tǎng）乎：无心之状。怠疑：若怠若疑，指从容不迫。

⑥萃：聚集。芒：同“茫”，无所知的样子。

⑦从：同“纵”，听任。强梁：强横不肯合作者。

⑧曲傅：曲意相附者。

⑨大途：大道。

【译文】

北宫奢替卫灵公征集费用铸造编钟，在城门外设下祭坛，三个月后上下两组编钟铸成。王子庆忌见到他而问道:“您是使用了什么方法啊?”

北宫奢说:“专心致志地铸造编钟,不敢假设用什么特殊的办法。我曾听说:‘已细细雕刻又细细琢磨,还要返归本真。’我通达无挂碍而无知无识,忘却心智而从容不迫;人们聚集而来,我却茫然不识;不拒绝来的人,不阻止去的人;不愿捐献的任他自去,不愿赞助的随他自便,依照各自的情况而竭尽力量。所以早晚募集而人民不会受到丝毫损伤,更何况懂得大道的人呢!”

四

孔子围于陈蔡之间,七日不火食。

大公任往吊之[①],曰:“子几死乎?”曰:“然。”“子恶死乎?”曰:“然。”

任曰:“予尝言不死之道。东海有鸟焉,其名曰意怠[②]。其为鸟也,翂翂翐翐[③],而似无能;引援而飞[④],迫胁而栖[⑤];进不敢为前,退不敢为后;食不敢先尝,必取其绪[⑥]。是故其行列不斥[⑦],而外人卒不得害,是以免于患。直木先伐,甘井先竭。子其意者饰知以惊愚,修身以明污,昭昭乎如揭日月而行,故不免也。昔吾闻之大成之人曰[⑧]:‘自伐者无功[⑨],功成者堕,名成者亏。’孰能去功与名而还与众人[⑩]!道流而不明居[⑪],得行而不名处[⑫];纯纯常常,乃比于狂;削迹捐势[⑬],不为功名。是故无责于人,人亦无责焉。至人不闻,子何喜哉?”

孔子曰:“善哉!”辞其交游,去其弟子,逃于大泽,衣裘褐[⑭],食杼栗[⑮],入兽不乱群,入鸟不乱行。鸟兽不恶,而况人乎!

【注释】

①大公任：大公即太公，为对老者的尊称。

②意怠：鸟名，即燕子。

③翂翂（fēn）翐翐（zhì）：形容鸟飞得又低又慢。

④引援：援引伴侣。

⑤迫胁：偎依在一起。

⑥绪：残余。

⑦斥：排斥。

⑧大成之人：道德至高之人，得道之人。

⑨伐：夸耀。

⑩还与众人：还归于普通人之中。

⑪明居：炫耀，自居。

⑫得：通“德”。名处：处其名，处于被赞扬的地位。

⑬削迹：削除一切行迹。捐势：抛弃一切权势。

⑭裘褐：泛指粗陋之服。

⑮杼（shù）：橡子。

【译文】

孔子一行人被围困在陈国与蔡国之间，七天没有生火做饭。

大公任前去拜见他，说：“先生快要死了吗？”回答说：“是的。”“您怕死吗？”回答说：“是的。”

大公任说：“我来讲讲不死之道。东海里生活着一种鸟，它的名字叫意怠。这种鸟飞得很慢，好像不能飞行的样子；它们总是要随其他鸟引领而飞，栖息时就跟别的鸟挤在一起；前进时不敢飞在最前面，后退时不敢飞在最后面；吃食时不敢先动嘴，总是吃别的鸟剩下的。所以它们在鸟群中从不受排斥，外人也终究不会去伤害它，因此能够免除祸患。长得很直的树木总是先被砍伐，甘甜的井水总是先枯竭。先生意图文饰才智以惊醒愚昧之人，注重修养自身以便彰明别人的卑污，闪亮光耀就像是举着太阳、月亮走路，所以总不能免除灾祸。以前我听得道之人说：‘自我夸耀的人不能成就功业，成就功业而不知隐退的人终究会堕败，声名赫赫而不知韬光养晦的人必定会遭到损伤。’谁能舍弃功名而还归于普通人之中呢！大道广为流传而不炫耀自居，德行完备而不自我张扬；纯朴平常，如同愚昧放任之人；削除行迹，摒弃权势，不求取功名。因此不责求于人，别人也不会责求于我。至人不求闻达于世，您为什么那么喜好名声呢？”

孔子说：“说得好啊！”于是辞别朋友，离开弟子，逃往山泽旷野，穿粗布衣裳，食橡子板栗，入兽群而兽群不惊走，入鸟群而鸟不乱行。连鸟兽都不厌恶他，何况人呢！

五

孔子问子桑雽曰[①]：“吾再逐于鲁，伐树于宋，削迹于卫，穷于商周，围于陈、蔡之间。吾犯此数患，亲交益疏，徒友益散，何与？”

子桑雽曰：“子独不闻假人之亡与[②]？林回弃千金之璧[③]，负赤子而趋[④]。或曰：‘为其布与[⑤]？赤子之布寡矣；为其累与？赤子之累多矣。弃千金之璧，负赤子而趋，何也？’林回曰：‘彼以利合，此以天属也[⑥]。’夫以利合者，迫穷祸患害相弃也；以天属者，迫穷祸患害相收也。夫相收之与相弃亦远矣。且君子之交淡若水，小人之交甘若醴[⑦]；君子淡以亲，小人甘以绝。彼无故以合者，则无故以离。”

孔子曰：“敬闻命矣！”徐行翔佯而归[⑧]，绝学捐书，弟子无挹于前[⑨]，其爱益加进。

异日，桑雽又曰：“舜之将死，真泠禹曰[⑩]：‘汝戒之哉！形莫若缘，情莫若率。’缘则不离，率则不劳；不离不劳，则不求文以待形;不求文以待形,固不待物。”

【注释】

①子桑雽(hù):人名,得道者。子为对其的尊称。

②假:国名,为晋之属国,后为晋所灭。亡:逃亡。

③林回:人名,为假国逃亡之民。

④负:背负。赤子:初生婴儿。

⑤布:古代钱币之代称。

⑥天属:以天性相连属。

⑦醴(lǐ):甜酒。

⑧翔佯:犹“徜徉”,悠闲自得的样子。

⑨无挹于前:弟子们不须在老师面前鞠躬作揖,过分讲求礼仪。挹,通“揖”,揖让。

⑩真泠:疑二字有误,王引之谓作“乃命”。

【译文】

孔子问子桑雽说:“我两次被鲁国驱逐出境,在宋国遭逢伐树的羞辱,在卫国被禁止逗留,在宋、周郁郁不得志,在陈、蔡之间被围困。我遭遇这些祸患,亲戚旧交愈加疏远,学生朋友越来越离散,这是为什么呢?”

子桑雽说:“您难道没有听说假国人逃亡的故事吗?林回舍弃价值千金的玉璧,背着婴儿逃走。有人议论说:‘是为了钱吧?初生婴儿不值钱;为了怕拖累吗?初生婴儿的拖累太多了。舍弃价值千金的玉璧,背负婴儿逃亡,为什么呢?’林回说:‘价值千金的玉璧与我是以利益相合,而婴儿与我则是以天性相连。’以利益相合的,遇上困厄、灾祸、忧患与伤害时就会相互抛弃;以天性相连的,遇上困厄、灾祸、忧患与伤害时就会相互收容。相互收容与相互抛弃的差别也太大了。况且君子之间的交情淡泊得像清水一样,小人之间的交情甘甜得像甜酒一样;君子之间的交情淡泊但是亲切,小人之间的交情甘甜却容易断绝。大凡没有缘故结合的，也就没有缘故离散了。”

孔子说：“我诚心地接受您的教诲！”于是慢慢离去，悠闲自得地走了回来，终止了学业，丢弃了书简，弟子无须作揖鞠躬，可他们对老师的敬爱反而更加深厚了。

有一天，子桑雽又说：“舜在快要死的时候，告诉禹说：‘你要警惕啊！形体不如顺其自然，感情莫如任其天真。’顺其自然就不会背离，任其天真就不会劳顿；不背离、不劳顿，则不追求用虚文礼节来修饰形体；不追求用虚文礼节来修饰形体，也就不必有求于外物了。”

六

庄子衣大布而补之①，正緳系履而过魏王②。魏王曰：“何先生之惫邪③？”

庄子曰：“贫也，非惫也。士有道德不能行，惫也；衣弊履穿，贫也，非惫也；此所谓非遭时也！王独不见夫腾猿乎？其得柟梓豫章也④，揽蔓其枝而王长其间⑤，虽羿、蓬蒙不能眄睨也⑥。及其得柘棘枳枸之间也⑦，危行侧视⑧，振动悼栗⑨，此筋骨非有加急而不柔也⑩，处势不便，未足以逞其能也。今处昏上乱相之间，而欲无惫，奚可得邪？此比干之见剖心征也夫。”

【注释】

①大布：粗布。

②正緳（xié）系履：用麻绳捆扎破鞋。緳，通“絜”，麻带。

③惫（bèi）：疲乏，困顿。

④柟（nán）：楠树。

⑤揽蔓：攀缘。王长：称王称长。

⑥羿：即后羿，古代善射者。蓬蒙：后羿弟子。

⑦柘(zhè)、棘、枳、枸:四种有刺之木。

⑧危行:心存畏惧,行动谨慎。

⑨悼栗:畏惧战栗。

⑩加急:束缚。

【译文】

庄子穿着带补丁的粗布衣服、用麻绳捆扎的破鞋去见魏王。魏王说:"先生为何如此困乏呀?"

庄子说:"是贫穷啊,不是困乏。志士有道德不得施行,这是困乏;衣服破烂,鞋子磨穿,这是贫穷,不是困乏;这就是所谓的生不逢时啊!大王难道没有见过善于腾跃的猿猴吗?它们生活在楠、梓、豫、樟之类高大的树木中,在树枝间牵引腾跃,称王称霸,即使善射如后羿、蓬蒙也不敢小瞧它们。等到它们一旦处于拓、棘、枳、枸之类带刺的灌木丛中,行动谨慎,左顾右盼,战战兢兢,内心十分害怕,这并不是因为筋骨受到束缚而变得不灵活,而是因为所处的环境不利,不足以施展它的本领啊。现在处在昏君乱臣的世道,而想要不困乏,怎么可能呀?比干被剖心而死,就是明证啊!"

七

孔子穷于陈、蔡之间,七日不火食。左据槁木,右击槁枝,而歌猋氏之风①。有其具而无其数②,有其声而无宫角,木声与人声犁然有当于人之心③。

颜回端拱还目而窥之④。仲尼恐其广己而造大也⑤,爱己而造哀也,曰:"回,无受天损易,无受人益难⑥。无始而非卒也,人与天一也。夫今之歌者,其谁乎!"

回曰:"敢问无受天损易。"

仲尼曰："饥渴寒暑，穷桎不行，天地之行也，运物之泄也，言与之偕逝之谓也。为人臣者，不敢去之。执臣之道犹若是，而况乎所以待天乎！"

"何谓无受人益难？"

仲尼曰："始用四达[7]，爵禄并至而不穷。物之所利，乃非己也，吾命其在外者也。君子不为盗，贤人不为窃。吾若取之，何哉！故曰，鸟莫知于鹢鸸[8]，目之所不宜处，不给视，虽落其实，弃之而走。其畏人也，而袭诸人间，社稷存焉尔。"

"何谓无始而非卒？"

仲尼曰："化其万物而不知其禅之者[9]，焉知其所终？焉知其所始？正而待之而已耳。"

"何谓人与天一邪？"

仲尼曰："有人，天也；有天，亦天也。人之不能有天，性也，圣人晏然体逝而终矣[10]！"

【注释】

①猋氏：神农。猋，"焱"字之误，同"炎"。风：歌谣。

②具：敲击拍节的木棍等。无其数：作为乐器用的各种器具都有一定规格尺寸，即为数。此时只是信手取来，不合规格，故称无其数。

③犁然：释然，悠然。

④端拱：端立拱手。

⑤广己：尊己。造大：造作夸大。

⑥天损：自然带来的损害。人益：别人加给的超出自性的东西。

⑦始用四达：开始见用于世，即能四面八方无不通达。

⑧鹢鸸（yì'ér）：燕子。

⑨化其万物：万物生灭变化无穷。禅：替代。

⑩晏然：安然。

【译文】

孔子被围困在陈国、蔡国之间，七天没有生火做饭了。他左手扶着枯树，右手敲击枯枝，唱起神农氏时代的歌谣。虽有打击之具却没有节奏，虽有歌声却没有音律，但敲木之声与歌唱之声却悠悠然使人感到舒畅。

颜回正身拱手，旋转其目而环视孔子。孔子担心他过于尊崇自己而把他夸耀得过于伟大，因为爱戴自己而过分哀伤，便说："颜回呀，不受自然的损害比较容易，不受人的利益比较困难。没有哪件事的起点不同时是终点，人和天是一致的。至于今天唱歌的人，又是谁呢！"

颜回问："请问什么叫作不受自然的损害比较容易？"

孔子说："饥饿干渴，严寒酷暑，困塞不通，这是天地运行、万物消长的结果，就是说人要随着天地、万物一同运行变化。作为臣子，是不敢违背君命的。为臣之道尚且如此，何况对待自然呢！"

"什么叫作不受人的利益比较困难？"

孔子说："开始见用于世，无往而不顺，官爵俸禄一起到来而且没有穷尽。外物带来的利益，非我本有，只不过是机遇让我得到这些外物罢了。君子不会做强盗，贤人不会做窃贼。我如果要追求这些身外之物，为了什么呢！所以说，鸟没有比燕子更聪明的了，看见不适宜栖息的地方，不及细看，虽然掉落了口中食物，也舍弃不顾而飞走。燕子很害怕人，却还是飞到人居住的地方，因为人居堂上有鸟巢存在。"

"什么叫作没有哪件事的起点不同时是终点？"

孔子说："万物运化无穷而不知道是谁替代了谁，怎么能知道它的终点？又怎么能知道它的开始？顺其自然地变化就是了。"

"什么叫作人和天是一致的？"

孔子说："人的存在，是自然产生的；自然的存在，也是自然变化的结果。人不可能保持其自然天性，也是天固有的性分所决定的，只有圣人能安然地顺随自然而变化！"

八

庄周游于雕陵之樊[1]，睹一异鹊自南方来者，翼广七尺，目大运寸[2]，感周之颡[3]，而集于栗林[4]。庄周曰："此何鸟哉？翼殷不逝[5]，目大不睹[6]。"蹇裳躩步[7]，执弹而留之[8]。睹一蝉方得美荫而忘其身；螳螂执翳而搏之[9]，见得而忘其形；异鹊从而利之，见利而忘其真。庄周怵然曰[10]："噫！物固相累，二类相召也！"捐弹而反走，虞人逐而谇之[11]。

庄周反入，三日不庭。蔺且从而问之[12]："夫子何为顷间甚不庭乎[13]？"

庄周曰："吾守形而忘身，观于浊水而迷于清渊。且吾闻诸夫子曰：'入其俗，从其令。'今吾游于雕陵而忘吾身，异鹊感吾颡，游于栗林而忘真，栗林虞人以吾为戮[14]，吾所以不庭也。"

【注释】

①雕陵：陵名。樊：圃。

②运寸：径寸。运，圆。

③感：触，经过。颡(sǎng)：额头

④集：泛指鸟儿落下。

⑤殷：大。逝：飞走。

⑥不睹：看不见人，指触庄子额头。

⑦蹇(qiān)裳：提起衣裙。躩(jué)步：疾步。

⑧留之：等待发弹的机会。

⑨执：举臂。翳(yì)：遮蔽，指用树叶作遮蔽。

⑩怵(chù)然：惊惧警惕的样子。

⑪虞人：看管陵园之人。谇(suì)：责骂。

⑫蔺(lìn)且:庄子的弟子。

⑬顷间:近来,近期。

⑭戮:辱。

【译文】

庄子在雕陵之圃里面游玩,看见一只奇异的鹊鸟从南边飞来,翅膀展开长有七尺宽,眼睛有一寸方圆,从庄周的额前飞过,而落在栗树林里。庄周说:"这是什么鸟呢?翅膀长而不能远飞,眼睛大而看不清东西。"便提起衣裳,快步走上前去,手拿弹弓而等待机会射它。这时看到一只蝉因得浓密的树荫而自适,忘记了自身的安危;螳螂用树叶作遮蔽,正举起前臂准备搏杀蝉,因见到猎物而忘记自身的形体;奇异之鹊以捕食螳螂为有利,见到利益而丧失了自己的自然本性。庄周惊恐而警惕地说:"唉!万物本来就是相互牵累,彼此招引的啊!"于是丢下弹弓,返身跑回去,看管陵园的人以为他偷了东西,在后面追赶责骂。

庄周返回家中,接连三日不出门。学生蔺且因而问道:"先生近来为何不出庭院了呢?"

庄周回答说:"我只知留意外物忘却了自身的安危,观看混浊的水流反而对清澈的水潭感到迷惑。况且我听老子说:'到一个地方,就要遵从那里的习俗和禁忌。'如今我在雕陵中游玩却忘了自身,怪鸟经过我的额前,在栗树林里游玩而忘记真性,看守园子的人把我当作小偷而辱骂我,所以我闭门不出了。"

九

阳子之宋①,宿于逆旅②。逆旅人有妾二人,其一人美,其一人恶③,恶者贵而美者贱。阳子问其故,逆旅小子对曰④:"其美者自美,吾不知其美也;其恶者自恶,吾不知其恶也。"

阳子曰："弟子记之！行贤而去自贤之行，安往而不爱哉！"

【注释】

①阳子：即杨朱，主张"贵生""重己"。

②逆旅：旅店。

③恶：丑。

④小子：指旅店主人。

【译文】

阳子到宋国去，寄宿在旅店里。旅店主人有两个妾，其中一个漂亮，一个丑陋，丑陋的被宠爱而漂亮的被冷落。阳子问这是什么缘故，店主人回答说："漂亮的自以为漂亮，我并不认为她漂亮；丑陋的自以为丑陋，我并不认为她丑陋。"

阳子说："弟子们记住！品行贤德而抛弃自以为贤的想法，去哪里会不受尊敬和爱戴呢！"

【赏析】

本篇与《人间世》主旨相同，主要讲虚己、无为的人生哲学。庄子虚构了逃避现实的理想境界，把虚己免害的处事方法与物无终始的哲学发展观结合起来，论证天与地之同一。

本篇的多组故事，描写生动幽默，寓意深远，很有特色。比如第一段中说庄子入山，见不成材之木得终天年。后宿于故人家，见哑鹅被杀，得出要在成材与不成材间自处的设想。进而指出，人世间处处险象环生，变幻莫测，要避免祸患，颐养天年，一味在"有用"和"无用"之间保持中立是行不通的，最好的办法是修身悟道，"无为而不为"，以不变应万变。后面一则"螳螂捕蝉，黄雀在后"的寓言也是相同的用意。

田子方第二十一

本篇倡导“人貌而天虚，缘居葆真，清而容物”的人生哲学，提倡纯真自然、无为寡欲的生活方式，同时对儒家学派推崇的仁智礼义进行了深刻的批评。

一

田子方侍坐于魏文侯，数称谿工[①]。

文侯曰：“谿工，子之师邪？”

子方曰：“非也，无择之里人也[②]。称道数当[③]，故无择称之。”

文侯曰：“然则子无师邪？”

子方曰：“有。”

曰：“子之师谁邪？”

子方曰：“东郭顺子[④]。”

文侯曰：“然则夫子何故未尝称之？”

子方曰：“其为人也真，人貌而天虚，缘而葆真，清而容物。物无道，正容以悟之，使人之意也消。无择何足以称之！”

子方出，文侯傥然[⑤]，终日不言，召前立臣而语之曰：“远矣，全德之君子！始吾以圣知之言、仁义之行为至矣，吾闻子方之师，吾形解而不欲动，口钳而不欲言。吾所学者，直土梗耳[6]！夫魏，真为我累耳！”

【注释】

①谿工：人名，魏国贤人。

②无择：田子方，名无择，字子方。里人：同乡之人。

③数当：恰当，符合常理。

④东郭顺子：魏国得道真人。东郭为其居住地，故以居住地为号。

⑤傥然：若有所失的样子。

⑥土梗：土人，土偶。

【译文】

田子方陪坐在魏文侯旁边，多次称赞谿工。

文侯说：“谿工，是先生的老师吗？”

田子方说：“不是，只是我的同乡。言说论理往往恰当，所以我称赞他。”

文侯说：“那么先生没有老师吗？”

子方说：“有”。

文侯说：“先生的老师是谁呢？”

田子方说：“是东郭顺子。”

文侯说：“可是，先生为什么不曾称赞过他呢？”

田子方说：“他为人纯真朴实，外貌虽同常人而内心却与自然相契合，顺应自然而保持真性，心境清虚而容人。世人无道，他端正自己的仪态使人自悟，使他的贪念自然消失。我该用怎样的言语来称赞他呢！”

田子方出来后，魏文侯若有所失，整天不言语，招呼面前的近臣并对他说：“太深远玄妙了，真是一位德行完美的君子！我初始认为圣智的言论、仁义的品行算是达到了最高境界，如今我听到田子方老师的修养，身体像是解散了而不愿动，口像被钳住了而不想说话。我过去所学的东西，只是没有生命的土偶而已！魏国，真成了我的累赘啊！”

二

温伯雪子适齐[①]，舍于鲁。鲁人有请见之者，温伯雪子曰：“不可。吾闻中国之君子，明乎礼义而陋于知人心，吾不欲见也。”

至于齐，反舍于鲁，是人也又请见。温伯雪子曰：“往也蕲见我[②]，今也又蕲见我，是必有以振我也[③]。”

出而见客，入而叹。明日见客，又入而叹。其仆曰：“每见之客也，必入而叹，何邪？”

曰：“吾固告子矣：‘中国之民，明乎礼义而陋乎知人心。’昔之见我者，进退一成规一成矩，从容一若龙一若虎，其谏我也似子，其道我也似父[④]，是以叹也。”

仲尼见之而不言。子路曰：“吾子欲见温伯雪子久矣，见之而不言，何邪？”

仲尼曰：“若夫人者，目击而道存矣，亦不可以容声矣！”

【注释】

①温伯雪子：人名，楚国得道者，可能是庄子虚构的人名。

②蕲（qí）：通“祈”，请求。

③振：启发。

④道：同“导”，引导，指导。

【译文】

温伯雪子到齐国去，寄宿在鲁国。鲁国有人请求见他，温伯雪子说：“不行。我听说中原国家的君子，深明礼仪却不善解人心，我不想见他。”

到齐国后，返回时又在鲁国住宿，那个人又请求会见。温伯雪子说："往日请求见我，今天又要求见我，一定是要启发我。"

温伯雪子出去见过客人，回来就叹息不已。第二天见了客人，回来又是叹息不已。他的仆从问道："你每次会见那位客人，进来后必定要叹息不已，这是为什么呢？"

温伯雪子说："我本来告诉过你：'中原国家的君子，深明礼仪却不善解人心。'刚才见我的这个人，出入进退全都循规蹈矩，合乎礼仪法度；一举一动如龙似虎，神气活现；劝告我时就像儿子对待父亲般恭顺，教导我时又会像是父亲对儿子般严厉，所以我才叹息不已。"

孔子见温伯雪子时一句话都不说。子路说："先生您想见温伯雪子已经很久了，见了面却不说话，为什么呢？"

孔子说："像他那样的人，用眼睛一看，就知道大道存在他身上，也就不容我废话了！"

三

颜渊问于仲尼曰："夫子步亦步，夫子趋亦趋①，夫子驰亦驰，夫子奔逸绝尘②，而回瞠若乎后矣③！"

夫子曰："回，何谓邪？"

曰："夫子步，亦步也；夫子言，亦言也；夫子趋，亦趋也；夫子辩，亦辩也；夫子驰，亦驰也；夫子言道，回亦言道也；及奔逸绝尘而回瞠若乎后者，夫子不言而信，不比而周④，无器而民滔乎前⑤，而不知所以然而已矣。"

仲尼曰："恶！可不察与！夫哀莫大于心死，而人死亦次之。日出东方而入于西极，万物莫不比方⑥，有目有趾者，待是而后成功，是出则存，是入则亡。万物亦然，有待也而死，有待也而生。吾一受其成形，而不化以待尽。效物而动，日夜无隙，而不知其所终，薰然其成形。知命不能规乎其前，丘以是日徂⑦。

“吾终身与汝交一臂而失之，可不哀与！女殆著乎吾所以著也。彼已尽矣，而女求之以为有，是求马于唐肆也⑧。吾服女也甚忘，女服吾也亦甚忘。虽然，女奚患焉！虽忘乎故吾，吾有不忘者存。”

【注释】

①趋：小步快走。

②奔逸：快跑。绝尘：形容奔走极快，蹈尘无迹。

③瞠：瞪大眼睛看。

④比：私意亲近。周：团结。

⑤器：名位，权势利禄。滔：聚。

⑥比：顺。

⑦日徂(cú)：日日与变化俱往。徂，往。

⑧唐肆：空荡无人的集市。唐，空。

【译文】

颜渊向孔子问道：“先生慢走我也慢走，先生快步我也快步，先生奔跑我也奔跑，先生脚不沾地快速飞奔，连飞尘都来不及扬起，这时，我就只能干瞪着眼睛落在后面。”

孔子说：“颜回，你这些话是什么意思呢？”

颜回说：“先生行走，我也跟着行走；先生说话，我也跟着说话；先生快行，我也跟着快行；先生辩论，我也跟着辩论；先生奔跑，我也奔跑；先生谈论大道，我也跟着谈论大道；等到先生脚不沾地快速飞奔，连飞尘都来不及扬起时，而学生干瞪着眼落在后面，是说先生不说话却能取信于人，不徇私勾结而能团结人，不居高位、不获权势却能让人民像滔滔流水那样涌聚于身前，而我却不懂得先生为什么能够这样。”

孔子说：“唉，怎么能不审察呢！最悲哀的莫过于心死，身体的死亡还在其次。太阳从东方升起而隐没于最西端，万物没有不顺从这个方向而变化的，凡有眼有脚的，一定要等到太阳出来然后才能有所作为，日出而作，日落而息。万物也都是这样，随着造化而死，随着造化而生。我们一旦禀受自然赋予的形体，便不再变化，只是等待穷尽天年，面对死亡。感受外物而随之变化，日夜没有间断，却不知何时是终结，只是自然地形成形体。即使是知命者也不能够在形体形成之前做出规划，我孔丘因此每日与自然变化俱往。

“我终身和你在一起，你却还是不能够了解我，能不感到悲哀吗！你大概只能看到我所能看到的东西。它们已经消失了，你还着意追求，以为它还存在，这就如同在散场后的马市买马一样。我的所作所为，你应很快忘记；你的所作所为，我也应很快忘记。虽然这样，你又何必忧虑不已呢！虽然你忘记了过去的我，我还是有没有被遗忘的东西尚且存在。”

四

孔子见老聃，老聃新沐，方将被发而干，慹然似非人[①]。孔子便而待之[②]。少焉见，曰：“丘也眩与，其信然与？向者先生形体掘若槁木[③]，似遗物离人而立于独也。”

老聃曰：“吾游心于物之初。”

孔子曰：“何谓邪？”

曰：“心困焉而不能知，口辟焉而不能言[④]，尝为汝议乎其将。至阴肃肃，至阳赫赫，肃肃出乎天，赫赫发乎地。两者交通成和而物生焉，或为之纪而莫见其形。消息满虚[⑤]，一晦一明，日改月化，日有所为，而莫见其功。生有所乎萌，死有所乎归，始终相反乎无端，而莫知乎其所穷。非是也，且孰为之宗！”

【注释】

①慹(zhé)然：木然不动，形体僵直的样子。

②便：借为“屏”，屏蔽之意.

③掘：同“倔”，独立的样子。

④口辟：嘴巴张开。

⑤消息：消为消亡，息为生息。

【译文】

孔子拜见老聃，老聃刚洗完头，正披散着头发晾干，那木然的样子简直不像是一个活着的人。孔子退避出来等候。过了一会儿，两人见了面，孔子说：“是我眼花了吗，还是真是这样呢？刚才先生的身体站立不动好像枯木，像是超脱了天地万物，离开众人而独自存在。”

老聃说：“我神游于万物的初始之际。”

孔子问：“这说的是什么意思呢？”

老聃说：“你心中困惑而不能理解，嘴巴张开想说却不知道从何说起，我试着给你说个大略。最冷的阴气非常寒冷，最热的阳气非常炽热，寒冷出自天，炽热出于地。两者相互交流贯通融合而生成万物，或许有某种东西作为这一切的纲纪而存在着，但我们却看不到它的形体。消亡又生息，盈满又空虚，时暗时明，日月改变，每时每刻都在发生作用，却不知道是谁的功绩。万物的出生应该有一个萌发的地方，万物死亡也应该有一个归宿，开始和终结是相反相因的，循环往复而没有头绪，无法知道它的穷尽。如果不是这样，那么谁又是万物的主宰呢！”

孔子曰：“请问游是。”

老聃曰：“夫得是，至美至乐也，得至美而游乎至乐，谓之至人。”

孔子曰：“愿闻其方。”

曰："草食之兽不疾易薮①，水生之虫不疾易水，行小变而不失其大常也，喜怒哀乐不入于胸次。夫天下也者，万物之所一也。得其所一而同焉，则四支百体将为尘垢②，而死生终始将为昼夜，而莫之能滑③，而况得丧祸福之所介乎！弃隶者若弃泥涂，知身贵于隶也，贵在于我而不失于变。且万化而未始有极也，夫孰足以患心！已为道者解乎此。"

【注释】

①薮（sǒu）：水草丛生之沼泽。

②支：同"肢"。

③滑（gǔ）：乱，扰乱。

【译文】

孔子说："请问您神游于万物的初始之际的情境。"

老聃回答："达到这种境界，就是至美至乐了，达到至美而遨游于至乐，这就叫作至人。"

孔子问："希望听到达到这种境界的方法。"

老聃说："食草的兽类不担忧更换沼泽地，水生的虫豸不害怕改变生活的水域，因为那都是小的变化而没有失去根本，喜怒哀乐的心情不会随着小的变化在心中引起动荡。普天之下，万物的本质是相同的。知道万物同一而同等对待，那么将四肢躯体看作尘垢，将生死始终看作昼夜交替一样，谁也无法扰乱它，更何况去介意人生的得失祸福呢！所有隶属于自己的身外之物都像抛弃泥土一样弃之不顾，因为懂得自己的身体比那些隶属于此身的东西更加珍贵；如果懂得自身存在的珍贵，也就不会因一点小的变故而患得患失了。而且万物变化，没有开端和终结，又有什么能让人内心忧虑的呢！已经明白大道的人对这个问题是释然于心的。"

孔子曰："夫子德配天地，而犹假至言以修心。古之君子，孰能脱焉！"

老聃曰："不然。夫水之于汋也[①]，无为而才自然矣。至人之于德也，不修而物不能离焉。若天之自高，地之自厚，日月之自明，夫何修焉！"

孔子出，以告颜回曰："丘之于道也，其犹醯鸡与[②]！微夫子之发吾覆也[③]，吾不知天地之大全也。"

【注释】

①汋（yuè）：自然涌出。

②醯（xī）鸡：即蠛蠓，古人以为是酒醋上的白霉变成。

③发覆：揭开盖子。引申为启蒙，启迪。

【译文】

孔子说："先生的德行与天地相匹配，还借助至理真言来修养心性。古时候的君子，又有谁能够不这样做呢！"

老聃说："不能这样说。水激涌而出，无所作为而自然如此。至人的德行，不需要修养而万物也不会脱离他的影响。就像天自然就高，地自然就厚，日月自然明亮一样，哪里需要修养呢！"

孔子出去，告诉颜回说："我对于道的认识，就好像醋缸中的蠛蠓那样无知！如果没有老聃的启迪，我就不知道天地大全的道理。"

五

庄子见鲁哀公。哀公曰："鲁多儒士，少为先生方者。"

庄子曰："鲁少儒。"

哀公曰："举鲁国而儒服，何谓少乎？"

庄子曰："周闻之，儒者冠圜冠者，知天时；履句屦者[1]，知地形；缓佩玦者[2]，事至而断。君子有其道者，未必为其服也；为其服者，未必知其道也。公固以为不然，何不号于国中曰：'无此道而为此服者，其罪死！'"

于是哀公号之五日，而鲁国无敢儒服者，独有一丈夫儒服而立乎公门。公即召而问以国事，千转万变而不穷。

庄子曰："以鲁国而儒者一人耳，可谓多乎？"

【注释】

①句：方。屦（jù）：葛、麻制成的单底鞋。泛指鞋子。

②缓：即"绶"，用五彩丝编成的带子。佩玦（jué）：一种环状带有缺口的玉器。

【译文】

庄子拜见鲁哀公。哀公说："鲁国多儒士，很少有学习先生道术的人。"

庄子说："鲁国很少儒士。"

鲁哀公说："整个鲁国的人都穿着儒服，怎么说儒士很少呢？"

庄子说："我听说，儒士当中戴圆帽的，通晓天时；穿着方鞋的，懂得地理；佩带用五色丝绳系着的玉玦的，遇事果敢而有决断。君子真有某种道术，未必要穿戴那样的服饰；穿上那种服装的人，未必真有那种道术。您如果认为不是这样，何不在国中发出一个号令：'不懂道术又穿着那样服装的人，要处以死罪！'"

于是哀公发布命令，五天后，鲁国没有敢穿儒士服装的人，只有一个男子穿着儒士服装站立于朝门之外。鲁哀公立即召见他，以国事相问，不管怎样询问都能应答不穷。

庄子说："以鲁国之大而儒者只有一人，可以说有很多吗？"

六

百里奚爵禄不入于心，故饭牛而牛肥，使秦穆公忘其贱，与之政也。有虞氏死生不入于心，故足以动人。

【译文】

百里奚不把爵位俸禄放在心上，所以养牛而牛很肥壮，使秦穆公忘记了他出身低贱，而把国事交给他。有虞氏从不把死生放在心上，所以能够感动人心。

七

宋元君将画图，众史皆至[①]，受揖而立，舐笔和墨[②]，在外者半。有一史后至者，儃儃然不趋[③]，受揖不立，因之舍。公使人视之，则解衣般礴[④]，羸[⑤]。君曰："可矣，是真画者也。"

【注释】

①史：指画师。

②舐(shì)笔：用唾润笔。

③儃儃(tǎn)：舒缓闲适的样子。

④般礴：盘腿而坐。

⑤羸：通"裸"，赤身裸体。

【译文】

宋元公打算画几幅画，众多画师都来了，行礼作揖后便在一旁恭敬地拱手站着，又是润笔又是调墨，还有一半的人站在门外边。有一位画师最后才到，神态舒缓，不慌不忙地走来，行礼作揖后却不站立一旁，直接回馆舍里去了。宋元公派人去观察，只见他解开衣襟，赤身裸体，盘腿而坐。宋元公说："可以了，这是真正的画师啊。"

八

文王观于臧[①]，见一丈夫钓，而其钓莫钓；非持其钓，有钓者也，常钓也。

文王欲举而授之政，而恐大臣父兄之弗安也；欲终而释之[②]，而不忍百姓之无天也[③]。于是旦而属之大夫曰："昔者寡人梦见良人[④]，黑色而颊[⑤]，乘驳马而偏朱蹄[⑥]，号曰：'寓而政于臧丈人，庶几乎民有瘳乎[⑦]！'"

诸大夫蹴然曰[⑧]："先君王也。"

文王曰："然则卜之。"

诸大夫曰："先君之命，王其无它，又何卜焉！"

遂迎臧丈人而授之政。典法无更，偏令无出。三年，文王观于国，则列士坏植散群[⑨]，长官者不成德，斔斛不敢入于四竟[⑩]。列士坏植散群，则尚同也；长官者不成德，则同务也；斔斛不敢入于四竟，则诸侯无二心也。

文王于是焉以为大师[⑪]，北面而问曰[⑫]："政可以及天下乎？"臧丈人昧然而不应[⑬]，泛然而辞[⑭]，朝令而夜遁，终身无闻。

颜渊问于仲尼曰："文王其犹未邪？又何以梦为乎？"

仲尼曰："默，汝无言！夫文王尽之也，而又何论刺焉！彼直以循斯须也[⑮]。"

【注释】

①文王：周文王。臧：地名，在渭水之右。观：巡察。

②释之：舍弃不举用。

③无天：失去荫庇、保护之意。

④昔者：夜里。昔，同“夕”。良人：贤良之人。

⑤頫（rán）：同“髯”，两颊上的长须。

⑥驳马：杂色的马。偏朱蹄：一蹄赤色。

⑦庶几：差不多，大概。瘳（chōu）：病愈。

⑧蹴（cù）然：惊惧不安的样子。

⑨列士：列爵于朝的士人。坏植：不植党羽。散群：解散徒众。

⑩斔（yǔ）：又作“庾”，古代量器，六斛四斗为庾。斛（hú）：古代量器，十斗为斛。竟：通“境”。

⑪大师：即太师，古代三公（太师、太傅、太保）之最尊者。

⑫北面而问：谓以臣下之礼，面朝北而请问。

⑬昧然：茫然无知的样子。

⑭泛然：淡漠无心的样子。

⑮斯须：顷刻之间。

【译文】

周文王在臧地巡视，看见一位老者在水边垂钓，身在垂钓而却不像是在钓鱼；不是手拿钓竿有意在钓鱼，而是别有用心，常常如此垂钓。

周文王想要举荐他，把国事交给他治理，又怕引起大臣和父兄辈族人的不安；想作罢而放弃举荐他的打算，却又不忍心天下的百姓得不到庇护。于是在大清早集合大夫们说：“昨晚我梦见了一位贤良之人，他面色黝黑，两颊长满胡须，骑着杂色的马，马有一只蹄子是红色的，他命令我说：‘把你的国事托付给那个臧地的老者，百姓的痛苦就差不多解除了！’”

大夫们惊讶地说：“这个显梦的人就是君王的父亲！”

文王说：“那么占卜一下吧。”

诸位大夫说：“先君的命令，不必怀疑，又何必占卜呢！”

于是迎来了这位臧地老者，把国事委托给他。没有更改以往的典章法规，不曾发布有失偏颇的政令。三年后，文王巡视全国，看到士人解散了朋党和徒众，长官不再显耀自己的功德，国外的斞和斛不敢进入国境使用。士人解散了朋党和徒众，则志同道合；长官不再显耀自己的功德，则同心协力；国外的斞和斛不敢进入国境使用，诸侯们也就没有二心了。

于是文王拜他为太师，以臣下之礼，面朝北而请问他："这样的政事可以推行于天下吗？"臧地老者默然不回答，漫不经心地告辞而去，早晨还在发布政令，晚上就逃走了，终身没有消息。

颜渊向孔子问道："文王还没有达到圣人的境界吗？又何必假托于梦呢？"

孔子说："住口，你不要再说了！文王已经做得尽善尽美了，你又怎么能随便议论讥讽他呢！他也只不过是短时间内顺应众人的心意罢了。"

九

列御寇为伯昏无人射，引之盈贯①，措杯水其肘上②，发之，适矢复沓③，方矢复寓。当是时，犹象人也④。

伯昏无人曰："是射之射，非不射之射也⑤。尝与汝登高山，履危石，临百仞之渊，若能射乎？"

于是无人遂登高山，履危石，临百仞之渊，背逡巡⑥，足二分垂在外⑦，揖御寇而进之⑧。御寇伏地，汗流至踵⑨。

伯昏无人曰："夫至人者，上窥青天，下潜黄泉，挥斥八极⑩，神气不变。今汝怵然有恂目之志，尔于中也殆矣夫⑪！"

【注释】

①引：拉。盈贯：弓拉满，弓背与弓弦之间的距离与箭同长。

②措：放置。

③适矢复沓（tà）：箭射出后，又有第二只搭于弦上。

④象人：木雕泥塑之人。形容其精神高度集中，身体一动不动的样子。

⑤射之射：有心于射的射法。不射之射：无心之射的射法。

⑥逡巡：后退，退却。

⑦垂：悬空。

⑧揖：揖请。

⑨踵：脚后跟。

⑩挥斥：放纵自如。

⑪殆：危险，此处指艰难。

【译文】

列御寇为伯昏无人表演射箭，拉满弓弦，把一杯水放在手肘上，刚射出第一支箭又紧跟着一支箭，刚刚射出第二支箭，第三只箭又搭在弦上。在那个时候，他就像木偶一样一动不动。

伯昏无人看后说："这只是有心射箭，不是无心射箭。我想跟你登上高山，脚踏危石，对着百丈的深渊，你还能射箭吗？"

于是伯昏无人就登上高山，脚踏危石，背临百丈深渊而后退，直到脚有三分之二悬空在岩石外，这才揖手请列御寇过来。列御寇吓得倒伏在地上，冷汗直流到脚后跟。

伯昏无人说："至人，上可窥视青天，下可潜入黄泉，奔放不羁，达于宇宙八方，而神色气度始终不变。现在你惊恐得目眩头晕，再想要射中就很难了！"

十

肩吾问于孙叔敖曰："子三为令尹而不荣华①，三去之而无忧色[②]。吾始也疑子，今视子之鼻间栩栩然[③]，子之用心独奈何？"

孙叔敖曰："吾何以过人哉！吾以其来不可却也，其去不可止也，吾以为得失之非我也，而无忧色而已矣。我何以过人哉！且不知其在彼乎，其在我乎？其在彼邪，亡乎我；在我邪，亡乎彼。方将踌躇，方将四顾，何暇至乎人贵人贱哉！"

仲尼闻之曰："古之真人，知者不得说，美人不得滥，盗人不得劫，伏戏、黄帝不得友。死生亦大矣，而无变乎己，况爵禄乎！若然者，其神经乎大山而无介[④]，入乎渊泉而不濡[⑤]，处卑细而不惫[⑥]。充满天地，既以与人，己愈有。"

【注释】

①令尹：春秋战国时期楚国最高军事行政长官，相当于宰相。

②三去之：三次被免职。

③栩栩(xǔ)然：轻松欢畅的样子。

④介：障碍。

⑤濡(rú)：沾湿。

⑥卑细：卑微。

【译文】

肩吾问孙叔敖说："您三次出任令尹而不以为荣耀，三次被免职也没有露出忧愁不快的神色。开始我也怀疑您，如今见到您呼吸匀畅，安然恬适，您心里究竟是怎样想的呢？"

孙叔敖说："我哪里有什么过人之处啊！我认为官职爵禄到来时不必推却，离去时也无法阻止，得与失并非由我做主，这才不去忧愁不快而已。我哪里有什么过人之处啊！而且荣耀是令尹这个职位呢，还是我自身呢？如果在令尹这个职位，那就与我无关；如果在我自身，那就与令尹这个职位无关。我正在悠闲自得，正在高视遐想，哪有功夫考虑人的尊贵与贫贱呢？”

孔子听后说：“古代的真人，智者不能说服他，美色不能淫乱他，强盗不能劫持他，就是伏羲和黄帝也不能笼络亲近他。死与生是人生的大事了，却不能使他有所改变，更何况是爵位俸禄！像这样的人，他的精神穿越大山不会有阻碍，潜入深渊不会沾湿，身处卑微地位也不会感到困苦。他的精神充满天地之间，尽数给予别人，自己反而会更加富有。”

十一

楚王与凡君坐[1]。少焉，楚王左右曰“凡亡”者三。凡君曰：“凡之亡也，不足以丧吾存。夫‘凡之亡不足以丧吾存’，则楚之存不足以存存。由是观之，则凡未始亡，而楚未始存也。”

【注释】

①凡：国名，周公之后。

【译文】

楚王与凡君坐在一起。不一会儿，楚王左右的近臣说凡国已经灭亡的有三人。凡君说：“凡国的灭亡，也不能够使我丧失真性。既然‘凡国的灭亡也不能够使我丧失真性’，那么楚国的存在也不能保存它的存在。由此看来，凡国并不曾灭亡，而楚国也未曾存在。”

【赏析】

全篇内容比较杂，具有随笔、杂记的特点，宗旨与《至乐》《达生》《山木》等篇相近。不过，从一些重要章节来看，本篇重在表现虚怀无为，随应自然，不受外物束缚的思想。

庄子一向对人原本纯真的本性赞赏有加，抵制一切虚伪的、形式上的东西。通过文中的几则寓言故事都可以看到庄子的这种人生态度或者说是哲学思想。在田子方与魏文侯对话的过程中，魏文侯作为霸气十足的一国之君，竟为田子方所说的“全德君子”的真性所感动，可见本真的事物力量是多么伟大。“温伯雪子适齐”的故事讽刺了某些儒士总摆出一副教诲别人的架势，而他们的内心却缺乏真诚，虚伪之极。

庄子认为，真性是真正的圣贤所必须具备的，只有在这样悟道得道的过程中才能享受到恒久的快乐。而对于普通人而言，这也是修身养性的一个境界，虽然做不到完美，但重要的是有没有努力。

知北游第二十二

本篇是“外篇”的最后一篇，以篇首的三字作篇名。“知北游”，意为知向北方游历。“知”是假托人名。本篇以论道为主。庄子认为道是万物的本体，它是虚无的，又是无处不在的；它产生万物，又支配万物。这是一种关于宇宙本体的客观唯心主义的哲学思想。

一

知北游于玄水之上①，登隐弅之丘②，而适遭无为谓焉③。知谓无为谓曰：“予欲有问乎若：何思何虑则知道？何处何服则安道④？何从何道则得道⑤？”三问而无为谓不答也，非不答，不知答也。

知不得问，反于白水之南⑥，登狐阕之丘⑦，而睹狂屈焉⑧。知以之言也问乎狂屈。狂屈曰：“唉！予知之，将语若，中欲言而忘其所欲言。”

知不得问，反于帝宫，见黄帝而问焉。黄帝曰：“无思无虑始知道，无处无服始安道，无从无道始得道。”

知问黄帝曰：“我与若知之，彼与彼不知也⑨，其孰是邪？”

黄帝曰：“彼无为谓真是也，狂屈似之，我与汝终不近也。夫知者不言，言者不知，故圣人行不言之教。道不可致⑩，德不可至。仁可为也，义可亏也[11]，礼相伪也[12]。故曰：'失道而后德，失德而后仁，失仁而后义，失义而后礼[13]。礼者，道之华而乱之首也[14]。'故曰：'为道者日损[15]，损之又损之，以至于无为，无为而无不为也。'今已为物也，欲复归根，不亦难乎！其易也，其唯大人乎[16]！

"生也死之徒[17]，死也生之始，孰知其纪[18]！人之生，气之聚也；聚则为生，散则为死。若死生为徒，吾又何患！故万物一也，是其所美者为神奇，其所恶者为臭腐；臭腐复化为神奇，神奇复化为臭腐。故曰：'通天下一气耳。'圣人故贵一。"

知谓黄帝曰："吾问无为谓，无为谓不应我，非不我应，不知应我也。吾问狂屈，狂屈中欲告我而不我告，非不我告，中欲告而忘之也。今予问乎若，若知之，奚故不近？"

黄帝曰："彼其真是也，以其不知也；此其似之也，以其忘之也；予与若终不近也，以其知之也。"

狂屈闻之，以黄帝为知言。

【注释】

①知：虚构的人名。玄水：虚构的河流名，喻幽玄之境。

②隐弅（fén）：虚构的地名，喻隐然隆起。

③无为谓：虚构的人名，取其无所为、无所谓的意思。

④处：居。服：事。安：持守。

⑤何从何道：由何种途径，用何种方法。

⑥白水：神话中的河流，与玄水相对，喻洁白显明。

⑦狐阕：虚构的山名，取狐疑、阕疑之意。

⑧狂屈：虚构的人名，取猖狂放屈、不着形迹之意。

⑨彼与彼：指无为谓与狂屈。

⑩致：获得。

⑪亏：损弃。

⑫礼相伪：礼是人为制定的，有一定虚伪性。

⑬“失道”四句：出自《老子》三十八章。

⑭华：同“花”，外在装饰。

⑮损：减损。

⑯大人：至人，得道之人。

⑰徒：同类。

⑱纪：规律。

【译文】

知往北游历到玄水，登上隐弅山，恰巧碰到了无为谓。知对无为谓说：“我想向您请教一个问题：如何思索、如何考虑才会懂得道？怎么居处、怎样行事才能持守道？从什么途径、用什么方法才可得到道？”一连问了三次，无为谓也不回答，不是不回答，而是不知道回答。

知得不到回答，返回到白水的南面，登上狐阕山，又看见了狂屈。知又把那三个问题来问狂屈，狂屈说：“唉！我知道，正要告诉你，内心想说却忘了想说的。”

知未得到回答，返回帝宫，见到黄帝，又问到那三个问题。黄帝说：“不思索、不考虑才会懂得道，无所处身、无所作为才能持守道，没有途径、没有方法才能得到道。”

知问黄帝说：“我和您知道这些，无为谓和狂屈却不知道这些，那么哪个是对的呢？”

黄帝说：“那个无为谓是真正对的，狂屈接近于对的，我和你终究还不接近。知道的人不说，说的人不知道，所以圣人实行的是不用言传的教育。道是不可以获取的，德是不可以达到的。仁是有所作为的，义是有所损弃的，礼是相互欺骗诈伪的。所以说：‘失去了道然后才有德，失去了德然后才有仁，失去了仁然后才有义，失去了义然后才有礼。所谓礼，是道的伪饰，祸乱的开端。’所以说：‘求道的人天天减损伪饰，减损而又减损，以达到无为的境界，无为之后便能无所不为了。’现在的人已经成为万物之一了，再想返璞归真，不也太难了吗！轻易做到这一点的，大概只有得道之人吧！

“生是死的延续，死为生的开始，谁能知道其间的规律呢！人的出生，是气之聚合；气聚则生，气散就死。如果死生互相延续，我又有什么值得担心的！所以，万物原本是一般无二的，认为生为神奇而赞美之，认为死为臭腐而厌恶之；臭腐可以转化为神奇，神奇可以转化为臭腐。所以说：‘贯通天下万物的只是一个气而已。’所以圣人看重同一。”

知对黄帝说：“我问无为谓，无为谓不回答我，不是不回答我，而是不知道回答。我问狂屈，狂屈想告诉我却又不告诉我了，不是不告诉我，而是内心想说却忘了想说的。现在我问您，您知道，为什么还说与道相去甚远呢？”

黄帝说：“无为谓是真正对的，就是因为他不知道何谓道；狂屈接近对的，因为他忘记了何谓大道；我和你终究与道相距甚远，就是因为我们知道了道。”

狂屈听到后，认为黄帝的一番话语是最为了解大道的议论。

二

天地有大美而不言[①]，四时有明法而不议[②]，万物有成理而不说[③]。圣人者，原天地之美而达万物之理[④]，是故至人无为，大圣不作，观于天地之谓也。

今彼神明至精，与彼百化，物已死生方圆[⑤]，莫知其根也，扁然而万物[⑥]，自古以固存。六合为巨[⑦]，未离其内；秋毫为小，待之成体。天下莫不沉浮[⑧]，终身不故[⑨]；阴阳四时运行，各得其序。惛然若亡而存[⑩]，油然不形而神[⑪]，万物畜而不知。此之谓本根，可以观于天矣。

【注释】

①大美：指天地覆载万物，生养万物，而又不自居其功，具有最大美德。

②明法：明确的规律。

③成理：万物生成之理。

④原：归本，推究。达：通达。

⑤死生方圆：物或生或灭，或方或圆，变化无方，形态各异，莫知其所由来。

⑥扁然：同“翩然”，日新的样子。

⑦六合：上下四方的无限空间。巨：大。

⑧沈浮：升降，往来。表示万物的相互作用与无穷变化。沈，通“沉”。

⑨不故：言其新故相除，永葆生机。故，陈旧。

⑩惛然：暗昧之状。形容大道暗昧模糊，似亡而存的样子。

⑪油然：流动变化无所系着之状。

【译文】

天地具有最大的美德而不言语，四时运行有明确的规律而不评议，万物的生成具有自然的道理而不解说。圣哲之人，推究天地伟大的美德而通达万物生成的道理，所以至人无所作为，大圣人不妄自造作，这是通晓天地之道的缘故。

大道神明精妙，与万物一同变化，万物或生或灭，或方或圆，谁也不能知晓大道的根本，万物变化日新月异，自古以来无时不然。六合算是十分巨大的，却始终不能超出道的范围；秋天鸟兽的毫毛算是最小的，也得依赖于道才能成就其细小的形体。天下万物无时不在浮沉变化，始终保持着变化的新姿；阴阳与四季不停地运行，各有其秩序。大道恍惚，仿佛并不存在却又无处不在，自然产生不见行迹而神妙莫测，万物被它养育却一点也未察觉。这就叫作大道,可以由它来观察自然变化。

三

齧缺问道乎被衣,被衣曰:“若正汝形,一汝视,天和将至;摄汝知[①],一汝度[②],神将来舍。德将为汝美,道将为汝居,汝瞳焉如新出之犊而无求其故[③]。”

言未卒,齧缺睡寐。被衣大说,行歌而去之,曰:“形若槁骸[④],心若死灰,真其实知,不以故自持。媒媒晦晦[⑤],无心而不可与谋。彼何人哉!”

【注释】

①摄:收敛。

②一汝度:使思虑专一之意。

③瞳(tóng)焉:无知直视的样子。

④槁骸:枯骨。

⑤媒媒晦晦:懵懂无知的样子。媒,同“昧”。

【译文】

齧缺向被衣请教道,被衣说:“你得端正你的形体,集中你的视力,自然的和气就会前来;收敛你的智慧,专一你的思虑,精神就会来你这里停留。德将为你显示美好,道将安居于你的心中,你无知无识直视的样子就像初生的小牛犊,不再去追求故我。”

被衣的话还未说完,齧缺已经睡着了。被衣十分高兴,唱着歌离去,说:“形体如同枯骨,内心如同死灰,他真正了解我讲的道理,不以成见而自我矜持。懵懂暗昧,没有心机,不可和他计议谋划。他是何等的人啊!”

四

舜问乎丞曰[①]："道可得而有乎？"

曰："汝身非汝有也，汝何得有夫道！"

舜曰："吾身非吾有也，孰有之哉？"

曰："是天地之委形也[②]；生非汝有，是天地之委和也[③]；性命非汝有，是天地之委顺也[④]；孙子非汝有，是天地之委蜕也[⑤]。故行不知所往，处不知所持，食不知所味。天地之强阳气也[⑥]，又胡可得而有邪！"

【注释】

①丞：古之得道者，舜之师。又说为官名。

②委形：赋予形体。委，寄托。

③和：和顺之气。

④顺：和顺之气。

⑤蜕：蜕变。此处比喻人的子孙繁衍能力，也是天托寄给人的。

⑥强阳气：强健运动之气。即天地阴阳二气聚合运动主宰支配一切。

【译文】

舜问丞请教说："道可以获得并拥有吗？"

回答说："你的身体都不是你所拥有的，你怎么能获得并占有大道呢！"

舜说："我的身体不是我所拥有的，那谁拥有它呢？"

回答说："是天地赋予你形体；生命也不是你所拥有的，而是天地将和顺之气寄托于你而形成的；本性和命运也不是你所拥有的，是天地将和顺之气寄托于你而形成的；即使是你的子孙也不是你所拥有的，而是天地给予你的蜕变之形。所以，行走时不知去往哪里，居处时不知持守什么，饮食时不知什么味道。这天地间运动的气息，又怎么能获得并拥有呢！”

五

孔子问于老聃曰：“今日晏闲①，敢问至道。”

老聃曰：“汝齐戒，疏瀹而心②，澡雪而精神③，掊击而知④。夫道，窅然难言哉⑤！将为汝言其崖略⑥。

“夫昭昭生于冥冥⑦，有伦生于无形⑧，精神生于道，形本生于精，而万物以形相生。故九窍者胎生⑨，八窍者卵生⑩。其来无迹，其往无崖⑪，无门无房，四达之皇皇也⑫。邀于此者⑬，四枝彊⑭，思虑恂达⑮，耳目聪明，其用心不劳，其应物无方⑯。天不得不高，地不得不广，日月不得不行，万物不得不昌，此其道与！

“且夫博之不必知，辩之不必慧，圣人以断之矣。若夫益之而不加益，损之而不加损者，圣人之所保也。渊渊乎其若海⑰，魏魏乎其终则复始也⑱，运量万物而不匮⑲。则君子之道，彼其外与！万物皆往资焉而不匮，此其道与！

“中国有人焉，非阴非阳，处于天地之间，直且为人⑳，将反于宗。自本观之，生者，喑醷物也㉑。虽有寿夭，相去几何？须臾之说也，奚足以为尧桀之是非！果蓏有理㉒，人伦虽难，所以相齿㉓。圣人遭之而不违，过之而不守。调而应之，德也；偶而应之，道也。帝之所兴，王之所起也。

“人生天地之间，若白驹之过郤，忽然而已。注然勃然㉔，莫不出焉；油然漻然㉕，莫不入焉。已化而生，又化而死。生物哀之，人类悲之。解其天弢㉖，堕其天袠㉗，纷乎宛乎㉘，魂魄将往，乃身从之，乃大归乎㉙！不形之形，形之不形㉚，是人之所同知也，非将至之所务也㉛，此众人之所同论也。彼至则不论，论则不至。明见无值，辩不若默。道不可闻，闻不若塞。此之谓大得。”

【注释】

①晏闲：安闲。

②齐：同“斋”，斋戒，古人在祭祀前整洁身心的仪式。疏瀹(yuè)：疏通，疏导。而：同“尔”。

③澡雪：清洗干净。

④掊击：打击，引申为清除、抛弃。知：同“智”。

⑤窅(yǎo)然：深远莫测。

⑥崖略：概要，大致轮廓。

⑦昭昭：昭明显著。冥冥：昏暗混沌。

⑧有伦：指有形的万物。

⑨九窍：周身之九个穴窍，指人和兽类。

⑩八窍：指鸟类。因其肛门尿道合为一窍，比兽类少一窍，故称八窍。

⑪崖：边际。

⑫四达之皇皇：四通八达，广大无际。皇皇，大。

⑬邀：顺。

⑭枝：同“肢”。

⑮恂(xún)达：通达。

⑯应物无方：应接外物，不执滞于成法，能与时变通。

⑰渊渊：渊深。

⑱魏魏：同“巍巍”，高大的样子。

⑲运量：运载计量，承载容纳。匮：穷。

⑳直且：暂且，姑且。

㉑喑醷(yīnyì)：气之聚集。

㉒果蓏(luǒ)：木实为果，草实为蓏。

㉓相齿：如齿之相去不远。

㉔注然、勃然：皆为万物生长的样子。

㉕油然、漻(liú)然：皆为万物消逝的样子。

㉖弢(tāo)：弓袋。

㉗堕：毁坏。袠(zhì)：书套。

㉘纷乎宛乎：纷纭宛转，形容散失之状。

㉙大归：归于太虚。

㉚不形之形：从没有形体达到有形体。形之不形：从有形体变为没有形体。

㉛将至：将至于道之人。

【译文】

孔子问老聃说："今日安闲无事，我冒昧地向您请教至道。"

老聃说："你先得进行斋戒，再疏通你的心灵，清洗干净你的精神，除去你的智慧。大道，真是深奥神妙，难以言表啊！不过我将为你讲个大概。

"明亮的东西产生于昏暗，有形体的东西产生于无形，精神产生于道，形体产生于精气，而万物全都凭形体而诞生。所以具有九窍的动物都是胎生，具有八窍的动物都是卵生。它们来的时候没有形迹，它们去的时候没有边际，不知从哪儿进出，在哪儿停留，通向广阔无垠的四面八方。遵循天道的人，四肢强健，思虑通达，耳聪目明，用心不疲劳，顺应外物不拘定规。天没有它便不会高远，地没有它便不会广大，太阳和月亮没有它便不会运行，万物没有它便不能昌盛，这就是道啊！

"再说博读经典的人不一定懂得真正的道理，善于辩论的人不一定格外聪明，圣人因而断然割弃上述种种做法。增多了却不像是有所增加，减少了却不像是有所减少，所以圣人要保持它。大道渊深似海，高大无比，终极而又复始，运载和度量万物而没有匮乏。那么世俗君子所谈论的大道，恐怕都只是些皮毛啊！万物皆来求取而从不匮乏，这就是道啊！

"中原地区有个人，不偏于阴也不偏于阳，处在天地的中间，姑且为人罢了，而人终究返归本原。从大道的角度看，人的诞生，乃是气的聚合。虽然有长寿和短命之分，但相差又有多少呢？人的一生，说起来只不过顷刻之间而已，又哪里用得着区分唐尧和夏桀的是非呢！草木结实先后大小不同，自有理序而不乱；人伦之序参差难齐，却如牙齿排列相去不远。圣人遇上了也不违拗，失去了也不会留恋。调和而顺应，这就是德；无心却适应，这就是道。帝王就是因此而兴起。

“人生在天地之间，就像一匹白色骏马掠过缝隙，瞬间而过罢了。万物自然而然地，全都蓬勃而生；自然而然地，全都顺应变化而死。业已变化而生长于世间，又变化而死离人世。尚存的生物为逝去的哀伤，活着的人为死去的人悲痛。解脱了自然的捆绑，毁坏了自然的拘束，无拘无束地离去，魂魄必将消逝，于是身形也将随之而去，这就是最终归于太虚啊！从无形到有形，又从有形到无形，这是人所共知的，却不是达到大道之境的人所追求的，只是人们所共同谈论的。达到大道之境的人就不会议论，议论的人就没有真正达到大道之境。在明处寻找不能遇见大道，辩说不如沉默无语。道是不能听到的，听到了还不如把耳朵堵塞起来。这才是真正的得道。”

六

东郭子问于庄子曰[①]：“所谓道，恶乎在？”

庄子曰：“无所不在。”

东郭子曰：“期而后可[②]。”

庄子曰：“在蝼蚁。”

曰：“何其下邪？”

曰：“在稊稗[③]。”

曰：“何其愈下邪？”

曰：“在瓦甓[④]。”

曰：“何其愈甚邪？”

曰：“在屎溺。”

东郭子不应。庄子曰："夫子之问也，固不及质[⑤]。正获之问于监市履狶也[⑥]，每下愈况[⑦]。汝唯莫必[⑧]，无乎逃物[⑨]。至道若是，大言亦然。周遍咸三者[⑩]，异名同实，其指一也。

"尝相与游乎无何有之宫[⑪]，同合而论[⑫]，无所终穷乎！尝相与无为乎！澹而静乎！漠而清乎！调而闲乎！寥已吾志[⑬]，无往焉而不知其所至，去而来而不知其所止，吾已往来焉而不知其所终；彷徨乎冯闳[⑭]，大知入焉而不知其所穷。物物者与物无际[⑮]，而物有际者，所谓物际者也；不际之际，际之不际者也。谓盈虚衰杀[⑯]，彼为盈虚非盈虚，彼为衰杀非衰杀，彼为本末非本末，彼为积散非积散也。"

【注释】

①东郭子：住在东郭的某先生。

②期而后可：谓必指出具体所在方可。期，限，指定。

③稊稗：一种形似谷的杂草。

④甓（pì）：砖头。

⑤固：本来。不及质：未接触道的实质。

⑥正获：司正、司获，主管饮射的官名。监市：监管市场之人。履：踩。狶（xī）：大猪。

⑦每下愈况：愈是往猪腿下面踩，愈能比况出猪的肥瘦程度。因为愈往腿的下部愈难长膘，如果下腿都很肥，猪的其他部位就更肥了。比喻在最卑下处也有道的存在，可见道是无所不在的。

⑧汝唯莫必：你不必限定道在哪个物上面。

⑨无乎逃物：没有逃于物外的道。

⑩周、遍、咸：皆指大。

⑪无何有之宫：虚无之境，至道之乡，无所有而又无所不有。

⑫同合：混同合一，合万物为一。

⑬寥：空虚寂寥。

⑭彷徨：逍遥自在的样子。冯闳（pínghóng）：广阔空虚之境。

⑮物物者：使物成为物的那个东西，指主宰万物之道。际：边际，界限。

⑯盈虚衰杀：盈满、空虚、衰败、消杀。

【译文】

东郭子问庄子说："所谓道，在哪里呢？"

庄子说："道是无所不在的。"

东郭子说："请指出一个地方来。"

庄子说："道在蝼蚁中。"

东郭子说："怎么这么卑下呢？"

庄子回答说："道在杂草里。"

东郭子说："为什么更卑下呢？"

庄子回答说："在砖头瓦片中。"

东郭子说："怎么更甚于前呢？"

庄子回答说："道在屎尿中。"

东郭子不再说话了。庄子这才说："先生所问的，本来就没有接触到道的本质。司正、司获问管理市场的官员怎样用脚踩猪以判断肥瘦，回答是'愈往下踩，知道得愈明显'。你不要限定道在何处，没有逃于物外的道。大道如此，阐述道的言论也一样。'周''遍''咸'三者，名不同而实相同，指的都是同一概念。

"试让我们一道遨游于虚无的大道之境，用混同合一的观点来加以讨论，宇宙万物的变化是没有穷尽的啊！试让我们顺应自然无为而处吧！恬淡而清净啊！漠然而清虚啊！调和而闲逸啊！我的心志空寂，没有去的地方也不知要到哪里，去而复返而不知在何处停止，我来来往往而不知何处是终结；放纵思想遨游于寥廓的空间，大智之人与大道相合而不知大道的止境。主宰万物的道与万物浑然一体而没有涯际，而物和物之间却有边际，这就是所谓的物的边际；道在物中没有边际却显得有边际，虽显得有边际却实际上没有边际。所谓的盈虚衰杀，道使万物有盈虚而自身却没有盈虚，道使万物有衰败而自身却没有衰败，道使万物有本末而自身却没有本末，道使万物有积散而自身却没有积散。”

七

婀荷甘与神农同学于老龙吉①。神农隐几②，阖户昼瞑。婀荷甘日中奓户而入③，曰：“老龙死矣！”神农隐几拥杖而起④，嚗然放杖而笑⑤，曰：“天知予僻陋慢訑⑥，故弃予而死。已矣，夫子无所发予之狂言而死矣夫⑦！”

弇堈吊闻之⑧，曰：“夫体道者⑨，天下之君子所系焉。今于道，秋豪之端万分未得处一焉，而犹知藏其狂言而死，又况夫体道者乎！视之无形，听之无声，于人之论者，谓之冥冥，所以论道而非道也。”

【注释】

①婀(ē)荷甘、神农、老龙吉：都是虚构的人名。

②隐几：凭靠小几。

③奓(shē)：推开。

④拥杖：抱持手杖。指因过度震惊，突然抱杖而立。

⑤嚗(bó)然：手杖掉地发出之声。

⑥天：指老龙吉，言其有自然之德。僻陋：性情偏执，见识浅陋。慢訑(dàn)：放浪散漫。

⑦夫子：先生，指老龙吉。发：启发。狂言：至言。常人不能理解，视之为狂妄之言。

⑧弇堈(yǎngāng)吊：虚构的人名。

⑨体道者：得道之人。

【译文】

婀荷甘与神农一同在老龙吉处学习。神农靠着几案，关起门大白天睡觉。中午婀荷甘推门而入，说："老龙吉死了！"神农扶着拐杖站起来，嘭的一声丢下手杖笑起来，说："老龙吉知道我孤僻浅陋、放浪散漫，所以丢下我而死去。完了，先生没有留下启发我的至言就死了啊！"

弇堈吊听说后，说："得道的人，天下一切有道德修养的人都将归附于他。如今老龙吉对于大道，连秋毫末端万分之一都未得到，尚且懂得深藏至言而死，更何况那些真正体悟大道的人呢！大道，看起来没有形体，听起来没有声音，人们在议论中称它为冥冥，所以谈论的道上并不是真正的道。"

八

于是泰清问乎无穷[①]，曰："子知道乎？"

无穷曰："吾不知。"

又问乎无为。无为曰："吾知道。"

曰："子之知道，亦有数乎[②]？"

曰："有。"

曰："其数若何？"

无为曰："吾知道之可以贵，可以贱，可以约[③]，可以散，此吾所以知道之数也。"

泰清以之言也问乎无始，曰："若是，则无穷之弗知与无为之知，孰是而孰非乎？"

无始曰："不知深矣，知之浅矣；弗知内矣，知之外矣。"

于是泰清卬而叹曰："弗知乃知乎！知乃不知乎！孰知不

知之知?”

无始曰:“道不可闻,闻而非也;道不可见,见而非也;道不可言,言而非也。知形形之不形乎④! 道不当名。”

无始曰:“有问道而应之者,不知道也;虽问道者,亦未闻道。道无问,问无应。无问问之,是问穷也;无应应之,是无内也。以无内待问穷,若是者,外不观乎宇宙,内不知乎大初⑤,是以不过乎昆仑,不游乎太虚。”

【注释】

①泰清、无穷、无为、无始:皆为虚构的人名。

②数:名数。

③约:聚合。

④形形之不形:使形成为形的那个东西,本身是无形的,即指道。

⑤大初:即太初,道的本源。

【译文】

泰清问无穷,说:“您知道道吗?”

无穷说:“我不知道。”

又问无为,无为说:“我知道道。”

泰清问:“您所知道的道,也有名数吗?”

无为说:“有。”

泰清问:“它的名数是什么呢?”

无为说:“我知道的道,可处富贵,可处贫贱,可以聚合,可以离散,这就是我所知道的道的名数。”

泰清把这话来问无始,说:“像这样,那么无穷的不知道和无为的知道,谁对谁错呢?”

无始说:“不知道道是深奥玄妙,知道道是浮泛浅薄;不知道道而处于道的范围内，知道道却与道相背离。”

于是泰清仰天而叹说：“不知道道的就是知道道啊！知道道的就是不知道道啊！有谁明白不知道就是知道呢？”

无始说：“道不可能听到，听到的就不是道；道不可能看见，看见的就不是道；道不可以言传，言传的就不是道。要懂得有形之物之所以具有形体正是因为产生于无形的道！因此大道不应有名称。”

无始又说：“有人问道便随口回答的，乃是不知道道；就是问道的人，也不曾了解过道。道无可询问，问了也无从回答。无可询问却一定要问，这是空洞无形的发问；无从回答却勉强回答，这是内心未得大道。内心无所得却回答空洞无形的提问，像这样，对外不能观察广阔的宇宙，对内不能了解道的本源，所以不能越过昆仑，不能遨游于太虚之境。”

九

光曜问乎无有曰①：“夫子有乎？其无有乎？”

光曜不得问，而孰视其状貌②，窅然空然③，终日视之而不见，听之而不闻，搏之而不得也④。

光曜曰：“至矣！其孰能至此乎！予能有无矣⑤，而未能无无也；及为无有矣⑥，何从至此哉！”

【注释】

①光曜、无有：皆虚构的人名。

②孰视：仔细观察。孰，通“熟”。

③窅（yǎo）然：空无所有的样子。

④搏：触摸。

⑤有无：光曜无形体，听不到摸不着，故言有无。但还可以看见，未达绝无形迹之无无。

⑥无有：当为“无无”。

【译文】

光曜问无有说：“先生您是存在呢，还是不存在呢??”

光曜得不到回答，便仔细观察无有的状貌，空无所有的样子，整天看他却看不见，听他却听不到，摸他却摸不着。

光曜说：“这是最高的境界啊！谁能达到这种境界呢！我能够做到‘无’，却未能达到‘无无’；等到达‘无无’的境界，又是从哪里达到此等境界的呢！”

十

大马之捶钩者[①]，年八十矣，而不失豪芒[②]。大马曰：“子巧与？有道与?”

曰：“臣有守也[③]。臣之年二十而好捶钩，于物无视也[④]，非钩无察也。是用之者[⑤]，假不用者也以长得其用[⑥]，而况乎无不用者乎！物孰不资焉[⑦]！”

【注释】

①大马：官名，指大司马。捶：锻造。钩：剑。

②豪芒：毫毛，指极细微。

③守：即道。

④于物无视：对别的东西都视而不见，一心只在造剑上。

⑤用之者：指造剑的技艺。

⑥假：借助，凭借。不用者：指道。

⑦资：助。

【译文】

大司马属下有一位善于造剑的工匠，八十岁了，却一点也不会出现差误。大司马说："你是技艺高呢？还是有道呢？"

回答说："我遵循着道。我二十岁时就喜好造剑，对他物视而不见，不是剑就不去察看。造剑的技艺借助大道，能长久坚持而得以熟练运用，更何况全部精力没有不用上的！万物谁不帮助他呢！"

十一

冉求问于仲尼曰："未有天地可知邪？"

仲尼曰："可。古犹今也。"

冉求失问而退①。明日复见，曰："昔者吾问：'未有天地可知乎？'夫子曰：'可。古犹今也。'昔日吾昭然，今日吾昧然②。敢问何谓也？"

仲尼曰："昔之昭然也，神者先受之③；今之昧然也，且又为不神者求邪④！无古无今，无始无终。未有子孙而有子孙，可乎？"

冉求未对。仲尼曰："已矣，未应矣！不以生生死，不以死死生。死生有待邪？皆有所一体。有先天地生者物邪？物物者非物。物出不得先物也，犹其有物也。犹其有物也，无已！圣人之爱人也终无已者，亦乃取于是者也。"

【注释】

①失问：失去问意。即心有所悟，不想再问。

②昭然：明白。昧然：糊涂。

③神者先受之：用心神先接受领会。

④不神者：指迹象。

【译文】

冉求向孔子请教说："没有天地之前的事情可以知道吗？"

孔子说："可以，古时候就像今天一样。"

冉求心有所悟，不再问而退回去。第二天又来见孔子，说："昨天我问：'没有天地之前的事情可以知道吗？'先生说：'可以。古时候就像今天一样。'昨天我心里还很明白，今天就糊涂了。请问这是怎么回事呢？"

孔子说："昨天你心里明白，是心神先有所领悟；今天你糊涂了，是拘于迹象而求问！没有古就没有今，没有开始就没有终结。没有子孙之前便已经有了子孙，可以吗？"

冉求不能回答。孔子说："算了，不必回答了！不能因为活着，就让死去的再活过来；不能因为死了，便让活着的死去。死生是对立的吗？死与生是混成一体的。有先于天地就生成之物吗？生成万物的并非是物。万物的生成不会先于道，由道才生成了万物。有了天地万物，便生生不息！圣人对于人的怜爱没有止境，也就是取法于万物的生生不息。"

十二

颜渊问乎仲尼曰："回尝闻诸夫子曰：'无有所将①，无有所迎。'回敢问其游②。"

仲尼曰："古之人，外化而内不化③；今之人，内化而外不化。与物化者，一不化者也④。安化安不化⑤，安与之相靡⑥？必与之莫多⑦。狶韦氏之囿⑧，黄帝之圃，有虞氏之宫，汤武之室。君子之人，若儒墨者师，故以是非相齑也⑨，而况今之人乎！圣人处物不伤物。不伤物者，物亦不能伤也。唯无所伤者，为能与人相将迎。山林与！皋壤与⑩！使我欣欣然而乐与！乐未毕也，哀又继之。哀乐之来，吾不能御，其去弗能止。悲夫，世人直为物逆旅耳[11]！夫知遇而不知所不遇，能能而不能所不能[12]。无知无能者，固人之所不免也。夫务免乎人之所不免者，岂不亦悲哉！至言去言，至为去为。齐知之所知，则浅矣。”

【注释】

①将：送。

②游：交游。

③外化：随顺外物之变化而变化。内不化：内心平静安宁、恒定不变。

④一不化：即内不化。

⑤安：习惯，适应。

⑥靡：通“摩”，抵牾，抵触。

⑦莫多：不增益。循物之性，顺其自然，不予增减。

⑧狶韦氏：远古之帝王。囿：古代帝王畜养禽兽之园林。

⑨齑(jī)：诋毁，攻击。

⑩皋壤：平原。

⑪直：只。逆旅：旅舍。

⑫能能：能做到力所能及的。

【译文】

颜渊问孔子说：“我曾经听老师说：‘无所送，无所迎。’请问怎样交游。”

孔子说：“古时候的人，外能随物变化而内心保持自然真性；现在的人，内心游移而外在凝滞于物。随万物变化的，内心却纯真不变。对变化与不变化都能安然听任，那还有什么与他相抵触呢？必定会与外物一道变化而不会偏移。狶韦氏的园林，黄帝的园圃，虞舜的宫殿，汤武的宫室。那些称君子的人，如儒家、墨家之流，以是非好坏相互诋毁，何况现时的人呢！圣人与外物相处却不损伤外物。不伤害外物的人，外物也不会伤害他。只有无所伤害的人，才能与人交往。山林啊！平原啊！欣然快乐啊！快乐还未消逝，悲哀又接着而来。悲哀与快乐情绪的到来，我无法抗拒，它们的离去我也不能制止。可悲啊，世人只不过是外物临时栖息的旅舍罢了！知道遇到了什么却不知道遇不上什么，能够做自身力所能及的事却不能做自身力所不能及的事。不知道与不能够，本来就是人所不可避免的。一定要追求所不能避免的事，难道不太可悲了吗！最好的言论，就是不要言论；最好的作为，就是无为。要想让人所知道的完全相同，那就太浅陋了。"

【赏析】

本篇的用意很明显，庄子想以此说明"道"之"玄"的本质中所展现给人的不可知性。

在文中，庄子论述了道家哲学的宇宙论、认识论，提出道是万物之本，既产生万物，又在万物之中，并主宰其运动变化，天地万物都不能离开道，并对事物矛盾对立、新故相除、死生交替的发展观作了多方面的阐述。

《知北游》在"外篇"中具有重要地位，对于窥探《庄子》的哲学思想体系也较为重要。一开始，庄子说明大道本不可知，"知者不言，言者不知"。接着进一步提出"至人无为，大圣不作"，一切"观于天地"的主张，即一切顺其自然。接下来就是齧缺问道、舜与丞的对话、老聃和孔子的谈论，通过他们的谈话，庄子借以说明大道的特点。接着又是关于"有""无"之间关系的讨论，庄子认为"有"与"无"的相对性仍是基于"有"，只有"无无"才是真正的基于"无"。最后通过孔子与颜渊的谈话，讨论变化与安于变化，指出"无知""无能""去言""去为"。

庄子

杂篇

庚桑楚第二十三

《庚桑楚》以人名篇。历史上有无庚桑楚其人，学者有不同的看法。《汉书·古今人表》中无其人，而《史记·老子列传》中则有其人。全篇宗旨，意在说明大道可以“卫生”，即养生。所以要“藏身深渺”，外不为人物利害所干扰，内不为生死出入所系心，所谓“无为而无不为也”。

一

老聃之役有庚桑楚者[1]，偏得老聃之道，以北居畏垒之山[2]。其臣之画然知者去之[3]，其妾之挈然仁者远之[4]；拥肿之与居[5]，鞅掌之为使[6]。居三年，畏垒大壤。畏垒之民相与言曰：“庚桑子之始来，吾洒然异之[7]。今吾日计之而不足，岁计之而有余。庶几其圣人乎[8]！子胡不相与尸而祝之、社而稷之乎？”

庚桑子闻之，南面而不释然，弟子异之。庚桑子曰：“弟子何异于予？夫春气发而百草生，正得秋而万宝成[9]。夫春与秋，岂无得而然哉？天道已行矣。吾闻至人，尸居环堵之室[10]，而百姓猖狂，不知所如往。今以畏垒之细民[11]，而窃窃焉欲俎豆予于贤人之间[12]，我其杓之人邪[13]？吾是以不释于老聃之言[14]。”

弟子曰：“不然。夫寻常之沟，巨鱼无所还其体，而鲵鳅为之制[15]；步仞之丘陵[16]，巨兽无所隐其躯，而孽狐为之祥[17]。且夫尊贤授能，先善与利，自古尧、舜以然，而况畏垒之民乎！夫子亦听矣！"

庚桑子曰："小子来！夫函车之兽[18]，介而离山，则不免于网罟之患[19]；吞舟之鱼，砀而失水[20]，则蚁能苦之。故鸟兽不厌高，鱼鳖不厌深；夫全其形生之人，藏其身也，不厌深眇而已矣！且夫二子者，又何足以称扬哉！是其于辩也，将妄凿垣墙而殖蓬蒿也，简发而栉[21]，数米而炊，窃窃乎又何足以济世哉！举贤则民相轧，任知则民相盗。之数物者，不足以厚民。民之于利甚勤，子有杀父，臣有杀君，正昼为盗，日中穴阫[22]。吾语女：大乱之本，必生于尧、舜之间，其末存乎千世之后。千世之后，其必有人与人相食者也。"

【注释】

①庚桑楚：人名，姓庚桑，名楚，为老聃学生。

②畏垒：虚构的山名。

③画然：明察秋毫的样子。

④挈然：标榜。

⑤拥肿：呆笨无知的样子。

⑥鞅掌：指勤劳的人。

⑦洒（xiǎn）然：惊异的样子。

⑧庶几：差不多，近似。

⑨万宝：指万物结实成熟。

⑩尸居：像死尸寂静而居。环堵之室：指方丈陋室。

⑪细民：平民，百姓。

⑫俎豆：皆为祭祀所用的器具。此处作动词用，指奉祀。

⑬杓（dí）：标准。

⑭不释：不高兴，不愉快。

⑮鲵鳅：即泥鳅。

⑯步仞：六尺为步，八尺为仞。

⑰孽(niè)狐：妖狐。孽，通“孽”，妖。

⑱函车之兽：口能含车的巨兽。

⑲罟(gǔ)：渔网。

⑳砀(dàng)而失水：因潮汐激荡而离水搁浅于岸。

㉑简：选择。栉(zhì)：梳篦的总称。此处指梳头发。

㉒日中：中午。穴阫(péi)：挖墙。穴，挖。阫，墙。

【译文】

老聃的弟子中有个叫庚桑楚的，独得老聃之道，居住在北方的畏垒山。他的仆人中若有炫耀自己聪明的就会被辞退，侍女中有标榜仁义的就会被疏远；憨厚粗笨的和他住在一起，勤快的被留下供使唤。居住三年，畏垒山一带大丰收。畏垒山区的老百姓奔走相告：“庚桑子初来的时候，我们对他都感到惊异。如今我按天来计算收入还感到不足，按一年来计算却还略微有余。他大概是位圣人吧！我们何不为他设立神位而为他祝祷，把他当作国君来敬奉呢？”

庚桑子听到后，面朝南方而不愉快，弟子们都感到奇怪。庚桑子说：“你们对我有什么奇怪的呢？春气勃发而万物开始生长，正秋时节万物结实成熟。春天和秋天，难道无缘无故会这样吗？这是天道自然运行的结果。我曾听说那得道之人，像尸体那样静居在方丈大小的陋室里，百姓自由自在随心所欲，却不知何往。现在畏垒山区的百姓，私下里议论把我置于贤人之列而奉祀起来，我难道是引人注目的人吗？我想到老聃的教诲而觉得不安。”

弟子说：“不是的。浅小的水沟里，大鱼不能回转身体，而小鱼泥鳅却能悠游自得；矮小的丘陵上，大型野兽没有办法隐藏它的身体，但妖狐却认为是藏身的好地方。并且尊贤授能，赏善施利，自古代的尧、舜就是如此，更何况畏垒山区的百姓呢！先生就听任他们吧！”

庚桑子说：“年轻人，过来！嘴巴能含车的巨兽，若单独离开山林，便不能免于网罗的祸患；能够吞吃小舟的大鱼，流荡而出水，就会受蝼蚁的困苦。所以鸟兽不厌山高，鱼鳖不厌水深；保全形体和本性的人，为隐藏自己的形体，也是不会厌恶深远罢了！至于尧、舜这两个人，又有什么值得称赞的呢！像他们那样辨别贤能利善，就如同妄自凿开墙垣而种植蒿草当墙一般，挑选头发来梳理，数着米粒来煮饭，计较这些小事又怎么能救济世人呢！荐举贤能则使百姓相互倾轧，任用智者则使百姓相互欺诈。贤能利善，并不足以使百姓淳厚。百姓为了私利十分用心，以至于子杀父，臣杀君，白天偷盗，正午挖墙。我告诉你们：大乱的根源，必定产生在尧、舜时期，而它的流弊又将留存千世之后。千世之后，肯定有人吃人的事情！”

二

南荣趎蹴然正坐曰[①]：“若趎之年者已长矣，将恶乎托业以及此言邪？”

庚桑子曰：“全汝形，抱汝生，无使汝思虑营营。若此三年，则可以及此言矣。”

南荣趎曰：“目之与形，吾不知其异也，而盲者不能自见；耳之与形，吾不知其异也，而聋者不能自闻；心之与形，吾不知其异也，而狂者不能自得。形之与形亦辟矣，而物或间之邪，欲相求而不能相得？今谓趎曰：‘全汝形，抱汝生，勿使汝思虑营营。’趎勉闻道达耳矣！”

庚桑子曰：“辞尽矣。曰奔蜂不能化藿蠋[②]，越鸡不能伏鹄卵，鲁鸡固能矣！鸡之与鸡，其德非不同也，有能与不能者，其才固有巨小也。今吾才小，不足以化子。子胡不南见老子？”

【注释】

①南荣趎(chú):人名,姓南荣名趎,为庚桑楚的弟子。

②奔蜂:细腰土蜂,小蜂。藿:豆叶。蠋:豆虫。

【译文】

南荣趎惊恐地端坐着说:"像我这样年龄已经很大的人,怎样学习才能达到您所说的境界呢?"

庚桑子说:"保全你的形体,保持你的天性,不要使你思虑劳累。像这样经过三年,就可以达到我所说的境界了。"

南荣趎说:"眼睛的形状,我看不出有何不同,而盲人的眼睛却看不见东西;耳朵的形状,我看不出有何不同,而聋子的耳朵却听不见声音;心脏的形状,我也看不出有何不同,而疯狂的人却不能自持。形体和形体之间是相通的,或许是由于外物的阻隔,想要彼此会通却不能办到吗?现在对我说:'保全你的形体,保持你的天性,不要使你思虑劳累。'我努力求道,但仅能达到耳朵里而已!"

庚桑子说:"我的话说尽了。人说小土蜂不能孵化出豆叶中的大青虫,越鸡不能孵化天鹅蛋,而鲁鸡却可以!鸡与鸡相比较,它们的本质没有什么区别,但有能与不能之分,是由于它们的才能本来就有大小之别。现在我的才能太小,不足以教化你。你为何不到南边去拜见老子呢?"

南荣趎赢粮,七日七夜至老子之所。老子曰:"子自楚之所来乎?"

南荣趎曰:"唯。"

老子曰:"子何与人偕来之众也?"南荣趎惧然顾其后。

老子曰:"子不知吾所谓乎?"

南荣趎俯而惭,仰而叹,曰:"今者吾忘吾答,因失吾问。"

老子曰："何谓也？"

南荣趎曰："不知乎，人谓我朱愚[1]；知乎，反愁我躯。不仁，则害人；仁，则反愁我身。不义，则伤彼；义，则反愁我己。我安逃此而可？此三言者，趎之所患也，愿因楚而问之[2]。"

老子曰："向吾见若眉睫之间，吾因以得汝矣，今汝又言而信之。若规规然若丧父母[3]，揭竿而求诸海也，女亡人哉！惘惘乎，汝欲反汝情性而无由入，可怜哉！"

【注释】

①朱愚：铢愚，愚钝，愚昧无知。

②楚：指庚桑楚。

③规规然：失神的样子。

【译文】

南荣趎担着口粮，走了七天七夜，到达老子的住所。老子说："你从庚桑楚那里来的吗？"

南荣趎说："是的。"

老子说："你为何跟这么多人一起来呢？"南荣趎惊恐地回头看看自己的身后。

老子说："你不知道我所说的意思吗？"

南荣趎惭愧地低下头，又仰头叹息，说："现在我忘了我的回答，因为我忘了我的所问。"

老子说："这是什么意思呢？"

南荣趎说："不运用心智吧，人们说我愚昧无知；运用心智吧，反而会危害自身。不行仁义，就会伤害别人；推行仁义，反而会危害自身。不讲道义，就会伤害他人；讲求道义，就会危害自身。我怎样才能避免这些呢？这三种情况，是我所担忧的，希望借助庚桑先生的介绍来向您请教。”

老子说：“刚才我看你眉目间的神色，已经了解到你的心意，现在通过你说的这些话证实了。你失魂落魄的样子如丧父母，高高举着竹竿去大海里寻找，你真是个丧失性情的人！多么迷惘啊！你想恢复自己的性情但又不知从何做起，真可怜啊！”

南荣趎请入就舍，召其所好，去其所恶，十日自愁，复见老子。老子曰：“汝自洒濯[①]，熟哉郁郁乎？然而其中津津乎犹有恶也[②]。夫外韄者不可繁而捉[③]，将内揵[④]；内韄者不可缪而捉，将外揵；外、内韄者，道德不能持，而况放道而行者乎！”

南荣趎曰：“里人有病，里人问之，病者能言其病，然其病病者犹未病也。若趎之闻大道，譬犹饮药以加病也。趎愿闻卫生之经而已矣。”

老子曰：“卫生之经，能抱一乎？能勿失乎？能无卜筮而知吉凶乎？能止乎？能已乎？能舍诸人而求诸己乎？能翛然乎[⑤]？能侗然乎[⑥]？能儿子乎[⑦]？儿子终日嗥而嗌不嗄[⑧]，和之至也；终日握而手不掜[⑨]，共其德也；终日视而目不瞚[⑩]，偏不在外也。行不知所之，居不知所为，与物委蛇而同其波，是卫生之经已。”

南荣趎曰：“然则是至人之德已乎？”

曰：“非也。是乃所谓冰解冻释者，能乎？夫至人者，相与交食乎地，而交乐乎天，不以人物利害相撄[⑪]，不相与为怪，不相与为谋，不相与为事，翛然而往，侗然而来，是谓卫生之经已。”

曰：“然则是至乎？”

曰：“未也。吾固告汝曰：‘能儿子乎？’儿子动不知所为，行不知所之，身若槁木之枝而心若死灰。若是者，祸亦不至，福亦不来。祸福无有，恶有人灾也！”

【注释】

①洒濯（zhuó）：洗涤。

②津津：水自然外溢的样子。

③韄（huò）：束缚。捉：持，坚持。

④揵：闭。

⑤翛（xiāo）然：自由自在，无拘无束的样子。

⑥侗然：浑然无知的样子。

⑦儿子：婴儿。

⑧嗥（háo）：啼哭。嗌（yì）：咽喉。嗄（shà）：嘶哑。

⑨掜（nǐ）：拳曲，攥。

⑩瞚（shùn）：通“瞬”，眨眼。

⑪撄（yīng）：纠缠，扰乱。

【译文】

南荣趎请求住进学舍，追求自己喜好的，舍弃自己厌恶的，十天后还是感到愁苦，于是再次见老子。老子说：“你自己洗涤内心，为何还闷闷不乐呢？是你心中还有恶念存在啊！外界的束缚不堪忍受和扰乱的，要内闭心神；内心的束缚不堪缠绕和坚持的，要外闭耳目；内外都受到束缚的，即使是有道德的人也不能自持，更何况是初学道的人呢！”

南荣趎说：“邻里有人生病，乡邻们都去问他生了什么病，病人能说出自己的病，那么他虽然以为患病了，但还算不上真有病。我听了大道，就好比吃药加重了病情。我只希望学习养护生命的道理而已。”

老子说：“养护生命的道理，能够保持真性吗？能够不丧失本性吗？能够不用占卜就知道吉凶吗？能够止于分内吗？能够让人知足吗？能够不效法他人而自求己道吗？能够自由自在无拘无束吗？能够淳朴无知吗？能够像婴儿那样纯真吗？婴儿整天啼哭但是喉咙却不沙哑，是任和顺之气自然而出的缘故；整天握着拳头而手不会拳曲，是合乎本性的缘故；整天看着不眨眼，是目光没有凝滞于外物的缘故。行走不知到何处去，安居时不知做什么，顺随外物而一起流荡，这就是养护生命的道理。”

南荣趎说：“这就是至人所达到的境界吧？”

老子说：“不是的。这只是说胸中的凝滞像冰解冻释那样消除了，怎么能够达到至人的境界呢？至人，能够与人们一同求食于地，求乐于天，不会因为人和外物的利害而扰乱自己，不与人们做怪异的事情，不图谋什么，不去做什么事，无拘无束地前往，又懵懂无知地回来，这就是所说的养护生命的道理。”

南荣趎问：“这就达到最高境界了吗？”

老子答：“没有。我曾告诉你说：‘能够像婴儿那样纯真吗？’婴儿活动不知道要干什么，行走不知道去往哪里，身体就像枯树枝而内心如死灰。像这个样子，灾祸不会来到，幸福也不会来临。没有灾祸和幸福，怎么会有人为的灾害呢！”

三

宇泰定者，发乎天光[①]。发乎天光者，人见其人，物见其物。人有修者，乃今有恒。有恒者，人舍之，天助之。人之所舍，谓之天民；天之所助，谓之天子。

学者，学其所不能学也；行者，行其所不能行也；辩者，辩其所不能辩也。知止乎其所不能知，至矣！若有不即是者，天钧败之。

备物以将形，藏不虞以生心[②]，敬中以达彼。若是而万恶至者，皆天也，而非人也，不足以滑成[③]，不可内于灵台[④]。灵台者有持，而不知其所持而不可持者也。不见其诚己而发，每发而不当；业入而不舍，每更为失。

为不善乎显明之中者，人得而诛之；为不善乎幽间之中者，鬼得而诛之。明乎人、明乎鬼者，然后能独行。券内者[⑤]，行乎无名；券外者，志乎期费。行乎无名者，唯庸有光；志乎期费者，唯贾人也。人见其跂，犹之魁然[⑥]。

与物穷者，物入焉；与物且者[⑦]，其身之不能容，焉能容人！不能容人者无亲，无亲者尽人。兵莫憯于志[⑧]，镆铘为下；寇莫大于阴阳，无所逃于天地之间。非阴阳贼之[⑨]，心则使之也。

【注释】

①天光：自然流露的智慧之光。

②虞：臆度，思虑。

③滑：扰乱。

④内：同“纳”，纳入。

⑤券：务。

⑥跂：通“企”，踮起脚后跟。魁：高大。

⑦且：借为“阻”。抵牾。

⑧憯(cǎn)：毒。

⑨贼：害，伤害。

【译文】

心境泰然安定的人，便会发出自然的光芒。能够发出自然光芒的，人便能照见真我，物便显现天然本质。能够修养真性的人，才能长久保持泰然安定的心境。能够保持泰然安定的心境的人，人民便会依附他，上天便会庇护他。人们所依附的人，叫作天民；上天所庇佑的人，叫作天子。

学习的人，是要学习他所不能学的；实行的人，是实行他所不能行的；辩论的人，是辩论他所不能辩的。知道到其所不能够知道的程度就停止下来，这就达到了最高境界！假如不这样，自然的本性一定会亏损。

具备万物来修养形体，深藏无虑来修养心神，以诚实之心通达外物。假如这样做了仍然有各种灾祸降临，那是因为自然，并非人为所致，因而不足以扰乱自己已经形成的德性，不能够侵入内心。内心有所持守，却又不知道持守什么，所以不能够有意去持守。自己没有产生真诚的感情而随意流露，所流露的感情往往都不适当；外物侵入内心而不能摒除，更加丧失真性。

明目张胆地作恶，就要受到众人的惩罚；暗地里做坏事，便要受到鬼神的制裁。能够坦然面对人，坦然面对鬼神，才能够在世上没有愧疚地独行。务内的人尚华去实，行为处事不会追求名声；务外的人骄傲自负，志向在于追求钱财等私利。行为处事不求名声的人，充实而有光辉；志向在于追求钱财私利的，只是个商人而已。大家看见他踮起脚后跟挺立着，还自以为很魁梧的样子。

与物相始终的，外物一定会依附他；与物相互抵牾的，连自身都不能包容，怎么能包容别人呢！不能包容别人也就没有人亲近他，没有人亲近他则弃绝于人。武器没有比心志更锋利的了，镆铘那样的利剑还在其次；伤害人的没有比阴阳更厉害的了，在天地之间都是无法逃脱的。并非阴阳来伤害他，而是受到心志的驱使。

四

道通。其分也成也，其成也毁也。所恶乎分者[①]，其分也以备；所以恶乎备者，其有以备。故出而不反，见其鬼；出而得，是谓得死。灭而有实，鬼之一也。以有形者象无形者而定矣！

出无本，入无窍。有实而无乎处，有长而无乎本剽[②]。有所出而无窍者有实。有实而无乎处者，宇也[③]；有长而无本剽者，宙也[④]。有乎生，有乎死；有乎出，有乎入。入出而无见其形，是谓天门。天门者，无有也。万物出乎无有。有不能以有为有，必出乎无有，而无有一无有。圣人藏乎是。

古之人，其知有所至矣。恶乎至？有以为未始有物者，至矣，尽矣，弗可以加矣！其次以为有物矣，将以生为丧也，以死为反也，是以分已。其次曰始无有，既而有生，生俄而死；以无有为首，以生为体，以死为尻[⑤]。孰知有无死生之一守者，吾与之为友。是三者虽异[⑥]，公族也：昭、景也，著戴也[⑦]；甲氏也[⑧]，著封也。非一也？

有生黬也[⑨]，披然曰“移是”[⑩]。尝言“移是”非所言也；虽然，不可知者也。腊者之有膍胲[⑪]，可散而不可散也；观室者周于寝庙，又适其偃焉。为是举移是。请常言移是：是以生为本，以知为师，因以乘是非。果有名实，因以己为质，使人以为己节，因以死偿节。若然者，以用为知，以不用为愚，以彻为名，以穷为辱。“移是”，今之人也，是蜩与学鸠同于同也。

【注释】

①恶(wù)：讨厌，憎恨。

②剽：同“标”，末，终。

③宇：上下四方，指空间。

④宙：古往今来，指时间。

⑤尻(kāo)：屁股，即尾骨。

⑥三者：指以无为首，以生为体，以死为尻。

⑦昭、景：昭氏，景氏，皆为楚国王族的姓氏。著：显赫。戴：职任。

⑧甲：即“屈”的借字。屈为楚国王族的姓氏。

⑨黬(àn)：黑点。

⑩披然：分晓的样子。移是：比喻生是生非。

⑪腊:大祭名。膍(pí):牛肚。胲(gāi):牛蹄。

【译文】

大道贯通万物。事物有分就有成,有成就有毁。厌恶分离的,是因为分离了就求其完备;厌恶完备的,是因为完备了而更加求其完备。因此心神外驰而不返,就接近死亡了;心神外驰而以为有所得,这就是进入死地了。灭失天性而徒具形体的,就同鬼是一类了。能够以有形的形体效法无形的道,内心就安定了。

大道流动似乎无根蒂,敛藏似乎无隙窍。大道真实存在而不见其处所,道之源流甚长而不见其本末。有所出却没有隙窍,自非无实。真实存在而不见其处所,便处于四方上下之宇内;源流甚长而不见其本末,便流于古往今来之宙中。有生,有死;有出,有入。出入变化而不见行迹,叫作自然之门。自然之门,就是无有。万物都生于无有。不能从有中产生,一定要从无有中产生出来,而无有本来就是没有。圣人便隐匿在这虚无的境界之中。

古代的人,他们的认识达到了最高的境界。最高的境界是怎样的呢?有人认为世界未曾有万物,这种认识便是最高境界,到达尽头了,无以复加了!次一等的,认为世界本来就存在万物,把万物的产生看作丧失,把万物的死亡看作回归,这就已经出现生与死的分别了。再次一等的,认为世界原来不曾有万物,后来有生命产生,但是又迅速地死亡;把无有当作头,把生命当作躯体,把死亡当作尾骨。谁能知道无有、生、死是一体的,我就和他做朋友。这三者虽然有差别,但犹如同一公族,皆以大道为宗:昭氏、景氏,以官职显赫;甲氏,以封地著称。他们的姓氏不一,却为同一公族。

人生犹如锅底忽然结出的黑灰,哓然生是生非。让我来谈谈是非不定,但这并不是能够说清楚的;虽然说不清楚,不说人们仍是难懂。就像大祭时祭品有牛胃牛蹄,未祭时可以分开摆放,但大祭时不能分开陈列供祭;游览宫室的人,周游了前殿后殿,或许又会到厕所小便。为了说明是非不定，便作了这些比喻。请让我来说说是非不定：即以自身为根本，以智慧为依据，因此生造出是非。果真有名与实的区别，因此以自己为主宰，让别人以自己的节操作为标准，要用死来殉节。像这样，以有为为才智，以无为为愚昧，以显达为荣耀，以困厄为耻辱。是非不定，正是现在的人啊，犹如蝉和学鸠讥笑大鹏，同样是无知的。

五

蹍市人之足[①]，则辞以放骜[②]，兄则以妪[③]，大亲则已矣[④]。故曰：至礼有不人，至义不物，至知不谋，至仁无亲，至信辟金。

彻志之勃，解心之谬，去德之累，达道之塞。贵、富、显、严、名、利六者，勃志也；容、动、色、理、气、意六者，谬心也；恶、欲、喜、怒、哀、乐六者，累德也；去、就、取、与、知、能六者，塞道也。此四六者不荡胸中则正，正则静，静则明，明则虚，虚则无为而无不为也。

道者，德之钦也；生者，德之光也；性者，生之质也。性之动谓之为，为之伪谓之失。知者，接也；知者，谟也[⑤]。知者之所不知，犹睨也[⑥]。动以不得已之谓德，动无非我之谓治，名相反而实相顺也。

羿工乎中微，而拙乎使人无己誉；圣人工乎天，而拙乎人。夫工乎天而俍乎人者[⑦]，唯全人能之。唯虫能虫，唯虫能天。全人恶天，恶人之天，而况吾天乎人乎！一雀适羿，羿必得之，威也。以天下为之笼，则雀无所逃。是故汤以胞人笼伊尹[⑧]，秦穆公以五羊之皮笼百里奚。是故非以其所好笼之而可得者，无有也。

介者拸画[⑨]，外非誉也；胥靡登高而不惧[⑩]，遗死生也。夫复谓不馈而忘人[11]，忘人，因以为天人矣。故敬之而不喜、侮之而不怒者，唯同乎天和者为然。出怒不怒，则怒出于不怒矣；出为无为，则为出于无为矣。欲静则平气，欲神则顺心。有为也欲当，则缘于不得已。不得已之类，圣人之道。

【注释】

①蹍(zhǎn)：踩，踏。

②放鹜：放肆，失礼。鹜，通“傲”。

③妪：抚慰，抚爱。

④大亲：父母。

⑤谟：谋划，谋虑。

⑥睨：斜视。

⑦俍(liáng)：同“良”，善。

⑧胞：同“庖”，厨师。笼：笼络。

⑨介者：受刑被砍去一只脚的人。拸(chǐ)画：不拘法度。拸，摒弃。画，饰容之具。

⑩胥靡：囚徒，犯人。

⑪谓(xí)：同“詟”，丧气，畏惧。馈：赠送，此处指报复。

【译文】

在街道上误踩了路人的脚，就赔罪说自己放肆了；若不慎踩了哥哥的脚，稍加抚慰就可以了；若踩了父母的脚，就不用说什么了。所以说，至礼是不分彼此的，至义是不分物我的，至知是不用计谋的，至仁是不流露亲疏的，至信是不用金钱作证明的。

消除意志的错乱，解开心灵的束缚，除去道德的累赘，贯通大道的障碍。尊贵、富有、显达、尊严、功名、利禄六者，是扰乱心智的；容貌、举止、美色、辞理、义气、情意六者，是束缚心灵的；憎恶、爱欲、欢喜、愤怒、悲哀、快乐六者，是拖累德行的；舍弃、趋从、贪取、给与、智虑、技能六者，是阻碍大道的。这四类六种情况不在内心扰乱就会平正，内心平正就会宁静，宁静就会明澈，明澈就能空明，空明就会顺应自然而无所不为。

道，是德所尊崇的；生，是德的光辉；性，是生的本质。率性而动，叫作有为；有为而流于人伪，叫作失。知识是与外界接触而获得的，智慧是出自内心的谋虑。有智慧的人也有不了解的知识，犹如斜视一方而所见有限。动作自然，出于不得已，叫作德；动作率性，不舍我效物，叫作治；德与治名称虽异，而实质是相同的。

羿善于射中最微小的东西，而拙于使别人赞誉自己；圣人善于效法自然，而拙于应和人为。善于效法自然而又善于应和人为，只有全人才可以做到。只有虫能够安于虫类的生活，只有虫能够保持它的自然天性。全人厌恶自然，是厌恶人为的虚假自然，更何况是使用自己意愿来分别自然和人为呢！一只山雀朝着羿飞过来，羿一定能得到它，这是他的威力。把天下当作笼子，那么麻雀就无处可逃了。所以商汤以庖厨相许来笼络伊尹，秦穆公用五张羊皮笼络百里奚。所以不利用他们的喜好来笼络人而能成功的，是未曾有过的。

被砍断一只脚的人不拘法度，是因为他已经把毁誉置之度外；囚徒登到高处而不害怕，是因为他已经忘掉了生死。屡遭恐吓而无心报复，便是忘却人情；忘却人情，因此成为顺从天道的人。因此尊重他也不欣喜，侮辱他也不愤怒，只有合于自然之气的人才能够这样。怒气勃发但不是有心发怒，那么这种愤怒也就是无心之怒了；有所作为而出于无心作为，那这种作为也是出于无为了。要想宁静，就要平和心气；要想精神舒畅，就要顺应心意。有所作为要想使之得当，就要顺应自然不得已而为之。不得已而为之，便是圣人之道。

【赏析】

《庚桑楚》居《杂篇》之首，可和内七篇相媲美。本篇涉及的内容比较多，包括对顺应自然和无为的讨论，以及对认知的困难和是非标准难以认定的讨论，但大多数内容还是在讨论养生。

首先写到庚桑楚和弟子的谈话，指出一切都有本来的规律，接着通过老聃的谈话说明养生之道“藏身于无”以及随物而应，处之无为的生活态度。接下来讨论了万物的生成和变化，讨论人认识的局限性，说明是非不是永恒不变的，而是可以转移和变化的。最后讨论修身养性，指出扰乱人心的诸多情况，把养生之道归纳到“平气”“顺心”的基本要求上来。

徐无鬼第二十四

《徐无鬼》以人名篇。徐无鬼，人名，魏国隐士。本篇是《庄子》中的又一长篇，由十余个各不相关的故事组成，并夹带少量的议论。全篇内容很杂，中心不明朗，故事之间也缺乏关联，但多数是倡导无为思想的。

一

徐无鬼因女商见魏武侯①，武侯劳之曰②："先生病矣！苦于山林之劳，故乃肯见于寡人。"

徐无鬼曰："我则劳于君，君有何劳于我！君将盈耆欲③，长好恶，则性命之情病矣④；君将黜耆欲⑤，掔好恶⑥，则耳目病矣。我将劳君，君有何劳于我！"武侯超然不对⑦。

少焉，徐无鬼曰："尝语君吾相狗也。下之质，执饱而止，是狸德也；中之质，若视日；上之质，若亡其一。吾相狗又不若吾相马也。吾相马，直者中绳，曲者中钩，方者中矩，圆者中规。是国马也，而未若天下马也。天下马有成材，若卹若失⑧，若丧其一。若是者，超轶绝尘，不知其所。"武侯大悦而笑。

【注释】

①徐无鬼：人名，姓徐，名无鬼，战国时魏国隐士。女商：魏国大臣，姓女，名商。春秋时期晋大夫女叔齐之后。魏武侯：名击，魏文侯的儿子。

②劳：慰劳。

③耆欲：嗜好和欲望。耆，同“嗜”。

④性命之情：性命的实质。

⑤黜(chù)：排除，摒弃。

⑥掔(qiān)：引去，引申为除去。

⑦超然：若有所失的样子。

⑧卹(xù)：忧虑。

【译文】

徐无鬼通过女商推荐去见魏武侯，武侯慰问他说：“先生疲困了！您苦恼山林的劳苦，所以才肯来见我。”

徐无鬼说：“我来是为了慰问你的，你有什么来慰问我呢！君王如果要满足嗜好和欲望，滋长爱憎之情，那么性命的根本就会受损；如果君王摒弃了嗜欲，杜绝爱憎之情，那么耳目就要受苦了。我应当慰问你，你有什么要慰问我的呢！”武侯听完，若有所失而不回答。

一会儿，徐无鬼说：“试着告诉君王我相狗的办法。下等的狗，追求吃饱肚子而已，这与野猫的天性一样；中等的狗，意气高远好像仰观太阳的样子；上等的狗，好像忘了自身的存在。我相狗的本事，又比不上我相马的本事。我相马的时候，马进退驰骋，直的时候要合于绳，弯曲的时候合于钩，方的时候合于矩，圆的时候合于规。这样的马就是国中良马，但还不如天下的良马。天下的良马有天生的材质，像是忧虑缓行又似乎奔逸，好像忘了自身的存在。这样的马，超过群马，奔逸绝尘，不知道要跑到哪里去。”武侯很高兴地笑了。

徐无鬼出，女商曰："先生独何以说吾君乎？吾所以说吾君者，横说之则以《诗》《书》《礼》《乐》，从说之则以《金板》《六弢》，奉事而大有功者不可为数，而吾君未尝启齿。今先生何以说吾君，使吾君说若此乎？"

徐无鬼曰："吾直告之吾相狗马耳。"

女商曰："若是乎？"

曰："子不闻夫越之流人乎？去国数日，见其所知而喜；去国旬月，见所尝见于国中者喜；及期年也，见似人者而喜矣。不亦去人滋久，思人滋深乎？夫逃虚空者，藜藋柱乎鼪鼬之径①，踉位其空②，闻人足音跫然而喜矣③，而况乎昆弟亲戚之謦欬其侧者乎④！久矣夫，莫以真人之言謦欬吾君之侧乎！"

【注释】

①藜藋(lídiào)：指杂草。柱：堵塞。鼪鼬(shēngyòu)：黄鼠狼。

②踉：踉跄。位：处，居处。

③足音：走路的声音。跫(qióng)然：脚步声。

④謦欬(qǐngkài)：咳嗽，引申为言笑。

【译文】

徐无鬼出去，女商说："先生做了什么让国君如此高兴呢？我使国君高兴的办法，横说用《诗》《书》《礼》《乐》，纵说用《金板》《六韬》，侍奉国君有很大功绩的人数不胜数，但国君从来没有笑过。现在先生做了什么让国君高兴，且使国君高兴成这个样子呢？"

徐无鬼说："我不过是将相狗马之术告诉他罢了。"

女商说："就是这样吗？"

徐无鬼说："你没听过那被流放到越国的人吗？离开自己的国家仅数天，看到所认识的人就十分欣喜。离开自己的国家十天一个月，看见曾见过面的人就十分欣喜；至于离开自己的国家一年的人，只要见到和国人相像的人就十分欣喜；不就是离开故人越久，思念故人也就越深吗？流落到空谷的人，杂草堵塞了黄鼠狼出没的路径，踉踉跄跄地居住在空旷无人的地方，听到人走路的脚步声就会十分高兴，更何况是兄弟亲戚在他的身旁谈笑呢！很长时间都没有人以真人的言论在国君身边谈笑了！”

二

徐无鬼见武侯，武侯曰：“先生居山林，食芧栗[①]，厌葱韭[②]，以宾寡人，久矣夫！今老邪？其欲干酒肉之味邪？其寡人亦有社稷之福邪？”

徐无鬼曰：“无鬼生于贫贱，未尝敢饮食君之酒肉，将来劳君也。”

君曰：“何哉？奚劳寡人？”

曰：“劳君之神与形。”

武侯曰：“何谓邪？”

徐无鬼曰：“天地之养也一，登高不可以为长，居下不可以为短。君独为万乘之主，以苦一国之民，以养耳目鼻口，夫神者不自许也[③]。夫神者，好和而恶奸。夫奸，病也，故劳之。唯君所病之，何也？”

武侯曰：“欲见先生久矣！吾欲爱民而为义偃兵[④]，其可乎？”

徐无鬼曰：“不可。爱民，害民之始也；为义偃兵，造兵之本也。君自此为之，则殆不成。凡成美，恶器也。君虽为仁义，几且伪哉！形固造形，成固有伐，变固外战。君亦必无盛鹤列于丽谯之间[5]，无徒骥于锱坛之宫[6]，无藏逆于得，无以巧胜人，无以谋胜人，无以战胜人。夫杀人之士民，兼人之土地，以养吾私与吾神者，其战不知孰善？胜之恶乎在？君若勿已矣，修胸中之诚，以应天地之情而勿撄[7]。夫民死已脱矣，君将恶乎用夫偃兵哉！”

【注释】

①芧(xù)：橡子。

②厌：通“餍”，饱食。

③不自许：不自得。

④偃兵：放下兵器，停止战争。

⑤鹤列：陈兵如鹤列行。丽谯：高楼。

⑥徒骥：步骑兵。锱坛：祭坛。

⑦撄：扰乱。

【译文】

徐无鬼去见魏武侯，魏武侯说：“先生在山林里居住，吃橡栗，食葱韭，摒弃我已很久了！是因为现在老了吗？还是希望享受酒肉的滋味呢？还是想要为我的国家造福呢？”

徐无鬼说：“无鬼出身贫穷低贱，未曾指望享受酒肉的滋味，只是想来慰劳您。”

武侯说：“这从何说起呢？您如何慰劳我呢？”

徐无鬼说：“慰劳您的精神和形体。”

武侯说：“这是什么意思呢？”

徐无鬼说：“天地养育众生是平等的，登上高位也不能自以为尊贵，身处卑下也不能自以为贫贱。您独自做万乘的君主，使一国的人民劳苦，来满足自己耳目鼻口的享受，那么心神就不能怡然自得。心神喜好和谐而厌恶奸私。奸私，便是一种病，所以我才来慰问您。只有您犯了这种病，为什么呢？”

武侯说：“我想见先生很久了！我想爱护民众，为仁义而停止征战，怎么样？”

徐无鬼说：“不行。爱民，乃是害民的开始；为了仁义而停止征战，是制造战争的祸根。您从这两方面着手治国，大概不会有什么成效。凡是有心成就美名的，都是作恶的器具。国君虽然施行了仁义，但近于作伪啊！仁义的形迹必然遭致作伪的形迹兴起，成功必然遭致失败，妄动心机必然遭致战争。您一定不要在高楼下面声势浩大地陈兵列阵，不要在祭祀的宫殿里集结步骑，不要包藏祸心，不要用智巧去战胜别人，不用谋略去取胜别人，不要用战争去打败别人。杀害别国的士兵和民众，兼并他国的土地，用来奉养自己的私欲、满足一己的私心，这样的战争不知有什么好处？胜利又在哪里呢？您假若不能停止爱民之心，那就不如修养内心的诚意，以顺应天地自然而不用仁义扰乱民众。民众都能免于死亡的威胁，您哪里还用得着停止用兵呢！”

三

黄帝将见大隗乎具茨之山①，方明为御②，昌寓骖乘③，张若、谞朋前马④，昆阍、滑稽后车⑤。至于襄城之野⑥，七圣皆迷，无所问涂。适遇牧马童子，问涂焉，曰：“若知具茨之山乎？”

曰：“然。”

“若知大隗之所存乎？”

曰：“然。”

黄帝曰：“异哉小童！非徒知具茨之山，又知大隗之所存。请问为天下。”

小童曰：“夫为天下者，亦若此而已矣，又奚事焉！予少而自游于六合之内，予适有瞀病[⑦]，有长者教予曰：‘若乘日之车而游于襄城之野。’今予病少痊，予又且复游于六合之外。夫为天下亦若此而已，予又奚事焉！”

黄帝曰：“夫为天下者，则诚非吾子之事，虽然，请问为天下。”小童辞。

黄帝又问，小童曰：“夫为天下者，亦奚以异乎牧马者哉！亦去其害马者而已矣。”黄帝再拜稽首[⑧]，称天师而退。

【注释】

①大隗（wěi）：虚构的人名，喻指大道。具茨：山名，在今河南新密东。

②方明：虚构的人名，指明白的人。御：驾车，赶车。

③昌寓：虚构的人名，指盛美的人。骖乘：坐在车右的陪乘者。

④张若：虚构的人名，指张大的人。谞朋：虚构的人名，指知识广博的人。

⑤昆阍：虚构的人名，指守混同的人。滑稽：虚构的人名，指言辞雄辩不穷的人。后车：指在车后相从。

⑥襄城：即今河南襄城。野：远郊为野。

⑦瞀（mào）：眼花，目眩。

⑧稽（qǐ）首：叩头点地。

【译文】

黄帝将要到具茨山去拜见大隗，方明驾车，昌寓陪乘，张若、谞朋在马前做向导，昆阍、滑稽在车后当随从。到了襄城的原野，七人都迷失了方向，无从问路。恰好遇到一个牧马的小孩，于是就向他问路，说：“你知道具茨山吗？”

回答说：“知道。”

又问："你知道大隗的住处吗？"

回答说："知道"。

黄帝说："奇怪啊，这个小孩！不仅知道具茨山，还知道大隗的住处。请问该如何治理天下。"

小孩说："治理天下，也不过就像这样就是了，何必多事呢！我小的时候，自己遨游于六合之内，恰好得了目眩之症，一个长者教导我说：'你乘坐太阳之车，到襄城的远郊遨游吧。'现在我的病稍稍痊愈，我又遨游于六合之外了。治理天下也是如此，又何必去多事呢！"

黄帝说："治理天下，固然不是你的事情。尽管如此，还要请问怎样治理天下。"小孩不回答。

黄帝又问。小孩说："治理天下，又和牧马有什么不同呢？也不过是除去那些损害马的自然本性的东西罢了。"黄帝再三拜谢叩头点地，称小孩为天师而辞退。

四

知士无思虑之变则不乐，辩士无谈说之序则不乐，察士无凌谇之事则不乐[①]，皆囿于物者也[②]。

招世之士兴朝[③]，中民之士荣官，筋力之士矜难，勇敢之士奋患，兵革之士乐战，枯槁之士宿名[④]，法律之士广治[⑤]，礼教之士敬容[⑥]，仁义之士贵际[⑦]。农夫无草莱之事则不比[⑧]，商贾无市井之事则不比[⑨]，庶人有旦暮之业则劝[⑩]，百工有器械之巧则壮。

钱财不积则贪者忧，权势不尤则夸者悲。势物之徒乐变，遭时有所用，不能无为也。此皆顺比于岁，不物于易者也。驰其形性，潜之万物，终身不反，悲夫！

【注释】

①淩谇:凌辱,责骂。

②囿:局限。

③招:招摇。兴朝:在朝廷自炫求售。

④枯槁之士:隐士。

⑤法律:讲求法律之士,指法家。广治:推广法治。

⑥敬容:注重仪表。

⑦贵际:重视交际。

⑧草莱:丛生的杂草,比喻耕耘。比:和乐。

⑨市井:指做买卖。古代因井设市,故称。

⑩劝:勤勉。

【译文】

智谋之士如果没有思虑的变换就不会快乐,善辩之士如果没有谈论的条理就不会快乐,苛察之士如果没有凌辱和责骂之事就不会快乐,这都是受到外物拘束的结果。

招摇于世的人得志于朝廷,中等的人以谋到官职为荣耀,身体强壮的人以克服艰难险阻自夸,勇敢的人奋力消除祸患,战斗中的英雄乐于征战,退隐山林的人留恋名声,讲求法律的人推广法治,崇尚礼教的人修饰仪容,施用仁义的人注重交际。农民假如没耕田除草的事就会心神不安,商人如果没有买卖之事就不快乐,百姓如果朝夕有工作就会勤勉努力,工匠如果掌握了器械的技巧就会勇于做事。

钱财积累不多,贪财的人就会忧虑;权势不大,喜欢自夸的人就会悲哀。追逐权势财物的人喜为变诈,时机巧合就会有所行动,不能恬淡无为。这些都是追逐时令俯仰,不能再变易中主宰外物的人。身心驰骛,沉溺外物,终生不能醒悟,可悲啊!

五

庄子曰："射者非前期而中[①]，谓之善射，天下皆羿也[②]，可乎？"

惠子曰："可。"

庄子曰："天下非有公是也[③]，而各是其所是，天下皆尧也，可乎？"

惠子曰："可。"

庄子曰："然则儒、墨、杨、秉四[④]，与夫子为五，果孰是邪？或者若鲁遽者邪[⑤]？其弟子曰：'我得夫子之道矣！吾能冬爨鼎而夏造冰矣[⑥]！'鲁遽曰：'是直以阳召阳，以阴召阴，非吾所谓道也。吾示子乎吾道。'于是为之调瑟，废一于堂，废一于室，鼓宫宫动，鼓角角动，音律同矣。夫或改调一弦，于五音无当也，鼓之，二十五弦皆动，未始异于声，而音之君已。且若是者邪？"

惠子曰："今乎儒、墨、杨、秉，且方与我以辩，相拂以辞[⑦]，相镇以声，而未始吾非也，则奚若矣？"

庄子曰："齐人蹢子于宋者[⑧]，其命阍也不以完，其求钘钟也以束缚[⑨]，其求唐子也而未始出域[⑩]，有遗类矣！夫楚人寄而蹢阍者，夜半于无人之时而与舟人斗，未始离于岑[⑪]，而足以造于怨也。"

【注释】

①前期：预定目标。

②羿：后羿，古代善射者。

③公是：共同认可的是非标准，即公理。

④杨：杨朱，魏国人，思想家、哲学家，主张“贵己”“重生”“人人不损一毫”的思想。秉：公孙龙的字，是名家离坚白派的代表人物。

⑤鲁遽：人名，周初人。传说他冬天取千年燥灰生火，用来烧鼎；夏天用瓦瓶盛水，在汤中煮，然后悬瓶于井中，一会便结为冰。

⑥爨（cuàn）：烧。

⑦拂：抗。

⑧蹢（zhí）：通“擿”，投，弃。

⑨钘（xíng）钟：乐器，似小钟而长颈。

⑩唐子：失亡之子，丢掉的儿子。唐，亡，失。

⑪岑：山，此处指岸。

【译文】

庄子说：“射箭的人不预先瞄准目标而偶然射中，便说他善射，那么天下的人都成为羿了，可以吗？”

惠施说：“可以。”

庄子说：“天下没有公理，每个人都自以为是，那么天下的人都成为尧了，可以吗？”

惠施说：“可以。”

庄子说：“既然这样，儒、墨、杨朱、公孙龙四家，加上你惠施为五家，究竟谁才是正确的呢？或者就像鲁遽那样吗？鲁遽的弟子说：‘我学到先生的道了！我能够冬天取火烧鼎，夏天取水造冰！’鲁遽说：‘这不过是用阳招引阳，用阴招引阴而已，并不是我所讲的道。我将我的道展示给你看看。’于是调好瑟，一张放在堂上，一张放在室内，拨动堂上瑟的宫音，室内那张瑟亦应以宫音；拨动堂上瑟的角音，室内那张瑟亦应以角音，这就是音律相同吧。倘若改变一根弦的音调，使两张瑟的五音不和谐，拨动它，二十五根弦亦随之而动，声调上并没有差别，只是以所改的那根弦的音为基调而已。你们都像这样吗？”

惠施说：“现在儒、墨、杨朱、公孙龙，正在和我辩论，用言辞互相对抗,用声音互相压制,也未曾说明我是错的,怎么会像鲁遽呢?”

庄子说:“齐国有人把残疾的儿子扔在宋国,让他看守大门,认为做此事不需要形体健全的人,但是他得到一个长颈小钟却唯恐损坏了而包裹起来,有人寻找丢失在外的儿子却未尝走出村子去寻找,这和各家的辩论很相似!楚国有个人寄居在别人家却责骂看大门的人,半夜无人的时候和船夫争斗,船还没有靠岸,就结下了仇怨。”

六

庄子送葬,过惠子之墓,顾谓从者曰:“郢人垩慢其鼻端若蝇翼[①],使匠石斫之[②]。匠石运斤成风[③],听而斫之,尽垩而鼻不伤,郢人立不失容。宋元君闻之,召匠石曰:‘尝试为寡人为之。’匠石曰:‘臣则尝能斫之。虽然,臣之质死久矣!’自夫子之死也,吾无以为质矣,吾无与言之矣!”

【注释】

①垩(è):白土,可用以涂饰。慢:通“墁”,涂。

②匠石:匠人名石。斫(zhuó):砍削。

③斤:斧。

【译文】

庄子送葬的时候,经过惠施的坟墓,回头对随从的人说:“郢城有个人鼻子上溅了点白善土,像苍蝇翅膀那样薄而小,请匠石把它削掉。匠石挥动斧子呼呼作响,郢人听凭斧头去削砍白点,白点完全被削去而没有伤到鼻子,郢人面不改色地站立着。宋元君听说这件事情后,召来匠石说:‘替我试试看。’匠石说:‘我以前确实可以削。但是,我施展的对象已经死掉很久了!’自从惠施去世,我没有对手了,我没有辩论的对象了!”

七

管仲有病,桓公问之曰:“仲父之病病矣[①],可不讳云,至于大病,则寡人恶乎属国而可[②]?”

管仲曰:“公谁欲与?”

公曰:“鲍叔牙。”

曰:“不可。其为人絜廉,善士也。其于不己若者不比之,又一闻人之过,终身不忘。使之治国,上且钩乎君,下且逆乎民。其得罪于君也将弗久矣!”

公曰:“然则孰可?”

对曰:“勿已,则隰朋可[③]。其为人也,上忘而下畔,愧不若黄帝,而哀不己若者。以德分人谓之圣,以财分人谓之贤。以贤临人,未有得人者也;以贤下人,未有不得人者也。其于国有不闻也,其于家有不见也。勿已,则隰朋可。”

【注释】

①仲父:齐桓公对管仲的尊称。病病:病重。

②属:同“嘱”,托付,嘱托。

③隰(xí)朋:人名,齐国的公族大夫。

【译文】

管仲病了,桓公问他:“仲父的病非常严重了,不避讳地说,万一病危,我把国政托付给谁呢?”

管仲说:“您想托付给谁呢?”

桓公说:“鲍叔牙。”

管仲说："不可以。他为人清廉正直，是位善良之士。但他对不如自己的人就不去接近，而一听到别人的过错，就终身不忘。让他治理国家，对上会触怒国君，对下会违逆民意。他得罪国君，不需要多长时间了！"

桓公说："那么谁可以呢？"

回答说："不得已，则隰朋可以。他的为人，居上的人不相忘，居下的人不背离，虽自愧不如黄帝，但对不如自己的人却很同情。把德行施给别人叫作圣，把财产分给被人叫作贤。用贤明傲视别人的，没有能得人心的；以善行和谦虚对待别人的，没有不受人拥护的。他对于国家的事情不干涉，对于家庭的事情不会苛责。不然，可以把国事托付给隰朋。"

八

吴王浮于江，登乎狙之山①。众狙见之，恂然弃而走②，逃于深蓁。有一狙焉，委蛇攫搔③，见巧乎王。王射之，敏给搏捷矢。王命相者趋射之④，狙执死⑤。王顾谓其友颜不疑曰："之狙也，伐其巧、恃其便以敖予，以至此殛也⑥。戒之哉！嗟乎，无以汝色骄人哉！"颜不疑归而师董梧，以锄其色，去乐辞显，三年而国人称之。

【注释】

①狙(jū)：猕猴。

②恂(xún)然：恐惧、害怕的样子。

③委蛇：从容不迫的样子。攫搔(juézǎo)：跳跃。

④相(xiàng)者：随从打猎的人。

⑤执死：执矢而死。

⑥殛(jí)：死。

【译文】

吴王泛舟江上，登上猕猴山。群猴看见他，惊慌失措地四处逃窜，逃到了荆棘丛中。其中有一只猴子，从容不迫地跳跃攀援，向吴王展示它的机灵。吴王用箭射它，它敏捷地接住箭。吴王命令随从上前一齐射它，猕猴就拿着箭被射死了。吴王回头对他的朋友颜不疑说："这只猕猴，炫耀它的灵巧，依仗它的灵便而傲慢地对待我，以至于落到丧命的下场！要引以为戒啊！唉，不要在众人面前表现出骄纵的样子啊！"颜不疑回去以后拜董梧为师，铲除骄矜之心，去其声乐，辞去荣华，修德三年而国人都称赞他。

九

南伯子綦隐几而坐[①]，仰天而嘘[②]。颜成子入见曰："夫子，物之尤也[③]。形固可使若槁骸，心固可使若死灰乎？"

曰："吾尝居山穴之中矣。当是时也，田禾一睹我而齐国之众三贺之。我必先之，彼故知之；我必卖之，彼故鬻之[④]。若我而不有之，彼恶得而知之？若我而不卖之，彼恶得而鬻之？嗟乎！我悲人之自丧者，吾又悲夫悲人者，吾又悲夫悲人之悲者，其后而日远矣！"

【注释】

①南伯子綦（qí）：虚构的人名。隐：倚靠。

②嘘：吐气。

③物之尤：人物之中出类拔萃的人。

④鬻（yù）：卖。

【译文】

南伯子綦靠着几案而坐，仰头向天慢慢地吐气。颜成子进来看到后说："先生，真是出类拔萃的人啊！形体可以使它像枯骨，心灵可以使它像死灰一样吗？"

南伯子綦说："我曾在山洞隐居。那时，齐国的国君田禾每次来看我，而齐国的百姓会再三祝贺他能得贤士。我必定是先张扬名声于外，他才能够知道我；我必定是先卖弄名声，他才来贩卖我的名声。假如我没有名声，齐国国君怎么会知道我呢？如果我不卖弄名声，他怎么能贩卖我的名声呢？唉！我悲叹那些丧失自己天性的人，我又悲叹那些悲叹别人丧失天性的人，然后我便一天天地远离悲悯之心，而达到形若枯骨、心如死灰的境地。"

十

仲尼之楚，楚王觞之[①]。孙叔敖执爵而立[②]，市南宜僚受酒而祭[③]，曰："古之人乎，于此言已。"

曰："丘也闻不言之言矣，未之尝言，于此乎言之。市南宜僚弄丸，而两家之难解；孙叔敖甘寝秉羽[④]，而郢人投兵。丘愿有喙三尺？"

彼之谓不道之道，此之谓不言之辩。故德总乎道之所一，而言休乎知之所不知，至矣。道之所一者，德不能同也；知之所不能知者，辩不能举也。名若儒墨而凶矣！故海不辞东流，大之至也。圣人并包天地，泽及天下，而不知其谁氏。是故生无爵，死无谥，实不聚，名不立，此之谓大人。狗不以善吠为良，人不以善言为贤，而况为大乎！夫为大不足以为大，而况为德乎！夫大备矣，莫若天地，然奚求焉？而大备矣。知大备者，无求、无失、无弃，不以物易己也，反己而不穷，循古而不摩，大人之诚！

【注释】

①觞:酒器。此处作动词用,即以酒招待。

②孙叔敖:春秋时楚人,曾为楚庄王相。此时孔子尚未出生,可见是庄子的寓言。

③市南宜僚:即熊宜僚,居市南,故称市南宜僚,是楚国的勇士。

④甘寝:安寝。

【译文】

孔子到楚国去,楚王以酒招待他。孙叔敖拿着酒器站立一旁,市南宜僚接过酒杯,洒酒于地而祝祷说:"古代的人,在这种场合下总要说说话。"

孔子说:"我曾经听过圣人有无言之教,但未曾告诉过人,就在这里说一说。市南宜僚玩弄弹丸,却化解了两家的危难;孙叔敖拿着羽扇安闲地睡觉,楚人便不再用兵动武。我难道希望有三尺长的嘴吗?"

孙叔敖和市南宜僚的做法就是所谓的不言之道,孔子的做法就是所谓的不言之辩。人的德性总是包含在混沌同一的大道中,而言论总是在智慧没有到达的地方停止,这就是极致了。大道混沌同一,人的德性却不能相同;智慧所不能知晓的事物,言辩也不能详细列举。像儒、墨那样以声名相标榜,那就危险了!因此大海不辞东流,这是大的极致;圣人包容天地,泽及天下,但百姓不知道他是谁。所以活着的时候没有爵位,死了以后没有谥号,没有聚集财物,没有树立名声,这就是所谓的大德之人。狗不能因为善于叫就认为是好狗,人不能因为善于说话就认为是贤人,更何况有心求取伟大呢!有心求取伟大不足以成就伟大,更何况是有心修德呢!论说大,没有能超过天地的,但天地又有什么追求呢?天地却是最完备的。明白完备道理的人,无所追求,无所丧失,无所舍弃,不因外物而改变自己的本性,返归自己的本性就不会有穷尽,顺应常道而不磨灭真理,这就是大德之人的诚心!

十一

子綦有八子[①]，陈诸前，召九方歅曰[②]："为我相吾子，孰为祥？"

九方歅曰："梱也为祥[③]。"

子綦瞿然喜曰[④]："奚若？"

曰："梱也，将与国君同食以终其身。"

子綦索然出涕曰："吾子何为以至于是极也？"

九方歅曰："夫与国君同食，泽及三族[⑤]，而况父母乎！今夫子闻之而泣，是御福也。子则祥矣，父则不祥。"

子綦曰："歅，汝何足以识之？而梱祥邪？尽于酒肉，入于鼻口矣，而何足以知其所自来？吾未尝为牧，而牂生于奥[⑥]；未尝好田，而鹑生于宎[⑦]。若勿怪，何邪？吾所与吾子游者，游于天地。吾与之邀乐于天[⑧]，吾与之邀食于地；吾不与之为事，不与之为谋，不与之为怪。吾与之乘天地之诚，而不以物与之相撄[⑨]；吾与之一委蛇，而不与之为事所宜。今也然有世俗之偿焉！凡有怪征者，必有怪行。殆乎！非我与吾子之罪，几天与之也！吾是以泣也。"

无几何，而使梱之于燕，盗得之于道。全而鬻之则难，不若刖之则易，于是乎刖而鬻之于齐。适当渠公之街，然身食肉而终。

【注释】

①子綦：即南伯子綦。

②九方歅（yīn）：人名，伯乐的弟子，善于相面。

③梱(kǔn):人名,子綦的儿子。

④瞿(qú)然:惊喜的样子。

⑤三族:父族、母族、妻族。

⑥牂(zāng):母羊。奥:室内西南角。

⑦宎(yāo):室内东南角。

⑧邀:获得。

⑨撄:搅扰。

【译文】

子綦有八个儿子,让他们一一排在身前,把九方歅请来,说:"给我儿子相相面,看谁最有福气?"

九方歅说:"梱最有福气。"

子綦惊喜地说:"有怎样的福分呢?"

九方歅说:"梱将与国君一起饮食,以致终身。"

子綦悲伤地流着眼泪说:"我的儿子怎么会走到此种绝境呢?"

九方歅说:"能够和国君一起饮食,恩泽施及三族,更何况是父母呢!现在您听到以后就哭泣,是拒绝这福分。儿子有福了,父亲却是没有福分了。"

子綦说:"歅啊,你怎么会知道呢?梱真有福分吗?只不过是酒肉到了口鼻而已,你怎么能够知道它是从哪里来的呢?我不曾放牧,但是母羊出现在屋内西南角;我未曾喜好狩猎,而鹌鹑出现在屋内东南角。你没有觉得奇怪吗,这是为什么呢?我和我的儿子们遨游的地方,在于天地之间。我和他们从天那里获得快乐,我与他们从地那里寻得食物;我不和他做事,不和他谋划,不和他标新立异。我和他们顺应天地之道,而不受外物扰乱;我和他们顺应自然,而不和他们选择合适的事情去做。但是却得了世俗的回报!凡是有怪异不祥的征兆,一定会有怪异不祥的行径。危险啊!但这并非我和儿子们的罪过,大概是上天给予的吧!我因此才哭泣。"

不久，捆被派往燕国，半路上被强盗劫持。强盗觉得他形体健全很难卖掉，不如砍掉他一条腿而容易卖，于是砍断他的腿而在齐国卖掉了他。正好被齐国的富人渠公买来看门，也得以终身吃肉。

十二

啮缺遇许由①，曰："子将奚之？"

曰："将逃尧。"

曰："奚谓邪？"

曰："夫尧，畜畜然仁②，吾恐其为天下笑。后世其人与人相食与！夫民，不难聚也，爱之则亲，利之则至，誉之则劝，致其所恶则散③。爱利出乎仁义，捐仁义者寡，利仁义者众。夫仁义之行，唯且无诚，且假乎禽贪者器④。是以一人之断制利天下，譬之犹一覕也⑤。夫尧知贤人之利天下也，而不知其贼天下也。夫唯外乎贤者知之矣！"

【注释】

①啮(niè)缺：虚构的人名。

②畜畜然：犹"煦煦然"，和悦的样子。

③恶(wù)：厌恶。

④禽贪：像禽兽那样贪婪。

⑤覕(piē)：同"瞥"，暂见的样子。

【译文】

啮缺碰见许由，问："您要去哪里？"

许由说："打算逃避尧。"

啮缺说："什么意思呢？"

许由说："那个尧，和悦地推行仁，我担心他被天下人笑话。后代肯定会出现人吃人的现象！百姓不难聚合，爱护他们，就会亲近你；给他们利益，就会依附你；称赞他们，他们就会得到劝勉；给他们厌恶的东西，就会离开你。爱护和利益都是出于仁义，施予仁义的人少，向仁义取利的人多。仁义的推行，是不诚实的，就等于借给像禽兽那样贪婪的人做武器。这是用一个人的决断来造福天下，就犹如短暂的一瞥。尧只知道贤人有利于天下，而不知道他们会贼害天下。只有忘掉贤圣的人才能够知道啊！"

十三

有暖姝者[1]，有濡需者[2]，有卷娄者[3]。

所谓暖姝者，学一先生之言，则暖暖姝姝而私自说也，自以为足矣，而未知未始有物也。是以谓暖姝者也。

濡需者，豕虱是也[4]。择疏鬣长毛[5]，自以为广宫大囿；奎蹄曲隈[6]，乳间股脚，自以为安室利处。不知屠者之一旦鼓臂布草操烟火，而己与豕俱焦也。此以域进，此以域退，此其所谓濡需者也。

卷娄者，舜也。羊肉不慕蚁，蚁慕羊肉，羊肉膻也。舜有膻行，百姓悦之，故三徙成都，至邓之虚而十有万家。尧闻舜之贤，举之童土之地[7]，曰："冀得其来之泽。"舜举乎童土之地，年齿长矣，聪明衰矣，而不得休归，所谓卷娄者也。

是以神人恶众至，众至则不比，不比则不利也。故无所甚亲，无所甚疏，抱德炀和[8]，以顺天下，此谓真人。

于蚁弃知，于鱼得计，于羊弃意。以目视目，以耳听耳，以心复心。若然者，其平也绳，其变也循，古之真人！以天待人，不以人入天，古之真人！

【注释】

①暖姝(shū):浅见自喜的样子。

②濡需:苟且偷安的样子。

③卷娄:腰弯背曲,劳形自苦所致。

④豕虱:猪身上的虱子。

⑤鬣(liè):猪鬃。

⑥奎:两腿之间。曲隈(wēi):弯曲隐蔽的样子。

⑦童土之地:不长草木的地方,不毛之地。

⑧炀和:温和。

【译文】

有浅见自喜的人,有偷安自得的人,有劳形自苦的人。

所谓浅见自喜的人,只学一家之言,就沾沾自喜,自以为饱学,却不知自己并无所得。这就是所谓的浅见自喜的人。

偷安自得的人,就好像猪身上的虱子。选择猪鬃稀疏毛长的地方,就自以为宽广的宫殿和园圃;在猪的腿腹之间、蹄子的弯曲之处,乳房和臀部之间的沟沟缝缝里,自以为是安全便利的住处。却不知道屠夫有一天挥臂放好柴草生起火,自己就和猪一起烧焦了。这就是随着环境荣显,随着环境毁灭,这就是所谓的偷安自得的人。

劳形自苦的人,就是舜一类的人。羊肉不爱蚂蚁,蚂蚁爱羊肉,因为羊肉有膻味。舜有散发膻味的行为,百姓才喜欢他,所以三次迁徙皆自成都邑,到邓的旷野又聚居了十万余户人家。尧听说舜贤能,便举荐他去治理荒芜之地,说:“希望你能广施恩泽。”舜被举荐去治理荒芜之地,年岁渐大,聪明才智衰退了,但是还不能退休,这就是所谓的形劳自苦的人。

所以神人厌恶众人的追随,众人追随就不和睦,不和睦就有不利的事。因此没有过分的亲密,也没有过分的疏远,持守自然德性,颐养天和之气,以顺应天下,这就叫作真人。

蚂蚁应该抛弃羡慕羊肉膻腥味的心智,像鱼儿游于江湖那样悠然自得，像羊那样抛弃吸引他物的心意。用眼睛看眼睛所能看见的东西，用耳朵听耳朵所能听到的东西，用心灵领悟心灵所能领悟的东西。像这样，他的心就像绳墨那样平直，他的变化也能顺应自然，这就是古代的真人啊！用自然来对待人事，不以人事干预自然，这就是古代的真人啊！

十四

得之也生，失之也死；得之也死，失之也生：药也。其实堇也，桔梗也，鸡瘫也[①]，豕零也，是时为帝者也[②]，何可胜言！

句践也以甲楯三千栖于会稽[③]，唯种也能知亡之所以存[④]，唯种也不知其身之所以愁。故曰：鸱目有所适[⑤]，鹤胫有所节，解之也悲。故曰：风之过，河也有损焉；日之过，河也有损焉；请只风与日相与守河，而河以为未始其撄也，恃源而往者也。故水之守土也审，影之守人也审，物之守物也审。故目之于明也殆，耳之于聪也殆，心之于殉也殆。凡能其于府也殆[⑥]，殆之成也不给改，祸之长也兹萃[⑦]。其反也缘功，其果也待久。而人以为己宝，不亦悲乎！故有亡国戮民无已，不知问是也。故足之于地也践，虽践，恃其所不蹍而后善博也；人之于知也少，虽少，恃其所不知而后知天之所谓也。知大一，知大阴，知大目，知大均，知大方，知大信，知大定[⑧]，至矣！大一通之，大阴解之，大目视之，大均缘之，大方体之，大信稽之，大定持之。

尽有天，循有照。冥有枢，始有彼。则其解之也似不解之者，其知之也似不知之也，不知而后知之。其问之也，不可以有崖，而不可以无崖。颉滑有实[⑨]，古今不代[⑩]，而不可以亏，则可不谓有大扬搉乎[⑪]！阖不亦问是已？奚惑然为？以不惑解惑，复于不惑，是尚大不惑。

【注释】

①鸡廱(yōng):鸡头草。

②帝:指主药。

③句(gōu)践:即勾践,越国的国君。甲楯:披甲执盾,这里指士兵。会稽:山名,在今浙江绍兴东南。

④种:人名,即文种,越国大夫。

⑤鸱(chī):猫头鹰。

⑥府:指器官,内脏。

⑦兹:通“滋”。

⑧大一:即太一,大道。大阴:至静无感。大目:目光远大。大均:同而不殊。大方:遍布充塞。大信:真实无妄。大定:万物各定其位。

⑨颉(xié)滑:升降上下。颉,鸟向上向下飞。滑,流动旋转。

⑩代:更代,更替。

⑪大扬搉(què):大总持,大体轮廓。

【译文】

有它便能生存,没它便会死亡;有它便会死亡,没它便能生存,这就是药物。像乌头、桔梗、鸡头、猪苓,随时皆可转变成为主药,怎么能说尽呢!

句践带领三千士兵栖身于会稽山,只有文种知道如何救亡图存,但文种却不知道自身的忧患。所以说,猫头鹰的眼睛有其适宜的时候,鹤的小腿有一定的长度,如果截短了就会悲哀。所以说:风吹过河面,河水就会有损耗;太阳照射河面,河水也会有损失;假如让风和太阳一起吹晒河水,而河水未曾觉得有所损耗,那是仗着水源不断地流入的缘故。所以水依靠土壤就会安定,影子依赖于人就会固定,事物依靠事物就会固定。因此,眼睛过于追求明察就危险了,耳朵过于追求聪敏就危险了,心智过于追求外物就危险了。大凡逞其能,对于相应的器官都是危险的,危险一旦形成就将后悔莫及,祸患增长就会越积越多。想要返回本性就得自我修养，自我修养想要有所成必然旷日持久。但是人们却把目明、耳聪、心智看作是自己宝贵的东西，不是太可悲了吗！因此，国家灭亡、人民被屠戮的事情从来没有停止过，这是不知道追究根源的缘故。足所踩踏的地小，虽然很小，还是要依靠它所没踏过的土地才能到达广阔遥远的地方；人知道的少，虽然很少，还是要依仗不知道的然后才能知道自然的奥秘。知道大一，知道大阴，知道大目，知道大均，知道大方，知道大信，知道大定，这就达到极致了！大一使之通达，大阴使之化解，大目使之有所见，大均使之遵循自然，大方使之体悟，大信来稽查，大定来持守。

万物之中自然而然，顺应自然而自觉明照。冥冥之中自有枢纽，太始之域自有彼端。在这种情境中，对大道的认识，理解好像没有理解，知道好像不知道，不知道而后方能真知。追寻大道，它无边无际，而又非无边无际。大道浑浩流转无法系执而确有实理，古今不能更代，但谁也不能亏损它，这些可不就是对大道的最大的概括吗！为何不去进一步探寻这个道理呢？为何迷惑成这样呢？以不迷惑来解除迷惑，从而回复本性之不惑，这差不多就是最大的不迷惑。

【赏析】

全篇的主旨为倡导无为的观点。一开篇写徐无鬼拜见魏武侯，用相马之术引发魏武侯的喜悦，借此讥讽诗、书、礼、乐的无用；在“黄帝将见大隗乎具茨之山”“管仲有病”“仲尼之楚”“子綦有八子”诸段中，庄子批判了现实的社会政治制度，阐述了因任自然的无为而治的政治主张；在“徐无鬼见武侯”“知士无思虑之变则不乐”“庄子曰：射者非前期而中”“齧缺问许由”“有暖姝者”诸段中，庄子批判了有为的思想和有为的政治；在“吴王浮于江”“南伯子綦隐几而坐”诸段中，庄子指出了有为和无为的关系以及达到无为的途径；有人认为“庄子送葬”写的是庄子对惠子的怀念，与前后文不想连属，应为勉强增加的部分；最后一部分为杂论，主要是阐明顺任自适的思想。

则阳第二十五

《则阳》以人名篇。全篇内容庞杂，但主旨在于论道，从不同角度说明道体的特质及其存在，反映了庄子的世界观。

一

则阳游于楚[①]，夷节言之于王[②]，王未之见，夷节归。彭阳见王果曰[③]："夫子何不谭我于王[④]？"

王果曰："我不若公阅休[⑤]。"

彭阳曰："公阅休奚为者邪？"

曰："冬则擉鳖于江[⑥]，夏则休乎山樊[⑦]。有过而问者，曰：'此予宅也。'夫夷节已不能，而况我乎！吾又不若夷节。夫夷节之为人也，无德而有知，不自许，以之神其交，固颠冥乎富贵之地，非相助以德，相助消也。夫冻者假衣于春，暍者反冬乎冷风[⑧]。夫楚王之为人也，形尊而严，其于罪也，无赦如虎。非夫佞人正德[⑨]，其孰能桡焉[⑩]！故圣人，其穷也使家人忘其贫，其达也使王公忘爵禄而化卑。其于物也，与之为娱矣；其于人也，乐物之通而保己焉。故或不言而饮人以和，与人并立而使人化，父子之宜。彼其乎归居，而一闲其所施。其于人心者，若是其远也。故曰‘待公阅休’。”

【注释】

①则阳:姓彭,名阳,字则阳。鲁人,游事诸侯。

②夷节:人名,楚国大臣。

③王果:人名,楚国大夫。

④谭:通“谈”,推荐。

⑤公阅休:人名,姓公阅,名休,楚国的隐士。

⑥擉(chuō):刺,叉。

⑦山樊:山林傍。

⑧暍(yē):中暑。

⑨佞人:有才辩的人。

⑩桡:通“挠”,屈服。

【译文】

则阳到楚国游历,夷节把他推荐给楚王,楚王没有接见,夷节就回家去了。彭阳拜见王果时说:“先生为什么没有在楚王面前推荐我呢?”

王果说:“我不如公阅休。”

彭阳说:“公阅休是干什么的呢?”

王果说:“他冬天在江河中刺鳖,夏天在山旁歇息。有过路的人问他,他说:‘这是我的居处。’夷节都不能够把你举荐给楚王,更何况我呢!我又不如夷节。夷节的为人,没有德行而有智巧,不以气节只许,以智巧神化交际,所以将颠倒昏昧在富贵之地,不会对德行有所帮助,反而会使德行有所损伤。挨冻的人想借用春天的衣服,中暑的人盼求冬天的冷风。楚王的为人,外貌尊贵而显得有威严,对犯罪的人就像老虎一样凶残而毫不宽恕。假如不是有才辩的人和履正怀德之士,谁能够使他屈服呢!因此,圣人在穷困的时候,能够使家人忘记穷困;通达的时候,能够使王公贵族忘记自己的爵位俸禄而变得谦卑。对于外物,能够与它们和谐共处；对于人，能够与他们互相沟通而又能保持自己的本性。因此行不言之教，而能够使人心和顺；与人并立而能够感化人，使父子之间相处得宜。公阅休有化人之德，却退居不用。他的思想与一般人的想法，比较起来相差这么远。因此说要等待公阅休。”

二

圣人达绸缪[①]，周尽一体矣，而不知其然，性也。复命摇作，而以天为师，人则从而命之也。忧乎知，而所行恒无几时，其有止也，若之何！

生而美者，人与之鉴[②]，不告则不知其美于人也。若知之若不知之，若闻之若不闻之，其可喜也终无已，人之好之亦无已，性也。圣人之爱人也，人与之名，不告则不知其爱人也。若知之若不知之，若闻之若不闻之，其爱人也终无已，人之安之亦无已，性也。

旧国旧都，望之畅然。虽使丘陵草木之缗入之者十九[③]，犹之畅然，况见见闻闻者也，以十仞之台县众间者也！

冉相氏得其环中以随成[④]，与物无终无始，无几无时。日与物化者，一不化者也，阖尝舍之！夫师天而不得师天，与物皆殉，其以为事也若之何？夫圣人未始有天，未始有人，未始有始，未始有物，与世偕行而不替，所行之备而不洫[⑤]，其合之也若之何？

汤得其司御门尹登恒[⑥]，为之傅之，从师而不囿，得其随成，为之司其名。之名嬴法，得其两见。仲尼之尽虑，为之傅之。容成氏曰：“除日无岁，无内无外。”

【注释】

①绸缪(móu):纠葛,纠缠。

②鉴:照镜子。

③缗(mín):合,杂。十九:十分之九。

④冉相氏:三皇以前无为之帝。环中:环中之空。随成:随顺万物以成其道。

⑤洫:沉溺。

⑥司御:官名。门尹登恒:人名。

【译文】

圣人通达于各种束缚和纠缠中,与周围万物融为一体,但是却不知道为什么会是这样,这是出于自然的天性。动与静皆以自然为师,人们从而称呼他为圣人。忧虑智力不足,所实行的常常不能持续很久,有的还会在中途停止,怎么办呢!

生来就美丽的人,别人给他照镜子,如果不告诉他,他也不知道自己比别人长得美。好像知道又好像不知道,好像听到了又好像没听到,他内心的喜悦不会中止,别人喜爱他也无休止,这是自然的天性。圣人爱护众人,是人们对他的称说,假如不相互告知,就不知道他爱护人。好像知道又好像不知道,好像听到了又好像没听到,他对众人的爱护竟然不会中止,人们安于他的爱护也无休止,这是自然的天性。

祖国和家乡,看到就觉得心情舒畅。即使是丘陵草木混杂,遮掩了它的十分之九,心里仍然觉得舒畅,何况是亲身见到听到,就好像是十仞高台悬在众人之间那样清晰!

冉相氏处于“环中”,顺随万物而成其道,与万物相处无始无终,无期无时。时时随着外物的推移变化而变化,但内心真性保持不变,何曾背离此等法则呢!若有心效法自然,便不能效法自然,就会和万物一起丧失天性,像这样做事又会怎样呢?圣人不曾知道有自然,不曾知道有人事,不曾知道有始终,不曾知道有外物,与世同行而不间断,所行周备而不沉溺于外物，他内心合于大道又会怎样呢？

商汤得到司御门尹登恒，便以他为师傅，追随师傅而不拘其所学，因而得以顺物成性，为此使门尹登恒出了名。对待这样的名声而又无心寻其常法，因而君臣、师徒能各得其所、各安其分。孔子也是竭尽思虑，为人做师傅。容成氏说："摒除日子就没有年岁，没有内便没有外。"

三

魏莹与田侯牟约[①]，田侯牟背之。魏莹怒，将使人刺之。犀首公孙衍闻而耻之[②]，曰："君为万乘之君也，而以匹夫从仇。衍请受甲二十万，为君攻之，虏其人民，系其牛马[③]，使其君内热发于背，然后拔其国。忌也出走[④]，然后抶其背[⑤]，折其脊。"

季子闻而耻之[⑥]，曰："筑十仞之城，城者既十仞矣，则又坏之，此胥靡之所苦也[⑦]。今兵不起七年矣，此王之基也。衍，乱人也，不可听也！"

华子闻而丑之[⑧]，曰："善言伐齐者，乱人也；善言勿伐者，亦乱人也；谓伐之与不伐乱人也者，又乱人也。"

君曰："然则若何？"

曰："君求其道而已矣。"

惠子闻之[⑨]，而见戴晋人[⑩]。戴晋人曰："有所谓蜗者，君知之乎？"

曰："然。"

"有国于蜗之左角者，曰触氏；有国于蜗之右角者，曰蛮氏。时相与争地而战，伏尸数万，逐北，旬有五日而后反。"

君曰："噫！其虚言与？"

曰："臣请为君实之。君以意在四方上下有穷乎？"

君曰："无穷。"

曰："知游心于无穷，而反在通达之国，若存若亡乎？"

君曰："然。"

曰："通达之中有魏，于魏中有梁，于梁中有王，王与蛮氏有辩乎？"

君曰："无辩。"客出而君惝然若有亡也[11]。

客出，惠子见。君曰："客，大人也，圣人不足以当之。"

惠子曰："夫吹管也，犹有嗃也[12]；吹剑首者，吷而已矣[13]。尧、舜，人之所誉也。道尧、舜于戴晋人之前，譬犹一吷也。"

【注释】

①魏莹：指魏惠王。田侯牟：指齐威王。

②犀首：武官名。公孙衍曾任此官。

③系：拴，引申为抢夺。

④忌：田忌，齐国的将军。

⑤抶(chì)：鞭打。

⑥季子：魏国贤臣，子为对其的尊称。

⑦胥靡：服役的罪犯，或谓筑城役夫。

⑧华子：魏国贤臣。

⑨惠子：惠施。

⑩戴晋人：魏国贤人，为得道者。

⑪惝(chǎng)然：失意的样子。

⑫嗃(xiāo)：宏大的声音。

⑬吷(xuè)：细微的声音。

【译文】

魏惠王莹与齐王田牟订立了盟约，而齐王田牟违背了盟约。魏惠王大怒，打算派人去刺杀他。将军公孙衍听说后认为可耻，说：“您是万乘大国的君主，却用一介匹夫的手段去报仇。我请求率领二十万士兵，替您讨伐齐国，俘虏他们的子民，牵走他们的牛马，使齐国的君主内心焦灼而背发毒疮。然后攻占他的国土。田忌战败出逃，然后用鞭子抽打他的背，打断他的脊梁骨。”

季子听说后认为可耻，说：“建筑十仞高的城墙，城墙已经有十仞高了，则把它毁坏，这是役使之人所苦的事。现在没有用兵打仗已经七年了，这是成就王业的基础。公孙衍是好作乱的人，不可以听从。”

华子听说后认为这样做也很丢脸，说：“巧言劝说伐齐的人，是好作乱的人；巧言劝说不伐齐的人，也是好作乱的人；说伐与不伐都是好作乱的人，他自己也是好作乱的人。”

魏惠王说：“那该怎么办呢？”

华子说：“您追求虚静之道就行了。”

惠施听了后，把戴晋人引荐给魏惠王。戴晋人说：“有一种叫蜗牛的虫，您知道吗？”

魏惠王答：“知道。”

“有个国家在蜗牛的左角，叫触氏；有个国家在蜗牛的右角，叫蛮氏。他们经常为争夺土地而征战，倒伏在地上的尸体有数万之多，追逐败兵要经过十五天才返回。”

魏惠王说：“唉！这是虚假的话吧？”

戴晋人说：“请让我为您证实此言。您认为在四方上下有穷尽吗？”

魏惠王说：“没有穷尽。”

戴晋人说：“让心神遨游于无穷无尽的境域，再反视人迹通达的四海之内，好像是若有若无吗？”

魏惠王说：“是的。”

戴晋人说：“在通达的国家里有一个魏国，魏国中有大梁城，在大梁城中有君王，君王与蛮氏，有分别吗？”

魏惠王说：“没有分别。”戴晋人告辞，魏惠王怅然若失。

戴晋人走后，惠施进见。魏惠王说："这位客人，真是伟大，圣人也不能与他相提并论。"

惠施说："吹起竹管，还能发出嘟嘟的宏大之音；吹剑首的环孔，只会有丝丝的细微之声罢了。尧与舜，都是人们所赞誉的圣人。在戴晋人面前称赞尧与舜，就好比那微弱的丝丝之声。"

四

孔子之楚，舍于蚁丘之浆。其邻有夫妻臣妾登极者，子路曰："是稯稯何为者邪①？"

仲尼曰："是圣人仆也。是自埋于民，自藏于畔。其声销，其志无穷，其口虽言，其心未尝言。方且与世违，而心不屑与之俱。是陆沉者也②，是其市南宜僚邪③？"

子路请往召之，孔子曰："已矣！彼知丘之著于己也，知丘之适楚也，以丘为必使楚王之召己也，彼且以丘为佞人也④。夫若然者，其于佞人也，羞闻其言，而况亲见其身乎！而何以为存！"

子路往视之，其室虚矣。

【注释】

①稯稯（zōng）：纷纷，聚集的样子。

②陆沉：在陆地上如沉在水中，指隐者。

③市南宜僚：人名，姓熊，字宜僚，因居市南故称市南宜僚，楚国的隐者。

④佞人：谄谀之人。

【译文】

孔子到楚国去,住宿在蚁丘的卖浆人家。邻居夫妻仆妾爬上屋顶观望,子路说:"这些人聚集在这里是干什么的?"

孔子说:"他们是圣人的仆人。圣人自己隐于民间,藏于田园。他名声沉寂,志向无穷,他嘴上在说话,但内心却寂静无言。他与世俗不合,内心不愿意与世俗同流合污。这是一位隐士,难道不是市南宜僚吗?"

子路要去把他请来。孔子说:"算了吧!他知道我非常了解他,知道我来到了楚国,他认为我一定会让楚王召见他,他将把我看作是巧言媚世之人。如果这样,他对于巧言媚世的人一定会耻于听其言谈,更何况亲见其人呢!你凭什么认为他还留在那里呢!"

子路前去探视,发现屋子果然空了。

五

长梧封人问子牢曰[①]:"君为政焉勿卤莽[②],治民焉勿灭裂[③]。昔予为禾[④],耕而卤莽之,则其实亦卤莽而报予;芸而灭裂之,其实亦灭裂而报予。予来年变齐[⑤],深其耕而熟耰之[⑥],其禾蘩以滋[⑦],予终年厌飧[⑧]。"

庄子闻之曰:"今人之治其形,理其心,多有似封人之所谓:遁其天[⑨],离其性,灭其情,亡其神,以众为。故卤莽其性者,欲恶之孽,为性萑苇蒹葭[⑩],始萌以扶吾形,寻擢吾性。并溃漏发,不择所出,漂疽疥痈,内热溲膏是也[⑪]。"

【注释】

①长梧:地名。封人:守封疆之人。子牢:孔子弟子,姓琴,宋国人。

②卤莽:粗疏。

③灭裂:草率。

④为禾：种庄稼。

⑤变齐：改变耕作方法。齐，通“济”，方法。

⑥熟耰(yōu)：细致地反复除草。

⑦蘩：繁盛。

⑧厌飧(sūn)：饱食。

⑨遁：逃。

⑩萑(huán)：荻草，似苇。

⑪漂疽：巨疮。漂，通“瘭”。内热：消渴症，即糖尿病。溲膏：溺精。

【译文】

长梧地区守护封疆的人告诉子牢说：“您处理政务不要太粗疏，治理百姓不要太草率。以前我种庄稼，耕作时较粗疏，那么庄稼长出的穗也粗疏地回报我；除草时草率，那么庄稼长出的穗也就草率地回报我。来年我改变耕作方法，深耕土地，仔细锄草，禾苗生长繁茂茁壮，我终年食物充足。”

庄子听到这件事后说：“现在的人备物修养身体，调理心神，很多就同那个守护封疆的人所说的那样：逃遁自然，背离天性，灭绝真情，丧失精神，这都因为粗疏草率所致。所以对待本性和真情粗疏草率的人，欲念与邪恶的祸根，就像萑苇、蒹葭蔽遮禾黍那样危害人的本性，开始的时候似乎还可以扶助形体的成长，然后逐渐地就拔除了自己的本性。于是溃漏并发，不知选择什么地方泄出，像瘭疽、疥痈、消渴症、溺精都是这样发生的。”

六

柏矩学于老聃[①]，曰：“请之天下游。”

老聃曰：“已矣！天下犹是也。”

又请之，老聃曰：“汝将何始？”

曰："始于齐。"

至齐，见辜人焉[②]，推而强之[③]，解朝服而幕之[④]，号天而哭之，曰："子乎！子乎！天下有大菑[⑤]，子独先离之。曰：'莫为盗，莫为杀人。'荣辱立，然后睹所病；货财聚，然后睹所争。今立人之所病，聚人之所争，穷困人之身，使无休时，欲无至此，得乎？

"古之君人者[⑥]，以得为在民，以失为在己；以正为在民，以枉为在己。故一形有失其形者，退而自责。今则不然，匿为物而愚不识，大为难而罪不敢，重为任而罚不胜，远其途而诛不至。民知力竭，则以伪继之。日出多伪，士民安取不伪！夫力不足则伪，知不足则欺，财不足则盗。盗窃之行，于谁责而可乎？"

【注释】

①柏矩：人名，姓柏，名矩，怀道之士。老子的学生。

②辜人：死刑后示众的尸体。

③推而强之：强推尸体摆正。

④幕：覆盖。

⑤菑（zāi）：同"灾"。

⑥君人者：统治人的人，指君主。

【译文】

柏矩在老子那里求学，说："请求到天下各地游历。"

老子说："算了吧！天下和这里是一样的。"

柏矩再次请求，老子说："你要从哪里开始？"

柏矩说："从齐国开始。"

柏矩来到齐国，看到一个死刑后示众的尸体，就把尸体推倒在地摆正，解下自己的礼服盖住尸体，仰天大哭，说："你呀！你呀！天下有大灾大难，却让你先碰上了！人们常说：'不要做盗贼，不要杀人！'荣辱被标榜，然后各种弊端就显示出来了；财货被聚集，然后各种争斗也就表露出来了。如今大肆标榜人们所诟病的弊端，拼命聚积人们所争夺的财物，使民众皆为荣辱、财货所困扰，而永远不能安于本分，想要不遭刑戮，怎么可能呢？

"古代的君主，把功劳归于百姓，把过失归于自己；把正确归于人民，把错误归于自己。所以，有一个百姓遭受损害，就退让而引咎自责。现在却不是这样，故意隐匿事物的真相而责备百姓无知，制造困难而归罪于百姓不敢做，加重任务而处罚不胜任的人，延长路程而诛杀不能到达的人。百姓的智慧和力量都用尽了，接着就虚假应付。每天都弄虚作假，士民怎么会不效仿而弄虚作假呢！能力不足便作伪，智慧不足就欺骗，钱财不足就偷盗。偷盗行为的产生，应该去责罚谁才合适呢？"

七

蘧伯玉行年六十而六十化①，未尝不始于是之，而卒诎之以非也②；未知今之所谓是之，非五十九非也。万物有乎生而莫见其根，有乎出而莫见其门。人皆尊其知之所知，而莫知恃其知之所不知而后知，可不谓大疑乎！已乎！已乎！且无所逃。此所谓然与？然乎？

【注释】

①蘧伯玉：人名，姓蘧，名瑗，字伯玉，卫国大夫。

②诎：通"黜"。斥。

【译文】

遽伯玉年六十，而六十年来与日俱新，不囿于故，没有不开始认为是正确的，而最后又认为是错误的；不知道今天认为是正确的，并不是五十九岁时认为是错误的。只能看见万物的生长，但却看不到它的根本；只能看见它的出现，而看不见它的门径。人们都尊崇智慧所了解的东西，但是却不知道依仗智慧所不知道的而获得新的知识，这能不说是最大的糊涂吗！算了！算了！这是没有办法避免的。这能叫作对吗？是真的对吗？

八

仲尼问于大史大弢①、伯常骞、狶韦曰：“夫卫灵公饮酒湛乐②，不听国家之政；田猎毕弋③，不应诸侯之际。其所以为灵公者何邪？”

大弢曰：“是因是也。”

伯常骞曰：“夫灵公有妻三人，同滥而浴④；史鳝奉御而进所⑤，搏币而扶翼⑥。其慢若彼之甚也，见贤人若此其肃也⑦，是其所以为灵公也。”

狶韦曰：“夫灵公也，死，卜葬于故墓不吉，卜葬于沙丘而吉⑧。掘之数仞，得石椁焉，洗而视之，有铭焉，曰：‘不冯其子⑨，灵公夺而里之。’夫灵公之为灵也久矣！之二人何足以识之？”

【注释】

①大史：即“太史”，官名，春秋时掌管起草文书，策命诸侯卿大夫，记史实，编史书，管典籍和天文历法，掌三易和祭祀等。

②湛(dān)乐：沉湎于淫乐。

③毕弋：皆为捕捉禽兽的器具。毕，大网。弋，绳系箭而射。

④滥：大浴盆。

⑤史鳍:人名,姓史,名鳍,字子鱼,卫国大夫。

⑥搏币:接取币帛。扶翼:扶掖,即扶臂。

⑦肃:肃敬。

⑧沙丘:虚构的地名。

⑨冯(píng):通“凭”,凭依。

【译文】

孔子问太史大弢、伯常骞和狶韦说:“卫灵公饮酒作乐,荒淫无度,不理国家政务;张网打猎,射杀飞禽,不参加诸侯间的盟会。为何还追谥他为‘灵公’呢?”

大弢说:“就是因为他的这些行为。”

伯常骞说:“灵公有三个妻子,他们在一个大浴盆中洗澡;贤臣史奉召来到灵公住所,灵公叫人接过他手上的物品,又叫人用手扶着他。灵公对待大臣是多么傲慢,而对待贤人又是如此肃敬,所以被称为灵公。”

狶韦说:“灵公死的时候,占卜说葬在祖先的墓地不吉利,葬在沙丘里吉利。挖了数仞以后,发现一具石头棺椁,清洗干净一看,上面刻着铭文:‘子孙不足依靠,将被灵公夺去为葬所。’灵公之被谥为‘灵’早在生前就已定下了!大弢、伯常骞二人怎么能够知道呢?”

九

少知问于大公调曰[①]:“何谓丘里之言[②]?”

大公调曰:“丘里者,合十姓百名而以为风俗也,合异以为同,散同以为异。今指马之百体而不得马,而马系于前者,立其百体而谓之马也。是故丘山积卑而为高,江河合水而为大,大人合并而为公。是以自外入者[③],有主而不执;由中出者,有正而不距。四时殊气，天不赐，故岁成；五官殊职[4]，君不私，故国治；文武殊材，大人不赐，故德备；万物殊理，道不私，故无名。无名故无为，无为而无不为。时有终始，世有变化，祸福淳淳，至有所拂者而有所宜；自殉殊面，有所正者有所差。比于太泽，百材皆度；观于大山，木石同坛。此之谓丘里之言。”

【注释】

①少知、大公调：虚构的人名。

②丘里之言：谓乡间的言论。丘里，古时四井为邑，四邑为丘；五家为邻，五邻为里。

③自外入：指外人之言。

④五官：司徒、司马、司空、司士、司寇。

【译文】

少知向大公调请教说：“什么叫丘里之言？”

大公调说：“所谓丘里，就是聚集十姓人家、上百民众而形成风俗，组合不同的个体就形成混同的整体，离散混同的整体又成为不同的个体。现在指着马的每个小部分都不能称之为马，而把马系在眼前，把马的每一个部位组合成一个整体才能称之为马。因此山丘积聚卑小的土石才成就其高，江河汇聚众多细小的流水才成就其大，圣人合异为同而无私于天下才成就其公。所以，人以言入我，我心中虽有主见但并不坚持己见；我的话从内心发出，人有正确的批评而我并不拒绝。四时的气候不同，上天并不偏私，因此岁序才能完成；五官的职能不同，国君不偏私，因此国家能够安定；文武的才能不同，圣人不偏私，因此德行全备；万物的理则不同，大道不偏私，因此没有定名。没有定名所以无为，无为而无所不为。时序有终始，世代有变化，祸福变化无常，有所乖逆也有所适宜；各自向不同方向追逐，有正确也有差失。比如山泽，百树虽异而共同生长在大泽中;看大山,树木和石块盘结在一起。这就叫作丘里之言。"

少知曰:"然则谓之道,足乎?"

大公调曰:"不然。今计物之数,不止于万,而期曰万物者,以数之多者号而读之也。是故天地者,形之大者也;阴阳者,气之大者也。道者为之公,因其大以号而读之则可也。已有之矣,乃将得比哉!则若以斯辩,譬犹狗马,其不及远矣。"

【译文】

少知说:"那称为道,可以吗?"

大公调说:"不可以。如今计算物的种类,不止于万数,但局限地称为万物,是以数目中最大的来称呼它罢了。因此,天地,是形体中最大的;阴阳,是气体中最大的。道包括一切,因为它的浩大而这样称呼它是可以的。道已经有了道的名称,而岂能以丘里之言比拟道呢!如果要把道和丘里之言相辨别,就像狗和马进行比较,相差也太远了。"

少知曰:"四方之内,六合之里,万物之所生恶起?"

大公调曰:"阴阳相照相盖相治,四时相代相生相杀。欲恶去就,于是桥起;雌雄片合①,于是庸有。安危相易,祸福相生,缓急相摩,聚散以成。此名实之可纪,精微之可志也。随序之相理,桥运之相使,穷则反,终则始,此物之所有。言之所尽,知之所至,极物而已。睹道之人,不随其所废,不原其所起,此议之所止。"

【注释】

①片合:异性交配。

【译文】

少知说："四方之内，六合之中，万物都是从哪里产生的？"

大公调说："阴阳相应，互相消长；四季更替，春夏生长，秋冬肃杀。爱憎去就，于是突然而起；雌雄交合，于是常有子孙。安危互相更替，祸福互相依存，缓急互相交替，聚散相互依存。这些都是有名称和行迹可以识别的，有精微特征可以记认的。依循时序变化而条理相通，突然兴起运行而畅通便利，物极必反，终而复始，这是万物共有的现象。言语所能穷尽的，知识所能达到的，局限于物的范围罢了。通晓大道的人，不追究万物的消逝，不探究万物的起源，这就是议论终止的地方。"

少知曰："季真之莫为[①]，接子之或使[②]。二家之议，孰正于其情？孰偏于其理？"

大公调曰："鸡鸣狗吠，是人之所知。虽有大知，不能以言读其所自化，又不能以意其所将为。斯而析之，精至于无伦，大至于不可围。或之使，莫之为，未免于物而终以为过。或使则实，莫为则虚。有名有实，是物之居；无名无实，在物之虚。可言可意，言而愈疏。未生不可忌，已死不可阻。死生非远也，理不可睹。或之使，莫之为，疑之所假。吾观之本，其往无穷；吾求之末，其来无止。无穷无止，言之无也，与物同理；或使莫为，言之本也，与物终始。道不可有，有不可无。道之为名，所假而行。或使莫为，在物一曲[③]，夫胡为于大方？言而足，则终日言而尽道；言而不足，则终日言而尽物。道，物之极，言默不足以载。非言非默，议有所极。"

【注释】

①季真：人名，齐人。稷下学者。

②接子：人名，齐人。稷下学者

③一曲：一个方面，一个侧面。

【译文】

少知说："季真主张无为，接子主张有为。这两家的观点，哪个符合实际，哪个偏离了道理呢？"

大公调说："鸡鸣狗吠，这是大家都知道的。即使有大智慧的人，也不能用言语说明鸡和狗为什么是鸡鸣狗吠，也不能用心意推测它们还将有怎样的动作。用这样的观点来分析，精微的物体小到无法比拟，粗大的物体大到无法围量。有的主张有为，有的主张无为，论物则未免囿于物，终究有失偏颇。主张有为的则太过拘泥，主张无为的便太过虚空。有名有实，是物存在之所；无名无实，便是虚无之道。可以言传也可以意会，但越是言说距离越远。还没有出生的不能禁止，已经死去的不能阻挡。死生相隔不远，但它们的道理却不能够明白。或者有为、无为的主张，都是出于疑惑的假设。我观察万物的本源，它的过往没有尽头；我探究万物的终结，它的将来永无止境。没有源头，没有穷尽，语言是无从表达的，这和万物具有相同的规律；有为无为，是两家言论的根本，却和万物相终始。道不可能拘执于有形，但也不能够拘执于无象。道被称为道，只是假借的名称。有为无为的主张，只局限于物的一个方面，怎能通达于道呢？言论周到，整天谈论的都是道；言论不周到，整天谈论的都是物。道，是万物的极致，是言谈和沉默都不足以表述的。既不言说也不沉默，是议论的极致。"

【赏析】

本篇内容仍很庞杂，大体可以分成两大部分，前一部分通过几则小故事，用人物的对话来说明恬淡、清虚、顺任的旨趣和生活态度，同时也对醉心于俗世、贪恋功名利禄的人给予了无情的抨击。在"则阳游于楚"一段，写公阅休清虚恬淡的生活旨趣与处世态度。在"旧国旧都""冉相氏得其环中以随成"的故事中，说明归还自然本性不仅畅快，而且"得其环中以随成”才能达到天人合一，与物偕行。在“魏荣与田侯牟约”段中，以虚静之道讥讽战国之争，实则以无为斥有为。“孔子之楚”中又以隐士的无为而斥孔子及楚君的有为。在“长梧封人问子牢”“柏矩学于老聃”段中，指责君主为政的虚伪和对人民的愚弄。

后一部分则讨论宇宙万物的基本规律，讨论宇宙的起源，讨论对世间万物的认识和理解等。“蘧伯玉行年六十”说明人的是非观念不是永恒的，认识也是有限的。最后少知与大公调的对话，讨论宇宙整体与万物之个体“合异”“散同”；指出事物自有其客观规律，同时向其反面转化；同时讨论宇宙万物的产生，又最终归结于混一的道。

外物第二十六

《外物》篇名来自篇首二字，“外物”即外在的事物。全文内容依旧很杂，但多数文字在于讨论处世养性的人生哲学，倡导顺应，反对矫饰，反对有所操持，从而做到虚己而忘言。

一

外物不可必，故龙逢诛①，比干戮②，箕子狂③，恶来死④，桀、纣亡。人主莫不欲其臣之忠，而忠未必信，故伍员流于江⑤，苌弘死于蜀⑥，藏其血，三年而化为碧。人亲莫不欲其子之孝，而孝未必爱，故孝己忧而曾参悲⑦。木与木相摩则然⑧，金与火相守则流。阴阳错行，则天地大絯⑨。于是乎有雷有霆，水中有火，乃焚大槐。有甚忧两陷而无所逃，螴蜳不得成⑩，心若县于天地之间，慰暋沉屯⑪，利害相摩，生火甚多，众人焚和。月固不胜火，于是乎有僓然而道尽⑫。

【注释】

①龙逢：关龙逢，夏桀贤臣，因多次直谏被斩首。

②比干：殷纣王的叔父，因忠谏而被挖心。

③箕子：殷纣王的庶叔，曾劝谏纣王，纣王不从，箕子因而佯狂出逃。

④恶来：人名，殷纣王的佞臣。

⑤伍员：即伍子胥。

⑥苌弘：人名，周景王、周敬王时大臣刘文公的大夫。因遭谗而被放逐归蜀，自恨忠而被谗，遂剖肠而死。蜀人以匮盛其血，三年而化为碧玉。

⑦孝己：殷高宗的儿子，受后母虐待，忧苦而死。曾参：字子舆，孔子弟子。曾为父芸瓜，误断其根，大杖几死，故有忧悲之事。

⑧然：通“燃”。

⑨絯（hài）：通“骇”，惊。

⑩螴蜳（chéndūn）：忧虑，恐惧。

⑪慰暋沉屯：郁闷，深忧。慰，郁。暋，闷。沉，深。屯，难。

⑫僓（tuí）然：颓废，毁败的样子。僓，通“颓”。

【译文】

外来的祸患是没有定准的，因此关龙逢被诛杀，比干被剖心，箕子装疯，恶来身死，桀纣灭亡。君主无不希望自己的臣子忠心，而忠心未必能被信任，因此伍子胥尸体漂在江中，苌弘死于蜀中，蜀人把他的血收藏起来，三年而化为碧玉。父母无不希望子女尽孝，而孝顺未必能得到父母的慈爱，所以孝己忧愁而曾参悲伤。木头与木头摩擦然后燃烧，金与火接触就会熔化。阴阳错乱，天地就会大受惊骇。于是雷霆大作，雨中夹着闪电火花，乃至焚烧高大的槐树。有人过度忧虑，陷入利害的两端而无法摆脱，惊恐而做不成事情，心好像悬在天地之间，忧郁沉闷，利害得失在心中碰撞，于是内心烦乱，焦躁万分，世俗之人便如此焚尽中和之气。清纯的天性经受不住利欲之火的熏烧，于是精神颓废，道理尽丧。

二

庄周家贫，故往贷粟于监河侯[①]。监河侯曰：“诺。我将得邑金[②],将贷子三百金,可乎?”

庄周忿然作色曰[③]:“周昨来,有中道而呼者。周顾视车辙,中有鲋鱼焉[④]。周问之曰:‘鲋鱼来,子何为者耶?’对曰:‘我,东海之波臣也。君岂有斗升之水而活我哉?’周曰:‘诺。我且南游吴越之王,激西江之水而迎子,可乎?’鲋鱼忿然作色曰:‘吾失我常与,我无所处,吾得斗升之水然活耳。君乃言此,曾不如早索我于枯鱼之肆[⑤]!’”

【注释】

①贷:借贷。粟:谷子,亦粮食的通称。监河侯:监理河道的官。

②邑金:封邑的赋税。

③忿然:生气的样子。

④鲋(fù)鱼:即鲫鱼。

⑤枯鱼之肆:干鱼市场。

【译文】

庄周家庭贫穷,所以到监河侯家借粟米。监河侯说:“可以。我将要收封地的赋税,等收到了就借给你三百金,可以吗?”

庄周脸色骤变,生气地说:“我昨天来的时候,在半路上听到有叫我名字的。我回头看车辙碾过的坑洼,里面有条鲫鱼。我问它说:‘鲫鱼呀,你在这里做什么?’它回答说:‘我是东海水族的臣子,您能用升斗的水来救活我吗?’我说:‘可以。我将要到南方游说吴、越两国的君王,请他们引西江的水引来迎接你,可以吗?’鲫鱼骤然变色,生气地说:‘我失去赖以生存的场所,无处安身,只要得到升斗之水就能活命。你居然这么说,还不如早些到干鱼市场去找我呢!’”

三

任公子为大钩巨缁[①]，五十犗以为饵[②]，蹲乎会稽[③]，投竿东海，旦旦而钓，期年不得鱼。已而大鱼食之，牵巨钩，錎没而下骛[④]，扬而奋鬐[⑤]，白波若山，海水震荡，声侔鬼神[⑥]，惮赫千里。任公子得若鱼，离而腊之[⑦]，自制河以东[⑧]，苍梧以北[⑨]，莫不厌若鱼者[⑩]。已而后世辁才讽说之徒[⑪]，皆惊而相告也。夫揭竿累，趣灌渎[⑫]，守鲵鲋[⑬]，其于得大鱼难矣！饰小说以干县令[⑭]，其于大达亦远矣。是以未尝闻任氏之风俗，其不可与经于世亦远矣！

【注释】

①任公子：任国的公子。缁：黑绳。

②犗(jiè)：阉割过的牛。

③会稽：山名，在今浙江绍兴。

④錎没：沉没。錎，通“陷”。骛(wù)：奔驰，乱驰。

⑤鬐(qí)：通“鳍”。

⑥侔(móu)：齐，等同。

⑦离：剖开。腊(xī)：晾干。

⑧制河：浙江。

⑨苍梧：山名。在今广西。

⑩厌：饱食。

⑪辁才：小才，浅才。讽说：道听途说。

⑫灌渎：灌溉用的沟渠。

⑬鲵鲋：皆为小鱼。

⑭小说：浅陋的言辞。干：求。

【译文】

任国的公子造了一个大鱼钩和一段粗大的黑绳子，用五十头牛做鱼饵，蹲在会稽山上，把鱼竿投进东海，每天去钓鱼，一年也没有钓到鱼。后来有条大鱼吃饵，牵着鱼钩沉向海底，又迅速张开鱼鳍腾身而起，掀起的白浪汹涌如高山，海水震荡，好像鬼神在嚎叫，震动千里。任公子钓到这条鱼，把它剖开晾干，从浙江以东，到苍梧以北，没有不饱食这条鱼的。后来那些浅陋无知之人和道听途说之辈，都吃惊地奔走相告。假如举着细小的鱼竿，来到小水沟旁边，等着鲫鱼泥鳅上钩，那要想钓到大鱼就太难了！粉饰浅薄的话语来追求高名，对于通达大道的境界而言，相差也太远了！所以，未曾了解任国公子风度的，也不能够与他谈论治世之道，因为相差也太远了！

四

儒以《诗》《礼》发冢[①]，大儒胪传曰[②]："东方作矣，事之何若？"

小儒曰："未解裙襦[③]，口中有珠。"

"《诗》固有之曰：'青青之麦，生于陵陂[④]。生不布施，死何含珠为？'接其鬓，压其顪[⑤]，儒以金椎控其颐[⑥]，徐别其颊，无伤口中珠！"

【注释】

①发冢：盗掘坟墓。

②胪（lú）传：按礼的规定有秩序的向下传话。

③裙襦：裙子和短衣。

④陵陂（bēi）：山坡。

⑤颊(huì):胡须。

⑥控:敲。颐:下巴。

【译文】

儒士嘴里念着《诗》《礼》盗墓。大儒传话说:“太阳要出来了,事情办得怎样了?”

小儒说:“还没有解下裙子和短袄,嘴里含有珍珠。”

大儒说:“《诗》上说:‘青青的麦苗,生长在山坡上。活着的时候不施舍别人,死后含着珍珠做什么!’抓住他的头发,压着他的胡子,用铁锤敲他的下巴,慢慢地别开他的两颊,可别损伤了嘴里的珍珠!”

五

老莱子之弟子出薪[①],遇仲尼,反以告,曰:“有人于彼,修上而趋下,末偻而后耳[②],视若营四海,不知其谁氏之子。”

老莱子曰:“是丘也,召而来。”

仲尼至,曰:“丘,去汝躬矜,与汝容知[③],斯为君子矣。”

仲尼揖而退,蹙然改容而问曰[④]:“业可得进乎?”

老莱子曰:“夫不忍一世之伤,而骜万世之患,抑固窭邪[⑤]?亡其略弗及邪?惠以欢为骜,终身之丑,中民之行易进焉耳!相引以名,相结以隐。与其誉尧而非桀,不如两忘而闭其所誉。反无非伤也,动无非邪也。圣人踌躇以兴事,以每成功。奈何哉,其载焉终矜尔!”

【注释】

①老莱子:人名。楚国的贤人,居蒙山。出薪:打柴。

②末偻:曲背。末,脊背。偻,伛偻,驼背。后耳:耳贴脑后。

③躬矜：矜持的态度。容知：智者的容貌。

④蹙(cù)然：局促不安的样子。

⑤窭(jù)：陋，不足。

【译文】

老莱子的弟子出去打柴，碰见了孔子，回去以后就告诉老莱子，说："有个人在那儿，上身长下身短，背部佝偻而耳朵向后，目光远视，像是经营天下的样子，不知道他是什么人。"

老莱子说："这是孔丘，把他叫来。"

孔子来了，老莱子说："孔丘啊，去掉你矜持高傲的姿态和聪明机智的容貌，那就可以成为君子了。"

孔子作揖后退，骤然变色而惭愧不安地说："我的德行还能够有所精进吗?"

老莱子说："你不忍一世之创伤，却做贻害万世之事，是因你本来就孤陋寡闻呢？还是智慧谋略达不到呢？以施人恩惠受人欢心而自傲，是终生的耻辱，这不过平庸之辈的行为罢了！他们通过名声互相招引，通过私利互相勾结。与其去赞誉尧而非议桀，不如把这两种人都忘记，把非议和赞誉全都扬弃。违反物性就会受到损伤，轻举妄动就会流入邪僻。圣人迫不得已而后兴起事业，所以每每成功。你的行为总是不免于骄矜，怎么办呢!"

六

宋元君夜半而梦人被发窥阿门[①]，曰："予自宰路之渊，予为清江使河伯之所，渔者余且得予。"元君觉，使人占之，曰："此神龟也。"君曰："渔者有余且乎?"左右曰："有。"君曰："令余且会朝。"

明日，余且朝。君曰：“渔何得？”对曰：“且之网得白龟焉，其圆五尺。”君曰：“献若之龟。”龟至，君再欲杀之，再欲活之。心疑，卜之。曰：“杀龟以卜吉。”乃刳龟[2]，七十二钻而无遗策[3]。

仲尼曰：“神龟能见梦于元君，而不能避余且之网；知能七十二钻而无遗策，不能避刳肠之患。如是则知有所困，神有所不及也。虽有至知，万人谋之。鱼不畏网，而畏鹈鹕[4]。去小知而大知明，去善而自善矣。婴儿生，无石师而能言，与能言者处也。”

【注释】

①阿门：旁门，侧门。

②刳(kū)：剖空。

③钻：占卜。

④鹈鹕：一种捕鱼的水鸟。

【译文】

宋元君半夜梦见有个披散头发的人在侧门窥视，说：“我从宰路的深渊来，作为清江的使者被派到河神那里去，渔夫余且捉到了我。”宋元君醒来，就命人占卜，占卜的人说：“这是一只神龟。”宋元君说：“打鱼的有余且这个人吗？”左右说：“有。”宋元君说：“让余且来见我。”

第二天，余且来朝见。宋元君说：“你打鱼捕到了什么？”回答说：“我网到了一只白龟，周圆五尺长。”宋元君说：“把你的龟献上来。”白龟献来了，宋元君又想杀了它，又想放了它，犹豫再三。迟疑不决，只好叫人占卜。说：“杀掉白龟用来占卜，吉利。”于是把龟剖开挖空，用它的甲占卜七十二次，没有一次不灵验的。

孔子说：“神龟能托梦于宋元君，但是却不能逃避余且的渔网；智能占卜七十二次而没有不灵验的，但是却不能逃避被剖腹挖空的祸患。如此看来，智也有穷困的时候，神也有预料不到的地方。即使有最高的智慧，也敌不过万人谋算。鱼不知道惧怕渔网，却畏惧鹈鹕。抛弃小聪明才能显出大智慧，去除人为的善行自然便有善性了。婴儿出生后，没有高明的老师教导而能够说话，是因为和会说话的人相处在一起。”

七

惠子谓庄子曰①："子言无用。"

庄子曰："知无用，而始可与言用矣。夫地非不广且大也，人之所用容足耳。然则厕足而垫之致黄泉②，人尚有用乎？"

惠子曰："无用。"

庄子曰："然则无用之为用也，亦明矣！"

【注释】

①惠子：惠施，宋人，名家代表人物。

②厕：通"侧"。垫：下。

【译文】

惠施对庄子说："你的言论没有什么用处。"

庄子说："知道无用，然后才能和他谈论用的问题。大地并非不宽广阔大，人所用的不过是立足之地而已。然而把立足之地以外的土地向下一直挖到黄泉，那么它对人还有用吗？"

惠施说："没有用了。"

庄子说："那么无用的用处也就很明白了啊！"

八

庄子曰："人有能游，且得不游乎！人而不能游，且得游乎！夫流遁之志，决绝之行，噫！其非至知厚德之任与！覆坠而不反，火驰而不顾。虽相与为君臣，时也，易世而无以相贱。故曰至人不留行焉。夫尊古而卑今，学者之流也。且以狶韦氏之流观今之世[①]，夫孰能不波！唯至人乃能游于世而不僻，顺人而不失己。彼教不学，承意不彼。"

【注释】

①狶韦氏：三皇以前的帝号。

【译文】

庄子说："人若能逍遥自适，那么何往而不自得呢！人如果不能逍遥自适，那么何往而自得呢！游荡忘返的心志，决然弃绝人世的行为，唉，这些不是最高智慧、最高德性之人的所作所为吧！流遁之人濒临覆灭而不知悔悟，决绝之人心急如焚地追逐外物而不愿反顾。虽然有君臣之分，不过是时势使然罢了。世代改变，就不再有原来的贵贱了。所以说至人不会有偏滞的行为。尊崇古代而鄙视当今，不过是学者之流。假如用狶韦氏的观点来观察当今时代，谁能不随波逐流呢！只有至人能够遨游于世而不流入邪僻，随顺众人而不丧失自己的天性。世俗之教不应学取，禀受其意而不完全拒绝。"

九

目彻为明，耳彻为聪，鼻彻为颤，口彻为甘，心彻为知，知彻为德。凡道不欲壅，壅则哽[1]，哽而不止则跈[2]，跈则众害生。物之有知者恃息，其不殷，非天之罪。天之穿之，日夜无降，人则顾塞其窦[3]。胞有重阆[4]，心有天游。室无空虚，则妇姑勃豀[5]；心无天游，则六凿相攘[6]。大林丘山之善于人也，亦神者不胜。

【注释】

①壅：滞塞。

②跈(jiàn)：践踏。

③窦：孔，穴。

④阆(làng)：空旷。

⑤妇：儿媳。姑：婆婆。勃豀(xī)：争吵，争斗。

⑥六凿：六孔，实指耳、目、口、鼻、心、智。攘：扰攘，扰乱。

【译文】

眼睛灵敏为明，耳朵灵敏为聪，鼻子灵敏为膻，口舌灵敏为甘，心灵通彻为智，智慧通彻为德。大凡道是不能滞塞的，滞塞就会梗塞不顺，梗塞久之就会互相践踏，互相践踏就会产生各种祸害。有知觉的物体能够依靠气息生存，气息不盛，不是自然的罪过。自然贯通万物，日夜不停，是人自己反而堵塞了这些孔窍。胎中尚有重重空隙以通气息，心灵必得空虚之处才能逍遥自适。室内没有一点空地，则婆媳相处就会发生争吵；心灵不能自然畅游，则耳、目、鼻、口、心、智六孔就会互相扰乱。森林山丘之所以适宜于人，也正是因为心神不胜外物干扰的缘故。

十

德溢乎名，名溢乎暴，谋稽乎誸[1]，知出乎争，柴生乎守[2]，官事果乎众宜。春雨日时，草木怒生，铫鎒于是乎始修[3]，草木之倒植者过半，而不知其然。

【注释】

①諴(xián)：急。

②柴(zhài)：栅栏，营垒。

③铫鎒(yáonòu)：除草的农具。

【译文】

德行的荡失是由于名声，名声的荡失是由于张扬，谋略的考究是由于危急，智巧的运用是由于争斗，栅栏是出于防守所需，官事则决于众人所宜。春雨应时而降，草木勃然而生，于是开始整修锄地的农具，但是田地里的杂草锄去而后再生者超过半数，而人们往往并不知道为什么会这样。

十一

静然可以补病[1]，眦㨓可以休老[2]，宁可以止遽。虽然，若是劳者之务也，非佚者之所未尝过而问焉[3]；圣人之所以骇天下[4]，神人未尝过而问焉；贤人所以骇世，圣人未尝过而问焉；君子所以骇国，贤人未尝过而问焉；小人所以合时，君子未尝过而问焉。

【注释】

①补病：调养病体。

②眦(zì)：眼角。㨓(miè)：按摩。

③佚：通“逸”，安闲。

④骇(hài):同“骇”,惊骇,震动。

【译文】

沉静可以调养病体,按摩眼角可以延缓衰老,宁寂安定可以止息内心的急促。虽然如此,像这样,仍是操劳的人所务必要做到的,闲逸的人却从不予以过问;圣人用来惊世骇俗的办法,神人不曾过问;贤人用来惊骇时世的办法,圣人不曾过问;君子用来惊世骇俗的办法,贤人不曾过问;小人用来苟合一时的办法,君子不曾过问。

十二

演门有亲死者[①],以善毁爵为官师,其党人毁而死者半。尧与许由天下,许由逃之;汤与务光,务光怒之;纪他闻之,帅弟子而踆于窾水[②],诸侯吊之;三年,申徒狄因以踣河。

【注释】

①演门:宋国都城城门。

②踆(qūn):通“逡”,退却,指隐居。

【译文】

演门那儿有个死了双亲的人,因为他过于哀伤而形销骨立,所以被封官师,他的邻里人因学他哀毁而死的过半。尧要把天下让给许由,许由逃跑了;汤把天下让给务光,务光大怒;纪他听说后,带着弟子到窾水隐居,诸侯都去慰问他;三年以后,申徒狄因仰慕纪他而投河自杀。

十三

荃者所以在鱼[①],得鱼而忘荃;蹄者所以在兔[②],得兔而忘蹄;言者所以在意,得意而忘言。吾安得夫忘言之人而与之言哉!

【注释】

①荃:通“筌”。捕鱼的竹器。

②蹄:捕兔的网。

【译文】

筌是用来捕鱼的,捕到了鱼就忘记了筌;蹄是用来捉兔的,捉到了兔就忘记了蹄;言语是用来表达心意的,领会了心意就忘记了言语。我哪里能够遇到忘记言语的人而和他进行交谈呢!

【赏析】

本篇内容庞杂,但大部分内容是讨论养生处世,倡导顺其自然。在一开篇,庄子就指出外在事物不可能有定准,世俗之人追逐于利害得失,到头来精神崩溃,玄理丧尽。接着写庄周家贫前往借贷的故事,借以说明顺应自然、依其本性的必要。而任公子钓大鱼的故事,则巧妙讽刺了眼光短浅、好发议论的鄙陋之士,说明治理世事的人必须立志有所大成。之后在老莱子、宋元君、“人有能游”、“目彻为明”诸段落中,庄子表明了自己的处事方法是“两忘而闭其誉”“游于世而不僻”“顺人而不失己”。在“德溢乎名”“静然可以补病”等最后几个小段中,进一步阐明顺应自然的道理,并最终进入“得意而忘言”的境地。

寓言第二十七

《寓言》以篇首二字名篇,"寓言"就是寄托的言论,即以假托他人之言来阐发自己的道理。这是庄子论述自己观点的一种手法。本篇除第一部分说明《庄子》一书的语言特点外,其余五则寓言故事都是在曲折地说明学道的过程和应持的态度。

一

寓言十九[①],重言十七[②],卮言日出[③],和以天倪[④]。

寓言十九,藉外论之[⑤]。亲父不为其子媒。亲父誉之,不若非其父者也;非吾罪也,人之罪也。与己同则应,不与己同则反;同于己为是之,异于己为非之。

重言十七,所以已言也,是为耆艾[⑥]。年先矣,而无经纬本末以期年耆者,是非先也。人而无以先人,无人道也。人而无人道,是之谓陈人[⑦]。

卮言日出,和以天倪,因以曼衍[⑧],所以穷年。不言则齐,齐与言不齐,言与齐不齐也,故曰言无言。言无言,终身言,未尝言;终身不言,未尝不言。有自也而可,有自也而不可;有自也而然,有自也而不然。恶乎然?然于然;恶乎不然?不然于不然。恶乎可？可于可；恶乎不可？不可于不可。物固有所然，物固有所可；无物不然，无物不可。非卮言日出，和以天倪，孰得其久！万物皆种也，以不同形相禅[9]，始卒若环，莫得其伦，是谓天均。天均者，天倪也。

【注释】

①寓言：寄托的言论，即假托他人之言阐述道理和主张。十九：十分之九。

②重言：引重先哲的言论。

③卮言：自然随意的言论，无有成见的言论。

④天倪：自然的分际。

⑤藉：通“借”。

⑥耆艾：六十为耆，五十为艾，泛指老年人。

⑦陈人：陈腐的人，老朽的人。

⑧曼衍：引申推衍。

⑨禅：传续，替代。

【译文】

寄托的言论占十分之九，借用先贤圣哲的言论占十分之七，自然随意之言日日新出，符合自然的分际。

寄托的言论占十分之九，是借用别人的论说来表述。亲生父亲不为自己的儿子做媒。父亲称赞儿子，不如别人的赞誉可信；这不是做父亲的过错，而是众人好猜疑的过错。和自己的意见相同就应和，和自己的意见不相同就反对；和自己的意见相同就认为是正确的，和自己的意见不同就认为是错误的。

借用先贤圣哲的言论占十分之七，是为了中止争辩，因为这是长者前辈的言论。年长的人，而才智道德不能与年龄相合，就不能算是居人之先。做人假如没有才德学识居人之先，就没有为人之道。做人没有为人之道，就叫作老朽无用之人。

自然随意之言日日新出，符合自然的分际，随着事物引申推衍，消遣岁月而穷尽天年。不发表言论而事理是自然齐同的，本来齐同的事理与主观的言论是不齐同的，主观的言论与齐同的事理也是不齐同的，所以说要发没有主观成见的言论。发出没有主观成见的言论，则终生都在说话，却像不曾说过；即使终身都不说话，也未尝不是在说话。可以有可以的原因，不可以有不可以的原因；正确有正确的原因，不正确有不正确的原因。怎样才算是正确的？正确有正确的道理；怎样算是不正确的？不正确有不正确的道理。怎么算是可以？可以有可以的道理；怎样算是不可以？不可以有不可以的道理。万物本来就有其正确的，万物本来就有其可以的；没有什么东西不正确，没有什么东西不可以。假如不是自然随意之言日日新出，符合自然的分际，怎么能够长久呢！万物都有其种类，又以不同的形式互相传接，开始和终结就像在循环往复，看不到端倪，这就叫作自然的均衡。自然的均衡，就是自然的分际。

二

庄子谓惠子曰："孔子行年六十而六十化[①]，始时所是卒而非之，未知今之所谓是之非五十九非也。"

惠子曰："孔子勤志服知也？"

庄子曰："孔子谢之矣，而其未之尝言。孔子云：'夫受才乎大本，复灵以生。鸣而当律[②]，言而当法。利义陈乎前，而好恶是非直服人之口而已矣；使人乃以心服而不敢蘁立[③]，定天下之定。'已乎！已乎！吾且不得及彼乎！"

【注释】

①化：谓与时俱化。

②当(dàng):符合。

③蘁(wù):违逆。

【译文】

庄子对惠施说:“孔子年六十,而六十年来与日俱新,不囿于故,没有不开始认为是正确的而最后又认为是错误的,不知道今天认为是正确的不就是五十九岁时所否定的!”

惠施说:“孔子励志而用智吗?”

庄子说:“孔子已经弃绝用智了,他未曾说过罢了。孔子说:‘人的才智禀受于天,恢复灵善方得生长。发声则应合于音律,言论则应合于法度。利与义摆在面前,争辩好恶是非不过是使人口服而已;假如使人心悦诚服而不敢违逆,就可以确定天下安定的秩序了。’算了!算了!我还是不如孔子啊!”

三

曾子再仕而心再化[①],曰:“吾及亲仕[②],三釜而心乐[③];后仕,三千钟而不洎[④],吾心悲。”

弟子问于仲尼曰:“若参者,可谓无所县其罪乎?”

曰:“既已县矣。夫无所县者,可以有哀乎?彼视三釜、三千钟,如观雀蚊虻相过乎前也。”

【注释】

①曾子:曾参,孔子弟子。

②及亲:当父母双亲在世时。

③釜:古代量器,六斗四升为一釜。

④钟:古代量器,六斛四斗为一钟。不洎(jì):不及。

【译文】

曾子第二次做官的时候，心境又有了变化，他说："我在双亲还在世时做官，俸禄只有三釜，但是内心很快乐；后来做官，三千钟俸禄也比不上奉养双亲，所以我内心感到悲哀。"

弟子向孔子请教说："像曾参那样的人，可以说是没有利禄的系累之罪了吧？"

孔子说："他已经受到系累了。倘若没有受到系累，怎么还会感到悲哀呢？不受利禄系累的人，看待三釜和三千钟俸禄，就像看到鸟雀、蚊虻从眼前飞过一样。"

四

颜成子游谓东郭子綦曰："自吾闻子之言，一年而野①，二年而从，三年而通，四年而物，五年而来，六年而鬼入②，七年而天成③，八年而不知死、不知生，九年而大妙。

"生有为，死也。劝公以其私，死也，有自也；而生，阳也，无自也。而果然乎？恶乎其所适？恶乎其所不适？天有历数④，地有人据⑤，吾恶乎求之？莫知其所终，若之何其无命也？莫知其所始，若之何其有命也？有以相应也，若之何其无鬼邪？无以相应也，若之何其有鬼邪？"

【注释】

①野：质朴。

②鬼入：鬼神来舍之意。

③天成：合于自然，大道浑成。

④历数：指寒暑春秋。

⑤人据：人所占据之地。

【译文】

颜成子游对东郭子綦说："自从我听了您的教导，一年后返回质朴，两年后顺从世俗，三年后人我合一，四年后与物同化，五年后万物归集，六年后鬼神来舍，七年后合于自然，八年后不知生死，九年后与道合真。

"人生而有为，便会丧其性命。用其私智来辅助天道，其死也是有为的原因；感于阳气而生的人，则是没有来由的。你果真能够这样认识人的生与死吗？那么生与死何处算是适宜呢？又何处不算适宜呢？天有四季的变化，地有人类居住的区域，我怎么能探求其中的奥秘呢？不知道生命的终结，怎么能说没有生命存在呢？不知道生命的开始，怎么能够说有生命存在呢？生死有与外物相感应的现象，怎么能说没有鬼神主宰呢？生死没有与外物相感应的现象，怎么能说有鬼神驱使呢？"

五

众罔两问于景曰①："若向也俯而今也仰，向也括撮而今也被发，向也坐而今也起，向也行而今也止，何也？"

景曰："搜搜也②，奚稍问也！予有而不知其所以。予，蜩甲也③，蛇蜕也，似之而非也。火与日，吾屯也④；阴与夜，吾代也⑤。彼，吾所以有待邪？而况乎以无有待者乎？彼来则我与之来，彼往则我与之往，彼强阳则我与之强阳⑥。强阳者，又何以有问乎！"

【注释】

①罔两：影外的微影。

②搜搜：犹言"区区"。

③蜩（tiáo）：蝉。甲：蝉蜕。

④屯：聚，聚集显现。

⑤代：代谢，散灭消失。

⑥强阳：徜徉，徘徊。

【译文】

影子周围的微影问影子说："您先前低着头现在仰起头，先前束拢发髻现在披散头发，先前坐着现在站起，先前行走现在停下来，这是什么原因呢？"

影子说："区区小事，何须发问！我有这些行止，但我也不知道是什么原因。我像蝉蜕下的壳，像蛇蜕下的皮，皆似是而非。火光和太阳，使我聚集显现；阴天和黑夜，使我散灭消失。有形的外物，真是我赖以存在的凭借吗？更何况是没有任何依持的事物！它来我便随之而来，它去我便随之而去，它徜徉我便随之徜徉。形影相随徜徉，又有什么可问的呢！"

六

阳子居南之沛[①]，老聃西游于秦。邀于郊，至于梁而遇老子。老子中道仰天而叹曰："始以汝为可教，今不可也。"阳子居不答。

至舍，进盥漱巾栉[②]，脱屦户外[③]，膝行而前[④]，曰："向者弟子欲请夫子，夫子行不闲，是以不敢。今闲矣，请问其过。"

老子曰："而睢睢盱盱[⑤]，而谁与居？大白若辱，盛德若不足。"

阳子居蹴然变容曰[⑥]："敬闻命矣！"

其往也，舍者迎将，其家公执席，妻执巾栉，舍者避席，炀者避灶[⑦]。其反也，舍者与之争席矣。

【注释】

①阳子居:即杨朱。

②盥(guàn):洗手器具。栉(zhì):梳子。

③屦(jù):葛麻做的鞋子。

④膝行:跪着走,表示尊敬。

⑤睢睢(suī):仰目而视。盱盱(xū):张目而视。

⑥蹴(cù):惭愧。

⑦炀(yàng):炊火。

【译文】

阳子居往南到沛地去,老子到西边的秦地闲游。相约在沛地的郊野见面,可是到了梁城方才见上面。老子在路当中仰天而叹,说:“开始的时候,我以为你是可以教导的,现在看来不可以了。”阳子居没有回答。

到了旅舍,阳子居进上各种盥洗用具,把鞋子脱在门外,膝行上前,说:“刚才弟子想请教先生,先生行途无暇,因此不敢打扰。现在先生有了空闲,请指出我的过错。”

老子说:“你仰头张目,趾高气扬,谁能与你共处呢?一生清白的人应觉仍有污点,道德高尚的人应知谦恭卑下。”

阳子居羞愧地改变脸色,说:“恭敬地接受先生的教诲!”

阳子居刚来沛地时,旅舍的人都来迎送他,店主亲自为他安排座席,女主人亲手拿着毛巾梳子侍候他盥洗,旅客们见了他都得让出座位,生火做饭的炊夫见了也离开炉灶。等到他从沛地返回的时候,旅舍的客人都与他争夺席位了。

【赏析】

全篇由六个部分组成,除第一段意在说明本书写作的文法特点外,其他段落杂写学道的过程和应持的态度。

第一部分至“天均者，天倪也”，庄子把言论分为“寓言”“重言”和“卮言”，其中只有无言之言的“卮言”才是符合自然的。只有卮言才有自然之理，才能使万物齐一。第二部分至“吾且不得及彼乎”，评说孔子不再励志用心，指出言论不过是些表面的东西，并不能真正使人心悦诚服。第三部分至“如观雀蚊虻相过乎前也”，写曾参两次做官心情不一样，但都不能做到心无牵挂，所以还是不能摆脱外物的拘系。第四部分至“若之何其有鬼邪”，具体描述体悟大道的过程，指出其间最为重要的是忘却死生。第五部分至“强阳者，又何以有问乎”，写影外微影问影子变化不定的故事，指出无所依恃才能随心而动。余下为第六部分，写老子对阳子居的批评以及阳子居的悔改，借此说明只有谦虚平和、胸纳万物，才能达到修身养性的目的。

让王第二十八

《让王》以事名篇。“让王”即辞让王位的意思。全篇宗旨在于阐明轻物重生的思想。有人认为此篇与庄子思想不合，非庄子作品，实误。此篇当是《养生主》篇的继续。

一

尧以天下让许由，许由不受。又让于子州支父[①]，子州支父曰：“以我为天子，犹之可也。虽然，我适有幽忧之病，方且治之，未暇治天下也。”夫天下至重也，而不以害其生，又况他物乎！唯无以天下为者，可以托天下也。

舜让天下于子州支伯，子州支伯曰：“予适有幽忧之病，方且治之，未暇治天下也。”故天下大器也，而不以易生，此有道者之所以异乎俗者也。

舜以天下让善卷[②]，善卷曰：“余立于宇宙之中，冬日衣皮毛，夏日衣葛絺[③]。春耕种，形足以劳动；秋收敛，身足以休食。日出而作，日入而息。逍遥于天地之间，而心意自得。吾何以天下为哉？悲夫！子之不知余也。”遂不受。于是去而入深山，莫知其处。

舜以天下让其友石户之农。石户之农曰："卷卷乎[4]！后之为人，葆力之士也[5]。"以舜之德为未至也，于是夫负妻戴，携子以入于海，终身不反也。

【注释】

①子州支父：人名，姓子名州，字支父，隐士。

②善卷：人名，姓善，名卷，隐士。

③葛絺(chī)：细葛布。

④卷卷：用力的样子。

⑤葆力：恃其勤苦。

【译文】

尧把天下让给许由，许由不接受。又让给子州支父，子州支父说："让我做天子，还是可以的。不过，我恰巧患有隐忧之症，正要医治，没有闲暇去治理天下。"天子之位是最尊贵的了，但是他不愿意因为它而妨碍自己的生命，更何况是别的事物呢！只有不把天子之位当作大事的人，才能够把天下托付给他。

舜要把天下让给子州支伯，子州支伯说："我正患有隐忧之症，正在治疗，没有空闲来治理天下。"天下虽是重大的宝器，也不能用它去交换生命，这就是有道之人不同于世俗之人的地方。

舜要把天下让给善卷，善卷说："我站在宇宙之中，冬天穿皮毛做的衣服，夏天穿细葛做的衣服。春天耕种，形体能够胜任这种劳动；秋天收获，完全能够满足身体的安养。太阳升起就去劳作，太阳落了就歇息。在天地之间逍遥自在，心情悠然自得。我要天下做什么呢？可悲啊！你不了解我啊。"他不愿意接受。于是离开舜而进入深山，没有人知道他的住处。

舜又把天下让给他的朋友石户的农民，石户的农民说："你做国君尽心尽力，真是个勤苦劳累的人啊！"

他认为舜的德性还没有达到最高境界，于是丈夫背着行李，妻子头顶着器具，带着子女隐居在海岛，终身没有返回。

二

大王亶父居邠[①]，狄人攻之[②]。事之以皮帛而不受，事之以犬马而不受，事之以珠玉而不受，狄人之所求者土地也。大王亶父曰："与人之兄居而杀其弟，与人之父居而杀其子，吾不忍也。子皆勉居矣！为吾臣与为狄人臣奚以异！且吾闻之，不以所用养害所养。"因杖策而去之，民相连而从之，遂成国于岐山之下[③]。夫大王亶父，可谓能尊生矣。能尊生者，虽贵富不以养伤身，虽贫贱不以利累形。今世之人居高官尊爵者，皆重失之。见利轻亡其身，岂不惑哉！

【注释】

①大(tài)王：即"太王"，尊号，为周武王追封。亶(dǎn)父：人名，王季的父亲，周文王的祖父。邠(bīn)：同"豳"，在今陕西省彬县。

②狄：中国古族名。主要居住于北方，又称"北狄"。

③岐山：山名，在今陕西岐山县东北。

【译文】

大王亶父住在邠地，狄人攻打他。他拿着兽皮布帛去敬奉而狄人不接受，拿着犬马牲畜去敬奉而狄人不接受，拿着珠宝玉器去敬奉而狄人不接受，狄人想要的是土地。大王亶父说："和别人的兄长住在一起却杀掉他的弟弟，和别人的父亲住在一起却杀掉他的儿子，我不忍心这样做。你们都勉力居住在这儿吧！做我的臣子和做狄人的臣子有什么不同呢！而且我听说，不要为争夺用以养生的土地而伤害所养育的人民。"于是就拄着拐杖离开了，邠地的百姓都成群结队地跟随他，于是在岐山之下建立起一个国家。大王亶父，可以说是珍视生命的人了。珍视生命的人，即使富贵也不眷恋养生之物而伤害身体，即使贫贱也不追求功名利禄而牵累形体。如今世人身居高官显位的，都时时担忧失去它。见到利禄就轻率地为之丧失性命，难道不是太糊涂了吗！

三

越人三世弑其君[①]，王子搜患之，逃乎丹穴[②]。而越国无君，求王子搜不得，从之丹穴。王子搜不肯出，越人熏之以艾，乘以王舆[③]。王子搜援绥登车，仰天而呼曰："君乎！君乎！独不可以舍我乎！"王子搜非恶为君也，恶为君之患也。若王子搜者，可谓不以国伤生矣，此固越人之所欲得为君也。

【注释】

①弑：封建社会臣杀君、子杀父称弑。史书载，越王翳被其子所杀，越人又杀之而立无余，无余又被杀而立无颛，即王子搜。

②丹穴：山洞。

③王舆：国君乘坐的马车。

【译文】

越人先后三代杀掉自己的国君，王子搜为此感到很担忧，于是逃到山洞里。越国没有了国君，找不到王子搜，于是追踪来到山洞。王子搜不肯出来，越人点燃艾蒿用烟熏山洞，用国君的车舆来载他，王子搜拉着车绳上车，仰天呼号说："国君之位啊！国君之位啊！为什么偏偏不肯放过我呢！"王子搜并不是厌恶做国君，而是厌恶做国君的祸患。像王子搜这样的人，就可以说是不肯为了国君之位来伤害性命的人，这也正是越人要他做国君的原因。

四

韩、魏相与争侵地。子华子见昭僖侯[①]，昭僖侯有忧色。子华子曰："今使天下书铭于君之前[②]，书之言曰：'左手攫之则右手废[③]，右手攫之则左手废。然而攫之者必有天下。'君能攫之乎？"

昭僖侯曰："寡人不攫也。"

子华子曰："甚善！自是观之，两臂重于天下也，身亦重于两臂。韩之轻于天下亦远矣，今之所争者，其轻于韩又远。君固愁身伤生以忧戚不得也！"

僖侯曰："善哉！教寡人者众矣，未尝得闻此言也。"子华子可谓知轻重矣。

【注释】

①子华子：即华子，道家学派的学者。昭僖侯：指韩昭侯，韩国的国君。

②铭：誓约。

③攫（jué）：抓取。

【译文】

韩国和魏国相互争夺土地。子华子见到昭僖侯，昭僖侯面带忧色。子华子说："现在假如让天下人在您面前写下誓约，誓约说：'左手夺得就砍掉右手，右手夺得就砍掉左手，但是夺得的人就可以得到天下。'您愿意去夺取它吗？"

昭僖侯说："我不愿意去夺取。"

子华子说:“非常好!这样看来,两臂比天下重要,身体又比两臂重要。韩国远比天下轻,现在所争夺的,又远比韩国轻微得多。您又何苦愁坏身体、损害生命而担忧得不到那点土地呢!”

昭僖侯说:“好!劝我的人多了,但是还没有听到这样的话。”

子华子可以说是知道轻重的了。

五

鲁君闻颜阖得道之人也[①],使人以币先焉。颜阖守陋闾,苴布之衣[②],而自饭牛。鲁君之使者至,颜阖自对之。使者曰:“此颜阖之家与?”颜阖对曰:“此阖之家也。”使者致币,颜阖对曰:“恐听谬而遗使者罪,不若审之。”使者还,反审之,复来求之,则不得已。故若颜阖者,真恶富贵也。

故曰:道之真以治身,其绪余以为国家[③],其土苴以治天下[④]。由此观之,帝王之功,圣人之余事也,非所以完身养生也。今世俗之君子,多危身弃生以殉物[⑤],岂不悲哉!凡圣人之动作也,必察其所以之与其所以为。今且有人于此,以随侯之珠,弹千仞之雀,世必笑之。是何也?则其所用者重而所要者轻也。夫生者,岂特随侯之重哉!

【注释】

①鲁君:一本作鲁侯,鲁哀公。颜阖:人名,鲁国的隐者。

②苴(jū)布:粗麻布。

③绪:残。

④土苴(zhǎ):粪草,比喻糟粕。

⑤殉:追逐。

【译文】

鲁国国君听说颜阖是位得道之人，派使者赠送财物先行致意。颜阖居住在简陋的巷子里，穿着粗麻布做成的衣裳，在那里喂牛。鲁君的使者来了，颜阖亲自接待他。使者问："这是颜阖的家吗？"颜阖回答说："这是颜阖的家。"使者送上财物，颜阖答谢说："恐怕您听错了而给您带来罪过，不如回去弄清楚。"使者返回朝廷，问明白后，重新来找颜阖，已经找不到他了。像颜阖这样的人，是真正地厌恶富贵。

所以说，大道的精华可以用来修养自身，它的残余可以用来治理国家，它的糟粕可以用来治理天下。由此可见，帝王成就的功业，对圣人来说不过是多余的事，并不能用来保全身体、修养心性。现在世俗的君子，却不顾危害自身舍弃生命以追求物欲，难道不可悲吗！圣人的一切行动，一定要审查清楚他的用心和之所以那么做的原因。现在假如这里有个这样的人，用随侯珠作弹丸，去射千仞高处的雀鸟，世人一定会嘲笑他。这是为什么呢？是因为他使用的东西太珍贵，而求取的东西太轻微。生命这东西，岂止随侯珠那样贵重！

六

子列子穷，容貌有饥色。客有言之于郑子阳者[①]，曰："列御寇，盖有道之士也，居君之国而穷，君无乃为不好士乎？"郑子阳即令官遗之粟[②]。子列子见使者，再拜而辞。

使者去，子列子入，其妻望之而拊心曰[③]："妾闻为有道者之妻子，皆得佚乐[④]。今有饥色，君过而遗先生食，先生不受，岂不命邪！"

子列子笑谓之曰："君非自知我也，以人之言而遗我粟；至其罪我也，又且以人之言，此吾所以不受也。"其卒，民果作难而杀子阳。

【注释】

①郑子阳：人名，郑国的宰相。

②遗（wèi）：送，给予。

③拊心：搥胸，表示愤惋。

④佚乐：安逸享乐。佚，通“逸”。

【译文】

子列子十分贫困，常常面露饥色。有位门客对郑国国相郑子阳说：“列御寇是位有道之士，现在在您的国家居住却十分贫穷，您岂不是成了不喜好贤才的人吗？”郑子阳便下令让官员给子列子送去粟米。列子见到使者，再三拜谢，推辞不接受。

使者离开，列子进入室内，他的妻子埋怨地看着他而捂着胸口说：“我听说有道之人的妻子儿女，都能安逸享乐。现在你面有饥色，相国自责而派人送粮食，你却不接受，难道不是命该如此吗！”

列子笑着对她说：“相国并不是自己了解我，而是听别人说了才送粮食给我；将来他有可能治我的罪，也是听信了别人的话，这就是我不接受的原因。”后来，民众果然发难而杀死郑子阳。

七

楚昭王失国，屠羊说走而从于昭王[①]。昭王反国，将赏从者。及屠羊说，屠羊说曰：“大王失国，说失屠羊；大王反国，说亦反屠羊。臣之爵禄已复矣，又何赏之有！”

王曰：“强之。”屠羊说曰：“大王失国，非臣之罪，故不敢伏其诛；大王反国，非臣之功，故不敢当其赏。”

王曰：“见之。”屠羊说曰：“楚国之法，必有重赏大功而后得见。今臣之知不足以存国，而勇不足以死寇。吴军入郢，说畏难而避寇，非故随大王也。今大王欲废法毁约而见说，此非臣之所以闻于天下也。”

王谓司马子綦曰[②]：“屠羊说居处卑贱而陈义甚高[③]，子綦为我延之以三旌之位。”屠羊说曰：“夫三旌之位[④]，吾知其贵于屠羊之肆也；万钟之禄，吾知其富于屠羊之利也。然岂可以贪爵禄，而使吾君有妄施之名乎？说不敢当，愿复反吾屠羊之肆。”遂不受也。

【注释】

①屠羊说(yuè)：名说，因以屠羊为业，故名。走：逃亡。

②司马子綦：楚国的将军，名子綦，官司马。

③陈义：陈说议论。

④三旌(jīng)之位：三公之位。三公车服各有旌别，故又名“三旌”。

【译文】

楚昭王丧失了国家，屠羊说跟随昭王在外面逃亡。后来昭王返国，要赏赐跟随出逃的人。轮到屠羊说的时候，屠羊说说：“大王丧失国家，我丧失了宰羊的工作；现在大王返回国家，我也回去宰羊了。我的爵禄已经恢复了，哪里有什么好赏赐的呢！”

昭王说：“强迫他接受。”屠羊说说：“大王丧失国家，不是我的过错，因此我不应该受到惩罚；大王返回国家，也不是我的功劳，所以我不应该接受赏赐。”

昭王说：“召见他。”屠羊说说：“楚国的法律，必定是有大功的人重赏后方能得到国君接见的礼遇。现在我的智慧不足以使国家得到保存，勇敢也不足以歼灭敌寇。吴军攻入郢都，我畏惧危难而逃避敌寇，并不是有意追随大王。现在大王要废除成法、毁掉公约而召见我，这不是我所希望传闻天下的事。”

昭王对司马子綦说：“屠羊说虽身处卑贱而陈说的道理很高明，你还是替我用三公之位来延请他。”屠羊说说：“三公的职位，我知道它比屠羊之业尊贵；万钟的俸禄，我知道它比屠羊之利丰厚。但是我怎么可以贪图爵位俸禄，而使我的君主蒙受胡乱施舍的名声呢？我实在不敢接受，还是希望能回到我宰羊的店铺。”于是拒不接受封赏。

八

原宪居鲁①，环堵之室，茨以生草，蓬户不完，桑以为枢而瓮牖②，二室，褐以为塞，上漏下湿，匡坐而弦歌③。

子贡乘大马，中绀而表素④，轩车不容巷⑤，往见原宪。原宪华冠縰履⑥，杖藜而应门。子贡曰：“嘻！先生何病？”

原宪应之曰：“宪闻之，无财谓之贫，学而不能行谓之病。今宪贫也，非病也。”子贡逡巡而有愧色。

原宪笑曰：“夫希世而行⑦，比周而友⑧，学以为人，教以为己，仁义之慝⑨，舆马之饰，宪不忍为也。”

【注释】

①原宪：人名，姓原，名思，字宪，鲁人，一说宋人，孔子的弟子。

②瓮牖（yǒu）：以瓮罐作窗户，形容贫穷。牖，窗。

③匡坐：端坐。

④中绀（gàn）：里边穿青红色衣服。

⑤轩车：古代大夫乘的驷马高车。

⑥縰（xǐ）履：无后跟的鞋。

⑦希世：趋世。

⑧比周：亲比周旋。

⑨慝(tè):奸恶。

【译文】

原宪住在鲁国,居住在方丈小屋内,屋顶上盖着茅草,用蓬蒿编织成的门户也不完整,用桑条做门轴而用破坛子做窗户,用粗布将屋子隔开成为两间小屋,屋顶漏雨,地下潮湿,他却端坐而弹琴唱歌。

子贡骑着高头大马,穿着青红色的内衣,外罩白色的大衣,小巷容不下高大的车马,于是就走去见原宪。原宪戴着破旧的帽子,穿着破烂的鞋子,扶着拐杖来应门。子贡说:"唉!先生是得了什么病吗?"

原宪答:"我听说,没有钱财叫作贫,学道但不能施行叫作病。现在我是贫困,不是生病。"子贡听后倒退几步而面有愧色。

原宪笑着说:"迎合世俗而行事,亲比周旋以结朋党,求学是为了博取别人的夸赞,教导人是为了炫耀自己的学问,假借仁义而行奸恶之事,讲求车马的华贵装饰,我原宪是不愿去做的。"

九

曾子居卫①,缊袍无表②,颜色肿哙③,手足胼胝④。三日不举火⑤,十年不制衣。正冠而缨绝,捉衿而肘见,纳屦而踵决⑥。曳縰而歌《商颂》⑦,声满天地,若出金石。天子不得臣,诸侯不得友。故养志者忘形,养形者忘利,致道者忘心矣。

【注释】

①曾子:即曾参,字子舆,鲁人,为孔子弟子。

②缊(yùn)袍:用乱麻作絮的袍子。

③肿哙(kuài):浮肿。

④胼胝(piánzhī):老茧。

⑤举火：生火做饭。

⑥纳屦：穿鞋。

⑦曳縰（xǐ）：拖着破鞋。

【译文】

曾子在卫国居住，用乱麻充絮的袍子没有罩衫，满脸浮肿，手脚磨出厚厚的老茧。三天没法生火做饭，十年没有添置新衣。稍微整一下帽子而帽带就会断掉，拉一下衣襟就会露出手肘，穿一下鞋子而鞋跟就会裂开。曾子拖着破了后跟的鞋子吟唱《商颂》，声音洪亮充满天地，好像是金石乐器奏响的声音。天子不能把他看作是臣仆，诸侯不能跟他结交成朋友。所以，修养心志的人忘掉形骸，保养形体的人忘掉利禄，得道之人忘却心智。

十

孔子谓颜回曰："回，来！家贫居卑，胡不仕乎？"

颜回对曰："不愿仕。回有郭外之田五十亩[①]，足以给饘粥[②]；郭内之田十亩，足以为丝麻；鼓琴，足以自娱；所学夫子之道者，足以自乐也。回不愿仕。"

孔子愀然变容，曰："善哉，回之意！丘闻之：'知足者，不以利自累也；审自得者，失之而不惧；行修于内者，无位而不怍。'丘诵之久矣，今于回而后见之，是丘之得也。"

【注释】

①郭：外城。

②饘（zhān）粥：黏粥，稠粥。饘，通"饘"，稠。

【译文】

孔子对颜回说："颜回，过来！你家境贫困，身处卑贱，为什么不去做官呢？"

颜回回答说："我不愿意做官。弟子在城郭外有五十亩地，足以有稠粥喝了；城郭内有十亩土地，足以种麻养蚕了；弹琴，足以使我愉悦；从先生那里学习的道理，足以让我感到快乐。我不愿意做官。"

孔子改变面容说："你的意愿太好了！我听说：'知道满足的人，不会因为利禄而使自己劳累；真正安闲自适的人，失去外物也不会忧惧焦虑；修养内德的人，没有爵位也不会感到惭愧。'我吟诵这些话已经很久了，现在在你颜回身上才真正看到，这是我的收获啊。"

十一

中山公子牟谓瞻子曰①："身在江海之上，心居乎魏阙之下②，奈何？"

瞻子曰："重生③。重生则利轻。"

中山公子牟曰："虽知之，未能自胜也。"

瞻子曰："不能自胜则从，神无恶乎！不能自胜而强不从者，此之谓重伤。重伤之人，无寿类矣！"

魏牟，万乘之公子也，其隐岩穴也，难为于布衣之士，虽未至乎道，可谓有其意矣。

【注释】

①中山公子牟：战国魏公子，名牟，封于中山，故称中山公子牟。瞻子：《韩非子》《吕氏春秋》《淮南子》皆作詹子，属道家。

②魏阙：古代宫门外两边高耸的楼观，代指朝廷。

③重生：重视生命。

【译文】

魏国的中山公子牟对瞻子说："我虽然身处江湖之远，但却心系朝廷，该怎么办呢？"

瞻子说："珍重生命。珍重生命就会轻视利禄。"

中山公子牟说："虽然知道这些，但却不能克制感情。"

瞻子说："不能克制感情就听之任之，否则能不使精神产生厌恶吗！不能克制感情又勉强自己，就是双重伤害。受双重伤害的人，不属于长寿之列！"

魏牟，是万乘大国的公子，他在岩穴里隐居，比贫穷寒士困难多了，虽然未能达到大道的境界，也可以说是有体悟大道的心愿了。

十二

孔子穷于陈、蔡之间，七日不火食①，藜羹不糁②，颜色甚惫，而弦歌于室。颜回择菜，子路、子贡相与言曰："夫子再逐于鲁，削迹于卫，伐树于宋，穷于商、周，围于陈、蔡。杀夫子者无罪，藉夫子者无禁③。弦歌鼓琴，未尝绝音，君子之无耻也若此乎？"

颜回无以应，入告孔子。孔子推琴，喟然而叹曰："由与赐，细人也④。召而来，吾语之。"

子路、子贡入。子路曰："如此者，可谓穷矣！"

孔子曰："是何言也！君子通于道之谓通，穷于道之谓穷。今丘抱仁义之道以遭乱世之患，其何穷之为！故内省而不穷于道，临难而不失其德。天寒既至，霜雪既降，吾是以知松柏之茂也。陈、蔡之隘⑤，于丘其幸乎！"

孔子削然反琴而弦歌⑥，子路扢然执干而舞⑦。子贡曰：

“吾不知天之高也，地之下也。”

古之得道者，穷亦乐，通亦乐，所乐非穷通也。道得于此，则穷通为寒暑风雨之序矣。故许由娱于颍阳，而共伯得乎丘首⑧。

【注释】

①火食：生火做饭。

②藜：一年生草本植物，嫩叶可以吃。糁(sǎn)：米粒。

③藉：凌藉，凌辱。

④细人：见识浅的人。

⑤隘：通“厄”，困厄。

⑥削然：取琴的声音。

⑦扢(xì)然：奋舞的样子。干：盾。

⑧共伯：即共伯和，食封于共而得名。西周末年，厉王被放逐，诸侯立共伯和为天子，在位十四年，归政于周宣王，逍遥于丘首之山。

【译文】

孔子被围困于陈国、蔡国之间，七天不能生火做饭，藜菜汤没有一粒米，脸色看起来非常疲惫，却还在屋里弹琴唱歌。颜回到外边去采摘野菜，听到子路和子贡谈论说：“先生两次被鲁国驱逐，在卫国被禁止居留，在宋国遭到砍伐大树的羞辱，不得志于商、周，又被围困于陈、蔡之间。想要杀害先生的人竟然无罪，凌辱先生的人也没受到禁止。先生仍在唱歌弹琴，乐声未曾断绝，难道君子也像这样不以困厄为羞耻吗？”

颜回没有回答，进屋告诉孔子。孔子把琴推开，感叹道：“子路和子贡，真是见识短浅的人。把他们叫进来，我告诉他们。”

于路、子贡走进来。子路说：“像现在这样的处境，真可谓穷途末路了！”

孔子说："这是什么话！君子通达于大道叫作通，不通达于道才叫作穷途末路。现在我胸怀仁义之道，却遭到乱世带来的祸患，怎么能说是穷途末路呢！所以善于内心反省就能通达大道，面临祸患就不会丧失德行。严寒已经到来，霜雪降落大地，才能真正知道松柏的长青茂盛。在陈、蔡之间的困厄，对我来讲不也是一件幸事吗！"

孔子安然拿过琴继续弹唱，子路手执盾牌兴奋地跳起舞来。子贡说："我不知天有多高，也不知地有多厚啊。"

古时得道之人，穷困也快乐，通达也快乐，他们快乐并非是因为穷困或通达。大道存留于心中，那么困厄与通达就像是寒与暑、风与雨那样有规律地变化。所以，许由在颍水的北岸求得欢娱，而共伯在共首之山优游自得。

十三

舜以天下让其友北人无择，北人无择曰[①]："异哉，后之为人也！居于畎亩之中[②]，而游尧之门。不若是而已，又欲以其辱行漫我。吾羞见之！"因自投清泠之渊[③]。

【注释】

①北人无择：北方之人，名无择。

②畎亩：泛指田地。

③清泠（líng）：江中的渊名。

【译文】

舜想把天下让给他的朋友北人无择，北人无择说："奇怪啊，舜的为人！他本来在田亩中耕作，后来却接受尧的禅让。不仅这样，又要用他可耻的行为来把我玷污。我见到他真是感到羞辱！"于是他跳进清泠之渊自杀了。

十四

汤将伐桀，因卞随而谋，卞随曰："非吾事也。"汤曰："孰可？"曰："吾不知也。"

汤又因瞀光而谋[①]，瞀光曰："非吾事也。"汤曰："孰可？"曰："吾不知也。"汤曰："伊尹何如？"曰："强力忍垢，吾不知其他也。"汤遂与伊尹谋，伐桀，剋之。

以让卞随，卞随辞曰："后之伐桀也谋乎我，必以我为贼也；胜桀而让我，必以我为贪也。吾生乎乱世，而无道之人再来漫我以其辱行，吾不忍数闻也！"乃自投椆水而死[②]。

汤又让瞀光，曰："知者谋之，武者遂之，仁者居之，古之道也。吾子胡不立乎？"瞀光辞曰："废上[③]，非义也；杀民，非仁也；人犯其难，我享其利，非廉也。吾闻之曰：'非其义者，不受其禄；无道之世，不践其土。'况尊我乎！吾不忍久见也！"乃负石而自沈于庐水[④]。

【注释】

①瞀光：即务光，怀道之人。

②椆水：水名，在颍川。

③废上：指汤放逐桀。

④沈：通"沉"。

【译文】

商汤打算讨伐夏桀，想和卞随商量，卞随说："这不是我做的事情。"商汤说："那跟谁说可以呢？"卞随说："我不知道。"

商汤又找瞀光商量，瞀光说："这不是我做的事情。"商汤说："那跟谁说可以呢？"瞀光回答："我不知道。"商汤说："伊尹怎么样呢？"瞀光说："伊尹很有毅力，能够忍辱负重，别的我就不知道了。"汤就和伊尹谋划，讨伐夏桀，终于打败了夏桀。

商汤要让位给卞随，卞随推辞说："君主伐桀时找我谋划，必定认为我是残暴之人；战胜了夏桀又要把天下让给我，必定认为我是贪婪之人。我生于乱世，而不明大道的人一再用可耻的行为来玷污我，我不能忍受屡次听到侮辱我的话！"于是自投稠水而死。

商汤又想让位给瞀光，说："智谋之士谋划大事，武勇之人成就大业，仁义之人位居天子，这是自古以来的道理。先生为什么不即位呢？"瞀光推辞说："废黜国君，是不道义的；杀害人民，是不仁爱的；别人身犯危难，自己坐享其成，是不廉洁的。我听说：'不合乎道义的，不接受他赐予的利禄；不讲道义的国度，不能踏上它的土地。'更何况还要尊奉我以君位呢！我不能忍受长期地看到这种情况！"于是背负石头自沉于庐水而死。

十五

昔周之兴，有士二人处于孤竹[①]，曰伯夷、叔齐。二人相谓曰："吾闻西方有人，似有道者，试往观焉。"至于岐阳，武王闻之，使叔旦往见之[②]。与盟曰："加富二等，就官一列。"血牲而埋之。

二人相视而笑，曰："嘻，异哉！此非吾所谓道也。昔者神农之有天下也，时祀尽敬而不祈喜。其于人也，忠信尽治而无求焉。乐与政为政，乐与治为治。不以人之坏自成也，不以人之卑自高也，不以遭时自利也。今周见殷之乱而遽为政[③]，上谋而行货，阻兵而保威[④]，割牲而盟以为信，扬行以说众[⑤]，杀伐以要利，是推乱以易暴也。吾闻古之士，遭治世不避其任，遇乱世不为苟存。今天下暗，周德衰，其并乎周以涂吾身也！不如避之，以絜吾行⑥。"二子北至于首阳之山，遂饿而死焉。

若伯夷、叔齐者，其于富贵也，苟可得已，则必不赖。高节戾行，独乐其志，不事于世，此二士之节也。

【注释】

①孤竹：商周时诸侯国名，在今河北卢龙。

②叔旦：指武王的弟弟周公旦。

③遽：急，速。

④阻：依恃。

⑤说：通"悦"，取悦。

⑥絜：通"洁"。

【译文】

过去周朝兴起的时候，孤竹国有两位贤人，叫伯夷、叔齐。二人商量说："听说西方有个人，好像是得道之人，我们前去看看吧。"他们到了岐山的南面，武王听说了，派周公旦前去拜见。周公旦和他们立下盟誓说："增加俸禄两级，授官一等行列。"然后把牲血涂在盟约上，埋在盟坛地下。

他们二人相视而笑，说："咦，奇怪啊！这不是我们所说的道。以前神农氏治理天下，四时祭祀虔诚恭敬，而并不祈求赐福。对于百姓，忠实诚信，尽心治理，而一无所求。人乐此政，就行此政；人乐此治，就施此治。不趁别人的失败而获得成功，不因别人的卑下而显耀高贵，不借别人遭遇危机而谋取私利。现在周朝看到殷朝的混乱而急速夺取政权，崇尚权谋而用爵禄收买人心，依仗武力而保持威势，宰杀牲畜立盟以表示诚信，宣扬自己的美行来争取民心，攻杀征伐来求取利益，这是推行乱政来替代暴政。我们听说古代的贤士，时逢治世不逃避自己的责任，时遇乱世不苟且偷生。现在天下昏暗，周朝德行衰败，怎么能够和周朝并存来使我们自身受到玷污呢！不如避开，以保持我们高尚纯洁的德行。”于是二人向北来到了首阳山，最终饿死在那里。

像伯夷、叔齐这样的人，对于富贵，即使有机会得到，也一定不会获取。高尚的节操和乖张的行为，独以自己的志趣怡然自乐，不与世俗同流合污。这就是两位贤士的气节。

【赏析】

本篇宗旨在于阐明庄子“轻外物，重养生”的思想。庄子认为，功名利禄不可贪，王位可以让，这种养生悟道的至高境界全在于个体对生命的认识和理解。

全文的主体由多个小故事组成，通过大体内容和论述的思想，可划分为几个部分。“尧以天下让许由”写许由、子州支父、善卷和石户之农不愿接受禅让的故事，庄子着重阐述了重生的思想；继写大王亶父迁邠与王子搜不愿为君的故事，进一步阐述重生思想；“韩、魏相与争侵地”与“鲁君闻颜阖得道之人”两段，庄子指出富贵名利是一个人颐养天年的最大羁绊，须分清事物的轻与重，生命是重要的，利禄、土地等身外之物是不值得看重的；然后写列子贫而不受官府之赠，屠羊说有功而不受禄，原宪、曾子、颜回身处贫困而不为官，表达了庄子轻视利禄而安贫乐道的思想；中子公子牟与瞻子的对话，庄子直接提出重生轻利的思想；而孔子困厄而随遇而安，说明得道方能“穷亦乐，通亦乐”；最后一部分与第一部分内容相似，庄子对几位隐士和贤者鄙视地位权势而轻利忘身的做法表示了肯定和赞扬。

盗跖第二十九

《盗跖》以人名篇。"盗跖"指名叫跖的大盗。本篇的主旨在于揭露和批判儒家的道德规范和俗儒追求荣华富贵的观念，宣扬顺从自然本性的道家思想。

一

孔子与柳下季为友[1]，柳下季之弟名曰盗跖[2]。盗跖从卒九千人，横行天下，侵暴诸侯。穴室枢户[3]，驱人牛马，取人妇女。贪得忘亲，不顾父母兄弟，不祭先祖。所过之邑，大国守城，小国入保[4]，万民苦之。

孔子谓柳下季曰："夫为人父者，必能诏其子；为人兄者，必能教其弟。若父不能诏其子，兄不能教其弟，则无贵父子兄弟之亲矣。今先生，世之才士也，弟为盗跖，为天下害，而弗能教也，丘窃为先生羞之。丘请为先生往说之。"

柳下季曰："先生言为人父者必能诏其子，为人兄者必能教其弟，若子不听父之诏，弟不受兄之教，虽今先生之辩，将奈之何哉？且跖之为人也，心如涌泉，意如飘风，强足以距敌，辩足以饰非，顺其心则喜，逆其心则怒，易辱人以言。先生必无往。"孔子不听，颜回为驭，子贡为右，往见盗跖。

【注释】

①柳下季：姓展，名获，字季禽，鲁国大夫，食邑柳下，谥号惠，故名柳下季、柳下惠。

②盗跖(zhí)：名跖，春秋末年的起义军领袖，被诬为盗，故称盗跖。

③穴室枢户：穿墙入室，挖掉门户。

④保：通“堡”，小城。

【译文】

孔子和柳下季是朋友，柳下季的弟弟名叫盗跖。盗跖率领士卒九千人，横行天下，侵袭扰乱诸侯。穿室破门，赶走牛马牲畜，掳夺妇女。贪得无厌而忘记亲人，全然不顾父母兄弟，也不祭祀祖先。凡是他经过的地方，大国严守城池，小国退守城堡，千千万万的百姓都饱受其苦。

孔子对柳下季说：“为人父亲的，必然能够教导他的儿子，为人兄长的，必然能够教育他的弟弟。如果父亲不能教导自己的儿子，兄长不能教育自己的弟弟，那么父子兄弟间的亲情就没有什么可贵的了。现在先生是当世的才智之士，弟弟却是盗跖，是天下的祸害，但是却不能教化他，我私下为你感到羞愧。我愿意替你前去劝说他。”

柳下季说：“先生说为人父亲的必然能够教导他的儿子，为人兄长的必然能够教育他的弟弟。如果儿子不听从父亲的教导，弟弟不遵从兄长的教育，即使像先生这样能言善辩的，又能把他怎样呢？而且盗跖的为人，心思好像涌动的泉水源源不绝，意识好像飘风一样无法捉摸，勇猛强悍足以抗拒敌人，善于辩论足以掩饰过错，顺应他的心意就会高兴，违逆他的心意就会发怒，轻易地用语言去侮辱别人。先生一定不要前往。”孔子不听，让颜回驾车，子贡作骖乘，前去见盗跖。

盗跖乃方休卒徒大山之阳，脍人肝而餔之[①]，孔子下车而前，见谒者曰[②]：“鲁人孔丘，闻将军高义，敬再拜谒者。”谒者入通。盗跖闻之，大怒，目如明星，发上指冠，曰："此夫鲁国之巧伪人孔丘非邪？为我告之：尔作言造语，妄称文、武，冠枝木之冠，带死牛之胁，多辞缪说，不耕而食，不织而衣，摇唇鼓舌，擅生是非，以迷天下之主，使天下学士不反其本，妄作孝弟，而侥幸于封侯富贵者也。子之罪大极重，疾走归！不然，我将以子肝益昼铺之膳。"

孔子复通曰："丘得幸于季，愿望履幕下。"谒者复通，盗跖曰："使来前！"孔子趋而进，避席反走，再拜盗跖。盗跖大怒，两展其足，案剑瞋目③，声如乳虎，曰："丘来前！若所言顺吾意则生，逆吾心则死！"

【注释】

①脍：细切。铺(bū)：食，吃。

②谒者：官名，掌管传达使命，亦泛指传达和通报的奴仆。

③瞋(chēn)目：瞪大眼睛，怒目而视。

【译文】

盗跖正率部在泰山的南面修整，将人的肝切碎了炒着吃。孔子下车走上前，见了传达的人说："鲁国人孔丘，听说将军的高尚道义，特来拜访，敬请传达。"传达的人进去通报。盗跖听后大怒，双目圆瞪好像明亮的星星，怒发冲冠，说："这不是鲁国那个善于弄虚作假的孔丘吗？替我告诉他：你制造舆论，随意称说文王和武王的德行，头戴装饰繁多如树枝一样的帽子，系着死牛皮做成的宽大腰带，胡言乱语，不耕作却吃得很好，不织布却衣着华丽，摇唇鼓舌，搬弄是非，迷惑天下的君主，使天下的读书人不能返归本性，虚伪地主张孝悌之道，期望侥幸封侯而荣华富贵。你罪大恶极，赶快走！不然，我把你的肝挖出来当作午餐。"

孔子再一次通报说："我有幸和柳下季成为朋友，希望能到帐幕之下拜见将军。”传令的人再次通报。盗跖说：“叫他到前面来！”孔子快步走进去，避开席位后退数步，再拜盗跖。盗跖非常生气，叉开两脚，握剑瞪眼，声音好像乳虎，说：“孔丘，你向前来！假如你所说的，顺着我的意思就活，违逆我的心思就死！”

孔子曰：“丘闻之，凡天下有三德：生而长大，美好无双，少长贵贱见而皆说之，此上德也；知维天地，能辩诸物，此中德也；勇悍果敢，聚众率兵，此下德也。凡人有此一德者，足以南面称孤矣。今将军兼此三者，身长八尺二寸，面目有光，唇如激丹，齿如齐贝，音中黄钟[①]，而名曰盗跖，丘窃为将军耻不取焉。将军有意听臣，臣请南使吴、越，北使齐、鲁，东使宋、卫，西使晋、楚，使为将军造大城数百里，立数十万户之邑，尊将军为诸侯，与天下更始，罢兵休卒，收养昆弟[②]，共祭先祖。此圣人才士之行，而天下之愿也。”

【注释】

①黄钟：古乐十二律之一，声音最洪亮。

②昆弟：兄弟。

【译文】

孔子说：“我听说，天下的人有三种美德：身材高大魁梧，英俊漂亮，天下无双，无论老少贵贱看到了都很喜欢，这就是上德；知识包罗天地，才能足以辨别各种事物，这就是中德；勇武、强悍、果断、无畏，聚集众人，统帅士兵，这是下德。只要具备这三种美德中的一种，就足以南面称王了。现在将军兼有这三种美德，身高八尺二寸，面目炯炯有神，嘴唇犹如鲜红的丹砂，牙齿整齐如贝珠，声音如黄钟般洪亮，但是名字却叫盗跖，我私下里替将军感到羞耻。将军如果有意听取我的意见，我请求向南出使吴国和越国，向北出使齐国和鲁国，向东出使宋国和卫国，向西出使晋国和楚国，让他们派人为将军建造一座数百里的大城，确立数十万户的封邑，尊奉将军为诸侯，和天下的诸侯共同除旧布新，停战休兵，收养弟兄，祭拜祖先。这才是圣人贤士的作为，天下人的心愿。”

盗跖大怒曰：“丘来前！夫可规以利而可谏以言者，皆愚陋恒民之谓耳。今长大美好，人见而悦之者，此吾父母之遗德也。丘虽不吾誉，吾独不自知邪？

“且吾闻之，好面誉人者，亦好背而毁之。今丘告我以大城众民，是欲规我以利而恒民畜我也，安可久长也！城之大者，莫大乎天下矣。尧、舜有天下，子孙无置锥之地；汤、武立为天子，而后世绝灭。非以其利大故邪？

“且吾闻之，古者禽兽多而人少，于是民皆巢居以避之。昼拾橡栗，暮栖木上，故命之曰有巢氏之民。古者民不知衣服，夏多积薪，冬则炀之①，故命之曰知生之民。神农之世，卧则居居②，起则于于③。民知其母，不知其父，与麋鹿共处，耕而食，织而衣，无有相害之心。此至德之隆也。然而黄帝不能致德，与蚩尤战于涿鹿之野④，流血百里。尧、舜作，立群臣，汤放其主，武王杀纣。自是之后，以强陵弱，以众暴寡。汤、武以来，皆乱人之徒也。

【注释】

①炀（yàng）：焚烧，烧火。

②居居：安静的样子。

③于于：自得的样子。

④蚩尤：传说中的古代部落首长。涿鹿：地名。在今河北省涿县境内。

【译文】

盗跖怒气冲冲地说："孔丘你上前来！凡是可以用利禄规劝的、用语言谏正的，都可以说是愚蠢浅陋的平庸之辈。现在我高大英俊，人们见到我就喜欢我，这是父母遗留给我的美德。你孔丘虽然不称赞我，难道我自己不知道吗？

"况且我听说，喜好当面称赞别人的人，也往往喜好背后诋毁人。现在你告诉我要为我建造大城、聚集民众，是想要用利禄规劝我而把我视为平庸之辈，怎么能够长久呢！城池最大的，也没有比天下更大的了。尧、舜拥有天下，但子孙没有立锥之地；商汤、周武王立为天子，但是后代灭绝了。不正是他们贪求大利的缘故吗？

"我还听说，古代禽兽多而人民少，于是人民在树上筑巢而居以躲避禽兽的伤害。白天捡拾橡栗，夜晚栖于树上，因此把他们叫作有巢氏之民。古代的人民不知道穿衣服，夏天多多积蓄木材，冬天就用来烧火取暖，所以把他们叫作知生之民。神农时代，人们躺下时安安静静，起来时悠闲自得。人们只知自己的母亲，不知道自己的父亲，和麋鹿一起生活，耕地吃饭，织布穿衣，没有互相伤害之心。这是道德鼎盛的时代。然而到了黄帝就不再具有这样的德行，和蚩尤在涿鹿的原野上大战，流血百里。尧、舜兴起，设置百官群臣，商汤流放君主夏桀，周武王杀死殷纣。自此以后，以大欺小，以众欺寡。商汤、周武王以来，都是叛逆作乱一类的人。

"今子修文、武之道，掌天下之辩，以教后世。缝衣浅带，矫言伪行，以迷惑天下之主，而欲求富贵焉。盗莫大于子，天下何故不谓子为盗丘，而乃谓我为盗跖？子以甘辞说子路而使从之，使子路去其危冠，解其长剑，而受教于子，天下皆曰：'孔丘能止暴禁非。'其卒之也，子路欲杀卫君而事不成，身菹于卫东门之上[1]，是子教之不至也。子自谓才士圣人邪？则再逐于鲁，削迹于卫，穷于齐，围于陈、蔡，不容身于天下。子教子路菹此患，上无以为身，下无以为人，子之道岂足贵邪？世之所高，莫若黄帝。黄帝尚不能全德，而战涿鹿之野，流血百里。尧不慈，舜不孝，禹偏枯[2]，汤放其主，武王伐纣，文王拘羑里。此六子者，世之所高也。孰论之，皆以利惑其真而强反其情性，其行乃甚可羞也。

【注释】

①菹（zū）：剁成肉酱。

②偏枯：偏瘫，半身不遂。

【译文】

“现在你修习周文王、武王的治国之道，掌握天下的舆论，用来教化后代。穿着宽大的儒服，系着宽大的腰带，言语虚伪，矫揉造作，用以迷惑天下的君主，而想要求取富贵。强盗之中再也没有比你更大的了，天下之人为什么不把你叫作盗丘，而把我叫作盗跖呢？你用花言巧语说服子路而让他追随你，他去掉高冠，解下长剑，而接受你的教导，天下人都说：‘孔丘可以制止暴力，禁绝非礼。’可是最后，子路想要杀死卫君而没有成功，身体在卫国的东门之上被剁成肉酱，这就是你教导的不成功了。你不是自称圣人贤士吗？然而两次在鲁国被驱逐，在卫国被禁止居留，在齐国走投无路，在陈、蔡之间被围困，在天下没有容身之处。你教导子路而竟然使他遭受杀身之祸，你上无法立身，下无法做人，你的主张有什么可贵的呢？世上所推崇的，莫过于黄帝。黄帝尚且不能保全德性，而战于涿鹿郊野，流血百里。尧不仁慈，舜不孝顺，禹半身不遂，汤流放君主，武王攻伐纣王，文王被囚禁在羑里。这六个人，都是世上所推崇的。但是仔细评论起来，都是因为追逐利益而迷失了自己的真性，强力违反了自己的性情，他们的行为都是极其可耻的。

“世之所谓贤士，伯夷、叔齐。伯夷、叔齐辞孤竹之君，而饿死于首阳之山，骨肉不葬。鲍焦饰行非世①，抱木而死。申徒狄谏而不听②，负石自投于河，为鱼鳖所食。介子推至忠也，自割其股以食文公，文公后背之，子推怒而去，抱木而燔死③。尾生与女子期于梁下④，女子不来，水至不去，抱梁柱而死。此六子者，无异于磔犬流豕⑤、操瓢而乞者，皆离名轻死⑥，不念本养寿命者也。

“世之所谓忠臣者，莫若王子比干、伍子胥。子胥沉江，比干剖心。此二子者，世谓忠臣也，然卒为天下笑。自上观之，至于子胥、比干，皆不足贵也。

【注释】

①鲍焦：周朝隐士，饰行非世，挑担采柴，拾橡子充饥，故作清高，不踩周地，不食周粟，抱木而枯死。

②申徒狄：殷商时隐士，因进谏不被采纳，投河而死。

③燔死：烧死。

④尾生：人名。又作尾生高、微生高，鲁人。

⑤磔(zhé)犬：肢体被分解而供祭神用的狗。流豕：漂流在河中的死猪。

⑥离名：重名。“离”为“利”的借字。

【译文】

“世上所说的贤士，有伯夷、叔齐。伯夷、叔齐辞去孤竹国的君主地位，而饿死在首阳山上，尸骨得不到安葬。鲍焦伪装清高，非议世事，抱着树木而死。申徒狄进谏而不被采纳，背着石头投河自尽，为鱼鳖所食。

介子推是最忠贞的，他割下自己腿上的肉给晋文公吃，文公回国继位后背弃他，子推一怒之下离去，抱着树木而被烧死。尾生和女子相约在桥下，女子没有来，河水上涨尾生也不离去，抱着桥柱而被淹死。这六个人，与肢体被分解而供祭神用的狗、漂流在河中的死猪和持瓢乞讨的乞丐没有什么区别，都是重名而轻死，不顾惜生命本真、寿尽天年的人。

“世上所说的忠臣，莫过于王子比干、伍子胥。伍子胥被杀而尸沉江中，比干被挖心而死。这两个人，是世上所谓的忠臣，而最终被天下人耻笑。从上述这些人来看，直至伍子胥、比干，都没有什么值得推崇的。

“丘之所以说我者，若告我以鬼事，则我不能知也；若告我以人事者，不过此矣，皆吾所闻知也。今吾告子以人之情：目欲视色，耳欲听声，口欲察味，志气欲盈。人上寿百岁，中寿八十，下寿六十，除病瘦死丧忧患，其中开口而笑者，一月之中不过四五日而已矣。天与地无穷，人死者有时。操有时之具，而托于无穷之间，忽然无异骐骥之驰过隙也。不能说其志意、养其寿命者，皆非通道者也。

“丘之所言，皆吾之所弃也。亟去走归，无复言之！子之道狂狂汲汲①，诈巧虚伪事也，非可以全真也，奚足论哉！”

【注释】

①狂狂：失性的样子。汲汲：心情急切，形容虚伪。

【译文】

“你孔丘用来说服我的，如果你告诉我关于鬼神之事，那我不知道；如果告诉我人世间的事情，不过如此而已，都是我曾听说过的。现在我告诉人的常情：眼睛要看颜色，耳朵要听声音，嘴巴要品味道，志气要得到满足。人长寿的一百岁，中寿的八十岁，短寿的六十岁，除了疾病、死亡、忧患以外,其中开口而笑的日子,一月之中不过四五天而已。天长地久无穷无尽,人的生死却有时限,以有时限的形体而寄托于无穷之境,无异于骐骥从缝隙前骤然驰去。不能够使自己的心志欢畅而颐养寿命的人,都不是通达大道的人。

"你孔丘所说的话,都是我所唾弃的。赶快离开这里滚回去,不要再说了!你的道理都是些失性损德、巧诈虚伪的东西,并不能保全真性,还有何值得谈论的呢!"

孔子再拜趋走,出门上车,执辔三失,目芒然无见,色若死灰,据轼低头,不能出气。

归到鲁东门外,适遇柳下季。柳下季曰:"今者阙然数日不见[①],车马有行色,得微往见跖邪?"孔子仰天而叹曰:"然!"柳下季曰:"跖得无逆汝意若前乎?"孔子曰:"然。丘所谓无病而自灸也。疾走料虎头[②],编虎须,几不免虎口哉!"

【注释】

①阙:缺。

②料:通"撩",挑弄。

【译文】

孔子一再拜谢而快步离去,走出帐门登上车子,手拿缰绳而三次掉在地上,眼睛模糊看不见东西,面如死灰,按着车轼,低着头,不能喘出气来。

回到鲁国东门之外,恰好碰到了柳下季。柳下季说:"最近好几天不见你,你的车马好像外出刚归的样子,你是不是去见跖了?"孔子仰天而叹说:"是啊。"柳下季说:"跖是不是像我先前所说的那样违背你的心意?"孔子说:"是的。我就是所谓的没病而自己针灸的人,急急忙忙跑去撩拨老虎的头，编织老虎的胡须，差点被老虎吃掉啊！”

二

子张问于满苟得曰①：“盍不为行②？无行则不信，不信则不任，不任则不利。故观之名，计之利，而义真是也。若弃名利，反之于心，则夫士之为行，不可一日不为乎！”

满苟得曰：“无耻者富，多信者显。夫名利之大者，几在无耻而信。故观之名，计之利，而信真是也。若弃名利，反之于心，则夫士之为行，抱其天乎！”

子张曰：“昔者桀、纣贵为天子，富有天下。今谓臧聚曰③：‘汝行如桀、纣。’则有怍色④，有不服之心者，小人所贱也。仲尼、墨翟，穷为匹夫。今谓宰相曰：‘子行如仲尼、墨翟。’则变容易色，称不足者，士诚贵也。故势为天子，未必贵也；穷为匹夫，未必贱也。贵贱之分，在行之美恶。”

满苟得曰：“小盗者拘，大盗者为诸侯。诸侯之门，义士存焉。昔者桓公小白杀兄入嫂，而管仲为臣；田成子常杀君窃国⑤，而孔子受币。论则贱之，行则下之，则是言行之情悖战于胸中也，不亦拂乎！故书曰：‘孰恶孰美，成者为首，不成者为尾。’”

【注释】

①子张：孔子弟子，姓颛孙，名师，字子张。满苟得：虚构的人名。

②盍：何。为行：修养德行。

③臧：奴仆。聚：通“驺”，养马的人，马夫。

④怍色：惭愧的脸色。

⑤田成子常：春秋时齐国大夫田常，谥号成子。田常发动政变，杀齐简公及鲍、晏诸族，自此田氏专国政。

【译文】

子张向满苟得请教说："为什么不修养德行呢？没有德行就不能取得信任，不被信任就不能被任用，不被任用就不能获得利禄。所以从名誉去观察，从利禄去考虑，而仁义果真重要。假若抛弃名利，内心自我反省，那么士大夫的德行，一天也不能停止修养啊！"

满苟得说："不知羞耻的人富有，多讲信誉的人显贵。获得大名大利的人，几乎都是用无耻的手段骗取信任的人。所以从名誉去观察，从利禄去考虑，而骗取信任果真重要。假如抛弃名利，内心自我反省，那么士大夫的德行，还是保持自己的本性吧！"

子张说："过去桀和纣尊贵到做了天子，富有到据有天下。现在对奴仆和马夫说：'你们的行为像桀、纣。'他们就会面有愧色，颇有不服气之心，因为连小人也轻贱桀和纣的品行。孔丘、墨翟，仕途困顿，一介草民。现在对宰相说：'你的行为像孔丘、墨翟。'他就会改变面色，说自己还比不上，这说明士确实可贵。因此权势大如天子，不一定就尊贵；穷困如一介草民，不一定就卑贱。尊贵和卑贱的区别，在于德行的美丑。"

满苟得说："小偷被拘捕，大盗成为诸侯，诸侯门下，才有道义存在。从前齐桓公小白杀了哥哥娶嫂嫂为妻，管仲却做他的臣子；田常杀掉君主窃取政权，而孔子却接受他赏赐的钱币。在言论上表示鄙视，在行动上却甘愿屈从，这就是言语和行动不同而在内心冲突交战，难道不矛盾吗！因此《书》说：'谁好谁坏，成功的便成为首领，失败的便成为下人。'"

子张曰："子不为行，即将疏戚无伦[1]，贵贱无义，长幼无序；五纪六位[2]，将何以为别乎？"

满苟得曰："尧杀长子，舜流母弟，疏戚有伦乎？汤放桀，武王杀纣，贵贱有义乎？王季为適[3]，周公杀兄[4]，长幼有序乎？

儒者伪辞，墨子兼爱，五纪六位，将有别乎？且子正为名，我正为利。名利之实，不顺于理，不监于道。吾日与子讼于无约，曰：'小人殉财，君子殉名，其所以变其情、易其性，则异矣；乃至于弃其所为而殉其所不为，则一也。'故曰：无为小人，反殉而天；无为君子，从天之理。若枉若直，相而天极[5]。面观四方，与时消息。若是若非，执而圆机。独成而意，与道徘徊。无转而行，无成而义，将失而所为；无赴而富，无殉而成，将弃而天。比干剖心，子胥抉眼，忠之祸也；直躬证父[6]，尾生溺死，信之患也；鲍子立干[7]，申子不自理[8]，廉之害也；孔子不见母，匡子不见父[9]，义之失也。此上世之所传，下世之所语，以为士者正其言，必其行，故服其殃，离其患也。"

【注释】

①疏戚：疏亲，亲疏。戚，亲。

②五纪：即五伦，指君臣、父子、夫妇、兄弟、朋友。六位：指诸父、兄弟、族人、诸舅、师长、朋友。

③王季为適：王季僭立为嫡子。王季，文王之父，周太王庶子，因其兄太伯、仲雍让位，被立为嫡子。適，通"嫡"。

④周公杀兄：谓周公旦诛杀兄长管叔、蔡叔。

⑤天极：天则，天然的准则。

⑥直躬：人名，《论语·子路》《韩非子·五蠹》等篇均记载直躬告发其父盗羊之事。

⑦鲍子：即鲍焦。

⑧申子：指申生。

⑨匡子：匡章，齐人。其母为其父所杀，草草埋于马栈之下。匡章谏父不听，遂终身不见其父。

【译文】

子张说："不修养德行，将会使亲疏没有伦常，贵贱没有礼仪，长幼没有次序，五伦六位，拿什么来区别呢？"

满苟得说："尧杀掉长子，舜流放弟弟，亲疏之间有伦常吗？汤放逐桀，武王杀纣，贵贱之间有礼仪吗？王季代替嫡位，周公诛杀兄长，长幼有次序吗？儒家言辞虚伪，墨家兼爱无私，五伦六位还有区别吗？况且你正在求名，我正在求利。名利的实情，不合乎天理，不明于大道。我过去和你在无约面前争论说：'小人为财而死，君子为名而死，他们之所以改变真情、变更本性的原因，是不同的；而竟至舍弃该做的事而不顾惜生命地追逐不该做的事，则是同样的。'所以说，不要做小人去贪图财富，要回归自己的天性；不要做君子去追逐名利，要遵从自然的道理。无论曲直，要以自己的自然天性为准则。观照四方，顺应四时顺序而变化。或是或非，执守循环变化的枢纽。独自施行你的心意，与大道同游。不要固守你的德行，不要推行你的仁义，否则会丧失你的真性；不要追求富贵，不要殉身去谋取成功，不然会丧失你自然的天性。比干被剖心，伍子胥被挖眼，这是愚忠的祸患；直躬告发父亲偷羊的罪行，尾生守约而被水淹死，这是守信的灾难；鲍焦抱树而立、干枯而死，申生宁愿自缢也不申辩，这是廉正的毒害；孔子不能为母亲送终，匡子发誓不见父亲，这是仁义的过失。这些都是上世的传闻，为当代人所谈论，用来端正士大夫的言论，规范他们的行为，所以才遭到这样的灾殃和祸患。"

三

无足问于知和曰[①]："人卒未有不兴名就利者[②]。彼富则人归之，归则下之，下则贵之。夫见下贵者，所以长生、安体、乐意之道也。今子独无意焉，知不足邪？意知而力不能行邪？故推正不忘邪？"

知和曰："今夫此人，以为与己同时而生、同乡而处者，以为夫绝俗过世之士焉；是专无主正，所以览古今之时、是非之分也，与俗化世。去至重，弃至尊，以为其所为也。此其所以论长生、安体、乐意之道，不亦远乎！惨怛之疾[3]，恬愉之安，不监于体；怵惕之恐[4]，欣欢之喜，不监于心；知为为而不知所以为，是以贵为天子，富有天下，而不免于患也。"

【注释】

①无足：虚构的人名，喻指贪婪而不知足的人。知和：虚构的人名，喻指知中和而守清廉的人。

②人卒：人们，众人

③惨怛(dá)：痛楚，悲痛。

④怵惕：戒惧，惊慌。

【译文】

无足问知和说："人没有不希望成就名声、获得利禄的。如果他富有，人们就依附他，依附他就甘居人之下，甘居人之下就会尊崇他。受人尊崇，是长寿、安体、快乐之道。现在只有你没有这种欲念，大概是才智不足呢？抑或是才智足够而能力不足以实现？还是推行正道而不能忘怀呢？"

知和说："现在有这么一个兴名趋利的人，他自认为跟富贵的人同时而生，同乡而处，就以为自己是个超俗过人的人；其实这种人专横愚笨，没有主见，不行正道，所以他观察古今时代的不同、是非的区别，只能是混同流俗而融于世事。舍弃最贵重的生命，离开最尊贵的大道，而去追求他所想要得到的东西。像他们这样论说长寿、安体、快乐之道，不是相差太远了吗！悲伤所造成的痛苦，愉快所带来的安适，不能由形体显现出来；惊慌所造成的恐惧，欢欣所留下的喜悦，不能由内心显现出来；只知道按照自己的欲望去做，而不知道为什么要这么做，所以尊贵如同天子，富裕到占有天下，却不能免除祸患。”

无足曰：“夫富之于人，无所不利。穷美究埶[①]，至人之所不得逮，贤人之所不能及。侠人之勇力而以为威强，秉人之知谋以为明察，因人之德以为贤良，非享国而严若君父[②]。且夫声色滋味权势之于人，心不待学而乐之，体不待象而安之。夫欲恶避就，固不待师，此人之性也。天下虽非我，孰能辞之！”

知和曰：“知者之为，故动以百姓，不违其度，是以足而不争，无以为，故不求。不足，故求之，争四处而不自以为贪；有余故辞之，弃天下而不自以为廉。廉贪之实，非以迫外也，反监之度。势为天子，而不以贵骄人；富有天下，而不以财戏人。计其患，虑其反，以为害于性，故辞而不受也，非以要名誉也。尧、舜为帝而雍，非仁天下也，不以美害生也；善卷、许由得帝而不受，非虚辞让也，不以事害己。此皆就其利，辞其害，而天下称贤焉，则可以有之，彼非以兴名誉也。”

【注释】

①埶：通“势”。

②享国：掌握政权。

【译文】

无足说：“财富对于人来说，无所不利。尽享天下的美好和权势，这是至人所不能得到的，贤人所不能企及的。用挟持他人的勇武来显示自己的威势，凭借别人的智慧谋略来显示自己的明察，假借别人的德行来显示自己的贤良，并不享有国家却如同君父一样威严。况且声色、滋味、权势对于人来说，内心不必等到学习而自然喜欢，形体不必等到效法而自然安适。欲望、厌恶、避害、趋就，本来就不需要老师教导，这是人的天性。虽然天下人都非议指责我，谁又能拒绝声色、滋味、权势呢！”

知和说：“有智慧的人做事，总是顺从百姓的意愿实施政令，不敢违反大众的原则，因此知足而不互相侵夺，无所作为，所以无所贪求。不能知足，所以贪求无已，四处争抢而不认为自己贪婪；内心知足而有余，所以处处辞让，舍弃天下也不认为自己清廉。清廉和贪婪的实情，并非是由于外界的迫使，而要反观自己的禀性气度。权势大如天子，而不以尊贵骄傲待人；富有天下，而不用财物戏弄他人。权衡富贵造成的祸患，考虑物极必反的道理，认为它对本性有害，因此推辞不接受，并不是为了邀取名誉。尧、舜做帝王而互相推让，并不是对天下的仁爱，而是不想因富贵损害自己的自然本性；善卷、许由可得帝王的位子而不接受，不是假意推辞谦让，而是不想因治理天下而危害自己的生命。他们都是趋就其利而避开祸患的人，而天下的人却称赞他们为贤人，由此可见贤明的称誉也是可以获取的，不过他们并非有心树立名誉罢了。”

无足曰：“必持其名，苦体绝甘，约养以持生，则亦久病长厄而不死者也。”

知和曰：“平为福，有余为害者，物莫不然，而财其甚者也。今富人，耳营钟鼓管籥之声[①]，口嗛于刍豢醪醴之味[②]，以感其意，遗忘其业，可谓乱矣；侅溺于冯气[③]，若负重行而上阪也，可谓苦矣；贪财而取慰，贪权而取竭，静居则溺，体泽则冯，可谓疾矣；为欲富就利，故满若堵耳而不知避，且冯而不舍，可谓辱矣；财积而无用，服膺而不舍[④]，满心戚醮[⑤]，求益而不止，可谓忧矣；内则疑劫请之贼，外则畏寇盗之害，内周楼疏，外不敢独行，可谓畏矣。此六者，天下之至害也，皆遗忘而不知察。及其患至，求尽性竭财，单以反一日之无故而不可得也。故观之名则不见，求之利则不得，缭意绝体而争此[⑥]，不亦惑乎！”

【注释】

①管籥(yuè):箫、笛之类的管乐器。

②嗛(qiè):通“慊”,满足,快意。刍豢:食草的牛羊为刍,食谷的狗猪为豢。醪(láo):醇酒。醴:甜酒。

③侅(gāi)溺:沉溺。冯气:盛气。冯,满。

④服膺:谨记在心,念念不忘。

⑤戚醮:烦恼。

⑥缭意:内心念念不忘。

【译文】

无足说:“一定要保持自己的名声,劳累形体,拒绝美味,简约给养而维持生命,也不过是久病成疾、长期困厄而没有死去罢了。”

知和说:“平均是福气,有余是祸害,万物没有不这样的,而财富更是如此。现在的富人,耳朵要听钟鼓管籥的声音,嘴巴要尝美酒美食之味,因而触发了他的欲念,忘记了他的正业,可以说是心智昏乱了;沉溺于自负盛气,就像是背负重物爬山坡,可以说是太辛苦了;贪图财物而招来怨恨,贪求权势而费尽思虑,安居无事则沉溺于淫欲,身体充盈则意态骄横,可以说是生病了;贪求财富而追逐私利,财物堆积得像墙那样高还不知足,仍然锲而不舍,就可以说是不知羞耻了;积攒财物而不舍得使用,念念不忘而不愿施舍,满腹焦虑和烦恼,仍贪求更多而无休止,可以说是忧愁了;在家里就担心窃贼偷窃而财物受损,在外面就会畏惧大盗抢劫而遭到残杀,便在内遍设防盗的塔楼和射箭的孔道,在外就不敢独自行走,可以说是畏惧了。这六个方面,是天下最大的祸害,全部都忘记而不能明察。等到祸患来临,想要倾家荡产以保全性命,只求一天的安稳也不可得了。因此,想看名却看不到,想求利却得不到,内心念念不忘而不惜牺牲形体地去争名夺利,不是太糊涂了吗!”

【赏析】

《盗跖》篇毫不留情地抨击儒家的一些观点和思想，指斥其虚伪性和欺骗性，主张返归原始，顺其自然。

本篇写了三个寓言故事，在“孔子与柳下季为友”中，庄子通过盗跖和孔子的对话，指斥儒家“不耕而食，不织而衣，摇唇鼓舌，擅生是非”。在“子张问于满苟得”中，庄子通过子张和满苟得的辩论，揭露当时社会的混乱和黑暗，批判儒家伦理道德的实质是贵贱无等，长幼失序，造成了天下之至害。在“无足问于知和”中，通过无足和知和的对话和讨论，进一步明确“不以美害生”“不以事害己”的主张。这些论述严厉批判了儒墨尊先王的思想，从中可以看出庄子为代表的道家和儒墨学派思想观点的明显不同。

说剑第三十

《说剑》以义名篇，内容就是写庄子劝说赵文王不要沉溺于剑术，要以国事为重。这是一篇结构完整、情节曲折的小说，是难得的佳作。

昔赵文王喜剑，剑士夹门而客三千余人，日夜相击于前，死伤者岁百余人，好之不厌。如是三年，国衰，诸侯谋之。

太子悝患之，募左右曰："孰能说王之意止剑士者，赐之千金。"左右曰："庄子当能。"

太子乃使人以千金奉庄子。庄子弗受，与使者俱往见太子，曰："太子何以教周，赐周千金？"太子曰："闻夫子明圣，谨奉千金以币从者[①]。夫子弗受，悝尚何敢言！"

庄子曰："闻太子所欲用周者，欲绝王之喜好也。使臣上说大王而逆王意，下不当太子，则身刑而死，周尚安所事金乎？使臣上说大王，下当太子，赵国何求而不得也？"

太子曰："然。吾王所见，唯剑士也。"庄子曰："诺。周善为剑。"太子曰："然吾王所见剑士，皆蓬头突鬓，垂冠，曼胡之缨[②]，短后之衣，瞋目而语难，王乃说之。今夫子必儒服而见王，事必大逆。"庄子曰："请治剑服。"

【注释】

①币从者:犒劳随从。

②曼:通“缦”,没有彩色花纹的丝织品。胡:粗。

【译文】

从前,赵文王喜好剑术,剑士聚于门下做门客的有三千多人,日夜不停地在他面前击剑,一年里死伤百多人,但是赵文王依然喜好而不厌倦。这样过了三年,国势衰落,诸侯们便谋划攻取赵国。

太子悝感到非常担忧,募集左右的人说:“谁能说服君王断绝与剑士往来的,我赏赐他千金。”左右的人说:“庄子应该能做到。”

太子于是派人携带千金送给庄子。庄子不接受,和使者一起前往拜见太子,说:“太子有什么指教,赏赐我千金?”太子说:“听说先生明达圣哲,所以恭敬地奉送千金以犒劳您的侍从。先生不接受,我哪里还敢说什么呢!”

庄子说:“听说太子之所以用我,是让我断绝君王对剑术的喜好。假如我向上劝说君王而违逆了君王的心意,对下又不能符合太子的心意,形体就会遭受刑戮死去,我庄周哪里还用得着千金呢?假如我向上能够说服君王,向下能够满足太子的心意,那我再向赵国要求什么而不能得到呢?”

太子说:“是的。君王所接见的人,只有剑士。”庄子说:“好啊。我庄周就善于使剑。”太子说:“但是君王所接见的剑士,都是头发蓬乱,鬓发突出,帽子低垂,扎着粗大的帽带,穿着后幅很短的上衣,瞪着眼睛而语声艰涩,这样君王才高兴。现在先生要穿着儒服去见君王,事情必然办不成。”庄子说:“请太子为我制作剑士的服装。”

治剑服三日,乃见太子。太子乃与见王,王脱白刃待之。庄子入殿门不趋,见王不拜。王曰:“子欲何以教寡人,使太子先[1]?”曰:“臣闻大王喜剑,故以剑见王。”王曰:“子之剑何能禁制[2]？”曰：“臣之剑十步一人，千里不留行。”王大悦之，曰：“天下无敌矣！”

庄子曰：“夫为剑者，示之以虚，开之以利，后之以发，先之以至。愿得试之。”王曰：“夫子休，就舍待命，令设戏，请夫子。”王乃校剑士七日，死伤者六十余人，得五六人，使奉剑于殿下，乃召庄子。

【注释】

①先：先言于我，推荐给我。

②禁制：遏止和战胜。

【译文】

三天以后，剑士的服装制成了，庄子去拜见太子。于是太子就和他一起去谒见赵文王，赵文王拔剑等着庄周。庄子不急不慢地走进殿门，见到赵文王也不下拜。赵文王说：“先生对我有什么指教，而先让太子向我推荐呢？”庄子说：“我听说君王喜欢剑术，所以以剑术拜见大王。”赵文王说：“你的剑术怎么遏制和战胜对手？”庄子说：“我的剑术，十步之内便能杀死一人，如此纵横千里而无人能挡。”赵文王非常高兴地说：“天下无敌了！”

庄子说：“用剑的方法，先示人以玄幻莫测，再用锋利的剑展示剑术，发动攻击在后，而击中敌人在先。希望能够试一试我的剑术。”赵文王说：“先生休息吧，回到馆舍等候命令，我安排好了击剑比赛，再来请先生。”于是赵文王用了七天时间让手下的剑士比剑较量，死伤了六十多人，选出五六个人，让他们捧剑在殿下等候，然后召请庄子。

王曰：“今日试使士敦剑。”庄子曰：“望之久矣。”王曰：“夫子所御杖，长短何如？”曰：“臣之所奉皆可。然臣有三剑，唯王所用。请先言而后试。”王曰：“愿闻三剑。”曰：“有天子剑，有诸侯剑，有庶人剑。”

王曰：“天子之剑何如?”曰：“天子之剑，以燕谿、石城为锋[①]，齐、岱为锷[②]，晋、卫为脊[③]，周、宋为镡[④]，韩、魏为夹[⑤]，包以四夷，裹以四时，绕以渤海，带以常山，制以五行，论以刑德，开以阴阳，持以春夏，行以秋冬。此剑直之无前，举之无上，案之无下，运之无旁。上决浮云，下绝地纪。此剑一用，匡诸侯，天下服矣。此天子之剑也。”

文王芒然自失，曰：“诸侯之剑何如?”曰：“诸侯之剑，以知勇士为锋，以清廉士为锷，以贤良士为脊，以忠圣士为镡，以豪桀士为夹。此剑直之亦无前，举之亦无上，案之亦无下，运之亦无旁。上法圆天，以顺三光[⑥]；下法方地，以顺四时；中和民意，以安四乡[⑦]。此剑一用，如雷霆之震也，四封之内，无不宾服而听从君命者矣。此诸侯之剑也。”

王曰：“庶人之剑何如?”曰：“庶人之剑，蓬头突鬓，垂冠，曼胡之缨，短后之衣，瞋目而语难，相击于前，上斩颈领，下决肝肺。此庶人之剑，无异于斗鸡，一旦命已绝矣，无所用于国事。今大王有天子之位而好庶人之剑，臣窃为大王薄之。”

王乃牵而上殿，宰人上食[⑧]，王三环之。庄子曰：“大王安坐定气，剑事已毕奏矣!”于是文王不出宫三月，剑士皆服毙其处也[⑨]。

【注释】

①燕谿：燕国中的地名。石城：塞外山名。

②锷：剑刃。

③脊：剑脊。

④镡：剑环，剑鼻。

⑤夹：通“铗”，剑把。

⑥三光：日、月、星。

⑦四乡：四方。

⑧宰人：主管膳食的官员。

⑨服毙：自杀。服，通“伏”。

【译文】

赵文王说：“今天请您和剑士比试剑术。”庄子说：“我已经盼望很久了。”赵文王说：“先生使用的剑，长短怎么样？”庄子说：“我的剑长短都可以。但是我有三种剑，听凭大王选用。请允许我先说明后再比试。”赵文王说：“愿意听先生说说这三种剑。”庄子说：“一种是天子之剑，一种是诸侯之剑，一种是庶人之剑。”

赵文王说：“天子之剑怎样呢？”庄子说：“天子之剑，以燕谿、石城作为剑锋，以齐国、泰山作为剑刃，以晋国、卫国作为剑背，以周地、宋国作为剑环，以韩国、魏国作为剑柄，用四境包着，用四时裹着，以渤海为环绕，以常山作为系带，依五行来施展，靠刑与德来论断，用阴阳变化之道来开合，用春夏持守，用秋冬运行。这种剑，向前直刺无可阻挡，高高举起无物在上，按剑向下所向披靡，左右挥动莫能近旁。向上能劈开浮云，向下能斩断地基。这种剑一旦施展，可以匡正诸侯，使天下顺服。这就是天子之剑。”

赵文王茫然自失，说：“诸侯之剑怎样呢？”庄子说：“诸侯之剑，以智慧勇猛之士作为剑锋，以清廉之士作为剑刃，以贤良之士作为剑背，以忠贞之士作为剑环，以豪杰之士作为剑柄。这种剑，向前直刺也是无可阻挡，高高举起也是无物在上，按剑向下也是所向披靡，左右挥动也莫能近旁。在上效法圆形的天，以顺应日、月、星三光；在下效法方形的地，以顺应四时的规律；居中则顺应民意，能安定四方。这种剑一旦施展，好像雷霆震动，四境之内，无不顺服而听从君王的命令了。这是诸侯之剑。”

赵文王说："庶人之剑怎样呢？"庄子说："庶人之剑，头发蓬乱，鬓发突出，帽子低垂，扎着粗大的帽带，穿着后幅很短的上衣，瞪着眼睛而语声艰涩，在人前互相击打争斗，向上斩断头颈，向下刺穿肝肺。这就是庶人之剑，跟斗鸡没有什么差异，一旦失去了性命，对国事没有丝毫用处。现在君王居于天子之位却喜好庶人之剑，我私下里认为大王应该鄙弃它。"

赵文王于是亲自引着庄子上殿，主管膳食的官员端上食物，赵文王绕着饭食走了三圈。庄子说："请大王安静地坐下来，平定气息，关于剑术的事情我已禀告完毕了！"于是赵文王三个月不出宫门，剑士们皆在馆舍里自杀了。

【赏析】

《说剑》一篇围绕"剑"展开，赵文王喜欢剑，喜欢剑术，整天与剑士为伍，甚至不理朝政，把自己的本职工作抛在脑后，典型的玩物丧志。因此庄子前去游说。面对赵文王的剑拔弩张，庄子从容应对，说剑有三种，即天子之剑、诸侯之剑、庶人之剑，委婉指出赵文王的所为实际上是庶人之剑，而希望他以天下为己任，能成为天子之剑。

很多人认为《说剑》为后人的伪作，虽然还无定论，但此篇的思想对于道家来说也并非一无是处。其中也多有为政当无事，无为而治的思想，可以说是《应帝王》篇的继续。

渔父第三十一

《渔父》以虚拟人名名篇。本篇的主旨是通过渔父批判孔子不在其位而谋其政的作为和儒家仁义、忠贞、慈孝、礼乐的思想，表现了道家法天贵真、归返自然的思想。

孔子游乎缁帷之林[①]，休坐乎杏坛之上。弟子读书，孔子弦歌鼓琴。奏曲未半，有渔父者下船而来。须眉交白，被发揄袂[②]，行原以上，距陆而止，左手据膝，右手持颐以听[③]。曲终，而招子贡、子路，二人俱对。

客指孔子曰："彼何为者也？"

子路对曰："鲁之君子也。"

客问其族，子路对曰："族孔氏。"

客曰："孔氏者何治也？"

子路未应，子贡对曰："孔氏者，性服忠信，身行仁义[④]，饰礼乐，选人伦。上以忠于世主[⑤]，下以化于齐民[⑥]，将以利天下。此孔氏之所治也。"

又问曰："有土之君与？"

子贡曰："非也。"

"侯王之佐与？"

子贡曰："非也。"

客乃笑而还行[7]，言曰："仁则仁矣，恐不免其身。苦心劳形，以危其真。呜呼，远哉其分于道也！"

【注释】

①缁帷：喻树林繁茂，遮天蔽日，如同帷幕。

②揄：挥。

③颐：面颊。

④行：践行。

⑤世主：国君。

⑥齐民：平民。

⑦还行：转身便走。

【译文】

孔子在缁帷林中游玩，坐在杏坛上休息。弟子们读书，孔子弹琴唱歌。曲子还没有弹奏到一半，有个老渔翁下船走了过来。他的胡须和眉毛全都白了，披散着头发，甩着袖子，沿着水岸向上走，来到一处高而平的地方便停下脚步，左手按在膝盖上，右手托起下巴听孔子弹唱。曲子结束后，就用手招呼子贡、子路，二人一同过去跟他说话。

渔翁指着孔子说："他是做什么的？"

子路回答说："是鲁国的君子。"

渔翁问姓氏，子路回答说："姓孔氏。"

渔翁说："孔氏从事什么职业？"

子路没有回应，子贡回答说："孔氏这个人，心性敬守忠信，亲自推行仁义，修饰礼乐，制定人伦，对上忠于君主，对下教化平民，要用它们为天下谋福利。这就是孔氏从事的事业。"

渔夫又问："是有领土的君主吗？"

子贡说："不是。""是诸侯的辅佐大臣吗？"

子贡说："不是。"

渔翁笑着转身往回走，一边走一边说："仁爱倒是仁爱，恐怕不能免除自身的祸患。苦了心智，累了形体，而使自己的本真受到损害。唉，他背离大道太远了啊！"

子贡还报孔子。孔子推琴而起，曰："其圣人与？"乃下求之。至于泽畔，方将杖拏而引其船[①]，顾见孔子，还乡而立。孔子反走，再拜而进。

客曰："子将何求？"

孔子曰："曩者先生有绪言而去[②]，丘不肖，未知所谓，窃待于下风，幸闻咳唾之音[③]，以卒相丘也[④]。"

客曰："嘻！甚矣，子之好学也！"

孔子再拜而起，曰："丘少而修学，以至于今，六十九岁矣，无所得闻至教，敢不虚心！"

【注释】

①拏（ná）：指船桨。

②曩（nǎng）者：刚才。

③咳唾：比喻谈吐，议论。

④相：助。

【译文】

子贡回来把这件事告诉孔子。孔子推开琴站起来，说："恐怕是位圣人吧？"于是走下来寻找。到了湖畔，渔父正拿着船桨准备撑船而去，回头看见孔子，便转过身来面向他站立。孔子倒退几步，然后上前行拜礼。

渔父说："你找我有什么事情？"

孔子说："刚才先生话还没说完就告辞而去，我孔丘愚昧不堪，不明白您所说的是什么意思，私下在这里等候先生，希望有幸能听到先生的教诲，从而对我有所帮助。”

渔父说：“唉！你真是太好学了！”

孔子再次叩拜然后起身说：“我从小就用功学习，到现在已经六十九岁了，还没有听到过至理，怎么敢不虚心啊！”

客曰：“同类相从，同声相应，固天之理也。吾请释吾之所有，而经子之所以。子之所以者，人事也。天子、诸侯、大夫、庶人，此四者自正，治之美也；四者离位，而乱莫大焉。官治其职，人忧其事，乃无所陵[①]。故田荒室露，衣食不足，征赋不属，妻妾不和，长少无序，庶人之忧也；能不胜任，官事不治，行不清白，群下荒怠，功美不有，爵禄不持，大夫之忧也；廷无忠臣，国家昏乱，工技不巧，贡职不美，春秋后伦，不顺天子，诸侯之忧也；阴阳不和，寒暑不时，以伤庶物，诸侯暴乱，擅相攘伐[②]，以残民人，礼乐不节，财用穷匮，人伦不饬，百姓淫乱，天子有司之忧也。今子既上无君侯有司之势，而下无大臣职事之官，而擅饰礼乐，选人伦，以化齐民，不泰多事乎！

“且人有八疵，事有四患，不可不察也。非其事而事之，谓之摠[③]；莫之顾而进之，谓之佞[④]；希意道言[⑤]，谓之谄；不择是非而言，谓之谀；好言人之恶，谓之谗；析交离亲，谓之贼；称誉诈伪以败恶人，谓之慝[⑥]；不择善否，两容颊适，偷拔其所欲，谓之险。此八疵者，外以乱人，内以伤身，君子不友，明君不臣。所谓四患者，好经大事，变更易常，以挂功名，谓之叨[⑦]；专知擅事，侵人自用，谓之贪；见过不更，闻谏愈甚，谓之很；人同于己则可，不同于己，虽善不善，谓之矜。此四患也。能去八疵，无行四患，而始可教已。”

【注释】

①陵：通“凌”，凌乱。

②擅相攘伐：擅自相互攻伐。

③摠（zǒng）：通“总”，包揽。

④佞（nìng）：惯于用花言巧语谄媚人。

⑤希意：揣度人意。

⑥慝（tè）：邪恶。

⑦叨（tāo）：通“饕”，贪。

【译文】

渔父说：“物之同类者互相依从，声之同类者互相感应，这是自然的道理。请让我说说我所悟得的道理，而分析你的所作所为。你的所作所为，是人事。天子、诸侯、大夫、庶人，这四种人如能尽到自己的责任各守其职，那就是治理社会的理想境界；倘若这四种人偏离了职守，所造成的祸患也就再大不过了。官吏各尽其职，百姓各虑其事，就不会互相干扰凌乱。所以田地荒芜，房屋破漏，衣食不足，不能按时交纳赋税，妻妾不睦，长幼无序，这是庶人所忧虑的事情；能力不能胜任，官事没有处理好，行为不清白，属下玩忽怠惰，功名业绩没有建树，爵禄不保，这是大夫所忧虑的事情；朝廷没有忠臣，国家混乱，百工技粗劣不精巧，贡品不完美，春秋朝觐落在同列诸侯之后，不能顺和天子之意，这是诸侯所忧虑的事情；阴阳失调，寒暑变化不合时令，以致万物遭到伤害，诸侯暴乱，擅自互相攻伐，残害黎民百姓，礼乐没有节制，财政匮乏，人伦关系不整饬，百姓淫乱，这是天子和有关部门所忧虑的事情。现在你既然上无天子、诸侯及有关部门的权势，下无大臣百官掌管事物的官职，而擅自整顿礼乐，序列人伦，教化平民，不是太多事了吗！

“况且人有八种毛病，事有四种祸患，不可以不明察。不是自己的事而插手去做，叫作揽权；人不理会还要去进言相劝，叫作巧佞；揣度别人心意而说逢迎的话，叫作谄媚；不辨是非而言，叫作阿谀；喜好说人坏话，叫作进谗；挑拨关系，离间亲友，叫作贼害；称誉伪诈而败坏他人，叫作奸邪；不分善恶，好坏兼容而脸色随应相适，暗暗攫取合于己意的东西，叫作阴险。这八种毛病，对外扰乱别人，对内伤害自身，君子不和他交朋友，圣明的天子不用他做臣子。所谓的四种祸患，喜好办理大事，改变常规，以谋取功名，叫作贪多；自恃才智而独断专行，欺凌他人而刚愎自用，叫作贪婪；知错不改，别人劝谏反而变本加厉，叫作执拗；别人的意见如果和自己的一致就认可，不一致，即使是好的意见也说不好，叫作自矜。这就是四种祸患。能够除去这八种毛病，不做这四种祸患之事，才可以教育。”

孔子愀然而叹[①]，再拜而起，曰：“丘再逐于鲁，削迹于卫，伐树于宋，围于陈、蔡。丘不知所失，而离此四谤者何也[②]？”

客凄然变容曰：“甚矣，子之难悟也！人有畏影恶迹而去之走者，举足愈数而迹愈多，走愈疾而影不离身，自以为尚迟，疾走不休，绝力而死。不知处阴以休影，处静以息迹，愚亦甚矣！子审仁义之间，察同异之际，观动静之变，适受与之度，理好恶之情，和喜怒之节，而几于不免矣。谨修而身，慎守其真，还以物与人，则无所累矣。今不修之身而求之人，不亦外乎！”

【注释】

①愀（qiǎo）然：容色改变的样子，此处指悲伤。

②离：通“罹”，遭。

【译文】

孔子悲伤地叹气，拜了两拜后起身说：“我在鲁国两次被驱逐，在卫国遭遇禁止留居，在宋国遭受砍伐大树的污辱，在陈国和蔡国交界的地方被围困。我不知道所犯的过失，遭到这样的羞辱究竟是因为什么缘故呢?”

渔父改变面色,凄然地说:“哎,你真是太难觉悟了!有人害怕自己的影子,厌恶自己的足迹,想要舍弃它们而快步跑,抬脚越频繁而足迹越多,跑得越快而身影越不离身,还自认为跑得很慢,于是就快跑不停,最后筋疲力尽而死。他不知道处在阴暗的地方影子自然消失,静止不动就没有足迹,真是太愚蠢了!你审视仁义的区分,察明同异的界限,观察动静的变化,掌握取舍的尺度,控制好恶的情感,调和喜怒的节度,你几乎不能免于祸患了。你要谨慎地修养自身,慎重地保持本性,使人和物回归自然,就不会有牵累了。如今你不修养自身而一味苛求他人,不也太浅陋了吗!”

孔子愀然曰:“请问何谓真?”

客曰:“真者,精诚之至也。不精不诚,不能动人。故强哭者,虽悲不哀;强怒者,虽严不威;强亲者,虽笑不和。真悲无声而哀,真怒未发而威,真亲未笑而和。真在内者,神动于外,是所以贵真也。其用于人理也,事亲则慈孝,事君则忠贞,饮酒则欢乐,处丧则悲哀。忠贞以功为主,饮酒以乐为主,处丧以哀为主,事亲以适为主。功成之美,无一其迹矣;事亲以适,不论所以矣;饮酒以乐,不选其具矣;处丧以哀,无问其礼矣。礼者,世俗之所为也;真者,所以受于天也,自然不可易也。故圣人法天贵真,不拘于俗;愚者反此,不能法天而恤于人①,不知贵真,禄禄而受变于俗②,故不足。惜哉,子之蚤湛于人伪而晚闻大道也③!”

【注释】

①恤(xù):忧虑。

②禄禄:同“碌碌”,平庸无能的样子。

③蚤：通“早”。湛(dān)：沉溺。人伪：世俗的礼乐。

【译文】

孔子悲伤地问：“请问什么叫作真？”

渔翁说：“所谓真，是精诚的极致。不精纯不诚实，就不能感动人。因此，勉强哭泣的人，虽然外表悲痛而内心并不哀伤；勉强发怒的人，虽然外表严厉而并不威严；勉强亲热的人，虽然笑容满面而并不和蔼。真正的悲痛虽然没有啼哭却很哀伤，真正的愤怒虽然没有发作却很威严，真正的亲热虽然没有笑容却很和蔼。真存于内心，神情流露于外表，这就是‘真’之可贵的原因。把‘真’运用于人伦关系上，那么奉养双亲就慈善孝顺，事奉君主就会忠贞不渝，饮酒就会欢欣快乐，居丧就会悲切哀伤。忠贞以成就功名为主，饮酒以欢欣快乐为主，居丧以悲切哀伤为主，奉养双亲以安适为主。建立美好的功业，不必拘泥于一种形式；把父母侍奉得安适，不必考虑用什么方法；饮酒求欢乐，不要挑剔饮酒的器具；居丧为了尽悲哀，不必讲究什么礼仪。所谓的礼仪，是世俗之人所制定的；所谓纯真，秉受于天，是自然而不能改变的。所以，圣人能够效法自然，看重纯真，不受世俗的约束；愚蠢的人正好相反，不能够取法自然而忧虑人事，不知道本真的可贵，庸庸碌碌而随世俗变化，所以不知满足。可惜啊！你过早地沉溺于虚伪的世俗而很晚才了解大道！”

孔子又再拜而起曰：“今者丘得遇也，若天幸然，先生不羞而比之服役[①]，而身教之。敢问舍所在，请因受业而卒学大道。”

客曰：“吾闻之，可与往者，与之至于妙道；不可与往者，不知其道，慎勿与之，身乃无咎[②]。子勉之，吾去子矣，吾去子矣！”乃刺船而去[③]，延缘苇间。

【注释】

①服役：仆役，此处指弟子。

②咎：祸患。

③刺船：撑船。

【译文】

孔子又拜了两拜，起身说："如今我能够遇到先生，好像是上天宠爱我，先生不以为辱而把我当作弟子，并亲身教导我。请问先生的住处在哪里，请让我跟随您受业而最终学到大道。"

渔父说："我听说，能够迷途知返的就与他交往，一起到达那玄妙的大道所在；不能迷途知返的，不懂得大道的道理，慎勿与他交往，自身也就没有什么祸患了。你自勉吧，我要离开你了，我要离开你了！"于是渔父撑船而去，沿着芦苇边缘缓缓划向苇丛深处。

颜渊还车，子路授绥[①]，孔子不顾，待水波定，不闻拏音而后敢乘。子路旁车而问曰："由得为役久矣，未尝见夫子遇人如此其威也。万乘之主，千乘之君，见夫子未尝不分庭伉礼[②]，夫子犹有倨敖之容。今渔父杖拏逆立，而夫子曲要磬折[③]，言拜而应，得无太甚乎！门人皆怪夫子矣，渔人何以得此乎？"

孔子伏轼而叹[④]，曰："甚矣，由之难化也！湛于礼仪有间矣，而朴鄙之心至今未去。进！吾语汝：夫遇长不敬，失礼也；见贤不尊，不仁也。彼非至人，不能下人。下人不精，不得其真，故长伤身。惜哉！不仁之于人也，祸莫大焉，而由独擅之。且道者，万物之所由也。庶物失之者死[⑤]，得之者生；为事逆之则败，顺之则成。故道之所在，圣人尊之。今渔父之于道，可谓有矣，吾敢不敬乎！"

【注释】

①绥：车上的绳索，登车时作拉手用。

②分庭伉礼：分处庭中，相对设礼，表示宾主平等相待。伉，通“抗”，对。

③要：通“腰”。磬折：形容腰像磬那样弯曲。

④轼（shì）：古代车厢前面用作扶手的横木。

⑤庶物：万物。

【译文】

颜渊调转车子，子路把缰绳递给孔子，孔子头也不回，一直等到水波平定，听不到桨声后而方敢登车。子路靠着车问孔子说：“我在门下侍奉先生很久了，从未见过先生待人如此敬畏。天子、诸侯，见到先生没有不平等对待的，而先生依然有高傲的神态。如今一个渔翁拿着船篙站在对面，先生却如石磬一样弯腰鞠躬，对话总是先叩拜而后回答，不是太过分了吗！弟子们都对先生感到奇怪，一个打鱼的人怎么能如此受到敬重呢？”

孔子俯身靠在车前的横木上，叹气道：“子由，真是难以教化啊！接受礼仪的熏陶也有一段时间了，但是粗野鄙陋的心态至今还没有去掉。过来！我告诉你，遇到长者不恭敬，这是失礼；见到贤明的人不尊重，这是不仁。他如果不是至人，就不能使人感到谦下。对人谦下而不精诚，就不能保持本真，因此才会常常伤害自身。可惜啊！对于人来说，没有比不仁的祸患更大的了，但是你偏偏有这种毛病。况且，大道是万物产生的根源。万物失去它就会死亡，得到它便能生存；处事违逆它就会失败，顺从它便能成功。所以大道所在之处，圣人就尊重它。如今渔父对于大道，可以说是已经得到了，我怎么敢不尊敬呢！”

【赏析】

本篇通过“渔父”对孔子的批评，指斥儒家的思想，并借此阐述了“持守其真”、返归自然的主张。

一开篇，庄子就指出孔子所宣扬的“仁”是“苦心劳形，以危其真”，与自然之道相差很远。然后批评孔子“八疵”“四患”的行为，认为只有去掉这些毛病，才能教育他。接着又写渔父向孔子提出“真”，着重说明了庄子的自然本真的观点。最后写孔子对渔父的谦恭与崇敬。

在学术界，很多学者认为此篇是伪作，但仔细分析，就可以发现，篇中的思想跟庄子一贯的主张还是有相通之处的，“法天”“贵真”的思想也与内篇的观点相一致，而且渔父本身就是一派典型的道家风骨，因而本篇仍应看作是庄派后学之作。

列御寇第三十二

《列御寇》以人名篇。列御寇，郑人，道家学派的代表人物，人称列子，主张贵虚。全篇的主旨在于宣扬不可炫智于外而应养神于心，通达生命，虚己遨游的思想。

一

列御寇之齐，中道而反，遇伯昏瞀人[①]。伯昏瞀人曰："奚方而反？"曰："吾惊焉。"曰："恶乎惊？"曰："吾尝食于十浆，而五浆先馈。"伯昏瞀人曰："若是，则汝何为惊已？"曰："夫内诚不解，形谍成光[②]，以外镇人心，使人轻乎贵老，而𩐎其所患[③]。夫浆人特为食羹之货，无多余之赢，其为利也薄，其为权也轻，而犹若是，而况于万乘之主乎！身劳于国，而知尽于事，彼将任我以事，而效我以功。吾是以惊。"伯昏瞀人曰："善哉观乎！女处已，人将保汝矣！"

无几何而往，则户外之屦满矣[④]。伯昏瞀人北面而立，敦杖蹙之乎颐，立有间，不言而出。宾者以告列子[⑤]，列子提屦，跣而走[⑥]，暨乎门[⑦]，曰："先生既来，曾不发药乎？"曰："已矣，吾固告汝曰'人将保汝'，果保汝矣。非汝能使人保汝，而汝不能使人无保汝也，而焉用之感豫出异也？必且有感，摇而本性，又无谓也。与汝游者，又莫汝告也。彼所小言，尽人毒也。莫觉莫悟，何相孰也！巧者劳而知者忧，无能者无所求，饱食而敖游，汎若不系之舟，虚而敖游者也！”

【注释】

①伯昏瞀(wú)人：虚构的人名。《德充符》篇作“伯昏无人”。

②谍：为“渫”之假借，通“泄”。

③整(jī)：酿致。

④屦(jù)：麻葛鞋。

⑤宾：同“傧”，接引宾客的人员。

⑥跣(xiǎn)：光着脚。

⑦暨：及。

【译文】

列御寇到齐国去，半途中又返回，碰到了伯昏瞀人。伯昏瞀人说：“为何刚去就返回呢？”列御寇说：“我感到惊慌。”伯昏瞀人说：“为什么感到惊慌呢？”列御寇说：“我曾去十家浆铺吃米汤，其中有五家店先赠送给我。”伯昏瞀人说：“这样的事，你为何惊慌呢？”列御寇说：“内心诚实不能化解，就会外泄而成光仪，用这样的外形来镇服人心，使人对我的尊重超过对贵者、老者的尊重，就会招来灾祸。卖浆人不过是做些饮食买卖，并没有多余的赢利，得到的利润也很少，权势也很轻微，尚且这样对待我，更何况是万乘的君主呢！国君身体操劳于国事，而才能和智慧消耗殆尽，他委任我以国家大事，而要求我有所功绩，所以我感到惊慌。”伯昏瞀人说：“你真会观察问题啊！你安居吧，百姓将会归附你！”

没多久，伯昏瞀人去看望列御寇，而门外前来拜访的人的鞋子已经摆满了。伯昏瞀人面向北站着，把拐杖竖起顶着下巴而使皮肉都皱起来了，站了一会儿，没说话就走了。接引宾客的人告诉列子，列子提着鞋，光脚跑出来，到了门口，说：“先生既然来了，为什么不发药石之言以针砭我呢?”伯昏瞀人说:“算了吧,我曾经告诉你‘百姓将会归附你’,果然归附你了。不是你能使人归附你,而是你不能不使人归附你,你何必为了得人欢心而表现出与众不同的迹象呢?如果一定要得人欢心,必定动摇你的自然本性,又没有什么益处。同你交游的人,又不能把这番道理告诉你。他们的细巧之言,都是毒害人的。没有觉悟,怎能相习熟呢!有技巧的人劳苦,有智慧的人忧虑,而没有智巧的人无所求,吃饱了肚子就自由自在地遨游,飘然如没有牵系的小舟,在心境虚无的境界中逍遥遨游。”

二

郑人缓也[①],呻吟裘氏之地[②]。祇三年而缓为儒[③],河润九里,泽及三族[④],使其弟墨。儒、墨相与辩,其父助翟。十年,而缓自杀。其父梦之曰:“使而子为墨者,予也!阖胡尝视其良[⑤]?既为秋柏之实矣[⑥]。”

夫造物者之报人也,不报其人而报其人之天,彼故使彼。夫人以己为有以异于人,以贱其亲,齐人之井饮者相捽也[⑦]。故曰今之世皆缓也。自是,有德者以不知也,而况有道者乎!古者谓之遁天之刑[⑧]。

圣人安其所安,不安其所不安;众人安其所不安,不安其所安。

庄子曰:“知道易,勿言难。知而不言,所以之天也;知而言之,所以之人也。古之人,天而不人。”

【注释】

①缓:人名。

②裘氏:地名。

③祇：只，止。

④三族：父族、母族、妻族。

⑤闔：何不。良：通“埌”，坟墓。

⑥秋：通“楸”，树名。

⑦捽(zuó)：揪打，扭打。

⑧遁天之刑：违背自然的刑罚。

【译文】

郑国有一个名叫缓的人，在裘氏的地方读书。只用了三年时间，缓便成就了儒业。河水浩大滋润九里，儒成富贵而泽及三族，又让他的弟弟学习墨家。儒、墨不能相容而相互争辩，父亲帮助翟。十年后，缓辩论不过翟而自杀。他父亲梦见他说：“让你的小儿子成为墨者的，是我啊！为什么不来看看我的坟墓？上面的楸柏已经结果实了。”

造物者成就人，不是成就人事而是成就其天性，他的天性使他发展成这样。缓以为自己不同于常人，而轻侮他的父亲，就跟齐人自以为挖井有功而与饮水的人互相扭打一样。所以说，如今的人差不多都是像缓这样贪天之功以为己有的人。自以为有德，而有德的人却不知道自己有德，更何况是有道的人呢！古代的人认为这是和自然相违背而得到的刑罚。

圣人安于自然，不安于人为；普通人安于人为，不安于自然。

庄子说：“知道道容易，不谈论道则困难。知大道而不言说，就合于自然天道；知大道而去言说，这就是人为了。古代的人，合于自然，不事人为。”

三

朱泙漫学屠龙于支离益[①]，单千金之家[②]，三年技成，而无所用其巧。

圣人以必不必，故无兵；众人以不必必之，故多兵。顺于兵，故行有求。兵，恃之则亡。

小夫之知，不离苞苴竿牍[③]，敝精神乎蹇浅[④]，而欲兼济道物，太一形虚。若是者，迷惑于宇宙，形累不知太初。彼至人者，归精神乎无始，而甘冥乎无何有之乡。水流乎无形，发泄乎太清。悲哉乎！汝为知在毫毛而不知大宁[⑤]。

【注释】

①朱泙(pēng)漫：复姓朱泙，名漫。支离益：复姓支离，名益。

②单：通“殚”，尽。

③苞苴竿牍：指交际应酬。苞苴，香草，古人用以包裹馈赠的礼物。竿牍，竹简，竹简为书以相问遗。

④敝：消耗。蹇浅：浅陋，短浅。

⑤大宁：宁静虚无的大道。

【译文】

朱泙漫跟支离益学屠龙之技，耗尽千金的家产，三年以后学成，但是却没有机会施展他的技术。

圣人把必然的事情视为不然，因此没有纷争；众人把不必然的事情视为必然，因此纷争很多。顺从这些纷争，因此便有追逐贪求的行为。依仗纷争，必然败亡。

世俗之人的智慧，离不开交际应酬，把精神疲敝在这些浅陋琐碎的小事上，还想要兼济众生导引万物，以达到太一形虚的境界。像这样的人，被浩瀚的宇宙所迷惑，身形疲敝而不了解天地初始的混沌境界。至于至人，他们的精神归向于天地混沌的初始时期，而安处虚无的大道境界。像水流一样随顺无形，自然而然地流入太虚之域。可悲啊！他们的心智只用在毫毛一样的琐碎之事上，而不能领悟宁静虚无的大道。

四

宋人有曹商者，为宋王使秦。其往也，得车数乘。王说之，益车百乘。反于宋，见庄子，曰："夫处穷闾阨巷，困窘织屦，槁项黄馘者[①]，商之所短也；一悟万乘之主而从车百乘者，商之所长也。"

庄子曰："秦王有病召医，破痈溃痤者得车一乘[②]，舐痔者得车五乘[③]。所治愈下，得车愈多。子岂治其痔邪？何得车之多也？子行矣！"

【注释】

①槁项：颈项枯槁无肉。馘（xù）：脸。

②痈：脓疮。痤（cuó）：痤疮，粉刺。

③舐（shì）：舔。痔（zhì）：痔疮。

【译文】

宋国有个叫曹商的人，替宋王出使秦国。当他前往秦国时，得到宋王赏赐车子数辆。秦王非常喜欢他，又增赐车子百辆。曹商返回宋国，见到庄子，说："居住在偏僻狭窄的巷子里，贫穷困乏而靠编织草鞋为生，颈项枯槁，面黄肌瘦，这是我的短处；一旦使万乘的君主醒悟，使随从的车辆有百乘之多，这是我的长处。"

庄子说："秦王有病召见医生，能破除脓疮的可得车一辆，能舔痔疮的可得车五辆。所医治的愈卑下，得到的车子愈多。你难道是为秦王舔痔疮了吗？不然为什么获得这么多车子呢？你走吧！"

五

鲁哀公问乎颜阖曰："吾以仲尼为贞幹[①]，国其有瘳乎[②]？"

曰："殆哉圾乎[③]！仲尼方且饰羽而画，从事华辞，以支为旨，忍性以视民[④]，而不知不信。受乎心，宰乎神，夫何足以上民！彼宜女与？予颐与？误而可矣！今使民离实学伪，非所以视民也。为后世虑，不若休之，难治也。"

施于人而不忘，非天布也，商贾不齿。虽以事齿之，神者弗齿。

为外刑者，金与木也；为内刑者，动与过也。宵人之离外刑者，金木讯之；离内刑者，阴阳食之[⑤]。夫免乎外内之刑者，唯真人能之。

【注释】

①贞幹：古代筑墙的工具。立于两端的木柱为桢，竖于两侧的木板为幹。此处喻指栋梁，国家重臣。贞：通"桢"。

②瘳(chōu)：病愈。

③圾：通"岌"，危。

④忍性：矫饰自然之性。

⑤食：通"蚀"，腐蚀，侵蚀。

【译文】

鲁哀公问颜阖："我希望任用孔子为国家重臣，国家可以治理好吗？"

颜阖说："危险，太危险了啊！孔子正一心想着粉饰装扮，讲习虚伪华丽的文辞，把细枝末节当作主旨，矫饰性情以夸示于民众，却不知自己全无诚信。这样承受在内心，主宰着精神，怎么能够管理民众呢！他果真适合于你吗？他能够养育百姓吗？您的考虑错误无疑！现在使民众脱离真情而去学习虚伪，这不是引导民众的办法。为后世考虑，不如停止，他是很难治理好国家的。”

对别人施恩但却不忘却自己的功劳，这不能算是自然的施与，连商贾也会看不起他。虽然偶尔会因为一些事情谈论到他，内心却还是鄙视他。

施加体外刑罚的，不外乎金属或木质的刑具；施加内心惩罚的，则是自身的烦乱和行为的过失。小人遭受体外刑罚，不外乎是用金属或木质的刑具来审讯他；遭受内心惩罚，则是阴阳之气交错而侵蚀他。能够免除体外和内心刑罚的，只有真人才能够做到。

六

孔子曰：“凡人心险于山川，难于知天。天犹有春秋冬夏旦暮之期，人者厚貌深情①。故有貌愿而益，有长若不肖②，有顺懁而达③，有坚而缦，有缓而钎④。故其就义若渴者，其去义若热。故君子远使之而观其忠，近使之而观其敬，烦使之而观其能，卒然问焉而观其知，急与之期而观其信，委之以财而观其仁，告之以危而观其节，醉之以酒而观其侧，杂之以处而观其色。九征至，不肖人得矣。”

【注释】

①厚貌深情：貌虽忠厚而其情深藏难测。

②不肖：不贤。

③懁（xuān）：性急，急躁。

④钎（hàn）：通“悍”，急。

【译文】

孔子说："人心比山川还要险恶，比天象还要难以测知。自然尚有春夏秋冬及早晚的限定，人却容貌敦厚，情感深沉。所以有的人貌似谨慎老实而内心骄傲不群，有的人貌似尊长而其实不肖，有的人貌似急躁而内心通达，有的人貌似坚韧刚强而内心懈怠涣散，有的人貌似舒缓而内心烦躁。所以他们寻求道义好像饥饿难耐，背弃道义好像逃离炙热。所以君子总是让人到远处而后观察他是否忠诚，让人在近处而后观察他是否恭敬，让人处理烦乱困难的事情而后观察他是否有能力，突然询问人难题而后观察他是否有智慧，交给人期限紧迫的任务而后观察他是否守信用，把钱财交给人保管而后观察他是否廉洁，告诉人危难的事情而后观察他是否有节操，用酒灌醉人而后观察他是否有仪则，使男女混杂相处而后观察他是否好色。这九种表现得到验证，不肖的人就被看出来了。"

七

正考父一命而伛①，再命而偻②，三命而俯，循墙而走，孰敢不轨！如而夫者，一命而吕钜③，再命而于车上儛④，三命而名诸父，孰协唐许⑤！

贼莫大乎德有心而心有睫，及其有睫也而内视，内视而败矣。凶德有五⑥，中德为首。何谓中德？中德也者，有以自好也，而吡其所不为者也⑦。

穷有八极，达有三必，形有六府。美、髯、长、大、壮、丽、勇、敢，八者俱过人也，因以是穷。缘循、偃佒、困畏不若人⑧，三者俱通达。知、慧外通，勇、动多怨，仁、义多责，六者所以相刑也。达生之情者傀⑨，达于知者肖；达大命者随，达小命者遭。

【注释】

①正考父：孔子的七世祖，宋国的大夫，曾连事戴、武、宣三公。命：任命。伛(yǔ)：曲背，表示恭敬。

②偻(lǒu)：弯腰。

③吕钜：自高自大的样子。吕，通"自"。钜，大。

④儛：同"舞"。

⑤协：合。唐许：指唐尧、许由。尧让帝位于许由，许由不受，隐居颍水之阳、箕山之下。

⑥凶德有五：指招惹凶祸的官能有耳、眼、鼻、舌、心五种。

⑦吡(bǐ)：訾，诋毁。

⑧缘循：随顺万物。偃佒：通"偃仰"，顺从人意。困畏：怯懦谦下。

⑨傀(guī)：大，指胸襟宽大。

【译文】

正考父第一次被任命为士而逢人便曲背行走，第二次被任命为大夫而逢人便弯下腰行走，第三次被任命为卿而逢人便俯下身子，避开大路而沿着墙行走，有谁敢不效法呢！假若是凡夫俗子，第一次被任命为士就会骄傲自大，第二次被任命为大夫就会在车上手舞足蹈，第三次被任命为卿就会直呼叔伯之名，谁能像唐尧、许由那样谦虚呢！

最大的贼害莫过于有心为德而心上长有眼睛，等到有了心眼就会主观臆断，而主观臆断必定导致失败。招惹凶祸的官能有耳、目、鼻、口、心五种，而内心的谋虑是祸害之首。什么是内心谋虑的祸害呢？所谓内心谋虑的祸害，就是自以为是而诋毁与自己不同的意见。

困厄有八个方面，通达有三项必要条件，形体有六个脏腑。美姿、长须、身高、形大、体壮、华丽、勇猛、果敢，这八个方面都超过别人，就会遭受役使而穷困。随顺万物，顺从人意，怯懦谦下，这三项都可以使人遇事通达。智慧外露而通于物则易伤身，勇猛躁动必多招怨恨，倡导仁义必多遭责难，这六者是祸害产生之源。通达生命实情的人心胸开阔，通达智巧的人心胸狭窄；通达长寿之道的人随顺自然，知道短命之理的人随遇而安。

八

人有见宋王者，锡车十乘[①]，以其十乘骄稚庄子[②]。庄子曰："河上有家贫恃纬萧而食者[③]，其子没于渊，得千金之珠。其父谓其子曰：'取石来锻之[④]！夫千金之珠，必在九重之渊而骊龙颔下[⑤]。子能得珠者，必遭其睡也。使骊龙而寤，子尚奚微之有哉！'今宋国之深，非直九重之渊也；宋王之猛，非直骊龙也。子能得车者，必遭其睡也。使宋王而寤，子为齑粉夫[⑥]！"

【注释】

①锡：通"赐"。

②稚：骄矜。

③纬：编织。萧：芦苇。

④锻：锤碎。

⑤骊龙：黑龙。颔(hàn)：下巴。

⑥齑(jī)粉：粉身碎骨。

【译文】

有个人去拜见宋王，宋王赐给他车马十乘，依仗这些车马在庄子面前炫耀。庄子说："河边有一户贫穷依靠编织苇席而生的人家，他的儿子潜入深渊，得到了一颗价值千金的宝珠。父亲告诉儿子说：'拿石头来把它砸碎！价值千金的宝珠，必定出自九重深渊的黑龙的下巴下面。你能得到这颗宝珠，一定是碰到黑龙睡着了。假如黑龙醒着，你哪里会有一点点存在呢！'现在宋国危机深重，远非九重的深渊可比；宋王的凶猛，远非黑龙可比。你能得到这十乘车马，一定是趁宋王睡着的时候。假若宋王清醒过来，你就粉身碎骨了！”

九

或聘于庄子，庄子应其使曰：“子见夫牺牛乎[①]？衣以文绣，食以刍叔[②]。及其牵而入于太庙，虽欲为孤犊[③]，其可得乎！”

【注释】

①牺牛：用来祭祀的牛。

②刍叔：细草和大豆。

③孤犊：无母之小牛。

【译文】

有人来聘请庄子，庄子回答使者说：“你见过用来祭祀的牛吗？给它披上锦绣，用细草和大豆来喂养它。等到它被牵着进入太庙的那一天，即使想要做个无母的小牛，哪里能够得到呢！”

十

庄子将死，弟子欲厚葬之。庄子曰：“吾以天地为棺椁，以日月为连璧，星辰为珠玑，万物为赍送[①]。吾葬具岂不备邪？何以加此！”弟子曰：“吾恐乌鸢之食夫子也[②]。”庄子曰：“在上为乌鸢食，在下为蝼蚁食[③]，夺彼与此，何其偏也！”

以不平平，其平也不平；以不征征[④]，其征也不征。明者唯为之使，神者征之。夫明之不胜神也久矣，而愚者恃其所见入于人，其功外也，不亦悲乎！

【注释】

①赍(jī)送:持物送葬,此处指陪葬品。

②鸢(yuān):老鹰。

③蝼蚁:蝼蛄和蚂蚁。

④征:征验。

【译文】

庄子快要死了,弟子们打算厚葬他。庄子说:“我把天地作为棺椁,把日月作为连璧,把星辰作为珠玑,万物都可以成为我的陪葬品。我陪葬的器具难道还不齐备吗?还有什么能超过这些东西呢!”弟子们说:“我们担忧乌鸦和老鹰啄食先生的遗体。”庄子说:“遗尸地面让乌鸦和老鹰啄食,埋在地下会让蝼蛄和蚂蚁吃掉,从乌鸦老鹰嘴里夺过来送给蝼蛄蚂蚁,何等偏心啊!”

用不公平的方式来使之公平,这种公平还是不公平;用不能够征验的东西来征验,征验的结果还是不能征验。自认为聪明的人唯有被外物役使,精神世界完全超脱于物外的人才会自然地感应。自以为聪明人远不及精神世界完全超脱于物外的人,此等情况早就存在了,而愚蠢的人还自恃偏见而沉溺于人为之事,他们的功利只在于追逐外物,不也是很可悲吗!

【赏析】

全篇内容庞杂,由若干无内在联系的小故事组合而成,中间时有议论。从主要段落看,主要主张忘我的思想,人生在世应抛弃声名、智巧和外炫于世,做到虚无宁静,安于所安,任其自然。

文章先通过伯昏瞀人与列御寇的对话,告诫人们不要显迹于外。世人之所以不能忘我,是因为他们始终不能忘外,“无能者无所求”,无所求的人才能虚己而遨游。接着通过对贪天之功以为己有的人的批评,对照朱泙漫学习屠龙技成而无所用，教导人们要顺应天成，不要追求人为，要像水流一样“无形”，而且让精神归于“无始”。接下来，嘲讽了势利的曹商，批评了矫饰学伪的孔子，指出给人们精神世界带来惩罚的，还是自身的烦乱不安，而能够摆脱精神桎梏的只有真人，即形同槁木、超脱于世俗之外的人。然后先借孔子之口大谈人心叵测，择人困难，再以正考父做官为例，引出处世原则的讨论，即态度谦下，不自以为是，不自恃傲人，而事事通达，随顺自然。最后连续写了庄子的三则小故事，旨意全在说明一无所求的处世原则。

天下第三十三

《天下》以篇首二字名篇。本篇记录先秦诸子百家的历史渊源，来龙去脉，既是《庄子》一书的导言，又是中国最早的学术史著作。

一

天下之治方术者多矣，皆以其有为不可加矣。古之所谓道术者，果恶乎在？曰："无乎不在。"曰："神何由降？明何由出[①]？""圣有所生，王有所成，皆原于一。"

不离于宗，谓之天人；不离于精，谓之神人；不离于真，谓之至人。以天为宗，以德为本，以道为门，兆于变化[②]，谓之圣人；以仁为恩，以义为理，以礼为行，以乐为和，薰然慈仁[③]，谓之君子；以法为分[④]，以名为表，以参为验，以稽为决[⑤]，其数一二三四是也[⑥]，百官以此相齿[⑦]；以事为常[⑧]，以衣食为主，蕃息畜藏[⑨]，老弱孤寡为意，皆有以养，民之理也。

古之人其备乎！配神明，醇天地，育万物，和天下，泽及百姓；明于本数，系于末度，六通四辟[⑩]，小大精粗，其运无乎不在。其明而在数度者，旧法、世传之史尚多有之。其在于《诗》《书》《礼》《乐》者，邹鲁之士、搢绅先生多能明之。《诗》以道志，《书》以道事，《礼》以道行，《乐》以道和，《易》以道阴阳，《春秋》以道名分。其数散于天下而设于中国者，百家之学，时或称而道之。

天下大乱，贤圣不明，道德不一，天下多得一察焉以自好。譬如耳目鼻口，皆有所明，不能相通。犹百家众技也，皆有所长，时有所用。虽然，不该不遍⑪，一曲之士也⑫。判天地之美，析万物之理，察古人之全。寡能备于天地之美，称神明之容。是故内圣外王之道，暗而不明，郁而不发，天下之人各为其所欲焉，以自为方。悲夫！百家往而不反，必不合矣！后世之学者，不幸不见天地之纯、古人之大体。道术将为天下裂。

【注释】

①明：明王，圣明的君主。

②兆于变化：谓能预知征兆，随物变化。

③薰然：温和的样子。

④分：分守，职分。

⑤稽：考查，考核。

⑥其一二三四是也：谓像数一二三四那样清楚明白。

⑦齿：序列。

⑧事：指耕作。

⑨蕃：繁衍。

⑩六通：指上下四方六合通达。四辟：指春夏秋冬四时顺畅。

⑪该：通“赅”，兼备。

⑫一曲：指偏于一隅。

【译文】

天下研究方术的人很多，都以为自己所学的登峰造极、无以复加了。古时所谓的道术，究竟在哪里呢？回答说：“无所不在。”问说：“圣人从哪里降生？明王从哪里出现？”回答说：“圣人之所以降生，明王之所以出现，都源于道。”

不脱离大道宗本的人，称作天人；不脱离大道精微的人，叫作神人；不脱离大道真实的人，叫作至人。以天为主宰，以德为根本，以道为门径，能预知征兆而顺随变化的，称为圣人；以仁施行恩惠，以义分清事理，以礼规范行为，以乐调和性情，表现温和而仁慈的，称为君子；以法度为分守，以名号为表率，以比较为验证，以考稽作决断，好像数一二三四那样清楚明白，百官以此相序列；以劳作为常业，把丰衣足食放在首位，繁衍生殖，积蓄储藏，老弱孤寡一一放在心上，使他们都能得到抚养，这是治理百姓的道理。

古时的圣人是很完备的了！能够和神明相匹配，以天地为准则，养育万物，调和天下，恩泽百姓；不仅通晓大道的根本，又能维系细枝末节的法度，上下四方无不通达，春夏秋冬四时无不顺畅，无论小大精粗，其作用无所不在。那些明明白白地反映在礼法和制度中，过去的典章法规和世代相传的史书都还多有记载。那些记载在《诗》《书》《礼》《乐》中的，邹、鲁一带的学者和仕人大多都还通晓。《诗经》是表达志向的，《书经》是记载政事的，《礼》是规范行为的，《乐》是调和性情的，《易经》是预测阴阳变化的，《春秋》是讲述名分的。这些学问散布于天下而施行于中国，诸子百家的学说对此时常称引和讲述。

天下大乱，贤人圣哲的学说不能显扬于世，道德规范不能统一，天下的学者多是偏执一孔之见而自以为是。就像耳、目、口、鼻，都有各自的官能，而不能相互替代。犹如百家的各种技艺，各有所长，适宜时才能有所用。虽然如此，不能兼备不能周遍，只能是偏于一隅的人。割裂了天地的自然之美，离析了万物存在的常理，分离了古人完美的德性。很少能具备天地的自然之美，很少能配称神明的形象。所以内圣外王的道理，被障蔽而不能显明，被抑制而不能发扬，天下之人各尽所欲，而偏执一己的学说。可悲啊！百家学说走入极端而不知返回，必然不能合于大道！后世的学者，不幸不能看到天地的自然之美，不能看到古圣人的全貌。道术将要被天下世人割裂。

二

不侈于后世[①]，不靡于万物[②]，不晖于数度[③]，以绳墨自矫，而备世之急，古之道术有在于是者。墨翟、禽滑釐闻其风而说之，为之大过，已之大循。作为《非乐》，命之曰《节用》；生不歌，死无服。墨子泛爱兼利而非斗，其道不怒。又好学而博，不异，不与先王同，毁古之礼乐。黄帝有《咸池》，尧有《大章》，舜有《大韶》，禹有《大夏》，汤有《大濩》，文王有《辟雍》之乐，武王、周公作《武》。古之丧礼，贵贱有仪，上下有等。天子棺椁七重[④]，诸侯五重，大夫三重，士再重。今墨子独生不歌，死不服，桐棺三寸而无椁，以为法式。以此教人，恐不爱人；以此自行，固不爱己。未败墨子道，虽然，歌而非歌，哭而非哭，乐而非乐，是果类乎？其生也勤，其死也薄，其道大觳[⑤]；使人忧，使人悲，其行难为也，恐其不可以为圣人之道，反天下之心，天下不堪。墨子虽独能任，奈天下何！离于天下，其去王也远矣。

墨子称道曰："昔禹之湮洪水[⑥]，决江河而通四夷九州也[⑦]，名川三百，支川三千，小者无数。禹亲自操橐耜[⑧]，而九杂天下之川。腓无胈[⑨]，胫无毛[⑩]，沐甚雨[⑪]，栉疾风，置万国。禹，大圣也，而形劳天下也如此。"使后世之墨者，多以裘褐为衣，以跂跅为服[⑫]，日夜不休，以自苦为极，曰："不能如此，非禹之道也，不足谓墨。"

相里勤之弟子，五侯之徒，南方之墨者苦获、已齿、邓陵子之属，俱诵《墨经》，而倍谲不同[⑬]，相谓别墨；以坚白、同异之辩相訾[⑭]，以觭偶不仵之辞相应[⑮]，以巨子为圣人，皆愿为之尸[⑯]，冀得为其后世，至今不决。

墨翟、禽滑釐之意则是,其行则非也。将使后世之墨者,必自苦以腓无胈、胫无毛相进而已矣。乱之上也,治之下也。虽然,墨子真天下之好也,将求之不得也,虽枯槁不舍也,才士也夫!

【注释】

①侈:奢侈。

②靡(mí):浪费。

③晖(huī):炫耀。数度:数指法律条文,度指法度。

④椁:外棺。重:层。

⑤觳(què):刻薄。

⑥湮:同"堙",堵塞。

⑦四夷:四方边远地区。九州:冀、兖、青、徐、扬、荆、豫、梁、雍。

⑧橐(tuó):盛土的器具。耜(sì):掘土的工具。

⑨腓(féi):腿肚子。胈(bá):腿肚子的白肉。

⑩胫(jìng):小腿。

⑪甚雨:淫雨,暴雨。

⑫跂(qí):通"屐",木鞋。蹻(jué):草鞋。

⑬倍谲(jué):矛盾,相反。倍,通"背"。谲,异。

⑭訾(zǐ):诽谤,非议。

⑮觭(jī):通"奇"。仵(wǔ):合,同。

⑯尸:神主,神像。

【译文】

教诲后代不要奢侈,不浪费万物,不宣扬礼法,用规矩来匡正自己的过失,来防备当世的急难,古代的道术有这方面的内容。墨翟、禽滑釐听到这种风教就很喜欢,但做得实在太过分了,要人抑制欲念而顺从己见。

作《非乐》，讲《节用》；活着的时候不唱歌，死的时候不穿丧服。墨子主张兼爱、互利，反对战争，教导人们不要怨怒。他又好学而博求，不标新立异，不同于先王，主张毁弃古代的礼乐制度。黄帝时有《咸池》之乐，尧时有《大章》之乐，舜时有《大韶》之乐，禹时有《大夏》之乐，汤时有《大濩》之乐，文王时有《辟雍》之乐，武王、周公创作了《武》乐。古代的丧礼，贵贱有不同的仪则，上下有不同的等次。天子的内棺外椁共有七层，诸侯五层，大夫三层，士两层。现在唯独墨子主张活着的时候不作乐欢歌，死后不穿丧服，只用三寸厚的桐木棺材而且没有外椁，以此作为天下的法度标准。用这个来教化民众，恐怕不是爱人的道理；自己照此去实行，实在是不爱惜自己。这样说并不是要抨击墨子的学说，然而，人想唱歌的时候反对唱歌，人想哭泣的时候反对哭泣，人想奏乐的时候反对奏乐，这样真的合乎人情吗？活着的时候勤劳，死后薄葬，他的学说太苛刻了；使人忧虑，使人伤悲，他的主张难以实行，恐怕不能够成为圣人之道，违背了天下人的心愿，让天下人不堪忍受。墨子虽然能够自己实行他的学说，但他能把天下人怎么样呢！背离了天下之人，距离王道也就远了。

墨子宣扬说："过去大禹堵塞洪水，疏通江河，从而沟通四夷九州，著名大河有三百条，支流有三千条，小河不计其数。禹亲自拿着盛土和掘土的工具而汇集天下的河流，累得大腿上没有肉，小腿上没有毛，暴雨淋身，狂风梳理头发，终于安置了万国。禹是个大圣人，他却为天下之人而使形体劳累到这般地步。"从而使后世的墨家学者，多以粗布和兽皮做衣服，脚穿木屐草鞋，日夜不息，把辛劳刻苦作为准则，说："不能这样辛勤劳苦，就不符合禹的道，不足以称为墨者。"

相里勤的弟子，五侯的门徒，南方的墨者苦获、已齿、邓陵子一派，都诵读《墨经》，却背异不相同，互相指责对方不是正统墨家；以坚白、同异之类的辩论相互诋毁，用奇偶不合的言辞相互应答，把巨子当作圣人，全都乐意敬奉他为领袖，希望能成为墨家学派的继承者，而至今各派之间仍争论不休。

墨翟、禽滑釐的用意是好的，但他们的行为太苛刻了。这会使后代的墨者，一定要劳苦到自己的大腿上没有肉、小腿上没有毛，依靠这些相互竞争罢了。他们扰乱天下的罪过多，治理天下的功劳少。虽然如此，墨子真能算是天下真正的善人了，实在是求之不得的人，即使弄得自己面容枯槁，他也不会舍弃自己的主张，真是个有才能的人啊！

三

不累于俗，不饰于物，不苟于人，不忮于众[①]，愿天下之安宁以活民命，人我之养毕足而止，以此白心[②]，古之道术有在于是者。宋钘、尹文闻其风而悦之[③]，作为华山之冠以自表，接万物以别宥为始。语心之容，命之曰“心之行”。以聏合欢[④]，以调海内，请欲置之以为主。见侮不辱，救民之斗；禁攻寝兵，救世之战。以此周行天下，上说下教；虽天下不取，强聒而不舍者也[⑤]。故曰上下见厌而强见也。

虽然，其为人太多，其自为太少，曰：“请欲固置五升之饭足矣。”先生恐不得饱，弟子虽饥，不忘天下，日夜不休，曰：“我必得活哉！”图傲乎救世之士哉！曰：“君子不为苛察，不以身假物。”以为无益于天下者，明之不如已也。以禁攻寝兵为外，以情欲寡浅为内，其大小精粗，其行适至是而止。

【注释】

①忮(zhì)：违逆。

②白心：表白心迹。

③宋钘：即宋荣子，战国时期思想家。尹文：姓尹名文，齐人，稷下学派人物，著有《尹文子》。

④聏(ér)：柔，和。

⑤聒(guō)：喧嚷。

【译文】

不为世俗所牵累，不用外物来矫饰，不苟求于他人，不违逆众情，希望天下安宁以保全百姓的性命，别人和自己的给养能够满足也就够了，用这种观点来表白自己的心迹，古代的道术有这方面的内容。宋钘、尹文听到这种风教就很喜欢，制作了一种像华山一样的帽子来表明自己上下均平的主张，应接万物以除去成见为先。他们说内心可以容纳万物，并把它命名为内心的行为。以柔和的态度投合他人的欢心，使得天下协调一致，请求大家把这种主张作为主导思想。受到侮辱而并不感到耻辱，能够解救人们的争斗；禁绝互相攻伐，停止征战，能够解救天下的战乱。怀抱这种主张而周游天下，向上游说君王，向下教化民众；虽然天下没有人接受这种主张，仍然强劝而不放弃。所以说，他们的学说上上下下的人都厌烦，但是仍勉力宣扬自己的观点。

然而，他们为别人谋求得太多，但为自己谋虑得太少，说："请为我们准备五升饭就够了。"他们的先生恐怕都不能吃饱，弟子们也常常处于饥饿之中，但是他们仍旧念念不忘天下之人，日夜不停地为人民谋划，说："我哪里只图自己活着啊！"多么高大的救世之士啊！他们还说："君子不苛刻计较，不为外物所役使。"认为对天下没有益处的，明白不如干脆不做。把禁止攻伐、停止用兵作为外在活动，把清心寡欲作为内在修养，他们主张的大小精粗，及其所行所为，也只是达到如此境界而已。

四

公而不当，易而无私，决然无主，趣物而不两，不顾于虑，不谋于知，于物无择，与之俱往，古之道术有在于是者。彭蒙、田骈、慎到闻其风而悦之[①]，齐万物以为首，曰："天能覆之而不能载之，地能载之而不能覆之，大道能包之而不能辩之。"知万物皆有所可，有所不可，故曰："选则不遍，教则不至，道则无遗者矣。"

是故慎到弃知去己，而缘不得已。泠汰于物[②]，以为道理，曰："知不知，将薄知而后邻伤之者也。"謑髁无任[③]，而笑天下之尚贤也；纵脱无形，而非天下之大圣。椎拍輐断[④]，与物宛转；舍是与非，苟可以免。不师知虑，不知前后，魏然而已矣[⑤]。推而后行，曳而后往，若飘风之还，若羽之旋，若磨石之隧，全而无非，动静无过，未尝有罪。是何故？夫无知之物，无建己之患，无用知之累，动静不离于理，是以终身无誉。故曰："至于若无知之物而已，无用贤圣，夫块不失道。"豪桀相与笑之曰："慎到之道，非生人之行，而至死人之理。适得怪焉！"

田骈亦然，学于彭蒙，得不教焉。彭蒙之师曰："古之道人，至于莫之是、莫之非而已矣。其风窢然[⑥]，恶可而言！"常反人，不见观，而不免于魭断[⑦]。其所谓道非道，而所言之韪[⑧]，不免于非。彭蒙、田骈、慎到不知道。虽然，概乎皆尝有闻者也。

【注释】

①彭蒙：齐人。田骈：齐人。慎到：赵人。《史记·孟子荀卿列传》说他们号称修"黄老道德之术"，却干着"以干世主"的勾当。

②泠（líng）汰：听从自然，任其自然。

③謑髁（xīkē）：儿戏，随便的样子。

④椎：击，使之自柔。拍：拍打，使之应节。輐（wǎn）：通"刓"，削去圭角。断：切。

⑤魏：通"巍"，独立不动。

⑥窢（xù）然：寂静。

⑦魭（yuán）：即"刓"。

⑧韪（wěi）：是。

【译文】

公正而不结党，平易而无偏私，去除私意而没有主见，顺随万物变化而不起两意，不去思虑营求，不用智巧谋虑，对于万物没有主观上的好恶选择，随着万物一起变化而已，古代的道术有这方面的内容，彭蒙、田骈、慎到听到这种风教就很喜欢，以齐同万物作为首要任务，说："天能覆盖万物而不能承载万物，地能承载万物而不能覆盖万物，大道能包容万物而不能辨别万物。"知道万物皆有能够认识的方面，也有不能够认识的方面，因此说："选择就不能遍及，教化就不能周全，顺从大道就不会有遗漏了。"

所以慎到抛弃智慧，忘却自我偏见，顺随于不得已的事。听任事物自然发展，来作为他的道理，说："追求人所不能知道的知识，将必然为知所迫而受到损伤。"随随便便，不受牵累，而讥笑天下人崇尚贤能；放纵洒脱，不修德行，而非议天下的圣人。随物宛转，与万物推移变化；舍弃是非，或许能够免于牵累。不用智巧谋虑，不瞻前顾后，巍然独立而已。推动然后才跟着前进，拖曳然后才跟着前往，像飘风回旋，像落羽飘扬，像磨石转动，保全自身而无可非议，动静适度而没有过失，无非无过而未曾有罪。这是什么原因呢？凡是没有知觉的东西，也就没有树立自己的忧患，没有运用智慧的牵累，动与静皆不会离开自然的道理，因此终身没有毁誉。所以说："达到像没有智慧的东西那样罢了，用不着圣贤，那土块也不会失于道。"豪杰们都讥笑他说："慎到的学说，不是活人能施行的，却是死人的道理。当然让人觉得怪异！"

田骈也是这样，向彭蒙学习，学得不言之教。彭蒙说："古代得道的人，达到不肯定是也不肯定非的境界而已。其风教寂静无化，哪里能够用语言表达出来呢！"经常违反人意，不为人所称赏，仍然不免于随物宛转。他们所宣扬的道不是真正的大道，而所说的是也不免于谬误。彭蒙、田骈、慎到并不通晓真正的大道，虽然如此，他们都还听闻过大道的大概。

五

以本为精，以物为粗，以有积为不足，澹然独与神明居，古之道术有在于是者。关尹、老聃闻其风而悦之，建之以常无有，主之以太一，以濡弱谦下为表，以空虚不毁万物为实。

关尹曰："在己无居，形物自著。其动若水，其静若镜，其应若响。芴乎若亡①，寂乎若清。同焉者和，得焉者失，未尝先人而常随人。"

老聃曰："知其雄，守其雌，为天下溪；知其白，守其辱，为天下谷。"人皆取先，己独取后，曰"受天下之垢"。人皆取实，己独取虚，无藏也故有余，岿然而有余。其行身也，徐而不费，无为也而笑巧。人皆求福，己独曲全，曰"苟免于咎"。以深为根，以约为纪，曰"坚则毁矣，锐则挫矣"。常宽容于物，不削于人，可谓至极。关尹、老聃乎，古之博大真人哉！

【注释】

①芴：通"惚"，恍惚。

【译文】

认为无形无为的道是极其精微的，认为有形有为的物是极其粗鄙的，认为有所积蓄而易生不满足之心，恬淡无心而独自与神明共处，古代的道术有这方面的内容。关尹、老聃听到这种风教就很喜欢，树立常有与常无的基本观点，把道作为自己学说的核心，以柔弱谦下为外在形式，以空虚不与万物相斥为内里实质。

关尹说："自己主观上不囿于私意，有形的外物便自然显露。动如流水般自然，静如平镜般空明，反应好像回声应声而作。迷离恍惚好像无物存在，寂静安宁好像清虚无有。与万物混同就能和谐，有所得必然会有所失，未尝赶在别人前面而常常跟在别人后面。”

老聃说：“知道雄强，而持守雌弱，便能成为汇聚众流的溪谷；知道洁白，而持守暗昧，便能成为容纳万物的山谷。”人人都争先进取，自己却独独居后，说“甘愿承受天下的污垢”。人人都求取实惠，自己却单单选择虚无，没有储藏所以感到有余，充足的样子显得绰绰有余。立身处世，宽缓而不耗费精神，清静无为而取笑智巧。人人都追求幸福，唯独他委曲求全，说“姑且免于祸患”。以深玄作为根本，以简约作为纲纪，说“坚强则易毁坏，锐利则易挫折”。经常宽容待物，不侵削人，可以说已达到极致了。关尹、老聃，真可谓古时宽宏伟大的得道之人啊！

六

芴漠无形[①]，变化无常，死与生与，天地并与，神明往与！芒乎何之？忽乎何适？万物毕罗，莫足以归，古之道术有在于是者。庄周闻其风而悦之，以谬悠之说[②]、荒唐之言、无端崖之辞[③]，时恣纵而不傥[④]，不以觭见之也[⑤]。以天下为沉浊，不可与庄语。以卮言为曼衍[⑥]，以重言为真，以寓言为广。独与天地精神往来，而不敖倪于万物[⑦]，不谴是非，以与世俗处。其书虽瑰玮[⑧]，而连犿无伤也[⑨]；其辞虽参差，而諔诡可观[⑩]。彼其充实，不可以已，上与造物者游，而下与外死生、无终始者为友。其于本也，宏大而辟，深闳而肆[⑪]；其于宗也，可谓稠适而上遂矣[⑫]。虽然，其应于化而解于物也，其理不竭，其来不蜕，芒乎昧乎，未之尽者。

【注释】

①芴漠：即“寂寞”。空虚广漠。

②谬悠:迂远。

③无端崖:无头绪,无边际。

④恣纵:无拘碍,恣意发挥。傥:偏私。

⑤觭(jī):同“奇”,一端。

⑥卮言:无心的言论。曼衍:委曲遂顺,不拘常规。

⑦敖倪:犹“傲睨”,指傲视。

⑧瑰玮:奇伟,不平凡。

⑨连犿(fān):连缀婉转的样子。无伤:谓不失于理。

⑩諔诡:奇异,变幻。

⑪深闳:深邃。肆:放纵,畅达。

⑫稠适:相吻合。稠:通“调”。

【译文】

空虚广漠而没有形迹,变化没有常规,死啊生啊,和天地共存,与神明同往!渺渺茫茫不知何去?恍恍惚惚不知何往?包容万物,不知归宿在哪里,古代的道术有这方面的内容。庄周听到这种风教就很喜欢,便用虚远的论说、荒诞的话语、漫无边际的言辞,时常放任发挥而不偏执,不拘泥于一孔之见来表现自己的学说。认为天下人沉迷浑浊,不能够用庄重的语言来跟他们讲道理。使用自然无心之言漫无边际地发挥,借用先贤圣哲的言论来使人信以为真,用寄托深意的言论来广泛地阐发道理。独自和天地精神来往,而不傲视万物,不拘泥于是非,以此来与世俗相处。他的书虽然奇特伟岸,但是婉转述说而不失于道理;他的言辞虽然变化多端,但是诡异奇特而大有可观。他内心充实,思想奔放毫无止境,向上与造物主神游,向下与超脱死生、不知始终的人为友。他对于大道根本的阐释,宏大而透彻,深远而畅达;他对于大道宗旨的阐释,真可谓和谐适宜而达到最高境界。虽然如此,他顺应万物的变化而超脱于外物的束缚,他的道理无穷无尽,其渊源始终不脱离大道,窈冥茫昧,无法穷尽其妙。

七

惠施多方，其书五车，其道舛驳[①]，其言也不中[②]。历物之意，曰："至大无外，谓之大一；至小无内，谓之小一。无厚，不可积也，其大千里。天与地卑，山与泽平。日方中方睨[③]，物方生方死。大同而与小同异，此之谓小同异；万物毕同毕异[④]，此之谓大同异。南方无穷而有穷，今日适越而昔来。连环可解也。我知天下之中央，燕之北、越之南是也。泛爱万物，天地一体也。"

惠施以此为大，观于天下而晓辩者。天下之辩者相与乐之：卵有毛，鸡三足；郢有天下；犬可以为羊；马有卵；丁子有尾[⑤]；火不热；山出口；轮不蹍地；目不见；指不至，至不绝；龟长于蛇；矩不方，规不可以为圆；凿不围枘；飞鸟之景，未尝动也；镞矢之疾[⑥]，而有不行、不止之时；狗非犬[⑦]；黄马骊牛三[⑧]；白狗黑；孤驹未尝有母；一尺之捶[⑨]，日取其半，万世不竭。辩者以此与惠施相应，终身无穷。

桓团、公孙龙辩者之徒[⑩]，饰人之心，易人之意，能胜人之口，不能服人之心，辩者之囿也。惠施日以其知与人之辩，特与天下之辩者为怪，此其柢也。

然惠施之口谈，自以为最贤，曰："天地其壮乎！"施存雄而无术。南方有倚人焉，曰黄缭，问天地所以不坠不陷、风雨雷霆之故。惠施不辞而应，不虑而对，遍为万物说，说而不休，多而无已，犹以为寡，益之以怪。以反人为实，而欲以胜人为名，是以与众不适也。弱于德，强于物，其涂隩矣[⑪]。由天地之道观惠施之能，其犹一蚊一虻之劳者也，其于物也何庸！夫充一尚可[12]，曰愈贵道，几矣！惠施不能以此自宁，散于万物而不厌，卒以善辩为名。惜乎！惠施之才，骀荡而不得[13]，逐万物而不反，是穷响以声，形与影竞走也，悲夫！

【注释】

①舛(chuǎn)杂：驳杂不纯。舛，错乱。

②中(zhòng)：不当于道，不中肯。

③睨(nì)：斜视，此处为偏斜的意思。

④毕：完全。

⑤丁子：蛤蟆。

⑥镞矢：箭头。

⑦狗：古时特指未长长毛的小狗崽。犬：古代特指大狗。

⑧骊：黑色的马。

⑨捶(chuí)：木杖，棍棒。

⑩桓团：先秦名家学派代表人物。公孙龙：先秦名家学派代表人物，著有《公孙龙子》。二人皆平原君门客。

⑪隩(ào)：水曲处，此指道路偏曲。

⑫充一：充当一家之言。

⑬骀荡：放荡。

【译文】

惠施的学问广博，他著述的书能装五大车，他所讲的道理杂乱无章，他的言辞不当于道。分析事理时，说："最大的东西没有外围，叫作大一；最小的东西没有内限，叫作小一。没有厚度，不能积累，但其广大可以延伸到千里之遥。天和地一样低，山陵和水泽一样平。太阳刚升至正中就开始偏斜，万物刚刚产生就开始走向死亡。全体相同与局部相同是不一样的，这就叫作'小同异'；万物完全相同又完全不同，这就叫作'大同异'。南方没有尽头而又有尽头，今天到越国而昨天已经到达。封闭的连环是可以解开的。我知道天下的中央，是在燕国的北方和楚国的南方。普爱万物，天地是一个整体。”

惠施把这些当作最大的道理，向天下人显示，并让那些善辩之士知晓。天下善辩之士都喜欢和他谈论这些问题：鸡蛋里面有羽毛，鸡有三只脚；楚国的郢都能够包容天下；犬可以叫作羊；马是有卵的；蛤蟆有尾巴；火是不热的；山能长出嘴巴；车轮碾不着地；眼睛不是看东西的；指事不能达到物的实质，即使达到也不能够穷尽；乌龟比蛇长；曲尺不能画方，圆规不能画圆；榫眼不能围住榫头；飞鸟的影子，不曾移动；急速飞行的箭头，既是静止的又是运动的；狗不是犬；一匹黄马加一头骊牛一共是三个；白狗是黑的；孤马不曾有母亲；一尺长的棍棒，每天都截去一半，万世都截不完。天下善辩之士用这些论题和惠施相互周旋，终身辩论个没完没了。

桓团、公孙龙都是辩士一类的人，他们迷惑人心，篡改人意，他们能在口舌上战胜别人，但是却不能使人心服，这就是好辩之士的局限。惠施每天靠他的智慧与人辩论，专门和天下善辩之士一起制造许多怪异的论题，这些就是他们辩论的大概情况。

然而惠施口辩，自以为最高明，说：“天地是多么伟大啊！”但他虽有雄心却没有道术。南方有一个奇异的人，叫黄缭，问惠施天为什么不掉下来，地为什么不塌陷，以及风雨雷霆形成的原因。惠施毫不推辞地接受提问，不假思索地对答起来，几乎说遍万物，说个不停，话多得无穷无尽，还自以为说得太少了，又加上一些奇奇怪怪的言论。把违反常理的事情当作实情，想要胜过别人而获取名声，所以他与众人格格不入。轻视修养德行，重视博物思辨，他所走的道路越走越曲折。从天地之大道看惠施的才能，就好像一只蚊子、一只牛虻那样徒自辛劳，对于万物又有何用处呢！充当一家之言尚可，如果能进一步尊奉大道，那就差不多了！惠施不能自安于大道，心思分散于争论万物而不厌烦，最终只落得个善辩之名。可惜啊！惠施的才能，放荡不羁而终无所得，追逐万物而迷途不返，这就像是用声音来使回声停止，用形体和影子竞走一样，可悲呀！

【赏析】

《天下》是《庄子》的最后一篇，庄子从庄子学派的观点出发，褒贬各家学派，可以说是中国最早的一篇学术史论文，是研究先秦哲学思想不可多得的珍贵文献。

一开篇，庄子就提出学术有道术和方术之分：道术是普遍的学问，只有天人、圣人、神人、至人才能掌握它；方术则是具体的各家学派的学问，是各执一词的片面的学问。

接着，庄子对先秦时代几个主要的学派做了简明扼要的概述和批评。第一是墨家学派，庄子肯定其兼爱、非攻、勤俭等主张，又否定其消极、严苛的方面。第二是宋尹学派，庄子赞扬了其寡情少欲、追求上下平等、希望社会和平安宁、反对攻伐的主张，又指出他们不知爱己、自为太少的缺点。第三是彭蒙、田骈、慎道一派，庄子肯定其齐物、弃知、去己的思想与道术有相通之处，又指出其“非生人之行，而至死人之理”的缺点。第四是关尹、老聃一派，庄子充分地肯定了他们的道的观点和谦下的处世态度，有褒无贬，认为他们是古之博大真人。第五是庄子自评，“独与天地精神往来，而不敖倪于万物”，追求精神的自由。庄子虽还以方术自居，但已经真正把握了道的本体，是真正的逍遥。第六是惠施，庄子认为“其道舛驳，其言也不中”，对他的历物十事和辩者二十一事的命题提出了尖锐的批评，指出“桓团、公孙龙辩者之徒，饰人之心，易人之意，能胜人之口，不能服人之心”，未能真正把握“道”。

该篇在庄子哲学思想中占有十分重要的地位及意义，历来评价颇高，一般认为是庄派后学比较先秦诸家后概括而成的。

图书在版编目（CIP）数据

庄子译注评 / 高竞艳注译. -- 武汉 : 崇文书局，
2018.1（2025.2 重印）
（中华经典全本译注评丛书）
ISBN 978-7-5403-4847-2

Ⅰ. ①庄… Ⅱ. ①高… Ⅲ. ①道家②《庄子》—译文
③《庄子》—注释 Ⅳ. ①B223.5

中国版本图书馆 CIP 数据核字（2017）第 306069 号

责任编辑　陈春阳　郭晓敏
封面设计　甘淑媛
责任校对　董　颖
责任印刷　李佳超

庄子译注评

出版发行　长江出版传媒｜崇文书局
地　　址　武汉市雄楚大街 268 号 C 座 11 层
电　　话　（027）87293001　　邮政编码　430070
印　　刷　湖北恒泰印务有限公司
开　　本　880mm × 1230mm　1/32
印　　张　16.25
字　　数　500 千字
版　　次　2018 年 1 月第 1 版
印　　次　2025 年 2 月第 2 次印刷
定　　价　45.00 元
（如发现印装质量问题，影响阅读，由本社负责调换）